普通高等教育交通运输专业教材

交通运输系统工程

（第4版）

（加）卫学启　编　著
刘舒燕　主　审

人民交通出版社股份有限公司
北　京

内 容 提 要

本书是普通高等教育交通运输专业教材。本书系统、全面地阐述了系统与系统工程的基本概念、基本理论与基本方法。在此基础上，以系统理论为指导，进一步阐述了交通运输系统的概念与特点、交通运输系统工程的含义及内容。分章节详细介绍了运输系统分析、运输系统预测、运输系统优化控制、运输系统评价、运输系统决策、运输系统模拟的基本理论与基本方法，以及运输系统工程应用案例、发展趋势等内容。全书共分为十章。

本书可作为交通运输类、物流工程与管理类本、专科院校"交通运输系统工程""系统工程"或"物流系统工程"课程的教材或教学参考书，也可供从事交通运输、物流经营的企、事业单位的管理工作者、工程技术人员阅读参考。

图书在版编目(CIP)数据

交通运输系统工程/(加)卫学启编著.—4 版.—北京:人民交通出版社股份有限公司,2020.11(2024.11 重印)
ISBN 978-7-114-16784-3

Ⅰ.①交⋯ Ⅱ.①卫⋯ Ⅲ.①交通运输系统—系统工程 Ⅳ.①U491

中国版本图书馆 CIP 数据核字(2020)第 151650 号

著作权合同登记号　图字:01-2020-5570

书　　名:	交通运输系统工程(第4版)
著 作 者:	(加)卫学启
责任编辑:	钟　伟
责任校对:	赵媛媛
责任印制:	刘高彤
出版发行:	人民交通出版社股份有限公司
地　　址:	(100011)北京市朝阳区安定门外外馆斜街 3 号
网　　址:	http://www.ccpcl.com.cn
销售电话:	(010)85285911
总 经 销:	人民交通出版社股份有限公司发行部
经　　销:	各地新华书店
印　　刷:	北京市密东印刷有限公司
开　　本:	787×1092　1/16
印　　张:	17
字　　数:	400 千
版　　次:	1998 年 7 月　第 1 版 2006 年 8 月　第 2 版 2012 年 2 月　第 3 版 2020 年 11 月　第 4 版
印　　次:	2024 年 11 月　第 4 版　第 3 次印刷　累计第 21 次印刷
书　　号:	ISBN 978-7-114-16784-3
定　　价:	45.00 元

(有印刷、装订质量问题的图书，由本公司负责调换)

PREFACE 第4版前言

本书第 1 版出版于 1998 年 7 月，第 2 版出版于 2006 年 8 月，第 3 版出版于 2012 年 2 月。前 3 版由刘舒燕教授编著，广受赞誉，一直是交通运输系统工程领域的经典教材。本书的第 1 版在 2002 年获得交通部"九五"优秀教材奖。

本书的第 1 版出版至今已有 22 年，刘舒燕教授也从教师岗位退休。作为本科时期刘舒燕教授的学生和研究生时期刘舒燕教授的弟子，我很荣幸被邀请加入本书第 4 版的编写中。受此重任，诚惶诚恐。想到可以为恩师的渊博知识传承贡献一份微薄的力量，我也欣然应允。

因为本书的第 3 版已经相当完善，所以在这次的编写中主要补充了交通运输系统工程近年来最新的研究成果，同时在各章节中更新了部分数据。这次修订最大的变化在于：增加了"第十章 运输系统工程的发展趋势"，在这一章中系统地探讨了新一代信息技术对运输系统的影响，智能交通系统以及运输系统工程的发展趋势。希望该版中关于新一代信息技术和运输系统工程结合的探讨可以为本书带来些许价值。

书中引用了大量前辈和同行的研究成果，在此予以感谢。感谢我的太太窦飞鹏女士和两个可爱的女儿在我完成此书修订中给予的时间和空间；感谢恩师刘舒燕教授一直以来的支持和鼓励，以及在本书修订中提出的详尽的指导意见，给予我完成此次再版的信心。

由于编者水平有限，书中有不足之处，敬请广大读者和同行批评指正。

编　者

2020 年 8 月于复旦大学

CONTENTS 目 录

第一章 系统与运输系统 ... 1
- 第一节 系统的概念 ... 1
- 第二节 交通运输系统 ... 13
- 小结 ... 23
- 思考题 ... 23

第二章 系统工程与运输系统工程 ... 24
- 第一节 系统工程 ... 24
- 第二节 运输系统工程 ... 33
- 小结 ... 34
- 思考题 ... 35

第三章 运输系统分析 ... 36
- 第一节 系统分析 ... 36
- 第二节 运输系统目的分析 ... 40
- 第三节 运输系统结构分析 ... 43
- 第四节 运输系统与环境相互影响分析 ... 55
- 小结 ... 60
- 思考与练习题 ... 60

第四章 运输系统预测 ... 63
- 第一节 系统预测的基本概念 ... 63
- 第二节 定性预测方法 ... 71
- 第三节 时间序列预测法 ... 80
- 第四节 回归分析预测法 ... 85
- 第五节 投入产出预测法 ... 98
- 小结 ... 112
- 思考与练习题 ... 112

第五章 运输系统优化控制 ... 115
- 第一节 概述 ... 115
- 第二节 网络图的组成 ... 117
- 第三节 网络图的绘制 ... 118
- 第四节 网络图时间参数的计算 ... 122
- 第五节 网络图的优化 ... 127

小结 ··· 135
　　思考与练习题 ·· 135
第六章　运输系统评价 ·· 139
　　第一节　运输系统评价的概念 ·· 139
　　第二节　运输系统评价指标体系 ······································ 143
　　第三节　运输系统技术经济评价 ······································ 147
　　第四节　运输系统综合评价 ·· 156
　　小结 ··· 173
　　思考与练习题 ·· 173
第七章　运输系统决策 ·· 175
　　第一节　概述 ·· 175
　　第二节　不确定型运输系统决策问题 ·································· 182
　　第三节　风险型运输系统决策问题 ···································· 185
　　第四节　决策树法 ·· 188
　　第五节　运输系统对策 ·· 192
　　小结 ··· 203
　　思考与练习题 ·· 203
第八章　运输系统模拟 ·· 206
　　第一节　概述 ·· 206
　　第二节　蒙特卡罗模拟 ·· 208
　　第三节　运输系统模拟 ·· 214
　　小结 ··· 227
　　思考与练习题 ·· 228
第九章　运输系统工程应用案例 ·· 230
　　第一节　城市交叉路口交通系统综合治理系统分析 ···················· 230
　　第二节　德尔菲法在设计港址评价指标体系中的应用 ················· 233
　　第三节　港口选址 ·· 237
　　第四节　集装箱江海转运港的选择 ···································· 242
　　第五节　用模糊综合评价法选择运输设备 ···························· 245
　　小结 ··· 247
　　思考题 ··· 247
第十章　运输系统工程的发展趋势 ·· 249
　　第一节　新一代信息技术对运输系统的影响 ·························· 249
　　第二节　智能交通系统 ·· 252
　　第三节　运输系统工程的未来发展趋势探讨 ·························· 255
　　小结 ··· 259
　　思考题 ··· 259
附录　随机数表 ··· 260
参考文献 ·· 263

第一章 系统与运输系统

第一节 系统的概念

一、系统

1. 系统的定义

在现实生活中,"系统"是一个被广泛使用的名词。比如:人体就是一个系统,人体系统是由神经、呼吸、消化、循环、运动、生殖这些子系统构成的;地球也是一个系统,地球系统是由植物、动物、微生物、非微生物这些子系统构成的;交通运输系统是由公路运输、铁路运输、水路运输、航空运输、管道运输这些子系统构成的;一部机器是一个机器系统;一个国家、整个社会也都构成了一个系统。

分析这些简单的例子,撇开一切具体系统的具体形态和性质,我们可以发现,所有系统都具有以下几个共同点:

(1)系统是由两个以上的要素组成的整体。要素是构成系统的最基本的部分,没有要素就无法构成系统,单个要素也无法构成系统。

(2)系统的要素之间、要素与整体之间、整体与环境之间存在着一定的有机联系。要素之间的联系是构成系统的基本条件,要素之间若没有任何联系和作用,则也不能称其为系统。

(3)系统要素之间的联系与作用必产生一定的功能。功能是系统所发挥的作用或效能,且是各要素个体所不具备,这种功能是由系统内部要素的有机联系和系统的结构所决定的。

由此,可以这样给系统定义:系统是由相互联系、相互作用的诸要素组成的、具有一定功能的有机整体。

2. 系统与要素之间的相互作用

系统与要素是相互伴随而产生的,相互作用而变化的。系统与要素之间的相互作用表现在以下几个方面。

1)系统通过整体作用支配和控制要素

系统通过其整体作用来控制和决定各个要素在系统中的地位、顺序、排列、作用(作用的大小以及作用的范围),协调各要素之间的数量比例关系等。系统整体稳定,则要素也稳定;系统整体特性和功能发生变化,则要素以及要素之间的关系也会随之变化。例如,综合运输系统的整体功能,决定和支配作为要素的公路运输系统、铁路运输系统、水路运输系统、航空运输系统以及管道运输系统的地位、作用和它们之间的关系,为使综合运输系统的整体效益最佳,就要求各运输子系统必须充分发挥各自的功能,就要对各子系统之间的关系进行控制和协调。

2)要素通过相互作用决定系统的特性和功能

一般来说,要素对系统的作用有两种可能的趋势:一是要素的组成成分和数量具有一种协调、适应的比例关系,使得要素能够维持系统的动态平衡和稳定,并使系统走向组织化、有序化;二是若要素之间出现不协调、不适应的比例关系,这就会破坏系统的平衡和稳定,甚至使系统衰退、崩溃。例如,对我国国民经济大系统而言,如果构成该系统的工业系统、农业系统、交通运输系统等各个系统都能够协调发展的话,就能够使国民经济持续、稳定的发展;但如果交通运输系统发展缓慢,与其他子系统之间不协调、不适应,就会严重制约国民经济的发展,影响国民经济大系统的整体效益。

3)系统与要素的概念是相对的

每一系统都是更高层次系统的要素,它的要素又是低层次系统,系统和组成系统的各种要素构成了宇宙的无限链条。也就是说,一个系统相对于构成它的要素而言是个系统,而相对于由它和其他事物构成的大系统而言,则是一个要素(或称子系统);同样,一个要素相对于由它和其他要素构成的系统而言,是个要素,但相对于构成它的要素而言,则一个系统。比如,由车辆、路网、场站、控制与信息系统、人员等组成了公路系统,但对于整个交通运输系统而言,公路系统又是整个交通运输系统的要素;再比如,相对于交通运输系统而言,水路运输系统是一个要素,但它同时又是由港口运输系统、船舶运输系统、航道系统、物流系统、信息系统等构成。

二、系统特性

系统特性主要表现为系统的整体性、相关性、目的性和适应性。

1. 整体性

系统是由两个以上的要素组成的,但是,仅有要素,还不能说就组成了系统。要素只是构成系统的必要条件,而不是全部的条件。所谓整体性:系统的各要素之间存在一定的组合方式,各要素之间是相互统一和协调的,系统整体的功能不是各组成要素功能的简单叠加,而是呈现出各组成要素所没有的新功能,并且一般来说,一个优化的系统,其整体功能大于各组成要素功能的总和。即:

$$F > \sum_{i=1}^{n} F_i \tag{1-1}$$

式中:F——系统的整体功能;

F_i——系统第 i 个要素的功能 $(i = 1, 2, 3, \cdots, n)$。

式中">"(大于)、"$\sum_{i=1}^{n}$"(总和)均无数学上的意义,而是结构与功能方面的含义。系统整体功能大于其组成要素功能的总和,这不仅是在量的方面,更着重于质的方面。例如,一些零部件只有组装成一台机器、组成一个机器系统,才能充分发挥其功能,而单独的一个零件、一个螺丝钉是没有机器的属性,是不具备机器功能的。俗话说,"三个臭皮匠,顶个诸葛亮",这句话就充分说明了要素与整体功能间的关系。单独来看,每个臭皮匠的能力是有限的,但是,一旦这三个臭皮匠形成了一个"系统",构成了一个"整体",其整体的智慧就将大于各个皮匠的智慧之和。

比如,港口、船舶、航道、人员等要素只有协调、配合,构成一个水运系统,才能够发挥其功能。再比如,智能交通系统是一个大系统,它由车辆控制系统、交通监控系统、车辆管理系统、旅行信息系统等要素或子系统组成,只有当这些要素都很完善、配合协调的时候,才能够形成一个较好的、完善的智能交通系统。

系统的这个特性,对人类创造性地改造世界有着极大的指导作用,人们总会自觉或不自觉地将有关的一些孤立的事物尽可能地组成系统,或把一些相对孤立的系统连接起来,组成更加庞大、更加复杂的系统,以便使它们获得更多的属性、更强的功能,并把某些功能和作用加以放大。比如,在工程上,人们把分散的电子计算机连接起来,组成计算机网络,不仅提高了计算的能力、设备的利用率和可靠性,而且还降低了费用,并且使计算机的负荷更加合理。再如,相对于自然界来讲,每个人的生命是有限的,能力是微弱的,但是,为什么人类敢于同无限的大自然抗衡,并且成为大自然的主宰者呢?其原因就是,人类不是以单个人的、有限的生命和微弱的能力孤立地与大自然抗衡,而是结为一个整体、形成一个系统,即组成人类社会,把分散的力量集中,并且予以充分放大后再与自然界抗衡。再比如,现代交通运输综合系统,就是将公路运输系统、铁路运输系统、水路运输系统、航空运输系统、管道运输系统等各子系统按其技术经济特点,组成分工协作、有机结合、连接贯通、布局合理的交通运输综合体系,以实现扩大运输能力、提高经济效益的目的。

那么,是否多个要素"凑"在一起,其功能都一定大于部分功能之和呢?不一定!最典型的就是人们所说的"一个和尚挑水吃,两个和尚抬水吃,三个和尚没水吃"。按理说,和尚运水的效果是可以累加的,三个和尚运水,应该比一个和尚运的水多,但为什么会出现"三个和尚没水吃"的局面呢?这是因为,这三个和尚没有形成一个"系统",这些"和尚要素"相互不协调、不统一,才使得集体运水的效果急减,甚至达到无水可吃的地步。这就说明,要使得整体的功能大于部分功能之和,组成该整体的各要素必须协调统一。

了解了系统的整体性特征,就要努力使各要素形成整体,构成系统,以获取更多、更大的功能。同时,为了提高系统的整体功能,增强系统的整体效应,必须考虑以下几个问题:

(1)一切从整体出发。我们在研究任何一个对象的时候,不能仅研究宏观上的整体,也不能仅研究各个孤立的要素,必须从整体出发,从全局考虑,从系统、要素、环境的相互关系中探求系统整体的本质和规律,把握住系统的整体效应。以交通运输系统来说,构成交通运输系统的公路、水路、铁路、航空、管道等各个运输子系统只有形成一个协调的综合运输体系,才能更好地发挥其效用,才能得到更好的发展。

(2)各要素的结合要保持合理性,从提高整体功能的角度去提高和协调要素的功能。提高要素的基本质量,是提高系统整体效能的基础。但在提高要素质量的同时,还要注意与系统的协调。比如,在公共交通运输系统中,为了改进乘客乘车难的问题,仅依赖不适当地增加车辆的数目,而不在道路和调度方面采取相应的措施,就会因车辆拥挤,造成该线路堵塞更为严重,反而会使公共交通运输系统的效率更低。

2. 相关性

相关性说明了系统的各要素之间具有以下的关系:各要素是相互联系、相互作用、相互依存、又相互制约的。系统中每个要素的存在都依赖于其他要素的存在,系统中任一要素的变化都将引起其他要素乃至整个系统的变化。

各要素之间有着一定的组合关系、联系方式。比如，港口系统包含了泊位、库场、疏运、装卸等要素，这些要素之间就是一种相互作用、相互依存、相互制约的关系。整个港口的通过能力，就取决于泊位的通过能力、库场的通过能力、疏运系统的通过能力、装卸系统的通过能力等各主要环节能力的合理组合。

再比如智能交通系统，车辆控制系统、交通监控系统、车辆管理系统、旅行信息系统等要素在整个智能交通系统中是相互关联的，通过它们之间关系的协调，不同交通方式的运行状态信息可以实时地被采集并动态提供，交通出行者可以选择最佳的出行时间和交通方式，汽车出行者可以选择最佳的行驶路线，交通系统的"时间资源"和"空间资源"可以得到最佳的利用。如果各个要素各自为政，那么它们就不能组成相互协调的系统，势必会造成交通的紊乱。

了解了系统中各要素之间的相关性后，就要努力建立起系统各要素之间的合理关系，以消除相互间的盲目联系和无效行动。

3. 目的性

任何一个系统都有它的目的，否则，也就失去了这个系统存在的价值和意义。例如，生物系统的目的性就是增殖个体、繁衍物种、保存生命。同样，人造系统也有它的目的性，如企业的经营目的，就是以最少的资源消耗去取得最大的经济效益。运输系统的目的，就是为国民经济的发展提供运输服务。运输系统中各运输子系统的目的，就是为运输大系统的总目的服务。

了解了系统的目的性特征，就可以明确系统的功能，从而进一步确定系统的结构。

4. 适应性

任何一个系统都存在于一定的物质环境中，环境的变化对系统的变化有很大的影响，同时，系统的作用也会引起环境的变化。两者相互影响作用的结果，就有可能使系统改变或失去原有的功能。所谓适应性，就是指系统随环境的改变而改变其结构和功能的能力。

例如：当国民经济发展的时候，交通运输系统中的公路、铁路、水路、航空、管道等子系统都必须有相应的发展，并且在发展中协调、调整各运输子系统之间的关系，这样才能适应新的经济环境。如果一个系统能够根据环境的变化，不断地改变自身的结构和功能，以适应环境的变化，这个系统就有很好的环境适应性，就是一个理想的系统。否则，该系统就是一个没有生命力的系统，就不能很好地完成系统的目的。

了解了系统的适应性特征后，就可以有助于确定系统存在的条件，想方设法创造有利条件，保证系统的生存和可持续发展。

【例1-1】 城市交通综合系统

城市交通综合系统是一个庞大的动态系统，它本身的状态是随时间变化而变化的，其结构如图1-1所示。

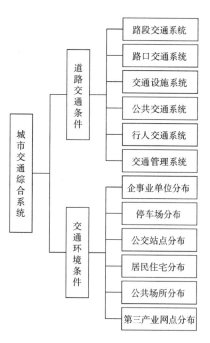

图1-1 城市交通综合系统结构图

从结构图1-1可以看出,城市交通系统具有以下4个特性:

1. 整体性

城市交通系统是由人、车、道路、设施、管理、环境等许多子系统组成的综合性整体,各子系统从属于这个整体,而整个城市交通系统又是更庞大的城市系统中的子系统。

2. 相关性

城市交通系统内部各子系统、各子系统要素之间是有机联系、相互依存、又相互作用的。

3. 目的性

城市交通系统具有特定的目的。这就是:为人们从事各种活动提供必要的物质条件和空间活动条件,并达到安全、快速、高效、舒适的目的。

4. 适应性

城市交通系统处于社会环境之中,受周围环境的影响和制约,并与周围环境相协调。

三、系统思想

虽然系统是客观存在的,但是人类对它的认识却经历了一个漫长的过程。

1. 古代朴素的系统思想

在古代,当人们有了生产活动以后,客观世界的系统特性就被逐渐地反映到了人的认识之中,自发地产生了一些朴素的系统思想。

在哲学上,这种朴素的系统思想表现在把自然界当作一个统一的整体。如古希腊辩证法的奠基人之一赫拉克利特(约公元前460—公元前370年)就说过:"世界是包括一切的整体。"亚里士多德还提出了"整体大于它的各部分总和"的论点。我国春秋末期的思想家老子也强调自然界的统一性。我国古代儒家的"天人合一"思想的基本内涵,就是肯定人与自然是一个不可分割的统一体,人源于自然界,是构成自然系统的要素之一。在"天地人"体系之中,人的地位与天、地并列,作为自然过程的参与者在自然系统中扮演着自己的角色。

在实践上,这种朴素的系统思想表现在从事物之间相互联系的角度去观察和改造世界。如我国古代著名的医学典籍《黄帝内经》就把自然界和人体看成是由阴阳五行这五种要素相生相克、相互制约而组成的有秩序、有组织的整体,对疾病的诊断要综合分析,强调因人、因时、因地治疗,并要把治疗与调养、治疗与防病结合起来。

再如战国时期修建的四川都江堰水利工程,把岷江分水工程、分洪排沙工程、引水工程三大主题工程和120个附属渠堰工程巧妙地联系在一起,形成一个协调运转的工程总体,使工程具有防洪、灌溉、漂木、行舟等多种功能,这个工程体现出来的就是整体的观念、优化的方法和系统的思想。

古代朴素的系统思想在军事、天文等方面也有许多应用的实例,如《孙子兵法》对战争系统的各个层次、各个方面以及它们的内在联系等都进行了全面的分析和论述;古代天文学家根据天体运动与季节变化的关系,编制的历法和指导农事活动的二十四节气等,都在不同程度上反映了朴素的系统思想的自发应用。

2. 系统思想的成熟与发展

古代朴素的系统思想虽然强调对自然界整体性、统一性、相关性的认识,但是这种认识是非常肤浅的、片面的,与真正的系统思想、系统观念还有很大的距离。这是由于当时的生产力和科学技术还十分落后,人类改造世界的能力有限,规模也很小,自然对客观世界中的各种复杂的依赖关系、制约关系的认识就不够深刻和全面。正如恩格斯指出的那样:"在希腊人那里——正因为他们还没有进步到对自然界的解剖、分析——自然界还被当作一个整体而从总的方面来观察。自然现象的总联系还没有在细节方面得到证明,这种联系对希腊人来说是直接的、直观的结果。这里就存在着希腊哲学的缺陷,它在以后就必须屈服于另一种观点。"事实上情况也确实如此。

15世纪下半叶,近代自然科学开始把系统的观察和实验同严密的逻辑体系相结合,从而产生了以实验事实为根据的系统的科学理论。在这个时期,产生了一系列颇有影响的机械系统理论,最著名的有从"哥白尼革命"中诞生的日心系统理论,有产生于第一次科学大综合时代的力学体系理论,以及在此基础上形成的生命机器系统理论。

随着近代自然科学的发展,力学、天文学、物理学、化学、生物学等学科逐渐分离,并日益发展,形成自己独立的学科。这种分离就把自然界的细节,从总的自然联系中抽出来而分门别类地进行研究。因而使得人们对自然界的各个层次、各个局部、各个细节、各个侧面以及这些层次、局部、细节、侧面之间的联系有了更深入的了解,获得了更详细的科学资料,大大加深了人类对客观世界的认识。但是,当时社会生产和科学技术的这种进步,仍然没能使人类形成明确和完整的系统观念。这是由于当时人们看问题的眼光是静止的、孤立的,从而形成了基于机械系统思想的形而上学的思维方法。这种思维方法成了人类完整地认识整个客观世界的障碍,极大地影响了人类认识世界的进程。

19世纪上半期,社会生产和科学技术得到了空前的发展。人类改造世界的规模越来越大,内涵越来越深,但随之而来的是,人们也面临着越来越多的前所未有的问题:在人类的生产活动中,为什么有时候事半功倍,有时候却事倍功半?为什么有时候心想事成,有时候却事与愿违?为什么有时候局部和眼前的效果与总体的、长远的效果一致,而有时候却相反?为什么有时候一个优良的甚至是一般的局部可以组成一个优良的整体,而有时候却恰恰相反……这些涉及面极广而又带有普遍意义的问题令人深思,同时也对形而上学的自然观产生了极大的冲击,人们看到了这种思维观念的缺陷。人们认识到,只是在哲学层次上研究事物间互相联系、互相影响的规律是不够的,还必须以辩证唯物主义为指导,在一般科学的层次内,对事物互相影响的形式、互相影响的途径、这种影响所产生的后果进行精确的、定量的研究,也就是说必须从系统的角度来考察和研究整个世界。系统思想正是在这种历史背景下产生和发展起来的。

系统思想的发展可分为两个过程:第一个是唯心的系统思想;第二个是马克思主义唯物的系统思想。德国"先验哲学"的创始人康德对唯心的系统思想的形成起到了一定的影响。他把人类的知识理解为一种有秩序、有层次,并由一定要素所组成的统一整体。他还强调整体高于部分,他把自然科学界中的整体划分为机械整体与含目的性的整体两大类,认为运用系统整体的目的和观点来分析事物,有利于科学研究的深入与发展。对此,贝塔朗菲给予高度的评价,认为康德的观点中包含着系统的要素,具有丰富的系统思想。

在世界哲学史上,第一个全面地、有意识地叙述了辩证法的一般运动形式的是德国唯心主义哲学家黑格尔。黑格尔第一次把整个自然的、历史的、精神的世界看成一个过程。他的哲学理论充满着深刻的系统思想。黑格尔运用系统的观点和方法,按照"肯定、否定、否定之否定"的三段式,构造了一个完整的"绝对精神"辩证发展的哲学体系。他认为,一切存在都是有机的整体,它"作为自身具体,自身发展的概念乃是一个有机的系统,一个全体,包含很多的阶段和环节在它自身内。"黑格尔把人们的思维能力看成一个具有等级层次的系统过程;即知性——消极理性——积极理性的系统发展过程。

19世纪中叶,以细胞学说、进化论、能量守恒与转化定律三大发现为代表的近代科学技术的大发展,深刻揭示了客观世界普遍联系和相互作用的本质属性,证明了世界是一个统一的系统物质世界。马克思和恩格斯扬弃前人的某些哲学思想,如黑格尔的辩证法,汲取了其"合理内核",从而创立了唯物辩证法,开拓了系统思想的新时期。马克思和恩格斯在自己的著作中,多次从哲学的高度来明确使用系统概念和系统思想。如"系统""有机系统""总体""整体""过程的集合体"等概念。在马克思和恩格斯那里,系统理论的哲学表达方式大致分为4个方面:一是相互联系的宇宙体系;二是系统整体的自然观;三是运动形式和科学分类的系统层次;四是社会运动的系统理论。

马克思和恩格斯把社会看作是具有一定经济形态的社会有机系统,认为社会"就是一切关系同时存在而又互相依存的""一个统一的整体"。以上说明,马克思、恩格斯是关于社会现象、自然现象的系统科学概念的奠基人,是对系统性原则最早进行了广泛而具体的科学研究的学者。

19世纪末期以来,自然科学、社会科学的发展推动了系统思想的进一步的形成,系统思想开始由定性的哲学家理论概括向定量的、具有广泛意义的科学思维方式发展。定量系统思想的出现,彻底改变了人们的思维方式,主要体现在两个方面:一是使系统思想、系统方法定量化、科学化,使之成为具有坚实的数学理论基础的,能够定量地处理系统各组成部分联系关系的科学方法;二是计算机与信息技术的应用,为系统思想、系统方法的实际运用提供了强有力的工具。正是由于上述两个特征,才使得系统思想方法从一种哲学思维逐步形成了独特的系统理论,并在此基础上形成了一门专门的科学——系统科学。

四、系统理论

系统理论包括通常所说的、在20世纪40年代形成的"老三论":一般系统论、控制论和信息论,以及20世纪70年代形成的"新三论":耗散结构理论、协同论和突变论。

当代科学技术的发展有两个显著的特点:一方面向深度发展,科学研究的对象越来越专一,学科分类越来越精细,新领域、新学科、新专业不断产生;另一方面,各学科之间、各技术之间以及科学和技术之间又相互渗透、相互交叉、相互移植,而使得科学技术日趋整体化、综合化。系统理论就是现代科学技术整体化、综合化的产物。

第二次世界大战以后,社会生产力迅速发展,科学技术直接转化为生产力的周期成倍缩短,生产的自动化程度越来越高,电子计算机网络和智能型机器人在生产、科研和生活中被广泛应用,人工智能的研究成果已直接投入生产,系统理论就是在这样一种信息时代产生的。

系统理论作为高度综合的、普遍化的理论,它横跨自然科学和社会科学两大领域,在哲学、社会科学和自然科学之间架起了相互贯通的桥梁。它的出现,实现了人类认识史上由定性到定量的飞跃,实现了人类由认识物质和能量到认识信息的新飞跃,进一步深化和改变了人类认识自然的途径,也加深了对人脑和人的精神活动本质的认识,丰富了辩证唯物主义哲学,开辟了哲学走向定量化的道路。

系统理论从不同的侧面揭示了客观物质世界的本质联系,为现代科学技术的发展开辟了广阔的新领域。同时,系统理论作为崭新的科学方法论,显示了对复杂事物研究的有效性,为现代科学技术乃至整个人类思维科学的发展提供了新概念、新思路和新方法。

1. 一般系统论

一般系统论的创始人是奥地利生物学家贝塔朗菲(L. Von. Bertalanffy,1901—1972),他在1947年提出一般系统论时,曾明确地把马克思和恩格斯的辩证法列为一般系统论的思想来源之一。

1968年,贝塔朗菲的专著《一般系统论——基础、发展和应用》出版,在这本书中,贝塔朗菲总结了一般系统论的概念、方法和应用。1972年他发表了《一般系统论的历史和现状》一文,试图重新定义一般系统论。贝塔朗菲认为,把一般系统论局限于技术方面当作一种数学理论来看是不适宜的,因为有许多系统问题不能用现代数学概念表达。一般系统论这一术语有更广泛的内容,包括极广泛的研究领域,其中有三个主要的方面:①关于系统的科学,又称数学系统论。这是用精确的数学语言来描述系统,研究适用于一切系统的根本学说。②系统技术,又称系统工程。这是用系统思想和系统方法来研究工程系统、生命系统、经济系统和社会系统等复杂系统。③系统哲学,它研究一般系统论的科学方法论的性质,并把它上升到哲学方法论的地位。贝塔朗菲试图把一般系统论扩展到系统科学的范畴,几乎把系统科学的三个层次都包括进去了。但是现代一般系统论的主要研究内容尚局限于系统思想、系统同构、开放系统和系统哲学等方面。而系统工程专门研究复杂系统的组织管理的技术,成为一门独立的学科,并不包括在一般系统论的研究范围内。

贝塔朗菲创立的一般系统论,从理论生物学的角度总结了人类的系统思想,运用类比和同构的方法,建立了开放系统的一般系统理论,其主要观点是:

(1)系统观点:即一切有机体都是一个整体(系统),这个整体是由部分结合而成的,其特性和功能不只是各部分特性和功能的简单相加。他认为系统是相互作用的诸要素的复合体,系统的特性取决于复合体内部特定的关系。要了解系统的特性,不仅要知道组成这个系统的要素,而且还要知道它们之间的相互关系。

(2)动态观点:即一切有机体本身都处于积极的运动状态,并与环境不断地进行物质、能量的交换,以使有机体能够有组织地处于活动状态,并保持其有活力的生命运动。他把这种能与环境交换物质、能量的系统称为开放系统,生命系统本质上都是开放系统。任何一个开放系统,都能在一定条件下保持其自身的动态稳定性。

(3)等级观点:即各种有机体都按严格的等级组织起来,并通过各层次逐级的组合,形成越来越高级、越来越庞大的系统。

(4)最佳观点:即最优化,这是系统论的出发点和最终目的。人们对系统进行研究和改造的最终目的,是为了使系统发挥最优的功能。一个系统可能有多种组成方案,要选择最优的方案,使系统具有最优功能。例如,生产系统要求高产、优质、低成本、低消耗、高利润,具有多种目标。为了使生产系统具有最优的功能,必须将这些目标综合起来考虑,采用功能最优的方案,这就需要做出最优设计、最优控制和最优管理。

一般系统论有着十分广泛的含义，贝塔朗菲在论述这门学科的性质和任务时指出：一般系统论是一门新学科，属于逻辑和数学的领域，它的任务是确立适用于各种系统的一般原则，既不能局限在"技术"的范围内，也不能当作一般的数学理论来对待，因为，有许多系统问题不能用纯数学的方法求出解答，而是要从系统的观点来认识和分析客观事物。一般系统论沟通了自然科学与社会科学、技术科学与人文科学之间的联系，提出了研究各门学科的新的方法，使许多学科面貌焕然一新。一般系统论为系统思想的发展，使人类走向系统时代，奠定了理论基础。

2. 控制论

控制论是20世纪40年代末期开始形成的。第二次世界大战期间，由于自动化技术、导弹和电子计算机技术的发展，要求自然科学必须在理论上进行系统的研究和科学的总结。1948年，美国数学家维纳（Norbert Wiener，1894—1964）总结了前人的经验，创立了这门学科。

控制论与一般系统论这两个理论形态在整个科学界产生的影响是最广泛的，这两大理论也被称为是促使系统理论形成的重要因素。控制论是研究系统的调节与控制的一般规律的科学。维纳把控制论定义为既是机器中又是动物中的控制和通信理论。控制论虽然"直接产生于工程技术学科"，但是它所探索的是"数学、数理逻辑、无线电通信、电子技术、生物学、自动控制等和社会系统在信息与控制方面的共同规律"，或者说，控制论作为一种系统理论，它"所探讨的是系统的控制机制"、揭示"系统作为整体的自调节稳定机制"。作为一门横断学科，其"基本任务是在理论上找到技术系统与事物系统、社会系统在控制与通信方面存在的共同规律"。总之，控制论的形成和发展在两个方面为系统科学作出了贡献：一是为认识各类不同系统的内在运行或稳定机制提供了恰当的理论基础，同时认识到了在这一层次上各类系统的同型性，为系统的一般理论的创立提供重要的理论支撑；二是对各种不同类型的系统实施控制或管理提供了理论工具，也使得控制论成为所有系统理论形成的各理论中影响管理行为的最广泛的理论形态。

控制论的主要内容为：

(1)最优控制理论。这是现代技术的核心。这一理论是通过数学的方法，科学、有效地解决大系统的设计和控制问题，并强调采用动态的控制方式和方法，以满足各种输入和多种输出系统的控制要求，实现系统的最优化。

(2)自适应、自学习和自组织系统理论。自适应系统是能够按照外界条件的变化，自动调整其自身结构或行为参数，以保持系统原有功能的系统。自学习系统是能够按照自己运行过程中的经验来改进控制系统能力的系统，是自适应系统的延伸和发展。自组织系统是能够根据环境的变化和运行经验来改变自身结构和行为参数的系统。这些理论，对组织系统的控制研究，带来了很大的影响和变革。

(3)模糊理论。模糊理论是在模糊数学的基础上形成的一种理论。由于在现实问题中，存在着大量的不够明确的信息和含糊不清的概念，很难用确定的数学模型来描述，因此，就必须借助于模糊数学来解释这一类问题。

(4)大系统理论。大系统理论是现代控制论的一个新研究领域。它是以规模庞大、结构复杂、目标多样、功能综合、因素繁多的各种大系统作为研究对象，如交通运输系统、社会系统、生态环境系统等。其研究的主要问题是大系统分析及大系统优化。

3. 信息论

信息论的创始人是美国贝尔电话研究所的数学家香农(C. E. Shannon,1916—2001)。1948 年香农发表的《通信的数学理论》一文,成为信息论诞生的标志。香农为解决通信技术中的信息编码问题,突破老框框,把发射信息和接收信息作为一个整体的通信过程来研究,提出了通信系统的一般模型,同时建立了信息量的统计公式,奠定了信息论的理论基础。

信息论是运用概率论和数理统计的方法,研究信息传输和信息处理系统的一般规律的学科,其基本思想是完全撇开系统物质与能量的具体运动形态,而把系统有目的的运动抽象为一个信息变换的过程,来探求信息的一般特征、传送规律和原理,其研究的核心问题是信息传输的有效性和可靠性以及两者间的关系。

香农的信息论可分为三个方面:①以编码为中心的信息论,主要研究信息系统模型、信度的度量、信道的容量、信源统计特性、信源的编码、位道编码等,这些是引发信息论的核心问题。②以信息作为主要研究对象,包括信号噪声的统计分析、信号的检测、滤波、估计和预测等理论。③以计算机为中心的信息处理的基本理论,包括语言,文字、图像的模式识别,自动翻译等。在基本理论和实际运用方面,信息论不断取得新的进展:模糊信息论、算法信息论、相对信息论、主观信息以及智能信息处理,自动化信息控制等大量崭新的课题相继发展。

信息论的主要贡献是:①在通信的定义下把信息定义为"用来消除信息接收者某种认识上的不定性的东西",并导出了概率性语法信息的度量公式——概率熵和互信息公式。②建立了一些重要的性能界,信源的最大可能信息量,为了满足一定失真度的要求,必须传递的最小信息量,信道上的最大可能通过能力等。③建立了一组重要的编码定理,从理论上指明了为达到上述性能界限应当遵循的信息处理的方法和原则。这就不仅从定性方面,而且也从定量方面深刻地揭示了信息传递和处理的规律,使通信的研究从经验阶段转变为科学。

由于人类的任何实践活动中,都包含着人流、物流、资金流、信息流等各种流,其中信息流起着支配的作用,它调节着系统内部其他流的数量、方向、速度、目标,并控制着人和物的有目的、有规律的活动,因此,可以说信息论是控制论的基础。随着信息技术的飞速发展,信息科学已经发展成为一门重要的新兴科学。信息科学与系统科学的发展推动了许多新兴交叉学科的发展,如管理信息系统、信息经济学和地理信息科学等。

4. 耗散结构理论

耗散结构理论是 20 世纪 70 年代由比利时物理学家普利高津(I. Prigogine, 1917—2003)提出来的。耗散结构是与平衡结构相对的。长期以来,在物理学界,人们只研究平衡系统的有序稳定结构,并认为,如果系统原来处于一种混乱无序的非平衡状态,那么,系统就不能在非平衡状态下呈现出一种稳定有序的结构。普利高津从热力学第二定律出发,通过研究非平衡态热力学,指出:一个远离平衡态的开放系统,在一定的外界条件下,通过不断地与外界交换能量、物质和信息,就能够从原来的无序状态转变为一种时间、空间或功能的有序状态,普利高津把这种远离平衡态的、稳定的、有序的结构,称作"耗散结构"(dissipative structure)。这一学说回答了开放系统如何从无序走向有序的问题,普利高津因此而获得了诺贝尔奖。在耗散结构理论中,普利高津着重阐述了以下几个观点:

(1) 开放系统是产生耗散结构的必要前提,同时也是耗散结构得以维持和存在的基础。因为耗散结构实质上就是远离平衡态的非线性系统,并通过不断地与外界交换物质、能量和信息,来维持一种动态的有序结构。这种交换一旦停止,系统的结构就会受到破坏,就会遭到瓦解。因此,要使一个系统产生并保持耗散结构,就必须为其创造开放的条件,使其成为远离平衡态的开放系统。

(2) 非平衡态是系统的有序之源。普利高津认为,开放系统是形成耗散结构的必要条件,但不是充分条件。他指出"一个开放系统并没有充分的条件保证出现这种结构",耗散结构只有在系统保持"远离平衡"的条件下,才有可能出现。平衡结构是一种"死"的结构,而耗散结构是一种非平衡结构,是一种"活"的结构,是一种动态的稳定结构,是系统在不断地与外界交换物质、能量和信息的过程中形成的稳定结构。

(3) 系统内部各个要素之间的非线性作用是系统产生耗散结构的内部动力学机制。正是由于系统要素(或子系统)间的非线性相互作用,在临界点处,非线性机制放大微涨落为巨涨落,使热力学分支失稳,在控制参数越过临界点时,非线性机制对涨落产生抑制作用,使系统稳定到新的耗散结构分支上。

(4) 系统的涨落导致系统走向有序。所谓涨落,是指系统的某个变量或某种行为对平均质的偏离。涨落是偶然的、随机的、杂乱无章的,在不同的状态下有不同的作用。对平衡态、近平衡态来说,涨落是一种破坏其稳定性的干扰,是一种消极作用;对远离平衡态的耗散结构而言,涨落是系统由不稳定状态到形成新的稳定状态的杠杆,是一种积极的因素。系统的结构通过涨落规定和主导系统的功能,而系统的功能又通过涨落来影响和改变系统的结构,并使系统走向有序。

耗散结构理论推进了系统自组织理论的发展,对系统科学的发展有着重要的理论意义。

5. 协同理论

协同理论也是在 20 世纪 70 年代产生的,是由联邦德国的物理学家哈肯(Harmann Haken)提出来的。与耗散结构理论一样,协同理论也是研究远离平衡态的开放系统的;与之不同的是,普利高津是借助于热力学的理论来进行研究的,而哈肯则在汲取耗散结构理论论点的基础上,采用统计力学的考察方法来研究开放系统的行为。在协同理论中,哈肯提出了以下几个观点:

(1) 协同导致有序。所谓协同,就是协同作用。协同理论强调系统的协同效用,即在复杂大系统内,各子系统的协同行为产生的超越各要素自身的单独作用,从而形成整个系统的统一作用和联合作用。协同作用是形成系统有序结构的内部作用力,在这种作用下,系统能够自动地产生空间上、时间上和功能上的有序结构,出现新的稳定状态。

(2) 自组织理论。所谓"自组织",哈肯特别强调指的是系统在没有外部指令的条件下,其内部子系统之间能够按照某种规则自动形成一定的结构和功能,它具有内在性和自主性。自组织理论是协同理论的核心,它反映了复杂大系统在演变过程中,是如何通过内部诸要素的自动协同来达到宏观有序状态的客观规律。

协同理论不仅对自然科学的研究作出了贡献,而且在对现代经济管理、系统工程等方面的研究中,也越来越显示出它的重要作用,成为系统科学的重要理论基础。

6. 突变论

1972年,法国数学家托姆(Renethom,1923—2002)出版《结构稳定性与形态发生学》一书,标志着突变论的创立。突变论主要研究的是"系统对外界条件的光滑变化所做出的突变反应",或连续性条件下结果的不连续性,"尤其是突变点的分类与突变点附近的系统形态的特征"。

突变论为现实世界中系统的形态发生和系统的自组织演化路径提供了数学工具,成为一门以系统生成演化中的突变为研究对象的新兴数学学科,揭示了系统整体发展演化的规律,进而在数学方面为系统科学的发展提供基础,丰富和发展了系统科学。

同时,突变论还是一门具有系统理论特征的数学学科。突变论从量的角度研究各种事物的不连续的变化,并试图用统一的数学模型来描述它们。突变论以结构稳定性为基础,通过对系统稳定性的研究,说明系统的稳态与非稳态、渐变与突变的特征及其相互关系,揭示系统状态演变的内部因素与外界条件。

突变论出现以后,被迅速地应用到自然科学的各个领域,并且人们尝试在社会科学中应用,如用突变论研究经济危机、市场行情、预测股市动向等。随着突变理论的完善和发展,它在各个领域的应用也将越来越广泛和深入,人们对系统结构的演化方式和演化规律也将有进一步的认识。

所有这些理论以及其他系统研究的成果融合在一起,形成了一种包括无比广阔内容的新学科,"系统学"——一切系统的一般理论。有了系统学,系统科学体系就可以完全建立起来了。系统科学是在自然科学、数学科学和社会科学三大科学之外形成的一个崭新的科学技术学科。按照钱学森教授的观点,系统科学包括:工程技术——系统工程;技术科学——运筹学、控制论和信息论;基础科学——系统学;又从系统学这座桥梁——系统观,达到人类知识的最高概括——马克思主义哲学。所以系统科学体系可以表达为:工程技术、技术科学、基础科学和哲学四个层次。

五、系统分类

系统是以不同的形态存在的,根据系统生成的原因、反映的属性不同,系统有各种各样的分类:

1. 自然系统和人造系统

这是以系统形成的原因为标准进行分类。自然系统是由自然物为要素形成的系统。如森林系统、人类系统、海洋系统、大气系统等。人造系统亦称人工系统或人为系统,是指由人类劳动人为地设计制造的系统。如人造卫星系统、空运航运系统、机械设备系统、交通运输系统等。人造系统存在于自然系统之中,两者互相影响和渗透。实际上,多数系统是自然系统与人造系统的复合系统。比如社会系统,看起来是一个人造系统,但它又是和自然系统密切相关的。

2. 实体系统和概念系统

这是以形成系统的要素是有形的还是无形的来分类的。实体系统是以矿物、生物等实体组成的系统,其要素是具有实体的物质,这种系统以硬件为主体,以静态系统的形式来表现。概念系统是由概念、原理、原则、方法、制度等观念性的东西组成的,而不是实体物质,它是以软件为主体,依附于动态系统的形式来表现的。如科技体制、教育体系、法律系统等。

以上两类系统在实际中常结合在一起,以实现一定的功能。实体系统是概念系统的基础,而概念系统又往往对实体系统提供指导和服务。例如,为实现某项工程实体,需提供计划、设计方案和目标分解,对复杂系统还要用数学模型或其他模型进行仿真,以便抽象出系统的主要因素,并进行多个方案分析,最终付诸实施。在这一过程中,计划、设计、仿真和方案分析等都属于概念系统。

3. 封闭系统和开放系统

这是以系统是否与外界环境有物质、能量或信息交换为标准来进行分类的。封闭系统与外界环境不发生任何形式的交换,它既不向环境输出,也不从环境输入。环境仅仅为系统提供了一个边界,不管外部环境有什么变化,封闭系统仍表现为其内部稳定的均衡特性。封闭系统的一个实例就是密闭罐中的化学反应,在一定初始条件下,不同反应物在罐中经化学反应达到一个平衡态。

开放系统与环境有相互关系,能从环境得到输入,并向环境输出。在环境发生变化时,开放系统通过系统中要素与环境的交互作用以及系统本身的调节作用,使系统达到某一稳定状态。因此,开放系统常是自调整或自适应的系统。大部分人造系统都属于这样的系统,如社会系统、运输系统、经济系统。

开放系统与封闭系统是相对而言的,也就是说系统既是相对开放的,也是相对封闭的。要确定一个系统是开放的还是封闭的取决于所研究的问题。

4. 静态系统和动态系统

这是以系统的形态是否随时间变化为标准来进行分类的。静态系统,如前面提到的实体系统就属于静态系统。动态系统,是随时间而发生变化的系统,如前面所讲的概念系统就属于动态系统。静态系统与动态系统也是相对而言的,也要取决于所研究的问题。

其他的还有对象系统和行为系统、控制系统和因果系统、自动系统和非自动系统、结构系统和过程系统等。

在交通运输系统中,实际上存在的系统大多是自然系统与人造系统复合而成的系统,如交通控制系统、交通网络系统、公路运输系统等。

第二节 交通运输系统

一、交通运输系统的演化

交通运输系统是因运输需求而产生,随经济的发展而发展的。从系统的观点来看,一个系统的形成发展可以看作是驱动性要素、约束性要素和目标性要素共同作用的结果。对交通运输系统来说,在地理、资源和环境等要素的约束下,最恰当的运输方式、最大限度地满足国民经济及社会发展对运输的需求,是交通运输系统发展的内在规律。

在不同的历史时期,由于经济发展水平的不同,运输需求也相应的不同,同时,资源、环境、技术的约束力度也不尽相同,致使在不同的经济发展时期,交通运输系统的主导运输方式呈现出不同的特点。

1. 原始运输阶段

在人类进入文明时期之前,人以其本身作为运输工具,即以肩扛、人背以及头顶作为运输方式。其后,随着时间的推移,方知驯养牲畜,即通过牛、马、骆驼以及大象等动物驮运或拉拽重物,以减轻人类本身的负担,这个时期的运输方式可以称为原始的人力运输阶段。

2. 水路运输阶段

随着社会发展进入到手工业时期,生产的集中和生产规模的不断扩大,对燃料、原料的需求量大大增加,人们对运输的需求也加大,提高运输能力就成为此时期交通运输系统发展的主要目标。但由于这个时期的经济发展水平低下,运输市场的运输需求量小,品质要求低;同时,人们克服空间距离障碍的技术水平也低,此时期交通运输系统的主导运输方式仍然是以人或自然力为动力的运输方式为主。在道路运输方面,人们发明了马鞍牛轭器具,来充分利用动物的力量,以增进运输的效能;同时,人们开始利用天然航道,进行大规模、长运距的水路运输。至今,水运仍具有载货量大、耗能少、投资省和劳动生产率高的优点,在现代运输中还占有重要的地位。这个阶段也可称为水路运输阶段。

3. 铁路运输阶段

19 世纪初,蒸汽机的出现,推动了现代运输工具的发展。1825 年英国修建了世界上第一条斯克顿至达林顿客货运输铁路,标志着运输业进入以铁路运输为主的新阶段。铁路运输克服了水运速度慢、运输过程中换装倒载环节多、受地理条件和季节气候影响大的局限,依靠运量大、运输速度快、受气候条件制约小、运输成本较低等优势得以迅速发展。铁路运输在曾经比较长的历史时期内,成为运输业的主要运输方式。我国在 20 世纪 90 年代以来大力发展高速铁路建设,使铁路运输成为我国重要的一类交通基础设施。

4. 公路、航空和管道运输阶段

20 世纪 30 年代至 20 世纪 50 年代,是公路运输迅速发展,并取代铁路运输成为主导运输方式的阶段。随着石油资源的大量开发,汽车技术性能的不断完善,以及公路网建设和路面质量的不断提高,逐渐显示出汽车运输的机动灵活和门到门运输方便性特点。到了 20 世纪 50 年代以后,航空运输和管道运输相继得到较大的发展。至此,一个包含了公路、铁路、水路、航空、管道五大运输子系统的庞大的交通运输系统全面形成。

5. 综合运输

无论是 19 世纪中期到 20 世纪 70 年代的铁路大发展,还是 20 世纪 30 年代以后以公路、水运方式为主导,再到公路、铁路、水路、航空、管道运输方式齐头并进,这种"替代式"增加运输供给的发展模式,使交通运输系统在经济发展的不同阶段,基本上满足了当时经济发展对位移的需要。随着工业化进程向后工业化过渡、经济全球化与市场竞争进一步加剧,社会经济对交通运输系统提出了更高的"品质"要求,单独利用已有的某一运输方式已不能满足经济发展对位移的需要,再加上资源、环境等压力,促使交通运输朝着以"效率、效益"为特征的综合运输方向发展。

综合运输从系统的角度出发,运输体系由过去单一的运输方式、孤立的发展模式,向综合的、协调的、一体化的发展模式转变。在综合考虑环境、社会、经济和技术条件下,通过科学规划,合理地进行公路、铁路、水路、航空和管道运输之间的分工,充分发挥各种运输方式的优势,在以最少的人力、物力、财力完成社会对运输的一定要求的情况下,使各种运输方式扬其所长、避其所短,实现合理分工、相互配合、协调发展,以扩大运输能力,提高经济效益,满足社会可持续发展的需要。

6. 发展趋势

发展和完善综合交通运输系统,仍是交通运输系统发展的一个主要目标。

随着信息技术、数据通信技术、传感器技术、电子控制技术、运筹学、人工智能、计算机技术等有效地综合运用于整个交通运输管理体系,智能交通运输系统(Intelligent Transportation Systems,简称ITS)也成为交通运输系统的未来发展趋势。智能交通运输系统强调的是系统性、信息的交互性以及服务的广泛性,其核心技术是系统工程、电子技术、信息技术和通信技术。系统工程原理是智能交通运输系统的灵魂,它将人、车、路、环境和相关的服务部门相互结合起来,将采集到的各种交通及服务信息经过处理后传到各用户,以便出行者进行交通方式和路线的选择;交通管理部门可进行及时的疏导、控制和事故处理;交通运输部门可随时掌握车辆运行情况,进行合理调度,使路网的交通流运行于最佳状态,避免拥挤和阻塞,最大限度地提高路网的通过能力,提高运输的机动性、安全性和生产效率,同时减少能源消耗和环境污染。

此外,在发展经济、发展运输的同时,如何更多地体现人文关怀,保护环境和自然资源,发展绿色交通、人本交通,也将成为交通运输系统发展的重点及趋势。

二、交通运输系统的构成要素

交通运输系统是由公路运输系统、铁路运输系统、水路运输系统、航空运输系统、管道运输系统构成的一个复杂大系统。

交通运输系统的基本结构如图1-2所示。

图1-2 交通运输系统的基本结构图

构成交通运输大系统的公路、铁路、水路、航空、管道既是交通运输系统的五个基本要素,又分别构成了公路、铁路、水路、航空、管道五个子系统。而这五个子系统本身,又是由不同的要素组成的,这些基本构成要素包括载运工具、通路、场站、动力、控制与通信、人员及经营管理六大部分。

1. 载运工具

载运工具的功能在于容纳与承载被运送的人和货,如汽车、火车、轮船、飞机、管道等。有的载运工具与动力完全分离,如铁路的货车车厢、海上的驳船、集装箱拖车等;有的则与动力同体,如汽车、飞机、轮船等。理想的载运工具应具备结构简便、安全、轻巧、易于操纵管理、造价低、宽敞舒适、耐用、少故障、易维修、容量大、振动小、耗用能源少、污染小等特性。各种运输方式的载运工具特性比较见表1-1。

各种运输方式的载运工具特性比较　　　　　　　　　表1-1

载运工具特性	运输方式				
	公路运输	铁路运输	水路运输	航空运输	管道运输
运送能力	较大	大	大	小	大
速度	较高	较高	低	高	—
运输成本	较高	较低	低	高	低
安全性	一般	好	好	较好	好
适应性	强	强	弱	较强	弱

2. 通路

通路是运输系统中连接运输始发地、到达地，供载运工具安全、便捷运行的线路。某些通路是自然形成的，如空运航线、水运的江河湖泊、海洋的航路；而大多数则是人工修建的专门设施，如铁路、公路、运河、管道等。良好的通路应具备安全可靠、建造及维护费用低、便于迅速通行及运转、不受自然气候及地理条件影响、使用寿命长、距离短等条件。各种运输方式的运输线路特性比较见表1-2。

各种运输方式的运输线路特性比较　　　　　　　　　表1-2

运输线路特性	运输方式				
	公路运输	铁路运输	水路运输	航空运输	管道运输
线路类型	混合、双向道路，国、省、县乡道路	标准、窄轨、宽轨 单线、双线	远洋、沿海航道 内河航道	航路，固定、非固定航线	石油、天然气、固体等管道
线路分级	高速、普通公路（一~四级公路）	高速、重载、普通铁路（一、二、三级及地方铁路）	国内、国际航线	国内、国际航线，支线	集输管道、干线管道、分配管道
通行能力指标	通行能力（辆/小时、辆/日）	年输送能力，万吨线路通过能力，对/昼夜	无限制	无限制	管道直径

3. 场站

场站是指交通运输工具出发、经过和到达的地点，为运输工具到发停留，客货集散装卸，售票待运服务，运输工具维修、管理，驾驶及服务人员休息，以及运输过程中转连接等的场所。理想的场站应具备地位适中、设备优良齐全、交通便利、自然气候条件良好、场地宽敞等条件。综合交通运输体系中各种运输方式场站特征见表1-3。

综合交通运输体系中各种运输方式场站特征 表1-3

场站特征	运输方式				
	公路运输	铁路运输	水路运输	航空运输	管道运输
场站	汽车站	铁路车站	港口	机场	储存库、压力站
分类	服务区(站)、客运站、货运站	客运站、货运站、中间站、区段站、编组站、特、1~4等站	沿海、内河港口、国际航运中心	国际、国内机场（1~4级机场）、枢纽、干线、支线机场	低压储气罐、高压储气罐
技术指标	到发能力 辆/日（小时）运量/年	通过能力（列/昼夜）办理辆数（辆/日）	年通过能力（泊位、场库、装卸能力）	飞行区等级 导航及救援等级 跑道系统容量 飞行扇区容量	功率:kW 压力:MPa

4. 动力

动力是交通运输发展的基本要素,现代运输的动力如蒸汽机、内燃机、电动机、核能发动机等,利用煤、石油、电力、核燃料等多种能源,产生推动运载工具所需之动力。良好的动力设备应具备构造简单、操作方便、维修容易、成本低、能源方便取得且价廉、能源使用效率高等条件。综合交通运输体系中各运输方式动力特征见表1-4。

综合交通运输体系中各运输方式动力特征 表1-4

动力特征	运输方式				
	公路运输	铁路运输	水路运输	航空运输	管道运输
动力	内燃机、电动机	内燃机车、电力机车	内燃机、电动机	内燃机	压缩机
动力类型	汽油、柴油、气体、电力	柴油、电力	柴油、核动力、电力	汽油	柴油、电力
技术特征	中小功率 最高车速 耗油量(L/km) 制动距离	大功率,单机功率 3000~6000kW 可低速起动 制动性能	载质(客)量 排水量 航速	载质(客)量, 飞行速度,爬升, 起降性能	功率、压力

5. 控制及通信

控制及通信设备是交通运输工具安全、高效运转的重要手段,对保证运输持续与安全,提高运输服务质量与运输效率有重要作用。现代交通运输网络的规模和运输负荷不断增大,运输系统更加复杂,运输速度越来越快,载质量和密度不断提高,市场竞争激烈,对运输服务品质的要求更高,对信号控制及通信的功能及可靠性的要求也更高。良好的控制及通信设备应具备功能优良、性能可靠、操作简便、维修容易等条件。综合交通运输体系中各运输方式通信及控制系统特征见表1-5。

综合交通运输体系中各运输方式通信及控制系统特征　　　　　表1-5

通信及控制系统特征	运输方式				
	公路运输	铁路运输	水路运输	航空运输	管道运输
通信	电线、光缆、无线、卫星	电线、光缆、无线、卫星	电线、光缆、无线、卫星	高频、甚高频、通信系统VHF、呼叫系统SELCAL	电线、光缆、无线、卫星
通信技术特征	兼容	大容量专用	兼容	专用	兼容
信号控制	点、线、区域控制信号、安全、ITS系统	半自动、自动闭塞、调度集中、CTC模式	定位导航 自动操纵 安全系统	导航设备 监视设备	监控系统
信号控制发展趋势	自动化、智能化	自动化、智能化	自动化、智能化	自动化、智能化	自动化、智能化

6. 人员及经营管理

载运工具、通路、场站、动力、控制与通信都属于运输系统的硬件要素,仅仅具备这些要素,还无法构成运输系统,还不具备运输系统的功能。人员及经营管理的思想、理念、原则、程序与方法,则是构成运输系统的必要条件,且是运输系统的重要构成要素。

运输服务的提供需要驾驶人员、机械维修人员、运输工具上的服务人员(如列车员、空中服务员等)及运输工具外的服务人员(如铁路、公路运输的售票员、货运员、空运地勤的售票、物流人员),以及许多其他业务管理与经营人员的参与,才能使那些硬件运输系统构成要素或设施真正发挥作用。而相关的经营管理组织与制度的建立,则是保障运输系统各要素之间能够协调配合,有效运转,充分发挥其功能的基本保证。良好的管理与组织,必须具备完善的组织体系与完整的规章制度、分工合理、调度指挥灵活等条件。综合交通运输体系中各运输方式运营管理特征见表1-6。

综合交通运输体系中各运输方式运营管理特征　　　　　表1-6

运营管理特征	运输方式				
	公路运输	铁路运输	水路运输	航空运输	管道运输
机构	运营公司 个体运输代理	国家经营 私人经营 运输代理	运营公司 个体运输代理	航运公司 个体经营	国家经营 运营公司
模式	多种模式	高度集中 分级管理	多种模式	多种模式	集中管理
特点	市场化	部分垄断	市场化	市场化	部分垄断

三、交通运输各子系统的特点

交通运输系统的五种运输方式都有其适用区域,其在交通运输系统纵向上分化细密,横向上重叠交错。在满足人或物的空间位移的要求上具有同一性,但它们所采取的技术手段、运输工具和组织形式等都不相同。因此,各运输子系统所形成的技术性能(如速度、质量、连续性、保证货物的完整性和旅客的安全、舒适性等)、对地理环境的适应程度和经济指标(如能源和材料消耗、投资、运输费用、劳动生产率等)都是不同的。

1. 公路运输系统

公路运输机动灵活、适应性强、深入性和方便性好，能满足多方面、多种运输的需求。可以实现门到门直达运输，避免中转环节，减少货损货差。在中、短途运输中，运送速度较快。据统计，运距在200km以下时，公路运输的货运速度比铁路快4~6倍。公路运输的原始投资少，资金周转快，回收期短，利润大。据美国的资料报道，公路运输的资本每年可以周转3次，而铁路3~4年才可以周转1次。与火车驾驶员或飞机驾驶员培训相比，汽车驾驶技术比较容易掌握，对驾驶员各方面的素质要求相对也比较低，掌握车辆驾驶技术较容易。另外，公路运输还可以为其他运输方式提供集散或接运服务，公路运输还可负担铁路、水路运输达不到的区域内的运输，它是补充和衔接其他运输方式的运输。

在短距运输时，公路运输的速度明显高于铁路，但在长途运输业务方面，有着难以弥补的缺陷：一是耗用燃料多，造成途中费用过高；二是机器磨损大，因此，折旧费和维修费用高；三是运量小，运输成本高，与铁路运输相比，若运送同样质量的货物，公路运输所耗用的人力多，如一列火车车组人员只需几个人，公路运输则需配备几百名驾驶员，因此，汽车运价远高于铁路和水路；第四，运行持续性较差；第五，公路运输的安全性较差。据历史记载，自汽车诞生以来，已经吞噬掉3000多万人的生命，特别是20世纪90年代开始，死于汽车交通事故的人数急剧增加，平均每年达50多万人。这个数字超过了艾滋病、战争和结核病人每年的死亡人数。此外，公路运输对环境污染较大。汽车所排出的尾气和引起的噪声也严重地威胁着人类的健康，是大城市环境污染的最大污染源之一。总之，公路运输(高速公路除外)与其他运输方式相比，投资少、资金周转快、投资回收期短，且技术改造较容易。公路运输的缺点是单位运输成本较高；运行的持续性较差；交通事故率比其他运输方式高；耗油量大、噪声大、废气污染严重；客运的舒适程度较差等。

2. 铁路运输系统

铁路运输系统主要承担着中、长途的运输任务。铁路运输的优势主要体现在：铁路运输能提供较大的线路输送能力和通过能力。一般单方向自动闭塞双线铁路可达1亿t/年(通过能力最大利用程度能实现1.7亿~1.8亿t/年)；单方向单线铁路可达0.17亿~0.18亿t/年(最大能实现0.5亿~0.6亿t/年)。铁路能以较快的直达速度运输货物。假定一般普通货物列车的速度为100%，直达列车则为130%~140%，虽比城间公路运输(相对速度为180%~200%)慢，但比内河航运(相对速度为60%~70%)和管道运输(相对速度为40%~50%)要快。铁路运输能提供全天候、多方向的运输服务。铁路运输不受气候、季节条件的限制和影响，不像水路运输，受水系方向、水量大小以及拦堤截坝的影响。铁路运输还具有耗能省的特点。据测算，在等量运输下，铁路、公路和航空的能耗(油耗)比为1:9.3:18.6。从总体运输成本上看，铁路运输具有明显的成本优势。铁路、公路、水路、航空的客运成本之比为1:1.59:6:5.54；铁路、公路、水路、航空的货运成本之比为1:6.23:0.64:17.2。铁路运输还具有安全性好、污染小的特点，在旅行安全性、舒适性方面也比公路有一定的优势。由于铁路运输具有上述的技术经济特点，因此，铁路运输极适合国土幅员辽阔的大陆国家；适合运送经常的、稳定的大宗货物；适合运送中长距离的货物运输以及城市间的旅客运输的需要。铁路运输的缺点是：投资大。据统计,目前我国每修建1km铁路,需要投资400万元以上,消耗120~150t的钢轨、零部件等金属。而每修建1公里的高速铁路,投资在1亿元以上。建设周期长;占用土地多;铁路短途运输平均成本高,在单位运输成本中,因为始发和终到作业所占的比重与运输距离成反比,所以50km以内的短途运输成本,铁路运输要比公路运输高;铁路运输受轨道限制,必须有其他运输方式支持。

3. 水路运输系统

水运船舶载运量大,劳动生产率高。航道通过能力高,技术上的发展潜力大;运输成本低。在国际上,铁路运输成本比公路运输成本便宜20%~30%,水路运输成本比公路运输成本便宜2/3;水运投资省、见效快;占用土地少;运输货种几乎不受限制,特别适宜运输长大件。水运的主要缺点是:航运速度慢;运输过程中换装倒载环节多;受地理条件和季节气候影响大,内河还要受冬天封冻、水量大小以及拦堤截坝的影响。

4. 航空运输系统

航空运输速度快,机动性大。航空运输的最大优势是速度快,现代喷气运输机,时速都在900km/h上下,比海轮快20~30倍,比火车快5~10倍;航空运输不受地形地貌、山川河流的阻碍,只要有机场并有航路设施保证,即刻开辟航线;如果采用直升机,则机动性更大;建设周期短,投资少,回收快;占用土地少;舒适;安全。航空公司的运输管理制度也比较完善,货物的破损率较低,如果采用空运集装箱的方式运送货物,则更为安全。节约包装、保险、利息等费用。由于采用航空运输方式,货物在途时间短,周转速度快,企业存货可以相应减少。一方面有利资金的回收,减少利息支出,另一方面企业仓储费用也可以降低。又由于航空货物运输安全、准确,货损、货差少,保险费用较低。与其他运输方式相比,航空运输的包装简单,包装成本减少。这些都构成企业隐性成本的下降,收益的增加。当然,航空运输也有自己的局限性,主要表现在航空货运的运输成本和运价比其他运输方式高,不适合低价值货物;机舱容积和载质量小,对大件货物或大批量货物的运输有一定的限制;飞机飞行安全容易受恶劣气候影响,从而影响准时性;此外,速度快的优势在短途运输中难以充分发挥,因此,只适宜于500km以上的长途客运,以及鲜活易腐或时间性强、价值高的货物运输。

5. 管道运输系统

在五大运输方式中,管道运输有着独特的优势,主要体现在:管道运输运量大,一条输油管线可以源源不断地完成输送任务,根据管径的大小不同,其每年的运输量可达数百万吨到几千万吨,甚至超过亿吨;占地少,分别仅为公路的3%,铁路的10%左右;受各种恶劣气候条件的影响小,便于长期稳定运输,运输的连续性好;劳动生产率高,整体性强,可以在调度指挥系统中心实现远程控制,自动化程度高,便于管理;耗能低、运费低;发达国家采用管道运输石油,每吨千米的能耗不足铁路的1/7,在大量运输时的运输成本与水路运输接近,因此,在无水条件下,采用管道运输是一种最节能的运输方式;管道运输是一种连续工程,运输系统不存在空载行程,因而系统的运输效率高,理论分析和实践经验已证明,管道口径越大,运输距离越远,运输量越大,运输成本就越低,以运输石油为例,管道运输、水路运输、铁路运输的运输成本之比为1:1:1.7。沿程无噪声,漏失污染少,安全性好,据对西欧石油管道的统计,输送漏失量仅占输送总量的$4/10^6$左右。易燃的油、气密闭于管道中,挥发损耗少,比其他运输方式安全得多;建设周期短,费用低,国内外交通运输系统建设的大量实践证明,管道运输系统的建设周期与相同运量的铁路建设周期相比,一般来说要短1/3以上,天然气管道输送与液化船运(LNG)相比较,以输送300万m^3/年的天然气为例,如建设6000km管道投资约120亿美元,而建设相同规模(2000万t)液化船厂的投资则需200亿美元以上,另外,需要容量为12.5万m^3的液化船约20艘,一艘12.5万m^3的液化船的造价在2亿美元以上,总的造船费约40亿美元,仅在投资上,采用液化船就大大高于管道。管道运输的缺点是:不如其他方式灵活;承运的货种比较单一(主要是油、气和煤炭);货源减少时不能改变路线;当输送量降低较多,并超出合理的营运范围时,运输成本会显著增大。故管道运输仅适用于单向、定点、量大的货物运输。

四、交通运输系统的性质及地位与作用

1. 交通运输系统的性质

交通运输业是一个不创造新的可见物质的产业部门,其生产活动不提供具有实物形态的产品,只是实现旅客和货物的时空位移。如果把整体国民经济比作人的躯体,交通运输就是它的循环系统。交通运输系统在整个国民经济大系统中起着纽带的作用,它把社会生产、分配、交换和消费各个环节有机地联系起来,是保证社会经济活动得以正常进行和发展的前提条件。交通运输系统具有以下性质。

1)交通运输系统对于国民经济系统具有基础性

交通运输系统的基础性表现在:工农业生产、人民生活及其他社会经济活动诸方面对交通运输系统有着普遍的需求性。交通运输系统是社会经济最基础的子系统,是其他子系统得以有效运转的主要载体,是各子系统之间协调发展的基本条件,也是社会再生产得以延续的不可缺少的基本环节。

2)交通运输系统对于空间、地域与时间具有较强的依附性,即具有不可挪动性

对交通运输系统的这一特性,要从两方面来理解:一方面,交通基础设施(路网、港口、车站等)在空间和地域上不能挪用,必须就地兴建,哪里运输能力不够,就要在哪里建设路网和港站,不能把其他地区闲置的运输能力转移过来;另一方面,运输能力在时间上不能挪用,由于运输与生产、消费是同时发生的,运输能力不能像其他行业的产品那样可以储存备用,也不能靠临时突击来解决,而是要长期有计划地、持久地建设和积累。

交通运输系统的这一特性,决定了交通运输系统的发展和国民经济其他生产子系统的发展在时间上有着密切配合的相关性,而这种相关性又表现为交通运输系统的发展必须适度超前。因为交通运输建设一般投资较大、建设周期较长,从开始兴建到形成综合生产能力,需要一定的过程和时间。同时交通运输系统的这一特性,又决定了交通运输系统的建设在运力上要保持一定的富裕程度。因为各行业对交通运输的需求在时间上、运量上都存在着随机性,一定的富裕程度就可以随时使需求得到满足,使整个社会经济系统处于良性循环状态。

3)交通运输系统对社会和经济系统的贡献具有间接性和隐蔽性

这是从交通运输系统的基础性派生出来的特征。其主要表现在:第一,它的经济效益除少部分体现在上交国家的利税外,更重要的是蕴含在运输对象拥有者身上;第二,运输需求

是从其他社会经济活动中派生出来的,交通运输只是实现目标的手段,而并非最终目标;第三,交通运输对国民经济的影响是全局性的,而交通建设项目本身的效益则主要是通过对国民经济所带来的巨大效益所体现的。

4) 交通运输系统内部各种运输方式在一定程度上具有可替代性

交通运输系统的公路、铁路、水路、航空和管道运输5个子系统,各有各的技术经济特征,既合理分工又相互协调、相互补充。在完成具体的运输任务时,对运输方式、运输工具的选择上在一定程度上可以优化选择,并存在着某些替代关系。正是由于这种可替代性,才使得发展现代综合运输体系成为可能。

2. 交通运输系统的地位与作用

1) 交通运输系统是国民经济发展的先决条件

在现代化大生产条件下,无论是现有企业的生产,还是新经济区的开发、新建项目的动工,都必须具备相应的运输条件,考察一个地区投资环境好坏的一个很重要的标志就是看该地区交通运输的状况。早期水运和铁路的发展,曾为资本主义工业化的生产开辟了道路。19世纪美国西部的开发;20世纪日本及亚洲"四小龙"公路、外向型经济的起飞,都是以优先发展交通运输业为前提的。我国的建设实践也证明了这一点。

交通运输业产值在国内生产总值(GDP)中所占的比重,可以反映交通运输业在整个国民经济发展中所处的地位。由于交通运输是经济发展的支持服务性产业,该指标同时也综合反映了国民经济对交通运输的总需求状况。美国经济学家库兹涅茨对57个资本主义国家和地区的统计分析后得出结论:当人均GDP低于360美元时。交通运输邮电业产值占GDP的比重在5.2%~5.9%;当经济发展水平继续提高时,这一比重相应提高,可达10%左右;当人均GDP达到1382美元后,交通运输邮电业产值比重反而下降并趋向稳定。这反映了在整个工业化发展的前期,即在进入能源工业、重工业和化学工业发展阶段的过程中,交通运输业的比重有较大提高;而在工业化进程达到一定水平后,运输能力积累已基本适应需求。同时,产业结构的调整使高精度加工产品比重上升,大宗原材料和粗加工产品比重下降,以及由于私人轿车的发展使公共客运发展减缓,从而使总的运输需求增长速度下降。相应的,交通运输业产值比重有所下降并逐步稳定。

2) 交通运输是实现流通的物质手段

流通的最终目的就是在社会再生产过程中加速商品和资金的周转,而交通运输是实现流通的物质手段。运输发达,则可以减少商品流通过程所占用的时间,节约流通费用,加速资金周转。

3) 交通运输是开发资源、联系城乡、发展横向联合、实现生产力合理布局的纽带

资源的开发、经济发达地区的形成,都有待于交通的开通。比如,我国东部交通运输系统较为发达,由此带动了整个东部经济的发展;而西部地区则相对落后,尽管西部许多地区资源非常丰富,但由于运输很不发达,所以难以实现全面开发。

4) 交通运输业是国民经济的重要生产部门,又是工业生产的巨大市场

交通运输业除提供就业和产生直接的经济效益外,其发展也为其他工业部门提供了巨大的市场:铁路、港口、公路、机场大规模修建促进了建筑业的发展;各种运输机械对金属的需求是采矿业和冶金工业取得迅速发展的动因之一;运输业的巨大能源消耗促进了煤炭和

石油工业的兴旺;运输工具的大量生产对机械加工业的发展起着积极的推动作用;交通运输业还是成熟技术应用的广阔市场;新材料、新工艺、高技术在汽车、飞机、造船、铁路装备及通信中的应用前景十分可观。

5) 交通运输是实行对外开放、发展对外贸易的必备条件

对外开放是我国的基本国策。一方面,我们要通过学习国外先进的技术和经验,增强我国自力更生的能力;另一方面,还要把自己融入国际经济的分工协作和循环中去,提高自己在世界市场的竞争能力。这就要求我们既要完善法制、管理水平等"软设施",又要完善包括通信、运输在内的"硬设施",为引进技术和投资创造良好的环境。

6) 交通运输对社会精神文明建设起着积极的促进作用

交通运输不仅是国民经济和工农业生产的重要环节,同时也是社会精神文明传播的触角和导线。多年的建设经验表明,运输线路延伸到哪里,就把财富带到哪里,把文明带到哪里,使那里的物质和精神面貌焕然一新。

小 结

本章介绍了系统的概念及系统特性;系统思想的形成;系统理论的构成及主要观点;系统的分类;以及运输系统的概念、组成及特征。

思 考 题

1. 什么是系统?怎样理解系统?
2. 怎样理解交通运输系统的性质和作用?
3. 怎样理解系统的整体性、相关性、目的性和适应性?
4. 试从系统的角度,分析交通运输系统以及各子系统的系统特性。
5. 试分析交通运输系统的特性,并分析交通运输系统所具有的特殊系统特性。
6. 怎样理解交通运输系统的系统特性?试举例说明。
7. 一般系统论的主要论点是什么?试阐述其主要观点在交通运输系统中的作用。
8. 控制论的主要论点是什么?试阐述其主要观点在交通运输系统中的作用。
9. 信息论的主要论点是什么?试阐述其主要观点在交通运输系统中的作用。
10. 协同论的主要论点是什么?试阐述其主要观点在交通运输系统中的作用。
11. 耗散结构理论的主要论点是什么?试阐述其主要观点在交通运输系统中的作用。
12. 突变论的主要论点是什么?试阐述其主要观点在交通运输系统中的作用。
13. 说明系统思想在交通运输管理中的作用。

第二章 系统工程与运输系统工程

第一节 系统工程

一、系统工程的概念

系统工程(Systems Engineering,简称 SE)是 20 世纪 60 年代初开始形成的一门学科,不论是在理论上还是在实践上,都还处在发展的时期。更由于不同的研究人士对系统工程的理解不同,以及系统工程与其他许多学科的相互渗透性,所以,到目前为止,对于什么是系统工程? 系统工程的本质是什么? 系统工程是怎样产生的? 系统工程的原理和方法是什么? 系统工程包含哪些内容? 系统工程有些什么价值? 仍然没有一个统一的解释。

1. 系统工程的定义

国内外许多系统工程学者曾从不同的角度来解释系统工程,无非都是从系统工程的研究对象、研究方法、研究内容、研究目的等方面来定义系统工程。下面引述一些有代表性的定义:

(1)1967 年,美国学者切斯特努特(H. Chestnut)在其所著的《系统工程学的方法》一书中指出"系统工程学是为了研究由多数子系统构成的整体系统所具有的多种不同目标的相互协调,以及系统功能的最优化,最大限度地发挥系统组成部分的能力而发展起来的一门科学"。

(2)1967 年,日本在《JIS—Z8121》中的定义为"系统工程学是为了更好地达到系统目标,对系统的构成要素、组织结构、信息流动和控制机构等进行分析和设计的一种技术"。

(3)1971 年,东京工业大学寺野寿郎教授在其所著的《系统工程学》一书中的定义为"系统工程学是为了合理地开发、设计和运用系统而采用的思想、程序、组织和手法等的总称"。

(4)1975 年,美国科学技术词典中的定义是"系统工程是研究彼此密切联系的许多要素所构成的复杂系统的设计的科学。在设计这种复杂系统时,应有明确的预定功能及目标,而在组成它的各要素之间及各要素与整体之间又必须能够有机地联系、配合协调,以使系统总体达到最优目标。在设计时还要考虑到参与系统中人的因素和作用"。

(5)目前我国对系统工程的提法、定义,采用的是 1978 年我国著名学者钱学森在《组织管理的技术——系统工程》一书中的解释:"系统工程是组织管理系统工程的规划、研究、设计、制造、试验和使用的科学方法。"

系统工程的早期定义大多停留在对系统工程狭义上的理解,如美国切斯特努特以及日本 JIS 标准给出的系统工程的定义，虽然都明确了系统工程的理论基础是系统思想，但对其主要任务的认识却只局限在分析、综合、模拟、优化上。日本寺野寿郎为系统工程所作的定义拓宽了系统工程的内容，将系统的组织技巧也纳入其中。自此，明确了系统工程的研究内容包括两大方面：一是从系统开发、系统分析、系统优化到系统决策的一套系统的设计、制造过程；二是该设计、制造过程的规划、组织、管理。钱学森进一步指出了系统工程是一种对所有系统都具有普遍意义的科学方法。

西安交通大学汪应洛先生在《系统工程理论、方法与应用》中定义系统工程时，总结了其理论与方法是"自然科学、社会科学的某些思想、理论、方法、策略与手段"；应用对象为"人们的生产、科研或经济活动"；研究内容为以"最优设计、最优控制和最优管理"为目的的系统分析、设计、制造和服务，以及以"充分发挥人力、物力的潜力"为目的的各种组织管理活动；而系统工程的总目标是"综合最优化"。

2. 系统工程的典型事例

为进一步地理解系统工程的思想、性质和方法，先看以下事例。

1）事例1：都江堰工程

地处我国四川省都江堰市的都江堰工程是举世瞩目的水利工程，是公元前 250 年由蜀郡太守李冰父子带领当地人民修建的一项防洪灌溉工程。据考证，四川的美称——天府之国的得名，就来源于都江堰工程。在此项工程兴建之前，四川的情况可以用三句话来形容，这就是"洪水泛滥""土地龟裂""民不聊生"，根本不是什么天府之国。"洪水泛滥"说明有的地方水太多了；而"土地龟裂"则又说明有的地方水太少了。怎样来解决这个问题呢？经过分析，李冰等人提出了修建都江堰工程的方案。该工程的目的是从岷江的水资源中引水以满足整个灌区的用水需求，这个需求包括两个方面：一是来水不能过大成洪；另一方面又不能过少成旱，且对水的含沙量也有限制标准。为了达到此目的，李冰等人将整个工程分成了三个主要部分："鱼嘴"岷江分洪工程、"飞沙堰"分洪排沙工程、"宝瓶口"引水工程，而且这三个部分巧妙地结合成了一个整体。据今天的试验，这项工程在排沙、引水、防洪等方面都作了精确的分析计算，使工程兼有防洪、灌溉、漂木、行舟等多种功能，化害为利，极好地解决了川西平原的防洪灌溉问题。该项工程不仅在施工期间有一套管理办法，而且还建立了持续不断的维修制度，每年按规定淘沙修堤，使工程经久不衰，至今仍在发挥效益。都江堰工程体现了非常完善的整体思想、优化思想和开放、发展的系统思想，即使从现在的观点来看，仍不愧是世界上一项宏伟的水利工程，是系统工程建设的典范。

2）事例2：皇宫修复工程

宋真宗时（960—1127 年），皇城（今河南开封）失火，宫殿烧毁。皇帝命大臣丁谓主持皇宫的修复工作，并限期完工。当时既无汽车、吊车，又无升降机、搅拌机，一切工作都只能靠人挑肩扛。最令丁谓头痛的是，京城内烧砖无土，盖房无建筑材料，还有大量的建筑废料不知该如何处理。经过反复的考虑，丁谓提出了一套巧妙的施工方案：首先是把皇宫前面的一条大街挖成沟渠，用挖出来的土就地烧砖，就近就地解决了部分建筑材料的问题；其次是引水，将挖好的沟渠与开封附近的汴水接通，引水入渠，形成航道，使用最经济有效的运输方式，运进砂石，保证工程的顺利进行；最后，等皇宫修复后，将水撤掉，再把碎砖废土填入沟中，修复大街。这项工程将烧砖、运送建筑材料及工程收尾、处理废物等四个环节巧妙地联系起来,节约了大量的人力、物力和时间,体现出了典型的系统工程的思想。

3) 事例3:泰勒的科学劳动组织

泰勒在米德维尔钢铁公司工作的时候,发现工厂的劳动生产率不高与缺乏科学的管理有关。为了改进管理,他把工人的劳动过程从三个方面进行分析。首先是工序分析:一项工作可以分为哪几个工序?这些工序之间有哪些关系?工序分析解决了工序划分和组成的合理性问题。其次是动作分析:如工作场地的布置、双手动作的交叉配合等,解决了完成各工序的合理动作问题。三是时间分析:解决了劳动时间的合理消耗问题。这三个方面的分析,既有定性分析,又有定量分析;既有单项分析,又有整体协调,体现出来的也是一种系统工程的思想。通过这些分析,使劳动组织得到了完整、合理、科学和协调。

4) 事例4:阿波罗登月计划

阿波罗计划(Apollo Project),又称阿波罗工程,是美国国家航空航天局组织实施的载人登月工程,其系统目标是:10年内把人送到月球表面并且安全返回地球,并要求在最短的时间内,以最少的费用,胜利完成登月计划。这项工程从1961年5月开始,到1972年12月第6次登月成功结束,历时约11年,耗资254亿美元。

如此庞大的阿波罗登月计划之所以能如期完成,很关键的一点就在于运用系统工程方法进行了有效的组织和管理。在工程高峰时期,该项工程共有2万多家大小公司和企业,120多所大学,80多个科研机构参加了该项工程,总人数超过42万人,使用了600多台大型计算机,研制的零部件多达300多万种。

这项工程包括:研制并试验重型登月火箭;研制并试验"阿波罗"登月飞船;建设巨大的登月港;选拔和培训登月航天员;建设遍布全球的测控通信网;建立载人飞行控制中心。同时这项工程还实施了多项"阿波罗"计划的辅助计划,包括为掌握航天员出舱活动和飞船交会对接技术执行的"双子星"载人飞行计划;为获得月球表面和环境数据,进行月球着陆场选址实施的无人月球探测计划。

阿波罗登月飞船的外形看上去并不复杂,不过是由三个机舱段构成的:推进舱、轨道舱、返回舱。但其内部构成却极其复杂,是由结构与机构、制导导航与控制、热控、推进、测控与通信、数据管理、电源、回收着陆、环境控制与生命保障、仪表与照明、应急救生、乘员、有效载荷等13个分系统组成的。位于飞船底部的推进舱,主管飞船的动力;位于飞船中部的核心舱段的返回舱,是航天员升空、返回及生活工作的座舱,也是飞船的控制中心及与地面联络的通信中心;轨道舱的内部则安装了各种仪器,可用于科学试验及对地观测。13个分系统按其功能分别密布在三个舱段中,共同承担着飞船遨游太空的神圣使命。在如此庞大而又复杂的系统工程中,可谓环环相扣,哪一个分系统出了问题,哪怕是一点点极小的毛病,都可能带来无法挽回的损失。这一规模宏大的工程,工程技术的复杂程度难以想象,仅土星5号火箭就有上百万个零部件,涉及成百上千种复杂的工序,只要有一处隐患,就可能造成箭毁人亡的惨剧。阿波罗计划的成功实施,为系统工程管理提供了可供借鉴的典范。

通过上述实例可以看出,什么样的工程可以看作是系统工程,系统工程是怎样提出问题、归纳问题和解决问题的。我们来概括一下上述实例的基本思想:①实例中有水利工程、建筑工程、管理工程、技术工程,这就是说,一般涉及的科学、技术、工程、生产、经济、管理等方面的比较复杂的事物,都可以作为系统工程看待、处理。②作为系统工程看待和处理的首要条件就是把要研究和处理的事物看作是一个系统、一个整体。③在把一个事物作为一个系统来看待的前提下,分析这个系统的各个组成部分及各个组成部分之间的关系。④找出建立这个系统的各个组成部分间合理、协调关系的办法。系统性不仅表现在系统整体协调的关系上,而且还反映在处理事物的方法、步骤和程序上。⑤无论是对整体,还是对过程的分析、协调都坚持最优化的原则,坚持定性与定量相结合的原则。

二、系统工程的本质与特点

1. 系统工程的本质

要理解系统工程的本质,一是要从系统工程所体现的"系统性"上去理解;二是要从系统工程与其他工程的区别方面来理解。所谓系统性问题,就是系统设计、开发、管理、控制的目的性、整体性、相关性、最优性、综合性和环境适应性问题。系统工程就是为了解决工程进入系统发展时代所产生的系统性问题而发展起来的一门学科,是以过去发展起来的许多科学技术和管理技术为基础发展起来的,并且把这些科学技术从横的方面联系起来而形成的一门高度综合的科学。系统工程是工程战略、工程技术、组织管理和工程哲学的统一。所以就其本质来说,系统工程是一门"社会-技术"学科。

系统工程与其他工程相比,其区别在于:

(1)工程概念的不同:传统的工程概念,是指制造"硬件"的技术过程,如把自然科学的原理和方法应用于设计和生产机床、电动机等,而系统工程的"工程"概念不仅包含"硬件"工程,而且包含与设计和制造"硬件"紧密相关的"软件"工程,如规划、计划、方案等。这就扩展了传统"工程"的含义,给"工程"赋予了新的内容。

(2)研究对象的不同:一般工程都有其特定的研究对象,如物流工程研究的对象是物流、物流信息、交通工具、交通网;道路工程研究的对象是交通需求、道路网规划和道路建设等。而系统工程则是以"系统"为研究对象,不仅包括各种工程技术的物质研究对象,而且还包含社会系统、经济系统、管理系统等非物质研究对象。

(3)研究方法的不同:作为一门独立的科学,系统工程有它独特的思想方法、理论基础、程序体系和方法论。它的思想方法被称为是"系统"方法,它是在对系统的概念、系统的基本构成及系统的各种形态进行深入研究的基础上,把研究对象作为一个整体系统来考虑,并按照整体最优的方法进行分析、设计、制造和使用。

2. 系统工程的特点

系统工程与一般工程相比,有如下的特点:

(1)研究思路的整体化:系统工程研究思路的整体化,表现在既把要研究的对象看作一个系统整体,又把研究对象的过程看作一个整体,从整体出发,全面地考虑系统的研究过程,以实现整体最优化。

(2)应用方法的综合化:系统工程强调对各个学科和各个技术领域的成就和方法互相融合、互相渗透、综合运用。阿波罗登月计划的总指挥韦伯就曾经说过:"阿波罗登月计划没有一项新发明的自然科学理论和技术,它都是现代科学技术的应用,关键在于综合。"这充分说明了系统工程的特点,即系统工程并不是创造或发现新理论、新定理、新定律,而是综合应用有关的科学技术来解决一些系统性的问题。

（3）组织管理的科学化：没有组织管理的科学化，就很难实现研究思路的整体化和应用方法的综合化，也就不能充分发挥出系统的效能。

（4）管理工具的现代化：使用最现代的应用数学技术、工程技术、信息技术和电子计算机技术，使得大型复杂系统的最优化问题的解决成为可能，同时也进一步推动了系统工程的发展。

无论是中国古代的都江堰水利工程、皇宫修复工程，还是现代的泰勒的科学劳动组织，以及阿波罗登月工程，无一不体现出上述系统工程的特点：从整体出发，综合应用各种技术和方法，对整个工程的全过程实施最优设计、最优规划、最优制造、最优运营和最优管理。

三、系统工程的产生和发展

1. 萌芽时期（1900—1956 年）

20 世纪以来，由于社会生产力的高度发展，现代科学技术活动的规模迅速扩大，工程技术复杂程度的不断提高，使自然科学、技术科学和社会科学之间的整体性联系日益突出，使得人们迫切需要一种全新的、能适应这种新情况的方法，这就是一种能够从系统的角度去观察、思索、分析、解决问题的方法。系统工程正是为适应和加强这种整体性而产生的一门崭新的边缘学科。

早在 1911 年，泰勒提出科学管理概念的同时，就萌发了系统工程的概念。美国贝尔电话公司很早就开始使用"系统的考察"（system thinking）或"系统的途径"（system approach）这类术语了。1940 年贝尔电话公司实验室正式使用"系统工程"这个名词，在发展美国微波通信网络时，应用了一套系统工程的方法论，取得了良好的效果。随着运筹学、PERT 技术等的一系列系统方法的出现，逐渐发展成系统工程学的理论。1945 年，美国空军成立了兰德（RAND）公司，创造了许多数学方法来分析复杂大系统，并借助于计算机取得了不少显著的成果，也为现代系统工程学奠定了基础。同时，系统工程方法开始在电力、通信、交通等部门被广泛地采用。

2. 初步形成时期（1957—1964 年）

1957 年美国密执安大学的两位教授古德（H. H. Goode）和马克尔（R. E. Machol）的专著《系统工程学》发表，正式宣告了系统工程学的诞生。1958 年，美国在北极星导弹的研究中，首先采用了计划评审技术（PERT），有效地进行了导弹研究系统的计划管理，从而把系统工程方法推进到了管理领域。20 世纪 60 年代初，美国电气工程师学会在科学与电子部门设立了系统科学委员会。在此期间，英、美两国还出版了大量系统工程方面的书籍。而计算机的推广与运用，又使系统工程进入了以计算机为主要工具、以现代控制论为基础的多变量最优控制阶段。

3. 成熟发展时期（1965 年至今）

1965 年 A. D. Hall（霍尔）在《系统工程方法论》一书中进一步确定了系统工程的内容、方法和应用途径、范围等问题。应该说，系统工程是应实践的需要并以科技水平及人们的认识水平为条件而产生的。系统工程之所以日益受到各个国家、社会各个部门的重视，并非由于它具有独特的新理论，而在于它的社会实践所带来的效益。系统工程的发展历史就是它在实践中被推广应用并不断取得成效的历史。

20 世纪 70 年代以后，系统工程进入到解决各种复杂的社会-技术、社会-经济系统的最优控制、最优管理阶段。其应用范围包括国家系统、社会系统、生产系统、工业系统、运输系统、流通服务系统等。

1972 年 10 月,苏、美、日、法、联邦德国等 17 国在奥地利维也纳成立了国际应用系统工程研究所,该所负责人是美国人,研究人员约 80 余人。我国于 1956 年成立了中科院数学所运筹学研究室;1979 年 10 月,成立了中国系统工程学会;1980 年 2 月成立了中科院系统科学研究所。随后,一些大专院校陆续设立了系统工程教研室或研究室,有的院校还招收了系统工程专业的本科生和研究生。

总之,系统工程学的发展,每个国家都有各自不同的道路。美国是从运筹学的基础上发展起来的,日本是从美国引进系统工程学的理论通过质量管理发展起来的,而苏联则是在控制论的基础上发展起来的。尽管各国的发展道路不同,但目标是一样的,这就是应用各种先进的科学管理方法和技术,谋求系统总体的最优化。

四、系统工程方法论

系统工程的核心是系统思想。系统思想上升到哲学高度即为系统论,是对系统科学的哲学阐述,也可称为系统科学哲学。系统工程方法论是在系统论的指导下研究系统工程方法的一门学问,主要探讨各种方法的形成和发展、基本特征、应用范围以及它们的相互关系。系统工程方法是系统工程方法论研究的对象,是一套以系统思想为指导,旨在提高和改善解决问题的效率及有效性的原则和步骤。

1. 硬系统方法论(Hard System Methodology,简称 HSM)

自 20 世纪 60 年代以来,国内外许多学者对系统工程的方法进行了大量的研究,其中论证的比较全面、具有一定代表性、影响较大的是美国贝尔电话研究中心的霍尔,他在 1962 年提出的基于时间维、逻辑维、知识维的系统工程"霍尔三维结构方法论",又称"霍尔三维结构体系"(Hall Three Dimensions Structure)。

霍尔的"三维结构体系"概括了系统工程的一般步骤、具体阶段和涉及的知识范围。具体地说,就是将系统工程的活动,按照时间维分为前后紧密相连的 7 个阶段,按照逻辑维将每个阶段又分为相互联系的 7 个步骤,同时又考虑到为完成各阶段和各步骤所需要的各种专业知识。这样,系统工程的整个活动过程就是由时间维、逻辑维、知识维构成的立体空间结构,如图 2-1 所示。

(1)时间维。三维结构中的时间维表明系统工程的工作,从系统规划阶段到系统更新阶段按时间顺序,可分为 7 个工作阶段:

①规划阶段:即制定系统工程活动的规划

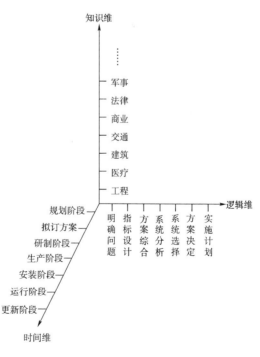

图 2-1 三维结构体系图

和战略;

②拟订方案:提出具体的系统计划方案;
③研制阶段:实现系统的研制方案,并制订生产计划;
④生产阶段:生产出系统的构件及整个系统,并提出安装计划;
⑤安装阶段:实现系统的安装,并完成系统的运行计划;
⑥运行阶段:系统按照预期的用途服务;
⑦更新阶段:取消旧系统代之以新系统,或改进原系统,使之更有效地进行工作。

(2)逻辑维。三维结构中的逻辑维表明系统工程的工作,在每一个工作阶段,按照系统工程的方法来思考问题和解决问题时的思维过程,可分为7个步骤:

①明确问题:既弄清问题的实质,要解决的是什么问题,希望达到什么样的要求。并尽可能地收集和提供解决问题有关的资料和数据(历史的、现状的、发展的);
②指标设计:设计出具体的评价系统功能的指标,以利于衡量所有可供选择的系统方案;
③方案综合:按照问题的性质及系统总的功能要求,形成一组可供选择的方案,明确各个方案所对应的系统的结构和相应的参数;
④系统分析:对系统的目的、环境、结构、费用、效益等进行充分的论证与分析,为系统方案的选择提供科学、可靠的依据;
⑤系统选择:即系统最优化,通过对系统模型的求解,找出最优方案;
⑥方案决定:由决策者选择一个或多个方案实施试行;
⑦实施计划:对试行计划不断地修改、完善,并把它们确定下来,以保证顺利地进入系统工程的下一个阶段。

(3)知识维。三维结构中的知识维表明为完成上述各阶段、各步骤所需要的知识和各种专业技术。霍尔进一步阐述了这些知识包括工程、医疗、建筑、交通、商业、法律、军事、管理、社会科学和艺术等。这也充分说明了各种专业知识在系统工程中的重要性。

将系统工程的7个逻辑步骤和7个工作阶段归纳在一起,列成表格,称为系统工程活动矩阵,见表2-1。

系统工程活动矩阵表　　　　表2-1

时间维(阶段)	逻辑维(步骤)						
	明确问题	系统指标设计	系统方案综合	系统分析	系统选择	方案决定	实施计划
规划阶段	a_{11}	a_{12}	a_{13}	a_{14}	a_{15}	a_{16}	a_{17}
拟订方案	a_{21}	a_{22}	a_{23}	a_{24}	a_{25}	a_{26}	a_{27}
系统研制	a_{31}	a_{32}	a_{33}	a_{34}	a_{35}	a_{36}	a_{37}
系统生产	a_{41}	a_{42}	a_{43}	a_{44}	a_{45}	a_{46}	a_{47}
系统安装	a_{51}	a_{52}	a_{53}	a_{54}	a_{55}	a_{56}	a_{57}
系统运行	a_{61}	a_{62}	a_{63}	a_{64}	a_{65}	a_{66}	a_{67}
系统更新	a_{71}	a_{72}	a_{73}	a_{74}	a_{75}	a_{76}	a_{77}

系统工程活动矩阵中的 a_{ij} 表示系统工程的一组具体活动。例如,a_{11} 表示在完成系统规划阶段中的明确问题这一步骤所进行的活动。a_{46} 表示在系统生产阶段进行方案决定活动

等。在活动矩阵中所列的各项活动是相互影响、紧密联系的,为使系统在整体上取得最优效果,应把各阶段、各步骤的活动反复地进行。

2. 软系统方法论(Soft Systems Methodology,简称 SSM)

霍尔的三维结构方法论的特点是强调明确目标,其核心内容是系统分析与系统优化。霍尔认为,现实问题都可以归结为工程问题,从而可以应用定量分析方法求得最优的系统方案。20 世纪 60 年代期间,系统工程主要用来寻求各种战术问题的最优策略,或用来组织、管理大型工程建设项目,因而,比较适合应用霍尔的方法论。而且,也取得了巨大的成就。但是,从 20 世纪 70 年代中期开始,系统工程越来越多地用来研究社会经济系统的发展问题,例如 1975 年 Quand 的"公共决策"、Dror 在 1968 及 1971 年的"政策科学"和 Hoos 在 1976 年的社会系统的系统分析等研究都试图应用硬系统思想解决软系统问题。但由于这类问题涉及的社会因素量多而且复杂,很多因素又难以进行定量的分析,以上几项研究应用的效果都不甚理想。为适应这种发展的需要,从 20 世纪 70 年代中期开始,有些学者开始对霍尔的方法论提出了修正,特别是英国兰卡斯特大学的切克兰德(P. Chechrand)系统地提出了对霍尔方法论的修正意见。

切克兰德有过多年与传统的硬系统方法论打交道的工作经验,他目睹了此类方法技术在处理复杂问题尤其是包含有社会因素的问题时,是如何无能为力。因此,从 20 世纪 60 年代开始,切克兰德就致力于寻找解决复杂的社会性问题的有效方法。通过在企业界实地进行的一系列研究项目和长达数年的应用分析,他最终提出了软系统方法论,并于 1981 年公开了软系统方法论完整的理论体系,也即我们今天所了解的 SSM。切克兰德认为:完全按照霍尔的解决工程问题的思路来解决社会问题或"软系统"问题,会碰到许多困难。尤其是在设计价值系统、系统模型化和系统最优化等步骤方面,有许多因素是很难进行定量化的分析的,因而,切克兰德提出了自己的方法论,他把霍尔的方法论称为"硬系统"方法论,并把自己提出的理论称之为"软系统"方法论。

切克兰德认为霍尔的"硬方法论"比较适合求解"硬系统"类的问题。所谓"硬系统"问题又称为"结构化问题",这类问题的目前状态及期望达到的未来状态是明确的或可以确定的,系统工程人员所要做的工作就是选择合适的方案使目前状态顺利地转化为期望的未来状态。然而,现实中存在着大量的"非结构化"的问题,这类问题的目前状态和未来状态都不是十分明确,甚至是完全模糊的,因此,无法用硬系统的方法解决。软系统与硬系统、结构化与非结构化问题是相对的。一般来说,无法归之为硬系统的系统就是软系统或非结构化问题。软系统问题往往涉及人的主观因素,系统目标不够明确,评价指标不够清楚,目标能否达到也取决于人的主观因素。只要人们感到涉及的问题已经解决,或有所改善,或对问题有了进一步的理解,就可以认为已经达到了目标。

软系统方法论是解决软系统问题的一种新颖的思路,其解决问题的步骤是:

(1)问题现状说明:说明现状,目的是改善现状。这一阶段主要是非结构化问题描述。

(2)弄清问题的关联因素:弄清楚与改善现状有关的各种因素及其相互关联的情况。

(3)建立概念模型:该步骤建议对现实世界进行系统的思考。

(4)改善概念模型:对所建立的概念模型进行分析。提出改进的方案、意见和思路等,并得到改进的概念模型。

(5)概念模型与现实系统的比较:即将改进的概念模型与当前的系统进行比较,目的是要发现两者之间的不同之处及产生的原因,以便进一步改进。

(6)系统更新:在以上分析的基础上,根据可能性与需要确定系统需要做哪些调整、改进和变化,并具体实施。

切克兰德方法论的出发点是:社会经济系统中的问题往往很难像工程技术系统中的问题那样,事先将目标、条件给定清楚,因而,也就难以按照价值系统的评价准则设计出符合这种目的的最优系统方案。所以,切克兰德方法的核心不是"最优化",而是"比较",或者说是"学习"。从模型和现状的比较中来学习改善现状的途径。"比较"这一步骤,含有组织讨论、听取各方面有关人员意见的意思,从而就不一定非要进行定量分析,这就能更好地反映社会经济系统的特点。

目前,软系统方法已被广泛用于社会卫生系统规划、政策制定及实施方案;航空后勤系统的再设计;邮政系统设计;国防系统命令、控制及交流的信息需求研究;农业研究院的组织与发展问题;公司市场营销计划系统设计等,并已取得了预期的研究效果。

五、系统工程的技术内容

系统工程以多种专业的科学技术为基础,综合了工程技术、运筹学、应用数学、社会科学、控制论、信息论、管理科学、计算机科学等专业学科的内容,但它不是孤立地运用各门学科的技术内容,而是把它们从横的方向联系起来,综合地加以运用,形成了一门新的科学。系统工程涉及的学科内容极为广泛,其主要技术内容如下。

1. 运筹学

运筹学是应用数学方法研究系统最优化问题的科学,是系统工程的主要基础理论之一。运筹学的方法论与系统工程的方法论有相近之处,但运筹学主要是用于处理具体的技术性的问题,而系统工程则主要是用于处理全局的战略性的问题。应用运筹学处理问题的一般步骤如图2-2所示。

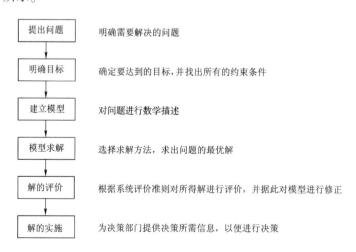

图2-2 运筹学解决问题的一般步骤

运筹学是一门多分支的应用科学,其主要分支有:线性规划、非线性规划、整数规划、动态规划、图论和网络理论、排队论、决策论、对策论、存储论、搜索论等。

2. 概率论与数理统计

数理统计用来研究如何取得系统的数据、如何进行系统数据的分析和数据整理；而概率论则用于概率型系统模型的描述。

3. 数量经济学

数量经济学是在经济理论的指导下，在定性分析的基础上，利用数学方法和计算技术来研究系统的经济数量、数量关系、数量变化及其规律性。

4. 技术经济学

技术经济学是一门跨自然科学和社会科学，同时研究技术与经济两个方面的交叉学科。它是用经济的观点分析、评价系统技术上的问题，研究技术工作的经济效益，为制定系统的技术政策，确定系统的技术措施和选择系统的技术方案提供科学的决策依据。

5. 计算机科学

由于系统工程要处理的系统，往往非常庞大而且复杂，要对系统进行详尽的分析，获得一个好的系统方案，就要借助于电子计算机，以实现对大量数据的整理、分析和计算，还可以对某些系统方案进行计算机模拟试验。由于使用了电子计算机这种现代化的管理工具，使得系统工程这门技术具有更强的生命力，也促进了这门新兴学科的迅速发展。

6. 管理科学

管理成为科学是在20世纪初形成的。1911年，泰勒在总结了他几十年管理经验和管理理论的基础上，出版了《科学管理原理》一书，从而开创了科学管理的新阶段。其后，法约尔（法国）、韦伯（德国）、甘特（美国）、吉布尔雷斯夫妇（美国）、福特（美国）等人的有关管理的理论为科学管理的发展、巩固和提高作出了杰出的贡献。

第二次世界大战以后，由于运筹学、工业工程以及质量管理等理论的出现和应用，形成了新的管理科学，它强调建立数学模型和利用计算机技术，从而为实现现代化管理提供了技术、方法和工具。与此同时，还出现了其他一些现代管理理论，如社会系统理论、系统管理理论、权变理论、管理过程理论等。这些新理论的形成使管理从"科学管理"阶段逐步地过渡到了"管理科学"的阶段。

管理科学的形成促进了系统工程的进一步发展，而系统工程思想和方法在现代化管理中的渗透和应用，又必须在管理科学的基础上才能实现。

总之，如果说系统学是为了科学地大规模改造世界提供基础理论的话，运筹学、计量经济学、计算机科学、管理科学则是为科学地大规模改造世界提供一般的最优化方法、科学的管理工具，而系统工程，则是从宏观的角度为科学地大规模改造世界提供组织管理技术和方法。

第二节　运输系统工程

一、运输系统工程的含义

世界交通运输业发展的历史证明：国家现代化，交通必先行。当今世界交通运输业进入了一个新的发展阶段,其基本趋势是:①根据物流、客流的发展态势和产、供、销各运输环节协调匹配的原则,综合运网向着总体优化方向发展;②根据各种运输方式的经济特性和客货运量择优分配原则,运输结构得以进一步的优化和完善;③根据布局合理、能力平衡、换装方便、组织和经营机构健全的要求,货物联合运输,特别是国际集装箱多式联运发展迅速;④根据迅速、方便、舒适、安全等交通行为的新要求,旅客捷运系统已从一国向全世界范围发展;⑤为适应国际联运发展的需要,运输管理信息系统和通信导航系统在全球得到高速发展和推广应用。交通运输的现代化,需要现代化的管理手段和管理方法,只有运用系统工程这样一门综合性的组织管理技术,才能解决交通运输这样一个复杂大系统的现代化管理问题。

交通运输系统工程是以交通运输系统的整个运输活动为对象,将运输系统中的人员、运输工具、运输线路(航线)、运输基础设施、运输信息等作为一个整体,从系统的观点出发,运用系统工程的原则和方法,为交通运输活动提供最优规划和计划,进行有效的协调和控制,并使之获得最佳经济效益和社会效益的组织管理方法。

二、运输系统工程的内容

交通运输系统是典型的复杂系统,交通运输系统的组织管理需要系统工程,特别是复杂系统工程。第二次世界大战后期,美国在运输舰队中采用了运筹学的方法。到了20世纪60年代初,系统工程在运输系统中开始广泛应用,并出现了利用计算机对城市交通系统的在线控制。20世纪70年代起,运输系统工程成为发达国家运输业普遍采用的一项工程技术。它从小规模利用微型计算机对车场车辆调度、火车站点调用、飞机航班控制和轮船停靠码头调度的最优化,发展到采用大型数字计算机进行运输系统中的长期规划、运输量的预测、运输政策仿真等全局性的工程。

运输系统工程的内容包括:运输系统分析、运输系统预测、运输系统的优化控制、运输系统综合评价、运输系统决策、运输系统模拟。

运输系统分析:包括运输系统目的分析、运输系统结构分析、运输系统的性能分析、运输系统的环境分析。

运输系统预测:包括运输系统预测意义、运输系统常用的预测方法等。

运输系统的优化控制:讨论运输系统的日常管理控制方法——网络计划评审技术。

运输系统评价:讨论运输系统评价的意义、运输系统单项指标的评价、运输系统综合评价指标体系的制定、常用的运输系统综合评价方法。

运输系统决策:讨论运输系统决策的意义、决策问题的分类以及运输系统常用的决策方法。

运输系统模拟:讨论运输系统模拟的意义、运输系统模拟的主要方法及其在运输系统中的应用。

小 结

本章首先介绍了系统工程的概念;系统工程的本质与特点;系统工程的产生与发展;系统工程的一般方法;系统工程的技术内容。其次,介绍了运输系统工程的含义及内容。

思 考 题

1. 什么是系统工程?怎样理解系统工程与一般工程的区别?
2. 系统工程的本质及特点是什么?
3. 运输系统工程的研究内容是什么?
4. 系统工程有哪些研究内容?
5. 系统工程有哪些应用范围?
6. 系统工程有哪些工作阶段?
7. 什么是系统工程三维结构的时间维、逻辑维和知识维?
8. 怎样理解系统工程是现代化的组织管理技术?
9. 联系交通运输系统的管理实际,说明系统工程在交通运输系统中的作用。

第三章　运输系统分析

第一节　系统分析

一、系统分析的基本概念

所谓系统分析,是指从系统的角度出发,对需要改进的已有系统或准备建立的新系统进行定性和定量的理论分析或实验研究,从而完成系统目的的重审、系统结构的分析、系统性能的估计、系统效益的评价、系统和环境相互影响的分析以及系统发展的预测,为系统综合、系统规划设计、系统协调、系统优化控制和系统管理提供理论和实验依据。以上对系统分析的解释,阐述了系统分析的出发点、系统分析的对象、系统分析的方法、内容和目的。

系统分析的目的在于:通过对系统的分析,认识各种替代方案的目的,比较各种替代方案的费用、效益、功能、可靠性以及与环境之间的关系等,得出决策者进行决策所需要的资料和信息,为最优决策提供科学可靠的依据。系统分析与系统优化、系统决策之间的关系如图 3-1 所示。

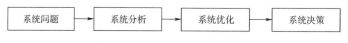

图 3-1　系统分析与系统优化、系统决策的关系图

二、系统分析的对象及内容

系统分析不同于一般的技术经济分析,它必须从系统的整体出发,采用各种分析方法,对系统进行定性、定量的分析。系统分析的对象可以分为对现有系统的分析和对新开发系统的分析。对不同的分析对象,系统分析的内容也不同。

1. 对现有系统的分析

分析的目的是对现有系统做进一步的认识,使系统尽可能实现最优运转。对现有系统进行系统分析时,既要注意对系统的外部进行分析,又要注意对系统的内部进行分析。

对系统外部的分析,主要是对系统所处的外部环境以及系统与外部环境之间的关系进行分析,包括宏观外部环境和微观外部环境分析。如根据国内外政治经济形势,研究交通运输系统在国民经济中的地位;当前国家对交通运输系统的政策;与交通运输系统经营活动有关的各方面的现状,如运输市场和货源的情况;同行业的生产情况、技术水平等所作的分析。

对系统内部的分析,主要是系统构成要素的分析;系统要素间关系的分析;系统的结构分析;系统功能的分析等。如分析一个交通运输企业的构成要素:如果把企业看作是一个投入产出系统,其内部要素主要包括三部分:一是需要投入的资源要素;二是需要将这些要素合理组织、使用的管理要素;三是资源要素与管理要素相结合而产生的能力要素。这三大要素又由若干个要素构成:资源要素包括人力、财力、物力、信息资源、技术资源、市场资源、环境资源等;管理要素包括计划、组织、控制、人事、激励和企业文化等;能力要素包括供应能力、生产能力、营销能力、科研开发能力等。这三大要素中,资源要素与管理要素是系统最基本的条件要素,而能力要素虽然不是基础性的条件要素,但却是系统不可缺少的功能性要素,也可以说是比这两个基础性要素更高层次的要素。系统对外部环境的适应性、竞争性均是这些能力要素的综合体现。系统是靠这些要素求生存,求发展的;系统内部条件要素分析的最终落脚点就是能力的分析,但这种分析必须考虑到基础性要素与功能性要素之间的关系。

2. 对新开发系统的分析

分析的目的使新开发设计的系统达到整体最优。分析的内容可以是新系统的投资方向、工程的规模、厂址(港址)的选择、生产环节的布局、工程系统的设计、工艺方案的确定、设备配置以及生产过程的组织和设计等。

对新开发系统进行分析时,特别要注意运用逻辑推理。系统分析人员要不断地提出一系列的为什么,直到问题取得圆满的答复,系统分析提问见表3-1。

系 统 分 析 提 问　　　　表3-1

分析内容	第一次提问	第二次提问(Why)	第三次提问
对象	做什么(What)	为什么做这个	对象是否已经清楚
目的	是什么(What)	为什么是此目的	目的是否已经明确
地点	在何处做(Where)	为什么在此处做	有无其他更合适的地点
时间	在何时做(When)	为什么在此时做	有无其他更合适的时间
人员	由谁做(Who)	为什么由此人做	有无其他更合适的人选
方法	怎样做(How)	为什么用此方法做	有无其他更合适的方法
费用	有多少(How)	为什么需要这些费用	费用是否最经济

这些提问可以归结为7个"W",首先回答是什么,然后再回答为什么,还要进一步分析有无替代方案。只有圆满地回答了以上的提问,才能对系统的开发目的、系统的开发地点、系统的开发时间、系统开发人员、系统开发方法以及系统开发费用等有一个完整、清晰、圆满的答案。

实践证明,对那些技术比较复杂、投资费用大、建设周期长、特别是存在不确定的相互矛盾因素的系统,系统分析更是不可缺少的一环。只有做好了系统分析工作,才能获得良好的系统设计方案,才不至于造成技术上的大量返工和经济上的重大损失。

在这方面有许多成功的例子。美国由阿拉斯加东北部的普拉德霍湾油田向美国本土运送原油就是其中一例。

【例3-1】 管道运输系统分析

(1)系统开发对象:原油运输系统。

(2)系统开发目标:每天由阿拉斯加的油田向美国本土运送200万桶原油。

(3)系统开发环境:油田处于北极圈内;海湾常年处于冰封状态;陆地更是常年冰冻,最低气温达-50℃。

(4)提出的问题是:应如何设计原油运输系统,才能达到系统的目标?

(5)系统方案设计:

方案1：由海路用油船运输。

方案2：用带加温系统的输油管运输。

(6) 系统分析：

对于方案1，其优点是：每天仅需要4～5艘超级油轮即可满足运量的要求，比铺设油管省钱。存在的问题是：第一，要用破冰船引航，这样既不安全又增加费用；第二，起点和终点都要建造大型油库，这又是一笔巨额花费；第三，考虑到海运可能受到海上风暴的影响，油库的储量应在油田日产量的10倍以上，以保证需求量的供应。归结起来，方案1的主要问题是：不安全、费用大、无保证。

对于方案2，其优点是：可以利用成熟的管道输油技术。存在的问题是：第一，要在沿途设加温站，这样一来，管理复杂，而且要供给燃料，然而，运送燃料本身又是一件相当困难的事情；第二，加温后的输油管不能简单地铺在冻土里，因为冻土层受热后会引起管道变形，甚至造成断裂。为避免这种危险，有一半的管道需要用底架支撑，这样，架设管道的成本费用要比铺设地下油管高出3倍。

(7) 系统分析提问：是否有其他更好的方案呢？

系统进一步分析——提出第一个竞争方案(方案3)。

方案3：有人提出将含有10%～20%氯化钠的海水加到原油中去，使在低温下的原油成为乳液状，且能畅流，这样就可以用普通的输油管道运输了。这个方案获得了很高的评价，而且，取得了专利。其实，这一原理早就用于制作汽车的防冻液了。而将这一原理运用到这个工程中来，是一个有价值的创造。

(8) 系统分析进一步提问：是否还有其他更好的方案呢？

系统进一步分析——提出第二个竞争方案(方案4)。

方案4：将天然气转换为甲醇以后再加到原油中去，以降低原油的凝点，增加流动性，从而用普通的管道就可以同时输送原油和天然气了。

这个方案的提出，充分体现出了系统工程方法的综合性和与各种专业知识的相关性。这个方案是由两个系统分析人员马斯登和胡克提出来的。他们对石油的生成和变化有着丰富的经验和知识，他们注意到，埋在地下的石油最初是油气合一的，这时它们的凝点非常低。经过漫长的时间以后，油气才逐渐分开。方案4与方案3相比更好。第一，不需要运送无用的附加混合剂——海水；第二，不需要另外铺设天然气管道，一个管道，既运气又运油，可谓一举两得。

(9) 系统方案选择：最后选定的是方案4。由于采用这一方案，仅铺设管道费用就节省了近60亿美元，比方案3省了一半的费用。

从这个例子中，我们可以看到系统分析工作的重要性以及系统工程的价值。假如不进行系统方案的分析，仅在方案1、方案2上搞优化，不追寻一系列的为什么，不去寻求更好的系统方案，就不可能得到方案4。即使确定了最好的管道直径、管道壁厚、加压泵站的压力和距离等，也得不到方案4所带来的综合优化。

三、系统分析的原则

系统分析没有特定的方法，必须随着分析对象的不同、分析问题的不同而不同，但系统分析所遵循的原则是一致的。

1. 外部条件与内部条件相结合的原则

任何系统都不是孤立存在的,系统的生存和发展是以外部环境为条件的,环境的变化对系统有着很大的影响。而对系统的外部条件进行分析和研究,在于弄清系统目前和将来所处环境的状况,把握系统发展的有利条件和不利因素。而对系统内部的分析,则为了了解系统的组成要素、要素之间的关系以及系统的结构、功能等,所以,在进行系统分析时,必须将系统内、外部各种有关因素结合起来,进行综合的分析。

比如,对交通运输系统的外部环境进行分析,就包括了宏观外部环境和微观外部环境。宏观外部环境包括:政治环境、经济环境、技术环境、社会文化环境。这些因素对交通运输系统的微观外部环境的影响力较大,一般都是通过微观环境对系统间接产生影响的。微观外部环境包括:运输市场需求、运输市场竞争、运输资源环境等。

2. 当前利益与长远利益相结合的原则

进行系统分析的目的,是要最终实现系统的最优化。所谓系统的最优化,包含着两方面的含义:一是从空间上讲要求整体最优;二是从时间上讲要求全过程最优。因此,选择系统方案时,不仅要从当前利益出发,而且还要考虑到将来的利益。不少客观事实表明:一个系统在当前最优不等于在未来也最优;在全过程的某些局部阶段最优,不等于全过程最优。

例如,交通运输建设是百年大计,是提高国民经济效益的重要因素之一,但交通建设项目本身的经济效益则需要经过一定的时间以后才能够反映出来。如果对这种滞后性不能客观对待,只看眼前利益,不考虑长远利益,重生产轻交通,不重视基础性投资和交通设施的建设,只会是欲速则不达。

3. 局部效益与整体效益相结合的原则

系统是由许多子系统组成的,但是当各子系统的效益都很好的时候,系统的整体效益并不一定会好。系统工程在争取系统总体最优时,必须全面考虑整体与局部以及局部与局部之间的关系,忽略这一点,就很难得到总体最佳的效果。

4. 定量分析与定性分析相结合的原则

马克思曾明确指出"一种科学只有在成功地运用数学时,才算达到了真正完善的地步"。系统工程对这一点非常重视,它始终强调把定性研究与定量研究结合起来。

系统工程所处理的系统各组成部分之间的关系、系统的整体和各个组成部分之间的关系、系统和环境之间的关系、系统的现在和未来之间的关系,一般都是极其复杂的。对这种复杂的关系揭示得越清晰、越深刻、越精确,就越能够取得最优的综合运用效果。

在进行定量分析方面,最典型的是泰勒对铲挖作业进行的分析。

【例3-2】 铲挖作业分析

泰勒在米德维尔钢铁公司进行科学管理方法的探讨时,注意到工厂里的铲挖作业虽然有多种多样,但工人使用的工具——铁铲的大小、形状都是同样的,使得挖铲作业的负载相差非常悬殊。比如,挖满一铲煤仅重1.589kg,而用同样的铁铲挖满一铲铁矿石却重17.252kg,显然用同样的铁铲是不合理的。经过多次实验,他确定了一铲的最理想的质量是9.761kg,为此,他设计了能适应不同挖铲作业的各种铁铲。经过这样的改进,使工厂的铲挖生产率有了显著的提高,在3年半的时间里,从事铲挖作业的工人人数从500名减少到了140名。在这些试验研究的基础上,逐步形成了后来被称为"科学管理"式的"泰勒制"的管理制度。

系统工程虽然强调数学方法,但在目前数学方法也有它的局限性。如对复杂的系统进行战略性决策时,要涉及政治、经济、社会、心理和生态等多方面的因素,要全面地考虑这些因素,不但数学模型中的变量太多,而且有些因素往往暂时还很难以用定量的方法表示。所以,一定要强调定量研究与定性研究的结合使用。

第二节 运输系统目的分析

一、系统目的分析的意义

系统目的的分析,主要是对系统的目的进行重新审查。无论是对现有系统的改造,还是重建一个新系统,都要有明确的目的。对系统目的进行分析,正确地确定系统目的,具有十分重要的意义,因为系统目的的确定将关系到整个系统的方向、范围、投资、周期、人员分配等决策。在系统工程的发展史上,有一个十分典型的例子说明了系统目的审查的重要性。第二次世界大战期间,英国要解决商船物资运输的护航问题,提出了两个方案:一是将高射炮装在陆地上;一是将高射炮装在商船上。如果把目的定为"提高高射炮的命中率",则将高射炮装在陆地上命中率(15%)高于装在商船上(4%);但如果把目的定为"提高商船保存率",则商船上装了高射炮以后,保存率可从75%提高到90%。显然,为了确保物资运输的安全性,应该选择在商船上安装高射炮的方案。

再比如,在进行城市交通系统规划的时候,如果以方便机动车快速安全、便捷行驶为目的,则会以机动车为导向进行规划;首先考虑的是降低交通成本、提高交通安全,同时考虑改善空间结构、减少环境破坏以及维护自然景观等;但如果是以建立人性化的都市空间与运输环境为目的,城市交通系统的规划则会强调亲和力和人性化,首先考虑人民生活环境品质的提升,同时对交通空间加以改造,成为保护行人、美化景观、降低车速、停车有序,并兼顾休闲功能的人性化交通空间。

不少客观实践证明,只有目的正确,有科学依据,符合客观实际,才能产生具有预期价值的系统。当目的不明确、不合理或根本就是错误的时候,就会使开发出的系统变得毫无意义,其结果只能是浪费大量的人力、物力、财力和时间。所以,进行运输系统分析的首要任务就是运输系统目的的重审。随着运输系统在国民经济中的地位越来越重要,综合运输、立体交通的规模越来越庞大,这一工作的意义也就越来越重要。

二、系统目的分析的原则

在进行系统目的分析时,必须遵循以下原则:
(1)技术上的先进性。
(2)经济上的合理性和有效性。
(3)和其他系统的兼容性和协调性。
(4)对客观环境变化的适应性。

三、运输系统目的分析的内容

1. 系统目的的必要性

系统目的的必要性是指改造或新建一个系统究竟是否必要。对这个问题可以从以下4个方面来判断。

(1)现有系统是否出现了与客观环境不适应,或是否出现了与国民经济发展不适应的情况:例如由于石油危机,原来耗油多的大型、豪华型轿车就不再能够适应新的环境,而必须研制生产节油的小型轿车。日本正是看准了这种趋势,及时开发节油小型汽车,才取得了巨大的成功。再如在水上运输系统方面,船舶向大型化,码头建设向专业化、深水化方面发展,这就要求要大力提高港口的装卸能力,码头的装卸工艺及其机械设备也要向大型、高效、自动化的方向发展,否则,就不能适应客观环境的要求。

(2)由于科学技术的进步,现有系统是否过于落后而必须发展新系统:例如港口设备不足、设备陈旧、落后,并有新技术可供采用时,就必须引进新设备、新技术。再如原有的水运通信系统和导航系统的技术、设施早已落后,必须采用新的导航通信设备。目前在水运系统广泛采用计算机技术和最新的通信技术,就是为了使水运业的管理信息系统实现现代化和电子化。

(3)在客观环境中是否出现了功能超过现有系统的竞争系统:如运输系统工艺的变革,新的替代方式的出现等。比如铁路运输方面,最初采用的是蒸汽机车,以后又相继出现了功能更强、性能更好的内燃机车和电力机车。那么,就应该尽快研制、使用新的动力系统,以使整个系统的性能进一步提高。世界上许多工业发达国家的铁路牵引动力在20世纪50—60年代就以内燃和电力机车取代了蒸汽机车,印度从1971年起停止生产蒸汽机车,在1981—1982年度,内燃机车和电力机车牵引完成的货运量已占86%,客运量占55%。而我国,直到1988年,才停止生产蒸汽机车。在其他运输系统中也存在着技术装备水平落后的状况,影响了运输系统能力的发挥。

(4)系统的用户是否提出了新的要求:如果有新的要求,就必须根据新的要求改造原有的系统或研制新的系统。如区域经济的开发,产业结构的调整,产生新的运输需求。例如社会、经济的发展,不仅要求有安全、快速、舒适的公路交通设施,而且交通量的密集化、汽车数量的增长,也要求公路要由量的增加到质的提高,要大力加强公路干线的改建和管理工作。在发达国家,从20世纪70年代开始,公路网里程已基本停止增长,但以原有路网为基础的技术改造工程,以及建设高级、次高级路面以及高速公路的工程仍在继续。

2. 系统目的的可实现性

系统目的的可实现性是指改造或新建一个系统时,提出的系统目标在客观上是否能够实现。如果不能够实现,则系统的改造或新建就不能够产生实际的效果。对这个问题,可以从以下几个方面来考虑。

(1)系统目的的科学性:系统目的的建立要有科学的依据、充分的论证,不能是空想的、盲目的。

(2)系统目的的可实现性:即考虑在现有的技术水平、经济力量、资源条件下是否能够实现系统的目标。

例如我国政府在2007年提出,要"在优化结构、提高效益、降低消耗、保护环境的基础上,实现人均国内生产总值(GDP)到2020年比2000年翻两番"。这个目标就是经过充分论证的、有科学依据的、可实现的目标。这个可实现性可以从两个方面来看:一是从中华人民共和国成立后的历史来看,1953—1981年的29年间全国总产值年递增8.1%;1957—1980年的23年间全国总产值年递增7.6%;1961—1980年的20年间全国总产值年递增6.1%;而1981—2000年的20年间全国总产值年递增为7.2%。自从2000年以来,中国经济延续了高速增长的态势,其中2005年确定的"2010年人均GDP比2000年翻一番"的目标,已经提前在2006年实现。从历史增长速度来看,再考虑进去各种有利的条件和不利的因素,拟定的这个目标是可实现的;二是从国外经济发展的情况来看,日本有10年倍增计划;美国等发达国家在相当于我国经济的基础上翻两番用了30多年的时间,再分析有利条件和不利因素,上述目标实现的可能性是相当大的。

3. 系统目的的完善性

系统目的的完善性是指提出的目的是否充分体现了人们对系统特性要求的多样性和系统本身所具有的多层次性特点。如果充分体现了这些特点,就说明系统的目的是比较完善的。对这个问题,可以从以下几个方面来考虑:

人们对系统要求的多样性:人们对系统,特别是对那些庞大而且复杂的系统的特性往往存在着多种要求。例如设计一辆轿车,人们就有性能好、成本低、耗油少、行驶安全、便于维修和美观大方等多方面的要求,这些要求实际上就是开发汽车系统时所要考虑的系统的目的。

另一方面,由于系统的多层次特点,在改造或新建系统的内部必然存在着层次不同的各级子系统,在审查系统目的的时候,就必须充分考虑这种多层次的特点。不但要审查系统的总目的,还要审查子系统的目的,包括目的的科学性、可实现性以及完善性等。同时,还要考察系统的总目的和各级子系统的局部目的之间、子系统的各个局部目的之间是否协调、是否存在矛盾等。

【例3-3】 某港口以集装箱转运中心为战略目标时,总目标与子目标之间的相应关系

港口发展的总目标是通过组成港口的各个子系统的子目标来实现的。总目标与子目标之间是相互联系、密切相关、相互影响、相互作用的。图3-2所示为某港口以集装箱转运中心为战略目标时,总目标与子目标之间的相应关系。

4. 系统有无具体的指标体系

在系统工程中,目的要通过一系列具体的、定量的目标来实现的。一般来说,目的是宏观的、定性的;而目标则是具体的、定量的。目的由一系列目标所组成,通过目标来实现。如交通控制系统,其目的使交通流安全、迅速、流畅。这个目的是宏观的、定性的,这个目的的实现要靠一系列具体的、定量的目标,如使交叉口的通行能力达到某一设计标准;使控制区域的交通事故减少到规定的某一指标等,从而实现"安全、迅速、流畅"的目的。

一个系统,可能有多个目的,要分为主要目的和次要目的。为了达到某一系统的目的,往往又规定了许多指标,这些指标虽然在数量上很多,但是它们是相互关联、相互影响的,构成了系统的指标体系。确定完善科学的和切合实际的指标体系非常重要,只有正确地完成了这一步的工作,以后的工作才有依据。

确定了系统目的以后,接下来要做的就是系统结构的分析。

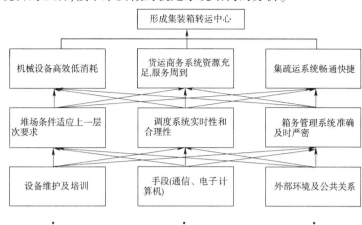

图 3-2　某港口以集装箱转运中心为战略目标时,总目标与子目标之间的相应关系图

第三节　运输系统结构分析

一、运输系统结构的含义

在第一章中,我们讲了整体性是系统的最基本的属性,但为什么系统能够保持它的整体特性呢?就在于系统的结构。系统结构是系统内部各要素相互联系、相互作用的方式或秩序,即各要素之间的具体联系和作用的形式,是系统保持整体性以及具有一定功能的内在根据。

交通运输系统的结构,是指交通运输系统的组成要素及其各要素之间的组成方式和相互关系。交通运输系统结构是产业结构中的一个子系统,是国民经济中唯一供人和货物产生空间位移的基础结构。具体来说,交通运输系统的结构是铁路运输系统、水路运输系统、航空运输系统、公路运输系统、管道运输系统之间在数量上的比例和在空间上、时间上的联系方式。

运输系统结构分析的目的,就是要弄清和理顺运输系统各构成要素(子系统)之间的关系,为实现系统功能建立起优良的系统结构。

二、系统结构与系统功能的关系

1. 结构是完成系统功能的基础

要素与结构是功能的内在根据,功能是要素与结构的外在表现。一定的结构总是表现出一定的功能,一定的功能总是由一定的结构系统产生的。只有依靠结构才能把各个孤立的要素组成一个系统,才能具备所需系统的功能。例如,只有把飞机的各个零部件按照设计中规定的结构装配起来,才能形成一个飞行系统,具备飞行功能。如果把同样的那些零部件乱七八糟地堆放在一起,或不按规定而胡乱地拼在一起,则这些零部件就不会具备飞行功能,因而也不是一个飞行系统。所以说,系统结构是完成系统功能的基础,或者说系统的功能必须凭借结构才能够实现。

2. 不同的系统结构产生不同的系统功能和功能效率

系统的结构不仅在量的方面决定着系统功能的有无,而且在质的方面也影响着系统功能的强弱和系统效率的高低。

例如计算机网络是一种信息系统。在计算机台数和功能相同的条件下,采用分布式结构,即各计算机均和两个以上计算机相连,其工作的可靠性要比采用集中式或环式结构的可靠性高,一般局部故障都不会造成网络的瘫痪。

如果一个运输管理系统在结构上庞大臃肿,互相重叠,管理功能自然不强,效率自然不高。

系统的结构对系统的功能之所以有这样大的影响,是因为结构不同,组成系统的各个要素互相之间的关系和影响就不会完全相同,因而它们所起的协同作用也有所差别。合理的结构必然有利于增强组成系统的各个要素之间的联系与影响,有利于增强各个要素联系在一起后所起的协同作用,从而使系统内部以及系统和环境之间的物质、能量、信息的流动方向、流动速度更加合理,变换和转换效率更高。所以,最优的系统结构必然有利于产生最优的系统功能和最高的功能效率。

三、运输系统结构分析的任务

由于系统的结构决定系统的功能,而且,最优的系统结构有利于产生最优的系统功能和最高的系统功能效率,所以,运输系统结构分析的任务有以下几个方面。

1. 运输系统组成要素分析

分析运输系统由哪些要素组成,这些要素之间具有什么样的关系,这些关系产生什么样的系统结构等。如交通运输系统由公路、铁路、水路、航空和管道运输等五个要素(子系统)构成。而各种运输方式,又都分别有 6 个子系统,即各种运输方式的载运工具、通路、场站、动力、控制与通信、人员及经营管理 6 大基本要素,而这些基本要素又都分别由若干更小的要素(子系统)所组成。

2. 运输系统要素间的关系分析

首先,各种运输方式作为综合运输系统的子系统,它们之间除了在功能上互相衔接,分工与协作之外,还具有互相促进、互相制约和互相替代的关系。各种运输方式之间互相促进作用体现在:某种运输方式的发展,必然会在一定程度上刺激其他运输方式也相应发展,并要求在发展的数量与质量上相当,即要求各种运输方式之间保持协调发展,以求得综合运输系统的整体优化。

各种运输方式之间的互相制约作用体现在:由于社会对交通运输业发展的总需求与总供给(投入)是一定的,若某种运输方式发展过快,必然会导致其他运输方式发展过慢,而且后者会制约前者能力的发挥,以至于各种运输方式之间发展不协调,综合运输系统的优化受到限制。

各种运输方式之间的互相替代作用体现在:若改变运输系统的外部环境或内部技术经济特征,必然会在不同程度上改变各种运输方式的竞争能力及其在综合运输系统中的地位和作用,从而在运输功能上形成替代。

其次，各种运输方式中运输对象、运输工具、运输线路和运输港站场之间除了功能上的互相衔接关系之外，也具有互相促进和互相制约的关系。例如公路运输中，客货种类和数量的增加以及运输品质要求的提高，必然会要求车辆种类和数量增加以及技术经济特性提高，同时也要求公路里程增加以及公路等级提高；反之车辆的种类和数量增加以及性能提高，公路里程增加以及等级提高，必然会刺激客货运输量的增加。又例如，在公路运输中，若车辆投入过多、发展过快，必然会导致公路建设投入过少、发展过慢，公路建设滞后必然会制约车辆运力的充分利用。

3. 运输系统结构分析

分析系统的结构，划分系统的层次，其目的在于从不同的层次和不同的角度来观察和描述系统的结构。而对于运输系统结构的分析，则主要是分析运输系统内外部相互联系的各个方面和环节的有机比例和构成。根据考察角度的不同，运输系统的结构可划分为宏观、中观和微观3个层次。

宏观层次的运输结构，是从国民经济整体考察运输业的运输能力与运输需求的适应程度，以及为了建立适应性运输业而应有的生产要素投入比例和运输业产出比例。中观层次的运输结构，是从运输行业内部考察各种运输方式的构成，以及为了实现合理分工协作所需的比例关系，如各种运输方式的线网规模与地区分布，运输能力的比例，实际完成的客货运量按运输种类、批量、距离的比例等。另外还有微观层次的运输结构，是从每种运输方式内部的各个环节考察其构成比例，如运输线路同运载工具的比例，点（站、港、场）与线的能力协调，资金、劳力投入要素的比例，技术装备构成以及运输企业组织结构等。

上述三个层次是相互渗透，相互影响的，运输结构的宏观适应性要以中观层次的结构优化和微观层次结构组合为基础，中观层次和微观层次则要服从宏观层次的结构要求，运输结构优化的共同目的是用尽可能少的社会资源占用及劳动消耗来充分满足社会的运输需求。

4. 运输系统结构的稳定性分析

系统的稳定性表示系统在其寿命周期内可靠地完成系统应有的功能的能力，系统要发挥其功能，保持良好的结构和稳定的运行状态，就必须具有抗干扰的功能。因此，必须重视系统结构稳定性分析。

5. 运输系统结构的合理性分析

结构决定功能，合理的结构产生优良的功能，进行运输系统结构合理性的分析，就是要想办法创造结构优良的运输系统，防止运输系统的优良结构转化为不良结构；改进结构不良的运输系统，使其向有利的方向转化。

一个运输系统的结构优良，包含了两方面的含义：一是运输系统与国民经济其他系统之间保持一种协调发展的比例关系；二是运输系统内部公路、铁路、水路、航空、管道5种运输方式之间保持一种优化的比例。因此，对运输系统的结构进行合理性分析，有利于建立起整体结构合理、运输资源配置优化的综合运输体系，以增强整个运输系统的综合能力。

从上述几个方面分析运输系统的结构，都是为了提高运输系统的功能。但是运输系统的功能是多方面的,各种功能往往又是互相联系、互相制约、互相影响的。所以,在处理运输系统结构的时候,一定要全面考虑运输系统的各种功能以及各种功能之间的关系。

四、运输系统的合理结构——综合运输通道

在不同的经济发展时期,每种不同的运输方式起着不同的作用,体现出不同的运输结构。世界发达国家的交通运输系统结构,经历了由水运向铁路的转移、公路及航空运输大发展和按照合理利用运输资源的要求协调发展各种运输方式等不同阶段。总的来看,当前的运输结构是在产业结构和运输技术进步等诸方面因素影响下,在相对较长的发展时期内逐步形成的,运输结构已基本趋向稳定,并表现出不同的特征。在客运方面,公路运输在各国普遍占有较大比重,其中在美国和加拿大这种情况尤为突出。在货运方面,运输结构受国土面积和运输资源开发利用情况影响较大,在美国、加拿大等大国,铁路运输占有较大比重;而在德国和日本,则更多地依靠快速灵活的公路运输方式。我国的运输结构近年来一直处于调整变化过程中,发展趋势基本与上述国家相同。那么,什么样的交通运输结构才是合理的结构?如何才能建立起合理的交通运输系统的结构呢?

一个合理的交通运输系统结构,应该是一个能充分发挥各种运输方式的优势,形成分工协作、取长补短、协调发展,运输能力充分的综合交通运输体系,以取得最大的社会、经济效益,并与本国的国情和需求相适应。其基本内容包括:

(1)能在数量和品质上与需求结构保持动态平衡,且具有适当的应变能力和富裕度以及可持续发展空间。

(2)能在一定的投入条件下取得尽可能大的产出(周转量),或在一定的产出条件下能最大限度地节约投入,即实现结构效益最大化。

(3)能充分发挥各种运输方式的技术经济特征,并使各种运输方式间保持协调发展。

(4)能充分、有效地利用本国的运输资源,特别是天然运输资源,并与外贸发展相适应。

在国家工业化的初期,铁路运输起着主导的作用,但随着生产结构和产品结构的不断变化,对客、货运输的品质都提出了更高的要求,货物运输要求更迅速、方便、安全;客运则要求高速、安全、舒适、方便。由于公路、航空等运输方式比铁路运输能更好地满足这些要求,所以在世界各国,公路和航空运输增长的幅度最大,大大高于国民生产总值的发展速度,其地位和所起的作用也越来越重要。在经济高度发达的国家,公路已发展成为客、货运输的主要方式,航空也已发展成为客运的重要方式,铁路运输在各种运输方式的激烈竞争中发展缓慢,甚至有所衰退。管道运输虽受货种的限制,但由于世界经济对石油、天然气等能源的依赖,管道运输也在继续发展,并形成了自己庞大的运输体系。水运则一直在自己的运输范围内稳步成长。

由于不同的运输方式有不同的优势和劣势,站在单一运输方式的立场上难以建成统一的、合理的综合运输体系结构,因此,运输通道理论就应运而生了。运输通道理论形成于20世纪60年代,它是以系统思想为指导,综合运用区域经济学、区位理论、运输经济学、经济地理、运输规划理论和方法而形成的一种新的运输规划理论,目前世界上已经有许多国家运用运输通道理论来有效地规划和建设自己的运输体系结构,以使交通运输系统的结构科学、合

理与优化。

1. 综合运输通道的定义

关于运输通道的定义,目前较权威的有两种:一是公路运输工作者协会在《道路名词定义》一书中解释为"通道是一具有一定起讫点的连续长条地带,为了交通运输建设,需对地带内的交通量、地形和环境进行评价"。另一是国际公共运输联盟在《公共运输字典》的解释"通道指的是某一地理区域,为一宽阔的长条地带。它顺着共同方向的交通流向前伸展,把主要交通流发生地连接起来。可能有若干条可供选择的不同运输路线"。运输通道也可以进一步地解释为"它是国家的产业通道,是运输的大动脉。运输通道具有高密度、高效能、高效益的特点。它是各种运输方式的最佳组合和互相补充,其中,主通道往往是由海运、骨干内河和铁路组成"。

2. 综合运输通道的特点

(1) 区域性:综合运输通道在一定的地理区域内,连接主要的经济点、生产点、重要城市和交通网枢纽,具有明显的区域特征。

(2) 规模性:综合运输通道在其覆盖的运输区域内具有一定规模的、共同的、稳定的交通流,并且具有特定的结构类型。

(3) 集合性:综合运输通道是为了承担一定区域的、具有一定规模的、强大的交通流而建设的具有综合交通运输能力的交通运输线路的集合。

(4) 方向性:综合运输通道具有一定的方向性,多种运输方式、多条运输线路构成的运输集合,沿着共同的方向形成综合运输流。

3. 综合运输通道的构成要素

从系统的角度分析,综合运输通道是一个高度集成化的运输系统,由综合运输通道的含义及特点,可以分析出一个综合运输通道由以下5大部分的基本要素构成:

(1) 所连接的节点:城市是综合运输通道中的节点,综合运输通道沿线所连接的城市群内各大中小城市就是综合运输通道中的"节点"。其中,综合运输通道起终点所连接的两个中心城市就是综合运输通道的"起讫点"。随着"节点"之间相互的经济联系、交流的紧密,城镇化进程的加速,客货运输量将会随之增长。

(2) 运输线路:根据综合运输通道的含义可知,综合运输通道一般由不同的运输方式、走向大致平行的多条运输线路构成,而且同一种运输方式也可能存在多条线路,这些运输线路是支撑综合运输通道的线状交通基础设施。

(3) 运输工具:运输工具是指运输线路上用于承载货物或旅客并使其发生位移的各种设备装置,它们是运输能够进行的基础设备。

(4) 要素流:综合运输通道的基本功能就是输送大量的交通流(包括人流、物流、资金流、信息流和技术流),因此,综合运输通道内的要素流就由这些物质流(人流、物流)和非物质流(资金流、信息流和技术流)构成。

(5) 外部环境:综合运输通道的外部环境是指支撑综合运输通道的地域经济实体。外部环境有广义和狭义两种划分,广义的外部环境指综合运输通道所在的区域运输网络所依托的地域经济实体,包括自然、政治、社会、经济的影响;狭义的外部环境指综合运输通道的直接影响区域,即综合运输通道中运输线路所联系的地域。

上述5个基本要素构成了综合运输通道大系统,其中,前4个要素可认为是综合运输通道的内部构成要素,它们都受到外部环境这个要素的影响。

4. 综合运输通道的分类

综合运输通道按照不同的划分依据,可以分成不同类别。

(1) 按通道经过的地域范围可分为广域运输通道、区域运输通道以及城市及其对外通道。

广域运输通道是指在主要的客、货流方向上配置有强大交通运输系统的运输通道,主要承担国际、国内客货的交流,是国家对外及国内各大经济区之间联系的桥梁,是国家交通运输网上的骨干通道,承担国家主要客货流的运输任务。其功能主要是沟通国内外及国内经济区之间的联系,对国家的经济发展有重大影响。我国现已有的陇海—兰新大陆桥、京沪通道等,都属于广域运输通道。

区域运输通道连接经济区域内的不同地区,是一个经济区内经济联系和主要客货流运输的运输通道,承担区内运输联系。我国目前已经形成的区域综合运输通道有:沪宁运输通道、沪杭甬运输通道、广珠运输通道、广深运输通道、京津运输通道、成渝运输通道。

城市及其对外通道:主要包含市域对外路网中的通道、市区对外路网中的通道和城市的主要交通走廊。市域对外路网中的通道指与城市管辖区域内周边城市之间的通道,如成都中心城与都江堰之间的通道,市区对外路网中的通道指城市中心区与其外围的卫星城、组团或片区之间的通道。

(2) 按运输服务对象划分为客运通道、货运通道以及客货混合运输通道。

客运通道:运输服务对象主要为旅客的运输通道,包含客运专线和以客运为主的通道;货运通道:运输服务对象主要为货物的运输通道,可兼有少量的客运;客货混合运输通道:客货运混合运输的运输通道。

(3) 按运输功能划分为干线通道、集散通道、城市通道和特殊用途通道。

干线通道:连接国家广域内特大城市、首都、省会、直辖市等,为远距离跨省市以及广域特大城市间及其沿线的客货流提供服务;集散通道:连接区域主要城市及其沿线重要城镇等,服务对象为区域城市之间及其沿线重要城镇的客货流;城市通道:连接市区内的重要节点、交通枢纽,为城市居民日常出行和外来人员活动出行提供便利;特殊用途通道:连接国家和省级旅游景区、机场、大型港口、大型厂矿(企业)、军事设施等,为各主要景点的游客、机场、港口码头等的到发客货流提供服务。

五、系统结构分析方法

有很多系统结构分析方法,其中,解释结构模型分析法(Interpretative Structural Modeling,ISM)应用较广,这种方法是利用图论中的关联矩阵原理来分析复杂系统的整体结构的。首先是根据系统中各要素之间存在的潜在关系(系统中各要素之间都存在一定的关系,有些是直接关系,有些是间接关系,有些是层次关系,有些是并列关系),利用图论中的关联矩阵定量地描述这些关系,在此基础上,通过计算,建立系统的结构模型,并对模型进一步分析。这种方法常用来分析社会、经济、环境、规划、管理等方面的问题,为了解系统结构,制定系统规划提供科学的依据。

1. 结构模型的基本性质

(1)结构模型是一种几何模型。结构模型是由节点和有向边构成的图或树图来描述一个系统的结构。节点用来表示系统的要素,而有向边则表示要素间所存在的关系。这种关系随着系统的不同和分析问题的不同,可以理解为"影响""取决于""先于""需要""导致"或其他的含义。

(2)结构模型是一种以定性分析为主的模型。通过结构模型,可以分析系统的要素选择是否合理,还可以分析系统要素以及相互关系变化时对系统总体的影响等问题。

(3)结构模型除了可用有向连接图描述外,还可以用矩阵形式来描述。而矩阵可以通过逻辑演算用数学方法进行处理。因此,如果要进一步研究各要素之间的关系,就能通过矩阵计算,定性分析与定量分析相结合。这样,结构模型的用途就更为广泛,从而使系统的评价、决策、规划、目标确定等过去只凭人的经验、直觉或灵感进行的定性分析,能够依靠结构模型来进一步分析。

(4)结构模型作为对系统进行描述的一种形式,处于自然科学领域所用的数学模型形式和社会科学领域所用的以文章表现的逻辑分析形式之间,它适用于处理社会科学为对象的复杂系统中和比较简单的以自然科学为对象的系统中存在的问题。

总之,通过结构模型对复杂系统进行分析,能够清晰地了解系统的构成要素,要素间的关系,以及这些关系使得系统呈现出何种结构,在此基础上,可进一步分析系统结构的合理性、稳定性等特征。

2. 建立结构分析模型的步骤

(1)提出问题。

(2)确定构成系统的要素集合 S,并将各要素编号,列出要素明细表,记作:

$$S = \{s_1, s_2, \cdots, s_n\} \quad (3\text{-}1)$$

(3)由有关分析人员进行讨论,找出各要素之间的直接关系,且引入如下二元关系式:

$$s_i \ R \ s_j = \begin{cases} 1 & \text{当}\, s_i \,\text{与}\, s_j \,\text{有直接关系时} \\ 0 & \text{当}\, s_i \,\text{与}\, s_j \,\text{无直接关系时} \end{cases} \quad (i,j = 1, 2, \cdots, n) \quad (3\text{-}2)$$

以建立各要素间的直接关系矩阵(邻接矩阵) M。

(4)通过对直接关系矩阵的计算,得到可达矩阵 T。

$$T = M^{n+1} \quad (3\text{-}3)$$

式中:n——直接关系矩阵 M 的阶数。

可达矩阵 T 除了反映系统中各要素间的直接关系外,还可以反映出系统中各要素间的间接关系。

(5)将可达矩阵 T 分解成两个集合:

① $R(s_i)$ 集合:包含由 s_i 可能到达的一切有关系的要素集合,称为 s_i 的母集合。

② $A(s_i)$ 集合:包含一切有关系的要素可以到达 s_i 的,称为 s_i 的子集合。

(6)计算 $R(s_i)$ 与 $A(s_i)$ 的交集,满足 $R(s_i)A(s_i) = R(s_i)$ 中的要素就是系统的最上位要素,即最高层次的要素。

(7)去掉最高层次要素,重复步骤(6),依次分出系统的第二层、第三层……直至最下层要素。

(8) 根据上述分析,画出系统的层次结构图。

由此得到系统的层次结构模型。

3. 系统结构分析

下面通过例子来介绍系统结构模型的建立,以及如何利用结构模型进行系统分析。

【例3-4】 系统结构分析

设系统 $S = \{s_1, s_2, s_3, s_4\}$ 由4个要素组成,行要素记为 s_i,列要素记为 $s_j, j = 1, 2, 3, 4$。

(1) 建立直接(邻接)关系矩阵。

经分析人员初步分析确定,该系统中4个要素之间可建立起如下的直接关系矩阵:

$$M = \begin{array}{c} \\ s_1 \\ s_2 \\ s_3 \\ s_4 \end{array} \begin{array}{cccc} s_1 & s_2 & s_3 & s_4 \end{array} \\ \begin{pmatrix} 1 & 1 & 0 & 0 \\ 1 & 1 & 0 & 1 \\ 1 & 0 & 1 & 0 \\ 0 & 0 & 0 & 1 \end{pmatrix}$$

即:要素 s_1 与 s_2 有直接关系;s_2 与 s_1、s_4 有直接关系;s_3 与 s_1 有直接关系;依此类推。另外,由于每个要素都和自己有直接关系,所以,邻接矩阵主对角线上的元素均为1。

直接关系矩阵只能反映系统要素之间的直接关系,不能反映系统要素间的间接关系。为了反映出系统要素间的间接关系,就必须对直接关系矩阵进行计算,求出系统的可达矩阵。

(2) 求可达矩阵。

可达矩阵 $T = M^{n+1}$,具体计算如下:

$$M^2 = M \times M = \begin{pmatrix} 1 & 1 & 0 & 0 \\ 1 & 1 & 0 & 1 \\ 1 & 0 & 1 & 0 \\ 0 & 0 & 0 & 1 \end{pmatrix} \begin{pmatrix} 1 & 1 & 0 & 0 \\ 1 & 1 & 0 & 1 \\ 1 & 0 & 1 & 0 \\ 0 & 0 & 0 & 1 \end{pmatrix} = \begin{pmatrix} 1 & 1 & 0 & 1^* \\ 1 & 1 & 0 & 1 \\ 1 & 1^* & 1 & 0 \\ 0 & 0 & 0 & 1 \end{pmatrix}$$

上述运算遵循布尔运算规则:

$$0 + 0 = 0 \qquad 1 + 0 = 1 \qquad 1 + 1 = 1$$
$$0 \times 0 = 0 \qquad 1 \times 0 = 0 \qquad 1 \times 1 = 1$$

$$M^3 = M^2 \times M = \begin{pmatrix} 1 & 1 & 0 & 1 \\ 1 & 1 & 0 & 1 \\ 1 & 1 & 1 & 0 \\ 0 & 0 & 0 & 1 \end{pmatrix} \begin{pmatrix} 1 & 1 & 0 & 0 \\ 1 & 1 & 0 & 1 \\ 1 & 0 & 1 & 0 \\ 0 & 0 & 0 & 1 \end{pmatrix} = \begin{pmatrix} 1 & 1 & 0 & 1^* \\ 1 & 1 & 0 & 1 \\ 1 & 1^* & 1 & 1^* \\ 0 & 0 & 0 & 1 \end{pmatrix}$$

$$M^4 = M^3 \times M = \begin{pmatrix} 1 & 1 & 0 & 1 \\ 1 & 1 & 0 & 1 \\ 1 & 1 & 1 & 1 \\ 0 & 0 & 0 & 1 \end{pmatrix} \begin{pmatrix} 1 & 1 & 0 & 0 \\ 1 & 1 & 0 & 1 \\ 1 & 0 & 1 & 0 \\ 0 & 0 & 0 & 1 \end{pmatrix} = \begin{pmatrix} 1 & 1 & 0 & 1^* \\ 1 & 1 & 0 & 1 \\ 1 & 1^* & 1 & 1^* \\ 0 & 0 & 0 & 1 \end{pmatrix} = M^3$$

矩阵中带"＊"号的元素是原直接关系矩阵中所没有的,它反映出了系统要素间的间接关系。由于 $M^4 = M^3$,说明再计算下去已无意义,故有:
$$M^5 = M^4 = M^3 = T$$
即:
$$T = \begin{pmatrix} 1 & 1 & 0 & 1 \\ 1 & 1 & 0 & 1 \\ 1 & 1 & 1 & 1 \\ 0 & 0 & 0 & 1 \end{pmatrix}$$

可达矩阵 T 反映了系统的总体结构。即不仅反映了系统中各要素之间的直接关系,而且反映了系统中各要素之间的间接关系。

例如:由直接关系矩阵可知,s_1 与 s_4 无直接关系,但是从可达矩阵可知,s_1 与 s_2、s_4 有关系,这说明,s_1 与 s_4 的关系是通过 s_2 传递的。

接下来我们就可以利用系统要素间的可达矩阵 T,进一步进行系统结构的层次分析。即:分析系统可以分为几个层次;每个层次又有哪些要素;这些要素是如何相互影响的等。

将可达矩阵 T 分成两个集合:$R(s_i)$ 集合和 $A(s_i)$ 集合,并计算 $R(s_i)$ 与 $A(s_i)$ 的交集,$R(s_i)A(s_i) = R(s_i)$ 中的要素就是系统的最上位要素,即最高层次的要素。去掉最高层次要素,重复上述步骤,依次可分出系统的第二层、第三层⋯直至最下层要素。

仍结合例 3-4 进行系统结构的层次分析,其集合 $R(s_i)$、$A(s_i)$ 及集合 $R(s_i)$ 与 $A(s_i)$($i, j = 1, 2, 3, 4$) 的交集见表 3-2。

第一次计算结果　　　　　　　　　　　　　　　　　　　　　　　　　　表 3-2

要素 s_i	母集合 $R(s_i)$	子集合 $A(s_i)$	$R(s_i)A(s_i)$
1	1,2,4	1,2,3	1,2
2	1,2,4	1,2,3	1,2
3	1,2,3,4	3	3
4	4	1,2,3,4	4

由表 3-2 可以看出,满足 $R(s_i)A(s_i) = R(s_i)$ 集合只有:
$$R(s_4)A(s_4) = R(s_4) = \{4\} = \{s_4\}$$
故:该系统的最上位要素集合是 $\{s_4\} = \{4\}$,该集合中的要素 s_4 是系统的最上位要素。

去掉最上位要素 s_4,得集合 $R(s_i)$、$A(s_i)$ 及集合 $R(s_i)$ 与 $A(s_i)$($i, j = 1, 2, 3, 4$) 的交集见表 3-3。

第二次计算结果　　　　　　　　　　　　　　　　　　　　　　　　　　表 3-3

要素 s_i	母集合 $R(s_i)$	子集合 $A(s_i)$	$R(s_i)A(s_i)$
1	1,2	1,2,3	1,2
2	1,2	1,2,3	1,2
3	1,2,3	3	3

此时,满足 $R(s_i)A(s_i)=R(s_i)$ 集合的有:

$$R(s_1)A(s_1)=R(s_1)=\{1,2\}$$
$$R(s_2)A(s_2)=R(s_2)=\{1,2\}$$

这说明,系统的第二位要素集合是$\{1,2\}$,该集合中的要素 s_1、s_2 是系统的第二位要素。

去掉第二位要素 s_1、s_2 后,只剩下要素 s_3,该要素就是系统的最下位要素。

由以上步骤可知,该系统的结构可分为3个层次,其结构如图3-3所示。

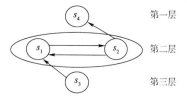

图3-3 例3-4的系统分层有向图

第一层 即该系统的第一个层次中包含一个要素 s_4,第二个层次中包含两个要素 s_1 与 s_2,最后一个层次中包含一个要素 s_3。

由上面的分析结果,我们还可以将原来的集合 $S=\{s_1, s_2, s_3, s_4\}$ 按层次重新排列:$S=\{s_4, s_1, s_2, s_3\}$。按照新的排列,系统 S 的可达矩阵 T 可以写为:

$$T=\begin{matrix}&\begin{matrix}s_1&s_2&s_3&s_4\end{matrix}\\\begin{matrix}s_1\\s_2\\s_3\\s_4\end{matrix}&\begin{pmatrix}1&1&0&1\\1&1&0&1\\1&1&1&1\\0&0&0&1\end{pmatrix}\end{matrix}=\begin{matrix}&\begin{matrix}s_4&s_1&s_2&s_3\end{matrix}\\\begin{matrix}s_4\\s_1\\s_2\\s_3\end{matrix}&\begin{pmatrix}1&0&0&0\\1&1&1&0\\1&1&1&0\\1&1&1&1\end{pmatrix}\end{matrix}$$

在可达矩阵 T 的改写形式中,用虚线框出的部分,是一个子系统,它的元素均为1,这说明在可达矩阵中存在着循环。将此循环去掉,并不改变矩阵 T 的性质。这样,可达矩阵 T 又可以写成:

$$T=\begin{matrix}&\begin{matrix}C_1&C_2&C_3\end{matrix}\\\begin{matrix}C_1\\C_2\\C_3\end{matrix}&\begin{pmatrix}1&0&0\\1&1&0\\1&1&1\end{pmatrix}\end{matrix}$$

其中:$C_1=\{S_4\}$,$C_2=\{S_1,S_2\}$,$C_3=\{S_3\}$。

下面我们再讨论一个复杂一点的结构分析的例子。

【例3-5】 港口与环境系统的结构分析

某经济开发区根据经济发展的需要,拟修建一个新的港口。该港口建成后,将对该地区关联产业的发展、劳动力就业、增加税收等方面带来有利的一面;但同时,也会造成污染等某些公害的发生。经初步分析,该系统的相关要素有14个:

$S=\{$港口建设,劳动力需要,关联产业发展,税收增加,公害及灾害发生,公害及灾害对策,就业机会扩大,所得增加,人口外流的制止,地区购买力增加,繁荣景象发生,公共投资增大,生活及产业基础的整备,商业以其他产业活动活跃$\}=\{s_1, s_2, s_3, \cdots, s_{14}\}$

可以建立起该系统的直接关系矩阵如下:

		(1)	(2)	(3)	(4)	(5)	(6)	(7)	(8)	(9)	(10)	(11)	(12)	(13)	(14)
某港建设	(1)	1	0	0	0	0	0	0	0	0	0	0	0	0	0
劳动力需要	(2)	1	1	0	0	0	0	0	0	0	0	0	0	0	0
关联产业的发展	(3)	1	0	1	0	0	0	0	0	0	0	0	0	0	0
税收增加	(4)	1	0	0	1	0	0	0	0	0	0	0	0	0	0
公害及灾害发生的可能性	(5)	1	0	0	0	1	0	0	0	0	0	0	0	0	0
公害及灾害对策	(6)	0	0	0	0	1	1	0	0	0	0	0	0	0	0
就业机会的扩大	(7)	0	1	1	0	0	0	1	0	0	0	0	0	0	0
所得增加	(8)	0	0	0	0	0	0	1	1	0	0	0	0	0	0
人口外流的制止	(9)	0	0	0	0	0	0	1	0	1	0	0	0	0	0
地区购置力的增加	(10)	0	0	0	0	0	0	0	1	1	1	0	0	0	0
繁荣景象的发生	(11)	0	0	0	0	0	0	0	1	0	1	0	0	0	0
公共投资的增大	(12)	0	0	0	1	0	0	0	0	0	0	0	1	0	0
生活及产业基础的改善	(13)	0	0	0	0	0	0	0	0	0	0	0	1	1	0
商业及其他产业活动的活跃化	(14)	0	0	0	0	0	0	0	0	1	0	0	1	1	1

从直接关系矩阵可以看出,新港口的建设肯定会引起劳动力的需要、其他关联产业的发展、税收的增加和公害及可能发生的灾害等。因而,第一列向量中的1~5分量的影响值均为1。而就业机会的扩大,所得的增加、人口外流的制止以及地区购置力的增加等,则是间接产生的。例如,就业机会的扩大与劳动力的需要及关联产业的发展有关系,所得的增加与就业机会的扩大有关系等。

经过以上分析,确认了个元素之间的关系后,我们即可根据式 $T = M^{n+1}$ 求可达矩阵 T。本例的可达矩阵如下所示:

	(1)	(2)	(3)	(4)	(5)	(6)	(7)	(8)	(9)	(10)	(11)	(12)	(13)	(14)
(1)	1	0	0	0	0	0	0	0	0	0	0	0	0	0
(2)	1	1	0	0	0	0	0	0	0	0	0	0	0	0
(3)	1	0	1	0	0	0	0	0	0	0	0	0	0	0
(4)	1	1	1	1	0	0	1	1	1	1	0	1	1	1
(5)	1	0	0	0	1	0	0	0	0	0	0	0	0	0
(6)	0	0	0	0	1	1	0	0	0	0	0	0	0	0
(7)	1	1	1	0	0	0	1	0	0	0	0	0	0	0
(8)	1	1	1	0	0	0	1	1	0	0	0	0	0	0
(9)	1	1	1	0	0	0	1	0	1	0	0	0	0	0
(10)	1	1	1	0	0	0	1	1	1	1	0	0	0	0
(11)	1	1	1	0	0	0	1	1	0	1	0	0	0	0
(12)	1	1	1	1	0	0	1	1	1	1	0	1	1	1
(13)	1	1	1	1	0	0	1	1	1	1	0	1	1	1
(14)	1	1	1	1	0	0	1	1	1	1	0	1	1	1

$T = $

求出了可达矩阵以后,下一步的工作就是找出最上位的要素集合,第二位的要素集合,第三位的要素集合,以至最下位的要素集合。本例初始的 $R(s_i),A(s_i)$ 及 $R(s_i)A(s_i)$ 见表3-4。

计算结果　　　　　　　　　　　　　　　　　　　　　表3-4

s_i	$R(s_i)$	$A(s_i)$	$R(s_i)A(s_i)$
1	1	1,2,3,4,5,6,7,8,9,10,11,12,13,14	1
2	1,2	2,7,8,9,10,11,4,12,13,14	2
3	1,3	3,7,8,9,10,11,4,12,13,14	3
4	1,2,3,7,8,9,10,4,12,13,14	4,12,13,14	4,12,13,14
5	1,5	5,6	5
6	1,5,6	6	6
7	1,2,3,7	7,8,9,10,11,4,12,13,14	7
8	1,2,3,7,8	8,10,4,12,13,14	8
9	1,2,3,7,9	9,10,11,4,12,13,14	9
10	1,2,3,7,8,9,10	10,4,12,13,14	10
11	1,2,3,7,9,11	11	11
12	1,2,3,7,8,9,10,4,12,13,14	4,12,13,14	4,12,13,14
13	1,2,3,7,8,9,10,4,12,13,14	4,12,13,14	4,12,13,14
14	1,2,3,7,8,9,10,4,12,13,14	4,12,13,14	4,12,13,14

从表3-4中可以看出,最上位的要素集合是1,然后去掉最上位的要素1,继续寻找 $R(s_i)A(s_i) = R(s_i)$ 的要素,得到本矩阵的排列顺序为:

$$1,2,3,5,6,7,8,9,10,11,4,12,13,14$$

按此顺序排列的矩阵如下所示:

$$T = \begin{pmatrix}
 & 1 & 2 & 3 & 5 & 6 & 7 & 8 & 9 & 10 & 11 & 4 & 12 & 13 & 14 \\
1 & 1 & 0 & 0 & 0 & 0 & 0 & 0 & 0 & 0 & 0 & 0 & 0 & 0 & 0 \\
2 & 1 & 1 & 0 & 0 & 0 & 0 & 0 & 0 & 0 & 0 & 0 & 0 & 0 & 0 \\
3 & 1 & 0 & 1 & 0 & 0 & 0 & 0 & 0 & 0 & 0 & 0 & 0 & 0 & 0 \\
5 & 1 & 0 & 0 & 1 & 0 & 0 & 0 & 0 & 0 & 0 & 0 & 0 & 0 & 0 \\
6 & 1 & 0 & 0 & 1 & 1 & 0 & 0 & 0 & 0 & 0 & 0 & 0 & 0 & 0 \\
7 & 1 & 1 & 1 & 0 & 0 & 1 & 0 & 0 & 0 & 0 & 0 & 0 & 0 & 0 \\
8 & 1 & 1 & 1 & 0 & 0 & 1 & 1 & 0 & 0 & 0 & 0 & 0 & 0 & 0 \\
9 & 1 & 1 & 1 & 0 & 0 & 1 & 0 & 1 & 0 & 0 & 0 & 0 & 0 & 0 \\
10 & 1 & 1 & 1 & 0 & 0 & 1 & 1 & 1 & 1 & 0 & 0 & 0 & 0 & 0 \\
11 & 1 & 1 & 1 & 0 & 0 & 1 & 0 & 1 & 0 & 1 & 0 & 0 & 0 & 0 \\
4 & 1 & 1 & 1 & 0 & 0 & 1 & 1 & 1 & 1 & 0 & 1 & 1 & 1 & 1 \\
12 & 1 & 1 & 1 & 0 & 0 & 1 & 1 & 1 & 1 & 0 & 1 & 1 & 1 & 1 \\
13 & 1 & 1 & 1 & 0 & 0 & 1 & 1 & 1 & 1 & 0 & 1 & 1 & 1 & 1 \\
14 & 1 & 1 & 1 & 0 & 0 & 1 & 1 & 1 & 1 & 0 & 1 & 1 & 1 & 1 \\
\end{pmatrix}$$

上面的矩阵中用虚线圈起来的部分是一个子矩阵,它的全部元素均为1,证明有循环存在。将以上计算结果用分层有向图加以表示,如图3-4所示。

图3-4已经清楚地说明了建设新港口的社会经济影响及其影响的层次。

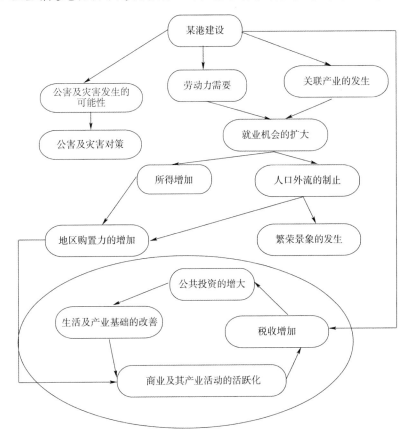

图3-4 某港建设的分层有向图

第四节 运输系统与环境相互影响分析

一、分析的意义

运输系统工程的目的是实现运输系统的总体最优化。要达到此目的,就必须全面考虑运输系统的各子系统之间、运输系统与环境之间的关系。这有两方面的原因。

1. 系统之间保持协调关系是系统功能发挥的保证

在研究系统的结构时,我们曾明确地指出过:结构是完成系统功能的基础,最优的结构有利于产生最优的功能和最高的功能效率。这就是说,系统的功能不完全取决于系统的结构,系统的结构再好,如果外部环境不能正常地为它提供输入,或不能正常地接受它的输出,或不断地对它进行干扰和破坏,这个系统的功能潜力是很难充分发挥出来的。甚至会根本无法正常地执行系统的功能。

2. 系统之间物质、能量和信息的交换关系是影响系统功能的主导关系

系统之间的关系是多种多样的，有层次关系、包含关系、并列关系等，究竟哪一种关系对系统功能的影响起主导作用？事实表明，对系统功能起主导作用的关系是系统间物质、能量和信息的交换关系。这种关系是系统在交换物质、能量或信息的过程中产生的。这些关系出了问题，物质、能量或信息的流动、变换、转化与循环就会受到阻碍，系统的功能自然就不会正常。所以，研究这种关系对系统功能的影响以及它的形成法则，对科学地规划、设计、管理和控制系统有着极为重要的意义。

二、系统与环境的关系

系统和环境之间的相互影响，主要是通过物质、能量和信息的交换引起的。由于客观世界本身是一个多层次的大系统，某一系统的环境实际上是由另一些系统组成的，所以系统和环境之间的交换关系可以归结为系统和系统之间的交换关系。

由于一个系统对另一个系统的输入输出起的作用不同，因而，系统间存在的关系就不同。归纳起来，有以下 5 种关系。

1. 互依关系

如果甲系统需要的某种物质、能量或信息是由乙系统的输出供应的，那么，甲乙两系统之间的关系就叫作互依关系，如图 3-5 所示。

交通运输系统与整个国民经济系统之间就是一种互依关系。

2. 互补关系

上述互依关系有时候又表现为一种互补关系，即甲乙两系统在物质、能量、信息或功能上相互补充。例如公路、铁路、水路、航空、管道等运输系统之间就存在着一种相互补充的关系，而交通运输系统与国民经济系统之间则是一种既相互依存又相互补充的关系。

3. 竞争关系

如果甲乙两系统需要同一种输入，且都是由丙系统的输出供应的，或者丙系统需要的某种输入是由甲乙两系统的输出供应的，且甲乙两系统之间再没有其他物质、能量或信息的交换关系；那么，甲乙两系统之间的关系就叫作竞争关系，如图 3-6 所示。

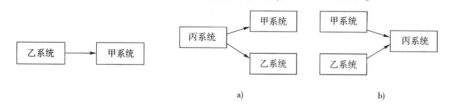

图 3-5 互依关系系统　　　　　图 3-6 竞争关系系统

图 3-5a) 中所描述的关系中，甲乙两系统是争输入来源；而图 3-5b) 所描述的关系中，甲乙两系统是争输出的场所。上述两种关系都属于竞争关系。在交通运输系统中，各种不同运输方式如铁路运输、水路运输、公路运输、航空运输之间存在的就是既竞争又互补的关系。

运输系统之间的互补关系，表现为在特定的环境和条件下，有时候必须由几种运输方式同时参与才能够完成某种运输任务。而运输系统之间的竞争关系，则表现为在运输系统中各种运输方式之间的可替代性，由此产生了各子系统之间的竞争关系。

系统之间的竞争可能会导致两种不同的结果：一是竞争促进了系统竞争力的提高，使系统的功能不断得到改进；二是导致竞争力弱的系统功能下降、瘫痪、甚至崩溃。如一些小企业、小工厂因竞争能力弱而竞争失败倒闭就属于后者。了解了竞争系统之间的这种关系以及竞争所可能产生的后果，就要充分利用竞争有利的一面，并对竞争施以适当的控制，以防止不良竞争后果的出现。

4. 吞食关系

如果甲系统的输入是乙系统本身，而且乙系统进入甲系统后经甲系统的变换，作为原系统的基本属性完全消失，那么，甲乙两系统之间的关系就叫作吞食关系。甲系统叫吞食系统，乙系统叫被吞食系统。食物链（网）中各相邻物种之间的关系就是典型的吞食关系。旧轮船拆卸回炉和旧轮船之间的关系也是吞食关系。

5. 破坏关系

如果甲系统的输出传给乙系统后，或甲系统掠取乙系统的组成元素作为自己的输入后，削弱了乙系统的功能，或导致乙系统瘫痪甚至崩溃，那么甲乙两系统之间的关系就叫作破坏关系。交通运输系统给自然环境系统带来的污染、噪声等，就是对自然环境系统的破坏。

三、交通运输系统与环境

如上所述，交通运输系统与环境之间存在着各种复杂的关系，有些是依存关系，有些是竞争关系，有些则是破坏关系。无论是开发一个新系统还是改造一个旧系统的时候，都必须对运输系统与环境之间的关系进行认真的分析，使系统与环境相互协调，共同发展。

从例3-6可以看出开发新港址所应考虑的环境分析的内容。

【例3-6】 港址选择环境分析的内容

港址选择涉及政治、经济、地理、技术、交通、城市设施等因素，因此，必须把影响港址选择的各方面因素分析透彻，科学合理地选择好新港港址。下面以上海新港选址为例，进行如下的环境因素分析。

1. 政策环境

(1) 党和国家的总方针；
(2) 国民经济发展的要求；
(3) 改革开放的方针。

2. 物理技术环境

(1) 气候条件（风级、浪高）；
(2) 航道（现状、稳定性、增深可能性）；
(3) 岸滩河势（岸滩、河势稳定性以及保存的难易程度）；
(4) 回淤（淤积量、清淤条件）；
(5) 地质条件（软土层厚度）；
(6) 主要港口建筑物（围堰、码头、防波堤的结构及施工条件）；
(7) 规模（泊位数、船型适应性）；
(8) 运行与维修（航行、装卸、运行、维修的方便与安全）。

3. 经济与经营环境

(1) 投资额;

(2) 建设周期;

(3) 投资回收期;

(4) 每年可创造的利润和税金;

(5) 对农业、渔业、服务行业、航运业、地方工业、上海市、长江流域、全国经济、国际贸易收益的影响。

4. 对周围城市及地区的规划与发展的影响

5. 与全国交通网络的联系及与"老港口"的关系

6. 资源环境

(1) 符合国家能源政策的程度;

(2) 对上海能源的影响;

(3) 需投入的能源(煤、油等);

(4) 电力供应能力;

(5) 需征用的土地;

(6) 征用土地的可能性;

(7) 填土源条件;

(8) 淡水供应能力;

(9) 建筑材料的供应;

(10) 项目的施工力量;

(11) 副食品供应。

7. 环境保护

(1) 废水排放;

(2) 废气排放;

(3) 对生态的影响;

(4) 对风景名胜区、名胜古迹的影响。

8. 与国内重大项目的关系

(1) 南水北调;

(2) 三峡工程。

9. 军事

(1) 与军港建设的关系;

(2) 对社会治安、国家安全的关系。

一般来讲,就交通运输系统对环境系统的影响而言,它可以起积极作用,也可以起消极作用。在分析交通运输系统和环境之间的相互影响时,可以从下列 4 个方面着手。

1. 如果系统和环境是依存关系,那么环境对系统的输入或系统对环境的输出是否稳定可靠

一个系统要正常地维持系统的功能,环境就必须对系统提供正常的输入和正常地接受系统的输出,即环境对系统的输入与系统对环境的输出都要保持稳定性,包括数量的稳定和

质量的稳定,在考虑改建和新建系统的时候都必须充分考虑这个问题。例如在考虑新建或扩建某个港口的时候,就必须考虑该地区经济的发展、货运量的变化、腹地(消费地和生产地)的性质、地理条件以及建港技术的发展和腹地城市的要求等,以此来考虑是否要建、建多大的规模。不考虑这些因素,盲目开发建设,就很可能会因没有稳定可靠的输入、输出作保障,而导致系统不能正常执行其功能。

2. 在包含环境的各个系统中是否和新建或改建的系统有竞争关系

由于系统间的激烈竞争可导致竞争力弱的系统瘫痪甚至崩溃,所以在规划和设计新的系统或改造原系统时,必须控制好系统的规模,或在更高层次内协调这些竞争系统和环境之间的关系,认真做好系统间输入输出的综合平衡工作。过去,我国在经济建设中,综合平衡工作是很有成绩的。但后来一度出现了不少盲目建厂和重复建厂的现象,造成某些工厂和企业原材料、能源和设备供应不足,不能全部开工或营业;某些产品又由于超过需求而大量积压。目前在经济调整中对某些工厂或企业实行关、停、并、转,正是为了恢复综合平衡,使各个系统的输入和输出都能相对保持稳定。

3. 环境对系统提供输入或系统对环境提供输出时是否存在着破坏关系

国民经济的发展依赖于交通运输业的发展,交通运输业的发展又促进了国民经济的进一步发展。然而,交通运输设施的建设对环境会造成一定的影响:如港口设施会引起海流的变化、海岸坍塌,并对水生物等有影响;交通设施造成的环境污染、噪声和振动等。因此,无论是在新建还是在改建一个系统,或是在设计或管理一个系统的时候,都要对系统可能会产生的破坏作用予以充分的估计,并加以认真的防范。

【例3-7】 水利工程系统与环境的关系分析

埃及的阿斯旺水坝工程,是世界上一个比较著名的水利工程。这项水利枢纽工程建成以后,能蓄洪1320亿m^3,每年发电210万kW,约占埃及所需电力的一半,耕地扩大了约8亿m^2(1200万亩)。这一水利工程对发展埃及的工农业生产起到了巨大的作用,可以说是埃及历史上投资效益最好的一项工程。

但是,在设计这一水利工程时,由于忽视了对环境的影响,结果带来了许多意想不到的有害后果:

(1)尼罗河从南到北贯穿埃及全境,流入地中海,它每年带着1亿t的泥沙淤积下游两岸,使下游土地肥沃,农业富饶。但大坝建成后,泥沙被截流,农田失去了这种天然肥源。为此,埃及每年多付出的化肥费用多达70万美元。

(2)由于减少了尼罗河的泛滥,沿河土壤中的盐碱冲刷不掉,使土壤的盐碱化逐渐加重。

(3)大坝建成后,尼罗河上游很长一段变成了静止的湖泊,为血吸虫的中间宿主钉螺的繁殖提供了良好的条件。钉螺的大量繁殖导致血吸虫病蔓延。据统计,纳赛尔湖水库一带居民血吸虫的发病率为80%,部分三角洲地区高达100%,曾一度严重威胁着居民的健康,损害了大量劳动力。后来,一方面由于大批病区农民流入城市,另一方面埃及在医疗上拨出了大量费用,才使血吸虫病患者的数量逐渐减少。

(4)大坝建成后,由于库区水压力的增加,不断引起地震,其中,最大的一次达5.5级。专家们估计,发生更大地震的可能性依然存在。

相比之下,我国在南水北调(即把长江的一部分水引到黄河流域)的问题上就比较慎重。

多年来,一直全面收集资料,设计各种可能的引水方案,从各种角度深入分析这项工程和环境之间的关系。例如:①工程实施后,是否会造成引水地区盐渍化;②是否会导致血吸虫病北移;③长江中下游种植的是水稻和棉花等喜温作物,是否会因热量随江水北移而降低气温,影响这些作物的生长;④长江水量减少后必然会削弱刚入海的淡水阻挡海水的能力,是否会导致海水倒蚀而使这一带的农田盐渍化等。也就是说,不仅考虑南水北调工程本身技术上的问题,而且还考虑工程的外部实施环境以及给环境带来的影响。

在处理系统与环境的关系时,除了考虑系统行为对环境的影响外,还要考虑环境的特性对系统的影响。例如在经济发达国家,第一、二产业的比重下降,第三产业发展迅速;在产品结构上,向短小化、轻薄化、小批量、多品种和高科技化发展;在客运结构上,生产性旅行的比重下降,消费性旅游的比重增长。为适应这种外部环境的变化,发达国家的运输结构也出现了相应变化:铁路运输在客货运总周转量中的相对比重逐步下降;公路运输后来居上发展迅速高居前列;水运的优势得到充分的发挥和优先利用;民航和管道逐步成为长途客运和油、气运输的主力;逐步形成了一个各种运输方式协调发展的综合运输体系。

4. 环境和系统间是否存在着吞食关系

如果系统和环境之间存在着吞食关系,那么,就必须充分注意系统的吞食强度和环境的再生能力之间的关系,力求两者之间保持平衡。

总之,交通运输系统要最优地实现它的功能,首先必须有优良的结构,因为系统的结构决定系统的功能。但是,运输系统表现出哪些功能,却是运输系统本身与它的环境共同决定的。在一定的条件下,外部环境会影响运输系统的结构、运输系统的有序度和运输系统的功能,注重对运输系统环境的分析,就是要不仅注意运输系统内部各要素之间关系的协调,而且要考虑运输系统与环境的关系。只有运输系统内部关系与外部关系相互协调、统一,才能全面地发挥它的功能,保证运输系统向整体最优的方向发展。

小　　结

本章首先介绍了系统分析的概念和内容;其次,介绍了系统分析的一般原则和方法;接下来,详细介绍了系统目的分析的意义、原则和内容,运输系统结构分析的意义、内容和方法,以及运输系统与环境影响的分析。

通过本章的学习,应着重理解系统分析的概念、目的及内容;掌握系统分析的原则;掌握硬系统分析方法与软系统分析方法的核心及区别。其次,重点掌握系统结构分析方法,理解建立运输系统合理结构的意义。

思考与练习题

一、思考题

1. 什么是系统分析?
2. 怎样理解系统分析外部条件与内部条件相结合的原则?
3. 怎样理解系统分析当前利益与长远利益相结合的原则?
4. 怎样理解系统分析局部效益与整体效益相结合的原则?

5. 怎样理解系统分析中定量分析与定性分析相结合的原则?
6. 什么是系统结构？怎样理解系统结构与系统功能之间的关系？
7. 什么是系统环境？系统与环境之间都有哪几种关系？
8. 如何理解运输系统与环境之间的关系？

二、练习题

1. 已知系统 $S=\{s_1,s_2,s_3,s_4\}$ 的直接关系矩阵为：

$$T = \begin{array}{c} \\ s_1 \\ s_2 \\ s_3 \\ s_4 \end{array} \begin{array}{cccc} s_1 & s_2 & s_3 & s_4 \\ \begin{pmatrix} 1 & 1 & 0 & 0 \\ 0 & 1 & 1 & 0 \\ 0 & 0 & 1 & 1 \\ 0 & 0 & 0 & 1 \end{pmatrix} \end{array}$$

试用结构分析法分析该系统的结构，并建立该系统的层次结构模型。

2. 已知系统 $S=\{s_1,s_2,s_3,s_4,s_5\}$ 的直接关系矩阵为：

$$T = \begin{array}{c} \\ s_1 \\ s_2 \\ s_3 \\ s_4 \\ s_5 \end{array} \begin{array}{ccccc} s_1 & s_2 & s_3 & s_4 & s_5 \\ \begin{pmatrix} 1 & 0 & 0 & 1 & 0 \\ 0 & 1 & 0 & 1 & 0 \\ 0 & 0 & 1 & 0 & 1 \\ 0 & 1 & 0 & 1 & 1 \\ 0 & 0 & 0 & 0 & 1 \end{pmatrix} \end{array}$$

试用结构分析法分析该系统的结构，并建立该系统的层次结构模型。并回答该系统是否存在子系统？是否存在孤立要素？

3. 考虑交通运输系统结构优化问题，假设考虑相关要素(表3-5)：

交通运输系统结构优化相关要素及编号 表3-5

序号	要　素	序号	要　素
1	交通运输系统结构优化	9	交通运输区域发展规划
2	交通运输系统法律法规	10	运输企业内部投资比例
3	交通运输投资渠道	11	运输系统网络
4	对交通运输系统的投资力度	12	运输产业布局
5	交通运输系统基础设施建设	13	交通运输多式联运
6	交通运输系统管理体制	14	低能耗交通工具
7	运输业管理力度	15	运输成本
8	交通运输运价体系	16	运输业运营管理水平

(1)试分析各要素之间的关系，建立直接关系矩阵；
(2)建立该系统的层次结构模型；
(3)分析影响运输系统结构的主要因素，并说明原因；
(4)提出实现运输系统结构优化的对策建议。

4. 考虑区域公路交通发展能力问题，假设考虑相关要素(表3-6)：

区域公路交通发展能力相关要素及编号　　　　　表3-6

序号	要素	序号	要素
1	区域公路交通发展能力	9	道路运输职工人数与人口比例
2	公路人口密度	10	人均出行次数
3	公路面积密度	11	货运量与工业增加值比
4	公路经济密度	12	单位工业增加值对应的货运周转量
5	人均道路长度	13	人均民用汽车拥有量
6	人均道路面积	14	人均营运汽车占有量
7	等级公路比例	15	交通运输仓储邮政业投资占GDP比例
8	高速公路比例	—	—

(1) 试分析各要素之间的关系，建立直接关系矩阵；
(2) 建立该系统的层次结构模型；
(3) 分析影响区域公路交通发展能力的主要因素，并说明原因；
(4) 提出发展区域公路交通能力的对策建议。

第四章 运输系统预测

第一节 系统预测的基本概念

一、预测的重要性及可靠性

1. 预测及其重要性

所谓预测,就是根据过去的历史资料和现在的实际情况,运用已知的客观规律和有关的科学知识手段,对所关心的事物及环境,对未来的变化和发展趋势进行分析、探索、估计和评价,从而尽可能使人们对这些事物所采取的策略和措施,不仅符合当前的现实情况,而且也能最优地适应未来的发展。

预测作为一门探索未来的活动,早已在古代就已经出现了。"预测学"这个词就来自古希腊的术语。我国也有两句俗话"凡事预则立,不预则废""人无远虑,必有近忧"。这充分说明了我国古人早已十分重视预测在社会活动中的作用。

但是,有计划地进行"预测",并逐渐形成一门科学,则是在科学高度发展的20世纪实现的。由于现代化科学技术的飞速发展,生产社会化程度的极大提高,一切科学研究、各个部门和企业在求生存、求发展的竞争中,联系越来越广泛,越来越密切,生存和发展的影响因素也越来越复杂。因此,各行各业、各个部门都迫切地需要预卜自身的未来,这就使得预测学应运而生。而且,随着科学技术的不断进步,预测作为一门科学,也得到了极大的发展。

交通运输业作为一个特殊而又独立的生产和公共服务部门,对推进社会经济发展具有重要的能动作用,是国家最重要和最基本的基础设施之一,也是社会扩大再生产和发展商品经济的先决条件。因此,必须对交通运输系统进行合理的规划与科学的管理,使交通运输业得到相应的发展,以适应经济发展的需要。要达到上述目的,就必须结合社会和经济发展的实际情况,对国内运输市场和国际运输市场进行发展预测,以便为发展交通运输决策提供科学可靠的依据。

2. 预测的可靠性

预测是和未来相联系的,它意味着研究未来,也就是根据过去和现在预测将来,从已知推测未知。在任何一项有目的的活动中,都有某些不确定的因素与未来的结果相联系,因而就需要进行预测。从历史上的经验来看,有不少预测成功的例子:

历史上一位有名的大预言家维聂尔曾预言:20世纪是电子时代。进入20世纪以后,生产过程的高度自动化,以及在各个领域中广泛采用电子计算机和工业机器人,都在一定程度上证实了他的预言。

法国思想家迈希尔,在18世纪末到19世纪初时,曾对巴黎未来几百年的发展进行了预测。从1950年巴黎的实际状况来看,他的预言中的36%得到了证实,28%接近实现。

沙杰尔莱特1901年在《二十世纪的发明》一书中所作的一些预测,其中64%得到证实。凯木弗尔特在1910年公布的25项预测中,到1941年只有3项未被证实和3项是错误的。

通过上面的实例可以看出,预测的置信度是很高的。但是,也有不少预测失败的严重教训,发人深省。

例如,美国有32家预测机构曾对美国1974年的经济情况作了预测,其中有31家预测的结果是,美国1974年的经济将继续高涨。但实际上,美国1974年爆发了严重的经济危机。这件事成为预测史上的一大笑柄。

又如,1983年,当个人计算机开始进入美国市场的时候,销售量增长十分迅速,几家权威预测机构预测1987年全美的电脑需求量将为2700万台。但是,到了1987年,全美电脑的实际销售量还不到1800万台,造成大量电脑过剩,使IBM、Apple、王安等名牌公司纷纷裁员,关闭分工厂,造成了严重的经济损失。

再如,世界银行在1984年的报告中预测:"今后20年内中国的纺织品和服装出口可能增长缓慢。"但是,从1985年至今,中国纺织品和服装出口一直呈高速增长,成为我国第一大出口产品。

关于自然现象的预测,有天气预测,自然灾害预测,特别是地震预测等。地震预测主要是基于震前的异常现象来做预测,例如地下水位、动物的行为或震前等现象。我国地震学家曾成功地预测了1975年2月4日的辽宁海城大地震,在地震前一天疏散了100万人;另外,我国还成功地预测了1999年11月29日的海城岫岩地震,这些成功的预测,避免了重大人员伤亡和经济损失。但是,地震工作者却未能预测出2008年5月12日的汶川大地震。同样,日本花了数亿美元来研究和预测地震,曾多次成功,但是却未能预测到1995年1月17日的关西大地震,以及2011年3月11日的东北大地震,损失十分惨重。

人类的社会活动是多方面的,要进行的预测也是多方面的。它包括了经济、金融、社会、自然、军事等。例如,目前世界上有很多大银行使用了信用卡损耗模型,该模型能够利用他们现有的信用卡客户的数据来总结客户行为的特点,并预测客户的下一步行动。比如预测未来几个月中哪些客户可能停止使用该银行的信用卡,而转向其竞争对手,银行可以根据预测的结果,采取有效措施来挽留住这些客户。

第二次世界大战结束后,美国一直想了解苏联的卫星发展状况。1957年,兰德公司在预测报告中详细地推断出苏联发射第一颗人造卫星的时间,结果与实际发射时间仅差两周,这令"五角大楼"震惊不已。此后,兰德公司又对中美建交、古巴导弹危机、美国经济大萧条和德国统一等重大事件进行了成功的预测,这些预测使兰德公司的名声如日中天,成为美国政界、军界的首席智囊机构。

目前,世界上一些工业发达国家都把预测看作是经济发展、成败兴衰的关键。美国、日本等许多西方国家都拥有庞大的预测机构和众多的预测人员。美国的第一大预测公司是麦克劳—希尔公司,这家公司每年为政府、工业、金融业等方面的900多个客户提供预测服务。再如:预测咨询机构兰德公司,是美国政府的智囊机构,该公司集中了一大批足智多谋、博学多才的分析家和预言家,他们运用社会学、自然科学、工程技术等创造了许多预测方法和管理技术,比如德尔菲预测法和PERT(网络计划技术)等。

二、运输系统预测

1. 运输系统预测的意义

对运输系统进行预测，一是运输系统投资、规划的需要，二是运输系统评价的需要。一个国家、一个地区或部门，对运输系统进行投资，主要是由于现有运输能力不能满足交通量，尤其是未来交通量的需求。从宏观的角度来看，要对交通运输系统的投资作出合理的规划，包括确定其在整个国民经济发展中的比重，各种运输方式之间的投资比例及其投资方向，就必须对全局范围内的运量需求状况和总趋势作出科学的预测；从微观角度来看，一个具体的运输项目是否值得投资，什么时候投资，投资规模如何，也必须根据未来的交通量来确定，否则是很难作出科学合理的决策的。

其次，运输系统的预测也是运输系统评价的基础。运输系统的评价包括运输系统的经济评价、技术评价、社会评价和环境评价等，其中，进行经济评价离不开对运输系未来交通量的预测。这是因为，一个运输系统的建造成本、投资规模和建成以后其寿命周期内的营运成本，主要取决于对交通量的预测；同样，一个运输系统建成以后，其寿命期内获利多少，也需要借助于逐年的未来交通量才能够衡量和计算。如果没有科学、合理的交通量为基础，就必然不能正确地衡量和估算运输系统的经济成本和经济效益，以致使经济评估失去真实性，导致投资决策的失误。

未来的交通运输系统将向绿色、智能、综合、人性化的方向发展，而预测则是实现智能运输的关键。例如一个智能城市交通运输系统，是以交通信息中心为轴，连接公共汽车系统、出租车系统、城市捷运系统、城市轻轨系统、城市高速路监控信息系统、车速信息系统、电子收费系统、道路信息管理系统、优化交通信号系统、电子通信系统、车内导航系统等的综合性集成系统。智能城市交通系统能为出行者和其他道路使用者提供实时、动态的交通信息，使其能够对交通路线、交通模式和交通时间做出充分、及时、恰当的估计与判断。而智能交通系统的关键，就在于对交通流信息的数学建模和对交通数据的分析及预测能力。

图 4-1 所示为运输系统预测与运输系统的规划、决策之间的关系。

图 4-1 运输系统预测与规划、决策的关系示意图

2. 运输系统预测的特点

1）运输系统与其他系统的关系

对运输的需求，往往是由其他系统派生出来的，交通运输系统的发展与国民经济的发展有着密切的联系。因此，在对运输系统进行预测的时候，就必须充分考虑到国民经济各部门的发展情况，不能就交通论交通。只有这样，才能够对运输系统的需求作出合理的预测。

2）运输系统的运输能力与运输需求之间的关系

虽然交通运输系统的发展与国民经济的发展有着密切的联系，但交通运输系统的运输能力与国民经济的运输需求之间往往会产生不协调、不一致的状况。这是因为，运输能力因新建项目的不断投产，往往是以较大幅度跳跃式地增加的；而运输需求则是沿着一定的趋势逐步增加的。根据国外资料，公路、铁路、水运、航空等运输能力的预测必须以 3~4 倍作为近期新建储备，远期预留则视情况而定。在一般情况下，运输能力使用 60%~70% 即为正常;运输能力达到80%属于饱和前期;运输能力达到85%即为饱和。正由于运输系统的这一特点,才使得运输系统在某些时候运力有较大的余地;而在另一些时候又感到运力不足。为了建立起运输系统与国民经济系统之间协调的发展关系,就必须重视对运输系统的发展预测。

在对运输系统的发展进行预测的时候,必须注意交通运输系统交通量的特点。

3) 交通运输系统交通量的组成

(1) 正常交通量:交通系统中,按照正常的经济社会发展,及现有交通量按其固有的发展规律而产生的自然增长的交通量,包括现有交通量和正常增长交通量两部分。

(2) 转移交通量:交通系统中,由于运输条件或出行方式的改变,从其他运输方式转移过来的交通量。

(3) 诱增交通量:交通系统中,由于新建运输项目投产所引起的诱增交通量。

这3种交通量,是影响运输系统的3个重要因素,在做预测时,必须全面考虑上述3种因素。

日本的东海道新干线,是世界上第一条高速铁路,于1964年东京奥运会开幕之前建成通车。东海道新干线最高时速曾达到443km/h。东海道新干线将东京和大阪之间的时间距离降低到4h以内,中途还经过日本横滨、名古屋、京都等著名城市。由于速度快,客运量以每年平均60%的速度递增。其中,除其他运输方式向高速铁路的转移客流外,其余为由于铁路客运系统服务特性的改进而产生的诱发需求。

德国ICE高速铁路自1991年投入运营以来,最高时速达250km/h,平均节约时间30%,旅客数量平均增加了24%,其中从公路交通上吸引来的旅客数量占13%,从航空交通上吸引来的旅客数量占9%,新增的铁路旅客数量占2%。

从20世纪90年代开始,我国大力发展高速铁路。截至2019年底,我国高速铁路营业总里程达3.5万km,居世界第一。我国高速铁路列车最高时速达350km/h。截至2019年1季度末,我国高速铁路累计运输旅客超过100亿人次,成为我国铁路旅客运输的主要渠道。

4) 运输系统各种运输方式的特点

交通运输是一个大系统,在交通运输系统中,各种运输子系统的运输方式各具特点,各有长短,它们之间相辅相成、相互竞争,且相互之间可以替代。所以,作为一个系统,一种运输方式的发展,有可能会促进或抑制其他运输方式的发展。因此,在对运输系统进行预测的时候,要充分考虑某种运输子系统的建设可能对其他运输子系统的建设产生的影响以及对运量变动的影响等情况。

3. 运输系统预测的内容

交通运输预测是进行交通运输规划的一项重要的内容,是决定各项交通运输设施的发展规模、发展重点的依据。与交通运输系统有关的预测就有运输经济预测、运输科技预测、运输系统与社会之间的相互关系及影响预测等。对于社会经济系统,特别是对交通运输经济系统方面的预测,存在着一定的困难。这是由于经济系统是个非线性系统,特别复杂,再加上经济系统的动态性、开放性、模糊性以及经济系统信息的不完善性,要对经济系统进行精确的预测,确实有很大的困难。

但是,历史的经验证明:在多数情况下,如果运用正确的程序,借助可靠的数据和通过科学的方法、手段和工具进行预测的话,预测的精确度是很高的,预测的结果是确实可信的。例如,IBM公司开发的"交通预测工具",在预先设定的时段内(10min、15min、30min、45min和60min),可以对交通流量进行预测,总体预测结果远远高于85%的目标准确率。另外,在高峰期间,如果能够得到实时数据,交通流量预测的平均准确率在10min时段接近或高于90%,并且能够对未来长达60min的交通流量进行预测。采用这些预测结果,交通控制人员能够更好地通过交通预警管理交通流,有效地防止交通堵塞。

按照预测的内容,可以将交通运输预测分为如下几类:

1) 运输经济预测

运输经济预测又分为宏观运输经济预测和微观运输经济预测。对整个国民经济范围的运输经济所作的预测就是宏观运输经济预测;而对单个运输经济实体的各项运输经济指标所作的预测就属于微观运输经济预测,如某航运公司对某种货物货运量的预测、交通事故造成的经济损失的预测等。

2) 运输科技预测

运输科技预测又分为运输科学预测和运输技术预测。对运输科学发展的趋势、运输科学发展与社会经济发展的关系的预测就是运输科学预测。而对运输方式、运输设备、运输工具等技术方面的预测就属于运输技术预测,如大功率电力、内燃机车应用前景的预测;高性能水上客船需求量的预测;高效实用装卸机具应用领域的预测等。

3) 交通运输与社会关系预测

研究和探索交通运输与社会发展,对社会影响有关问题的预测。如交通运输对企业位置和规模的影响预测;交通运输对市场形成的影响预测;某市OD(出行)流的预测、某交叉路口交通事故发生次数的预测等。

再例如,对运输需求的预测就属于交通运输与社会关系的预测。根据运输对象的不同,交通运输系统可以分为客运系统和货运系统,这两个系统是不可分割的、相互联系的。因为尽管运输对象和运输工具不同,但是它们都是使用共同的运输建筑物和服务设施。因此,运输需求的预测一般包括了货运和客运两个方面。客运预测包括人口预测、居民出行产生预测、居民出行分布预测、居民出行方式预测等;货运预测包括货运发生预测、货运吸引预测、货运方式预测等。

4. 预测时间的确定

按照预测时间的长短,可以将预测分为长期预测、中期预测和短期预测。对不同的预测内容,其预测期限的划分是不一样的。一般地讲,经济预测3～5年以上为长期;1～3年为中期;年内为短期。科技预测30～50年为长期;10～30年为中期;5～10年为短期。

预测期长短划分的基准是"寿命周期"。寿命周期的5%左右为短期,50%左右为中期,100%以上为长期。例如,我国人口平均期望寿命为80岁左右,因而人口预测以1～5年为短期,20～40年为中期,100年左右为长期。再例如,能源预测,以常规能源被新能源替代来估计,则40～50年为长期,10～20年为中期,1～5年为短期。在美国,商业计划包括产品计划、研究计划、投资计划、工厂选址和工厂规模等,通常取5年上下为一个预测周期;中间计划,包括投资和预算、销售计划、生产计划、季度计划、生产安排和库存预算等,通常以6个月至2年为一个周期。

总之,预测期限的长短,应按照被预测的内容和目标要求来定,服从于决策的需要,并且参照预测期的长短、数据量的多少选择预测的方法。

例如,对于长期预测,不宜采用回归外推法。因为,此时要求的历史数据年限较长,而事物自身的惯性作用又不足,易受各种扰动或控制作用的影响。因此长期预测最好是根据事物发展的规律建立机理模型来进行预测。目前广泛应用的人口长期预测就是利用了这种模型。

再例如,对于经济方面的预测,系统动力学方法适用于长期预测;计量经济模型适用于中短期预测;而经济控制论模型既可以用于长期预测,也可以用于中短期预测。

三、运输系统预测方法分类

历史上不少预测成功的例子,推动了社会经济的发展,也促进了预测技术的发展。人类对预测的方法已经研究了几千年,据不完全统计,目前预测方法已达上千种,但归结起来,可以按照以下几种方法进行分类:

按照预测的内容分类:可分为定性预测、定量预测以及定性预测与定量预测相结合的3种类型的预测方法。

1. 定性预测方法

用建立在逻辑思维、逻辑分析、逻辑判断和逻辑推理、创造基础上的定性方法所进行的预测叫作定性预测。

定性预测方法,适用于当统计数据奇缺或极少,不能用数学模型来描述系统的变化的一类预测问题。常用的定性预测方法有:德尔菲法、专家会议法、情景分析法、历史类比法等。

2. 定量预测方法

用建立在数学、统计学、数理逻辑、控制论、运筹学等基础上,通过图表、数学模型、计算机模拟仿真进行的预测叫作定量预测。

定量预测方法按其基本依据不同又可以分为3种:第一种是依据"看看过去、观察现在、即可推出未来"的假设而设立的一类方法,如时间序列预测法。第二种是依据"看看这些、找找原因、再按原因的变化、即可推出未来"的假设而构成的一类方法,如因果外推类方法。第三种是用分析被预测事物的具体因果关系,推导出相应的因果模型,再用一些有关的统计数据确定其主要模型参数构成因果预测模型,如回归分析模型、马尔可夫预测模型、投入产出模型等。

3. 综合预测方法

综合预测就是把定性预测方法与定量预测方法结合起来运用,使之互为补充,以提高预测的精度和预测结果的可靠性。

关于定性预测和定量预测的综合运用。Theil 在 1971 年提出定量修正定性的方法,即先做定性预测,然后用定量的方法修正定性的预测结果。因为定性预测结果很大程度上是受预测者的知识水平和经验等影响,定性预测的结果可能存在系统偏差和回归偏差。在作出定性预测后,再用定量的方法去除定性预测中的系统偏差和回归偏差。Clemen 在 1959 年提出定量包含定性的方法,即定性预测结果作为定量预测结果的一部分。目前,除了上面两个人提到的定性预测和定量预测综合运用方法外,还有一种定性修正定量的方法,即先用定量方法做预测,然后用定性的方法修正定量预测的结果。

本章中,我们主要介绍几种常用的定性预测方法,如专家会议法、德尔菲法等;还有几种常用的定量预测方法,如时间序列预测法、回归分析预测法和投入产出预测法等。

四、运输系统预测的步骤

1. 拟定预测目标

即根据预测对象、预测内容拟定预测目标,目标要尽可能明确、具体。

2. 确定预测范围

即确定预测的具体内容、涉及的范围。

3. 规定预测期限

即根据预测的具体内容,限定预测的期限,是长期预测？中期预测？还是短期预测？

4. 搜集预测资料

即尽可能搜集和预测内容有关的资料和数据,且要求数据可靠、准确、及时,因为这是预测的基础和依据。

5. 建立预测模型

即选择合适的预测模型和方法,要求模型符合实际,因为这是预测的核心。

6. 应用预测模型进行预测

依据资料数据,计算模型中的参数,并计算预测数据。

7. 预测结果分析评价

预测完成后,必须对预测结果的正确性、精确性和适用性等作出评价,要综合考虑各种因素的影响,有时还要对预测的结果进行适当的修正。

预测步骤如图4-2所示。这些步骤在执行过程中可能会有某些反复,例如,在进行预测结果评价时,可能会发现预测结果与实际情况相去甚远,可能会重新回到建立预测模型,或重新搜集预测资料,甚至可能需要重新明确预测目标。

以国际货币基金组织(IMF)的年度《世界经济展望》报告的编制为例,它主要依靠区域及国别专家们的调查判断提出预测数据,再交由研究部门建立起基准预测情景。然后以货币基金组织自己于1988年建立起来的多国宏观计量经济模型作数据一致性检验,并分析货币政策与财政政策变化对跨国间所发生的经济影响。如果察觉到提供的数据不理想,再退交区域与国别专家重新估计预测。这样经过几次往复,才最后完成其年度报告。区域或国别专家,基本根据其经验提出数据。少数国别专家例如英国、美国、等国,已有成熟可靠的模型,则依靠国家模型提出其预测数据。

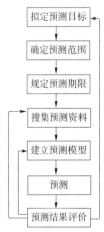

图4-2 预测步骤图

【例4-1】 公路交通量预测步骤

在公路交通量预测方面,目前我国普遍采用的是四阶段预测,即:社会经济预测,即预测远景年规划区域内的社会经济指标;交通量发生预测,即预测远景年规划区域内的生成交通量;交通量分布预测,以一个规划区交通OD现状调查资料为基础,分析预测远景年区域交通分布情况;交通量分配预测,按照一定的方法,将交通量分配到区域内的各条公路上去,其基本流程如图4-3所示。

图4-3 交通量预测四阶段图

五、评价预测模型的准则

选择什么方法,采用何种模型进行预测,将直接影响到最终的预测结果。有专家(Makridakis和Hibon)在一项研究中,分别两次用111种和1001种预测模型进行预测,并比较了预测的精度。他们得出的结论是:常用的一些简单朴素的预测方法有着非常好的预测精度。

著名预测专家Makridakis和Wheelwright曾经指出:预测不只是局限于统计范畴,它还与心理学、社会学、政治学、经济学、管理学科等其他学科紧密相关。因此,在对预测模型进行评价、选择的时候,不单要考虑模型的预测结果是否具有一定的准确性,而且还应该考虑模型是否能够被用户所接受以及其他相关的因素。

1. 精度优先准则

用预测模型对某事物进行预测时,在预测期间所预测的结果与实际值相比误差较小的就是精度较高。预测误差可以用绝对误差或平均绝对误差来表示。所谓精度优先,是指在选择预测模型时,首先要考虑的就是预测的精度要求。

2. 简洁性准则

具有同样精度的、结构越简单的模型,其简洁性越好。

3. 适应性准则

在实际环境发生变化时,模型的精确度变化越小,就说明模型的适应性越好。

4. 实用性准则

模型易于得到使用者的理解和接受,模型使用的条件不是那么苛刻。

5. 经济性准则

预测方法的选择,既要达到一定的精度要求,满足预测的目标需要;还要尽可能节省费用。既要有高的经济效率,也要实现高的经济效益。用于预测的费用一般包括调研费用、数据处理费用、程序编制费用、上机费用、专家咨询费用等。

六、预测注意事项

(1)预测的依据是对客观事物规律的认识和对过去和现状的掌握,因此,预测总有不准确的一面,应积极采取措施,控制误差的范围。

(2)在可能的情况下,要用多种方法进行预测,对比综合,提高预测的可靠性。

(3)要参考过去的实际经验和预测误差,对预测值进行适当的修正。

(4)积累预测经验和技能,开发新理论,创造新方法,不断提高预测水平。

(5)专业预测人员要同非专业预测人员协作,共同进行预测工作。

一般来讲,预测的精度是预测时间的函数,也是一个不连续函数。在 0~30 年之间,预测的精度随着时间的延长而下降;而在 30~50 年之间,预测的精度又有所提高,如图 4-4 所示。在预测方法学上,15~30 年时间是最难预测的时间段,这是因为 15~30 年间是处于另一轮技术的开拓时期,未知因素比较多。而 30 年以上的预测,多为能源、资源预测,不确定因素比较少。

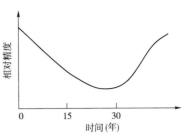

图 4-4　预测精度与预测时间的关系示意图

第二节　定性预测方法

一、专家会议法

1. 概述

专家会议法又称集思广益法、经验判断法、头脑风暴法。这种方法是请熟悉有关预测问题的专家或技术人员参加专题讨论会,对所预测的问题发表看法,进行探讨。"头脑风暴"一词是从英文"Brainstorming"翻译过来的。这是一种刺激创造性、产生新思想的技术。这种技术是由美国人奥斯本于 1939 年首创的,首先是用于设计广告的新花样。1953 年他总结经验后著书问世,奥斯本用"Brainstorming"来形容参加会议的人可以畅所欲言,鼓励发表不同意见,不受任何约束。

2. 步骤

会议一般分 3 个阶段:

(1)明确问题:即使会议的参加者明确要预测的问题是什么。

(2)发表意见:即使到会的专家和技术人员对要预测的问题提出各种不同的看法,广泛发表意见。要允许甚至要争取使不同的意见发表出来,这是决策者的艺术之一。著名管理学家斯隆(A. P. Sloan)和德鲁克(P. Drucker)都强调"允许发表不同意见"是"管理的妙诀"。他们认为,这样做至少有 3 个好处:①可防止虚假的附和;②有助于产生可供选择的新方案;③促进想象,得到启发,以利纠正错误的想法,发现正确的答案。

(3)认真讨论:找出大家满意的答案。

3. 实施要点

(1)如果参加者相互认识,要从同一职位(职称或级别)的人员中选取,领导人员不应参加,否则可能对参加者造成某种压力。

(2)如果参加者互不认识,可从不同职位(职称或级别)的人员中选取。这时,不论成员的职称或级别的高低,都应同等对待。

(3)参加者的专业应力求与所需做预测的问题一致。

(4)运用专家会议法,必须确定专家会议的最佳人数和会议进行的时间。专家小组规模以 10~15 人为宜,会议时间一般以进行 20~60min 效果最佳。

4. 方法利弊

专家会议法有利的方面是:①在充分利用专家个人丰富的知识和经验的基础上,通过交换意见、互相启发,对过去发生的事情进行分析和评价,对未来的趋势进行探索和判断,因而能较全面地考虑到事件发生的可能性,从而达到预测的目标;②这种预测方法简单易行,节省时间。

但是,这种方法也有不利的一面:①参加会议的人数有限,不能更广泛地收集各方面的意见;②由于是面对面地讨论,所以,可能会出现少数人的正确意见屈服于多数人的错误意见,或者是大多数人受权威人士意见的左右,不能充分发表意见和看法;③易受表达能力的影响,而使一些有价值的意见未得到重视;④由于自尊心等因素的影响,使会议出现僵局。

这种预测方法也可以与定量的方法结合起来使用。

【例 4-2】 某公路部门准备将原有的一段普通公路改造成高速公路,为进行该工程的经济评价,需要对今后若干年的车流量作预测。为此,聘请了三个管理人员和两个专家进行判断预测。为便于说明,本例中只考虑了正常的交通量,并假设预测第四年的交通量。

解:

(1) 明确问题。

预测该路段第四年的交通量。

(2) 提出要求。

每人对车流量作 3 种估计:最高车流量、最可能车流量、最低车流量,同时,根据过去的统计资料或实际经验估计这 3 种车流量出现的概率是多少。

根据要求,三位管理人员(分别称为甲、乙、丙)对未来第四年每天的车流量作出了估计(表 4-1)。

第四年每天车流量预测表   表 4-1

人员	类别	车流量(辆/天)	概率	运量×概率	期望值
甲	最高车流量	20000	0.3	6000	14600
	最可能车流量	14000	0.5	7000	
	最低车流量	8000	0.2	1600	
乙	最高车流量	24000	0.2	4800	18000
	最可能车流量	18000	0.6	10800	
	最低车流量	12000	0.2	2400	
丙	最高车流量	18000	0.2	3600	11400
	最可能车流量	12000	0.5	6000	
	最低车流量	6000	0.3	1800	

(3) 汇总、计算,得出结论。

首先,对 3 位管理人员的预测值的重要性给出一个权重,再用加权平均法算出平均预测值。设甲、乙、丙 3 人预测值的权重分别为 1.5、1、1,则 3 人的平均预测值为:

$$\frac{14600 \times 1.5 + 18000 \times 1 + 11400 \times 1}{1.5 + 1 + 1} \approx 14657 (辆/天)$$

即:平均预测值约为每天 14657 辆。

用同样的方法,可测得两位专家的平均预测值为每天 18000 辆。

其次,再分析管理人员和专家预测值的重要性,设专家的预测值权重比管理人员的大一倍,则综合预测值为:

$$\frac{18000 \times 2 + 14657 \times 1}{2 + 1} \approx 16856 (辆/天)$$

即:第四年每天车流量的预测值约为 16856 辆。

二、德尔菲法

1. 概述

德尔菲(Delphi)法是20世纪60年代由美国著名的咨询机构——兰德公司(RAND)所创造的。这种方法的名称"德尔菲"是以古希腊预言神殿所在的历史名城德尔菲命名的,又称专家调查法或专家意见法。

德尔菲法最早出现于20世纪50年代末,是当时美国为了预测在其"遭受原子弹轰炸后,可能出现的结果"而发明的一种方法。1964年美国兰德公司的赫尔默(Helmer)和戈登(Gordon)发表了"长远预测研究报告",首次将德尔菲法用于技术预测中,以后便迅速地应用于美国和其他国家。日本已应用德尔菲法进行过8次技术预测,英国应用德尔菲法进行的首次技术预测也大获成功。

除了科技领域之外,德尔菲法还几乎可以用于任何领域的预测,如军事预测、人口预测、医疗保健预测、经营和需求预测、教育预测等。此外,还用来进行评价、决策和规划工作。20世纪80年代以后,我国不少单位也采用德尔菲法进行预测、决策分析和编制规划工作。例如2009年,上海市科委启动了"中国上海技术预见第二次德尔菲综合调查"项目。这项调查共邀请了2000多名各领域的技术专家,对未来15年上海发展极为重要的关键科学技术进行预测,包括一个经济社会远景调查预测和8个技术领域调查预测。后者涉及电子信息、生物医药、新材料、先进制造等61个研发领域。其中包括干细胞、智能电网、减碳技术等当前普遍关注的热点技术。

2. 步骤

德尔菲预测法是预测部门根据预测的目的、要求,设计意见征询表,有选择地聘请一组专家,向他们提供与预测问题有关的情况和资料,发放征询表,要求专家根据自己的经验进行判断,对征询表的问题作出回答。预测人员把第一轮征询表收回后,将各位专家的意见归纳、整理,并编制第二轮意见征询表,再发给各位专家,使他们能把自己的判断和他人的意见进行比较,以修正自己的判断。这样,经过几轮的意见反馈,当各专家的意见比较统一以后,调查即结束。然后,进行意见汇总、统计、计算、分析、整理成预测报告。因此,德尔菲法的预测步骤是用"轮"来描述的。

预测准备:①确定预测的课题及各预测项目。②设立负责预测组织工作的临时机构。③选择若干名熟悉所预测课题的专家。

第一轮:①由组织者发给专家第一轮调查表,调查表是开放式的,不带任何框框,只提出预测问题。请专家围绕预测主题提出预测事件。如果限制太多,会漏掉一些重要事件。②预测组织者要对专家填好的调查表进行汇总整理,归并同类事件,排除次要事件,用准确的术语提出一个预测事件一览表,并作为第二轮调查表发给专家。

第二轮:①专家对第二轮调查表所列的每个事件作出评价。例如,说明事件发生的时间、叙述争论问题和事件或迟或早发生的理由。②预测组织者收到第二轮专家意见后,对专家意见作统计处理,整理出第三轮调查表。

第三轮:①把第三轮调查表发下去后,请专家做以下事情:重审争论,对对立意见作一个评价;给出自己新的评价,并重述自己的理由;如果修正自己的观点,也请叙述为何改变,原来的理由错在哪里,或者说明哪里不完善。②专家们的新评论和新争论返回到组织者手中后,组织者的工作与第二轮十分类似:汇总统计;总结专家观点,重点在争论双方的意见。形成第四轮调查表。

第四轮:①请专家对第四轮调查表再次评价和权衡,作出新的预测。是否要求作出新的论证与评价,取决于组织者的要求。②当第四轮调查表返回后,组织者的任务与上一轮的任务相同:汇总统计;归纳总结各种意见的理由以及争论点。

最后,表述预测结果。即由预测组织者把经过几轮专家预测而形成的结果以文字或图表的形式表现出来。

并不是所有被预测的事件都要经过四轮,有可能在第二轮就达到统一,预测工作就结束。德尔菲法的工作程序如图4-5所示。

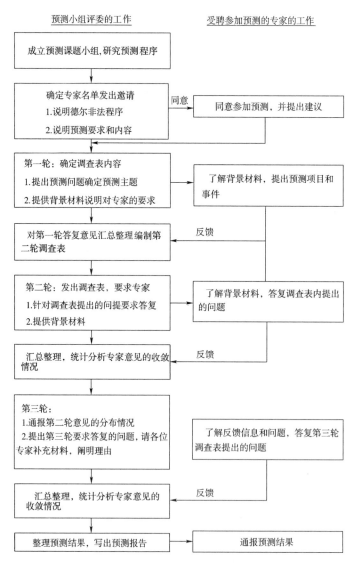

图4-5　德尔菲法工作程序框图

3．实施要点

（1）采用匿名发表意见的方式，专家之间不得互相讨论。

（2）编制调查表要以方便专家回答为原则，题意要明确，用词要确切，尽量避免含糊不清、缺乏定量化概念的词汇。调查表要简明、清晰，要让专家的精力集中于回答问题的思考上，而不是用在对调查表内容的理解上。调查表不仅提出问题，还要为专家提供充分的信息，使其有足够的根据做出判断。

（3）所提出的问题应是专家能够回答的问题，且要求意思明确、数据准确可靠，避免含糊不清的语句。

（4）允许专家粗略地估计数字，不要求精确。但可以要求专家说明预计数字的准确程度。

（5）尽可能将过程简化，不问与预测无关的问题。

4．方法利弊

优点：①能在较大范围内聘请专家参与预测，能够充分发挥专家的智慧和经验；②采用匿名或背靠背的方式，征询表不署名，排除了专家之间的相互影响和心理干扰，能使每一位专家独立自由地作出自己的判断；③节省费用，简单易行，且可靠性好；④适用于没有足够信息资料的中、长期经济预测与科技预测，还可用于决策和技术咨询等方面。其次，对于难以用精确的数学模型处理，需要征求意见的人数较多、成员较分散、经费有限、难以多次开会或因某种原因不宜当面交换意见的问题，用该种方法预测效果较好。

缺点：①受人的主观因素影响较大（例如：受权威人士的影响；受心理状态、个人兴趣、主观偏见的影响）；②预测需要的时间较长，所以适用于中、长期预测。

也可将德尔菲法与定量分析的方法相结合进行预测。

【例4-3】 某港区现有泊位不敷使用，计划扩建。为对该项目进行可行性研究，须对未来的运量情况进行预测。预测采用德尔菲法进行，具体过程如下。

解：

（1）提出问题。

用德尔菲法预测某港未来的货船量情况。

（2）邀请专家。

邀请了4位经济学家、3位研究人员、4位领导人员、6位业务管理人员、3位用户代表，发放意见征询表，要求每人对该港口未来（以第4年为例）的货船量进行预测，分为最高货船量、最可能货船量和最低货船量3种情况。

（3）意见汇总、整理、计算、分析。

经过三轮的意见反馈，得到货船量预测统计表见表4-2。

第四年货船量预测统计表　　　　表4-2

专家组成员		第一轮			第二轮			第三轮		
		最低货船量	最可能货船量	最高货船量	最低货船量	最可能货船量	最高货船量	最低货船量	最可能货船量	最高货船量
经济学家	A	100	240	340	100	280	320	100	300	320
	B	140	200	300	140	200	300	140	200	300
	C	200	240	280	160	200	240	200	280	300
	D	20	48	148	36	88	188	36	164	188

续上表

专家组成员		第 一 轮			第 二 轮			第 三 轮		
		最低货船量	最可能货船量	最高货船量	最低货船量	最可能货船量	最高货船量	最低货船量	最可能货船量	最高货船量
研究人员	A	120	220	340	140	200	280	100	200	300
	B	160	220	320	140	180	280	100	140	240
	C	40	100	220	88	140	240	80	140	240
领导人员	A	60	180	240	80	176	240	88	180	240
	B	76	88	124	88	112	136	88	112	136
	C	80	120	180	88	136	176	88	136	176
	D	64	88	124	68	100	124	112	148	248
业务管理人员	A	80	140	200	80	140	200	100	180	200
	B	80	140	220	80	140	220	120	200	240
	C	90	130	210	85	140	210	85	140	210
	D	85	140	230	85	130	230	85	130	200
	E	90	160	220	90	160	220	90	160	230
	F	85	150	200	85	140	210	80	150	220
用户代表	A	30	70	100	40	100	120	40	110	140
	B	220	250	300	180	220	280	160	220	260
	C	70	140	280	80	150	250	80	150	225
合计								1972	3440	4613

(4) 根据统计表,可以采用适当的计算方法求出需要预测的货船量。

方法一:用平均数求解。计算方法为:

$$最低货船量平均数 = \frac{1972}{20} \approx 99(艘)$$

$$最可能货船量平均数 = \frac{3440}{20} = 172(艘)$$

$$最高货船量平均数 = \frac{4613}{20} \approx 231(艘)$$

$$第四年每月到港货船量 = \frac{99+172+231}{3} = 167(艘)$$

方法二:用中位数求解。计算方法为:

当意见比较分散时,用中位数方法计算。

① 首先把20位专家第三次预测的货船数量从小到大依次排列(如遇相同的数不重复计算)。

最低货船量:36,40,80,85,88,90,100,112,120,140,160,200

最可能货船量:110,112,130,136,140,148,150,160,164,180,200,220,280,300

最高货船量:136,140,176,188,200,210,220,225,230,240,248,260,300,320

② 其次求出最低货船量、最可能货船量、最高货船量3个中位数的平均数作为预测值。

中位数的计算公式为 $\frac{n+1}{2}$，n 为数列的项数。

$$最低货船量的中位数 = \frac{12+1}{2} = 6.5$$

$$故取第六、第七两个数的平均数 = \frac{90+100}{2} = 95$$

$$最可能货船量的中位数 = \frac{14+1}{2} = 7.5$$

$$故取第七、第八两个数的平均数 = \frac{150+160}{2} = 155$$

$$最高货船量的中位数 = \frac{14+1}{2} = 7.5$$

$$故取第七、第八两个数的平均数 = \frac{220+225}{2} = 223$$

所求的货船预测量为：$\frac{95+155+223}{3} = 158$（艘）

三、情景分析预测法

1. 概述

"情景分析（Scenarios Analysis）"一词是赫尔曼·凯恩在20世纪50年代，在兰德公司为美国政府提供的军事和战略研究报告中，首先使用了这个术语。情景分析法在20世纪70年代后逐渐兴起，成为一种对将来的情景做出预测的定性预测方法，很多欧洲和美国的公司，在做规划时，都倾向采用情景分析法。情景是对一些兼具合理性和不确定性的事件在未来一段时间内可能呈现的发展态势的假定和描述，情景分析旨在预测这些发展态势的发生并比较分析其可能产生的影响。

情景预测法的结果，一般都是以易懂的方式表示出来，大致有两种方式：一类是对未来某种状态的描述；另一类是描述一个发展过程，即未来若干年某种情况的变化。例如可以向系统决策人员提供系统开发后未来最好的、最可能发生的和最坏的前景，并且尽可能详细地给出这3种不同情况下可能发生的事件和风险，供决策时参考。

情景预测同样可采用定性与定量相结合的方法进行。如经济合作与发展组织（OECD）利用1988年Richardson等建立的Interlink模型用作情景分析。首先，由OECD的经济学家根据Interlink模型的计算结果，提出一份预测和政策分析报告，然后召开短期预测会（STEP），由各成员国的经济学家对报告进行讨论，会后OECD再根据会议讨论的结果对预测报告进行修改，并形成OECD经济展望报告。比如2002年，《经合组织经济展望》报告在专家们提出的基准情景基础上，作了5种假设作影响世界经济的情景模拟。5种假设是：OECD国家需求疲软；非OECD成员国进口需求疲软；油价涨10美元；美元贬值10%；利率降低100基本点等，并分别就这5种情景对世界经济前景进行了预测。

2. 步骤

（1）分析情景要素：即确定所要进行预测的相关的每个层面和影响因素。

（2）确定预测主题：即明确要预测的目标和内容；如在"某地港口群2020—2050年发展

战略情景分析"的研究中,情景主题是就"某地港口群",研究的主要问题是 2020—2050 年发展战略。定义系统的情景主题的另一个任务是划定系统的边界和环境,如上述情景主题的系统边界是某地沿海港口群及其周边地区,而确定边界的目的是便于分析系统所处的内外部环境。

(3) 建立新的情景:即根据预测主题,寻找资料,充分考虑主题将来会出现的状况(情景)。一般考虑 2~4 个情景,以考察决策者采取某一决策在每一种未来情景下的状况,每个情景下还可以设定不同的方案。

(4) 寻找影响因素:影响因素是指对系统的发展起作用的因素(也称变量),特别是那些对系统的发展起重要作用的因素(关键因素)。这些因素可以通过系统分析,在综合归纳专家意见和历史资料的基础上得到。可以将这些影响因素归纳为几个影响领域,分析不同影响领域下主题实现的可能性;分析是否有突发事件的影响,如果有,影响如何;同时,还要尽可能全面地分析不同因素的影响程度。

如通过调研和对某地港口群的内外部环境的分析,港口群发展的影响因素可归纳为如下 5 个:①港口吞吐量;②交通运输条件;③边境贸易;④地区经济发展;⑤建设发展资金。

(5) 情景预测:这一步是情景分析的核心,可借助于一些模型工具和定量分析方法,对各影响因素进行定量分析,对各种可能出现的主题状态进行预测,并最终确定最有可能实现的情景下的预测结果,并给出相应的决策措施建议,如图 4-6 所示。

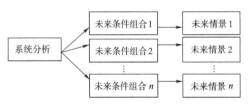

图 4-6　情景分析法逻辑思维框架图

3. 实施要点

情景预测法实施的要点是:要注重分析当某种因素变化时,系统会发生什么样的变化?会有什么样的情况发生?想象(预测)将会发生的情景,像电影上的一幕幕场景一样,供人们进行研究比较。

4. 方法利弊

情景分析作为一种面对未来研究的思维方法,承认未来有多种可能的发展趋势,其预测结果也将是多样的。同时,承认人在未来发展中的"能动作用",并把分析未来发展中不同群体的意图和愿望作为情景分析的一个重要方面。在情景分析中,还特别注意对系统发展起重要作用的关键因素的分析,并将定性分析与定量分析相结合。由于情景分析法具有以上特征,使其具有如下优点:①使用范围很广,不受任何条件限制,只要对未来的分析都可使用;②考虑较全面,尽可能地考虑将来会出现的各种状况和各种不同的环境因素,将所有的可能展示出来,应用起来灵活,有利于决策者进行分析;③通过定性定量分析相结合的方式,为决策者提供主、客观相结合的未来情景;④能及时发现未来可能出现的难题,以便采取行动消除或减轻它们的影响,使决策者更好地进行决策;⑤能通过应变计划对新的发展和突发事件做出灵活、快速而不过分的反应。

缺点:虽然情景分析法有上述诸多优点,但也存在着不足,主要是受参与者主观判断影响较大,整个过程所需时间较长。

5. 适用范围

情景分析法适用于资金密集、产品或技术开发的前导期长、战略调整所需投入大、风险高的产业。如石油、钢铁、交通运输等产业。像著名的皇家壳牌石油公司，以注重战略规划著称，其关键之一就是运用情景分析法。该公司20世纪70年代成功地预测了因OPEC的出现而导致原油价格上涨和20世纪80年代由于OPEC石油供应配额协议的破裂而导致原油价格的下跌。此后，该公司一举成为全球第二大石油公司。情景分析法还适用于：不确定因素太多，无法进行唯一准确预测的情况，例如制药业、金融业以及相关的股市预测等。

【例4-4】 中等城市未来客运交通结构预测情景设定

解：根据中等城市客运交通体系的现状，结合其发展策略，可以提出3种情景来进行研究：期望情景、基础情景和悲观情景，这3种情景的描述如下。

1. 期望情景

这种情景基于如下假定：在研究年限内，城市客运交通体系不断完善，健全了运输协调发展机制，实现了各运输方式之间分工协作、优势互补的协调发展，建立了以自行车交通和公共交通为主体，步行及其他机动化交通为有效补充的合理结构。在这种情景下，各运输方式之间形成了良性竞争。

城市公共交通做到了高效、便捷、准点、舒适，对绝大多数出行者具有吸引力和竞争力，真正确立了公共交通在城市中的主体地位。轿车的发展规模、比例、时间符合城市客运交通发展的整体要求。自行车网络得到完善，出行条件改善，与公交换乘便利，长距离的出行向公共交通转移。

2. 基础情景

这一情景假定在研究年限内，将延续历史上过去同样的发展趋势，即政策引导的效用不明显。因此，在传统发展情景下，各运输方式增长情况基本维持历史发展趋势，其基本的结构比例保持现状，变化不大。

3. 悲观情景

这一情景假定在研究年限内，政策引导失效。各种交通方式恶性竞争，并未形成合理的分工协作。城市公共交通的主体地位不能确立，发展迟缓甚至出现萎缩和倒退。自行车的出行条件恶化，路网不能满足人们快捷、安全的出行需求。轿车以及摩托车以较快的速度涌入家庭，取代了自行车的中长距离出行。

在上述情景设置下，结合城市交通发展目标规划，并考虑各种约束及限定条件，如社会、经济、科技和资源环境条件，建立相应的模型，进行情景预测，并对各种情景下的预测结果进行分析，得出最终的预测结果，并给出决策建议。

上述几种预测方法都有几个共同的问题，即如何选择专家？什么样的人才能够作为专家？专家的人数如何确定？其实施的要点是：

(1) 专家的选择：专家一般指在专业领域内从事多年工作的专业技术人员或有经验的技术工人，专家的选择要根据预测的任务和内容来考虑，主要是考虑专家可能对所预测的问题能够提供出多少有用的信息，要精通业务、有学派代表性，以本专业为主，适当聘请外部门和边缘、交叉学科的专家，以开阔思路，提高预测的质量。

(2) 专家的人数，以10～50人为宜，坚持自愿原则，对德尔菲法更要强调这一点，以保证调查表的回收率。

(3)要禁止对自己或他人所发表的意见、思想进行非难,允许发表不同的意见。

第三节 时间序列预测法

把被预测的量按照时间顺序排列起来,构成一个所谓的时间序列,从所构成的这一组时间序列过去的变化规律,来推断今后变化的可能性及其变化趋势、变化规律,这就是时间序列预测法。时间序列的应用始于19世纪80年代西方经济学家和统计学家对资本主义经济周期波动的研究和商情预测,这种分析预测方法在应用过程中不断丰富和发展,逐步形成了预测学中一个有广泛应用价值的方法。

一、预测原理

时间序列预测法基于这样的原理:一方面承认事物发展的延续性,因为任何事物的发展总是同它的过去有着密切的联系的,因此,运用过去时间序列的数据进行统计分析,就能够推测事物的发展趋势;另一方面,又充分考虑到事物发展偶然因素的影响而产生的随机性和不规律性,为了消除随机波动的影响,利用历史数据,进行统计分析,并用加权平均等方法对数据加以适当的处理,进行趋势预测。

二、预测步骤

(1)收集资料:把与预测事件有关的历史资料尽量收集齐全,一般至少要收集预测事件前三、四年的资料。

(2)数据整理:利用数理统计的方法,将收集的数据进行整理,并按时间顺序排成数字序列。

(3)建立模型:根据数据求出预测模型中的系数,并建立预测模型。

(4)进行预测:根据模型进行预测。

(5)预测值分析:对预测值进行精度检验。

三、方法优劣

时间序列预测法简单易行,便于掌握,且能够充分利用原时间序列的各项数据;但准确程度较差,且不能够向外延伸进行外推预测,只适用于进行短期预测。

四、适用范围

时间序列预测法可以反映经济变量的以下3种实际变化规律:

(1)趋势变化:如货运量的增长趋势。

(2)周期性变化:如客运量季节性的变化。

(3)随机性变化:如各种偶然因素引起的变化。

五、方法分类

1. 简单滑动预测法

滑动预测法是对原时间序列按一定的时间跨度逐项移动,计算一系列的时间序列平均

数,形成一个新的时间序列,以消除短期的、偶然的因素引起的变动(即不规则变动),显现出长期趋势。计算公式:

$$F_t = \frac{1}{n}\sum_{i=t-1}^{t-n} X_i = \frac{1}{n}(X_{t-1} + X_{t-2} + \cdots + X_{t-n}) \quad (4-1)$$

式中:F_t——t 期的预测值;

X_i——i 期的实际值;

n——取平均数据的个数(即相加的数据个数)。

【例 4-5】 某航运公司过去 10 年货运量的统计资料见表 4-3,试用简单滑动预测法预测该公司今年的货运量。分别取 $n=3$ 和 $n=4$ 计算,并进行比较。

某航运公司过去 10 年货运量统计表   表 4-3

周期(年)	1	2	3	4	5	6	7	8	9	10
货运量(万 t)	245	250	256	280	274	255	262	270	273	284

解:

计算结果见表 4-4。

用简单滑动预测法计算结果表   表 4-4

实际值 X_t (万 t)	预测值 F_t(万 t)		绝对误差值 $\|X_t - F_t\|$(万 t)	
	$n=3$	$n=4$	$n=3$	$n=4$
245	—	—	—	—
250	—	—	—	—
256	—	—	—	—
280	250.33	—	29.67	—
274	262.00	257.75	12.00	16.25
255	270.00	265.00	15.00	10.00
262	269.67	266.25	7.67	4.25
270	263.67	267.75	6.33	2.25
273	262.33	265.25	10.67	7.75
284	268.33	265.00	15.67	19.00
—	275.67	272.25	—	—
平均绝对误差			13.86	9.92

其中:

当 $n=3$ 时, $250.33 = \frac{1}{3}(245 + 250 + 256)$

$262.00 = \frac{1}{3}(250 + 256 + 280)$

当 $n=4$ 时, $257.75 = \frac{1}{4}(245 + 250 + 256 + 280)$

$265.00 = \frac{1}{4}(250 + 256 + 280 + 274)$

余可类推。由表 4-4 的计算可知:

当 $n=3$ 时,今年的货运量预测值是 275.67 万 t;
当 $n=4$ 时,今年的货运量预测值是 272.25 万 t;
由于 $n=4$ 时的平均绝对误差小于 $n=3$ 时的平均绝对误差,
故:取 $n=4$ 时的预测模型为好。

简单滑动预测法只能预测最近一期的数值,逐期移动,逐期预测。它要求保存大量的历史资料,而且 n 值的选取有很大的随意性,预测的准确性较差。

2. 加权滑动预测法

简单滑动预测法,认为各个时期的历史数据对将要发生的数据的影响是等同的,而实际上,这种影响往往是不同的。为了改进简单滑动预测法存在的这个缺点,又有人提出了加权滑动预测法。加权滑动预测法就是对各个时期的历史数据以不同的权值,来反映对将要发生的数据所起的作用。一般来说,距离预测期较近的数据,对预测值的影响也较大,因而,其权值也较大;距离预测期较远的数据,对预测值的影响也较小,因而,其权值也较小。

计算公式:

$$F_t = \frac{\sum_{i=t-n}^{t-1} W_i X_i}{\sum_{i=1}^{n} W_i} \tag{4-2}$$

式中:F_t——t 期的预测值;
　　　X_i——i 期的实际值;
　　　n——取平均数据的个数;
　　　W_i——与 X_i 相对应的权值。

【例 4-6】 用加权滑动预测法预测例 4-5 的值。取 $n=3$,$W_t=3$,$W_{t-1}=2$,$W_{t-2}=1$。

解:

$$\sum_{i=1}^{3} W_i = 6$$

计算结果见表 4-5。

其中:　　　$252.17 = \frac{1}{6}(3 \times 256 + 2 \times 250 + 1 \times 245)$

　　　　　　$267.00 = \frac{1}{6}(3 \times 280 + 2 \times 256 + 1 \times 250)$

余可类推。由表 4-5 的计算可知:

当 $n=3$,权系数为 3、2、1 时,今年的货运量预测值是 278.00 万 t。

用加权滑动预测法预测今年的货运量　　　表 4-5

实际值 X_t (10^4 t)	预测值 F_t(万 t)	绝对误差值 $\lvert X_t - F_t \rvert$(万 t)
	$n=3$ $F_{t+1}=\frac{1}{6}(3X_t+2X_{t-1}+X_{t-2})$	
245	—	—
250	—	—

续上表

实际值 X_t (10^4 t)	预测值 F_t(万 t) $n=3$ $F_{t+1}=\dfrac{1}{6}(3X_t+2X_{t-1}+X_{t-2})$	绝对误差值 $\|X_t-F_t\|$(万 t)
256	—	—
280	252.17	27.83
274	267.00	7.00
255	273.00	18.00
262	265.50	3.50
270	261.67	8.33
273	264.83	8.17
284	270.17	13.83
	278.00	—
平均绝对误差		12.38

加权滑动预测法同简单滑动预测法一样,同样只能预测最近一期的数据,而且由于权数的选择也有较大的随意性,也使得预测的精确性较差。

3. 一次指数平滑预测法

一次指数平滑预测法与简单滑动预测法、加权滑动预测法类似,是加权滑动预测法的改进,但比加权滑动预测法更为灵活。这种方法只需要本期的实际值和本期的预测值便可预测下一期的数据,因此,不需要保存大量的历史数据,适用于数据量较少的情况。

计算公式:
$$F_{t+1}=\alpha X_t+(1-\alpha)F_t \tag{4-3}$$

式中:F_{t+1}——第 $t+1$ 期的预测值;

F_t——第 t 期的预测值;

X_t——第 t 期的实际值;

α——平滑系数,$0<\alpha<1$。

【例 4-7】 用一次指数平滑预测法预测例 4-5 的值。分别取 $\alpha=0.1$ 和 $\alpha=0.9$。

解:

计算结果见表 4-6。

其中:

当 $\alpha=0.1$ 时, $245.50=0.1\times250+0.9\times245$
              $246.55=0.1\times256+0.9\times245.50$

当 $\alpha=0.9$ 时, $249.50=0.9\times250+0.1\times245$
              $255.35=0.9\times256+0.1\times249.50$

余可类推。由表 4-6 的计算可知:

当 $\alpha=0.1$ 时,今年的货运量预测值是 259.66 万 t;

当 $\alpha=0.9$ 时,今年的货运量预测值是 282.86 万 t;

由于 $\alpha=0.9$ 时的平均绝对误差小于 $\alpha=0.1$ 时的平均绝对误差,故取 $\alpha=0.9$ 时的预测模型为好。

用一次指数平滑法预测今年的货运量　　　　表4-6

实际值 X_t ($\times 10^4$ t)	预测值 F_t (万 t)		绝对误差值 $\|X_t - F_t\|$ (万 t)	
	$\alpha=0.1$	$\alpha=0.9$	$\alpha=0.1$	$\alpha=0.9$
245	—	—	—	—
250	245.00	245.00	5.00	5.00
256	245.50	249.50	10.50	6.50
280	246.55	255.35	33.45	24.65
274	249.90	277.54	24.10	3.54
255	252.31	274.35	2.69	19.35
262	252.58	256.94	9.42	5.06
270	253.52	261.49	16.48	8.51
273	255.17	269.15	17.83	3.85
284	256.95	272.62	27.05	11.38
—	259.66	282.86	—	—
平均绝对误差			16.28	9.76

事实上,如果我们把式(4-3)改写一下,就可以得到:
$$F_{t+1} = F_t + \alpha(X_t - F_t) \tag{4-4}$$

式(4-4)表明,一次指数平滑预测法实际上用预测误差 $(X_t - F_t)$ 不断地对上期预测值进行修正。而 α 取值的大小,则体现了修正的幅度。α 越大,则修正的幅度越大;α 越小,则修正的幅度越小。

六、使用要点

1. 模型中参数的选择

上述时间序列预测模型中涉及 3 个参数:n、W_i 和 α,在具体使用时,要经过几个不同参数值的试算后才能够确定,以便尽可能地使预测值接近实际值。通常是将预测值与实际值相比较,或者是计算预测值与实际值的绝对误差,以选择接近实际值的预测模型。

比如对简单滑动预测法,可选 $n=3,5$ 或 6;对加权滑动预测法,可选 $W_i = 3,2,1$;或 $5,3,1$;对一次指数平滑预测法,可选 $\alpha=0.1,0.3,0.5$ 或 0.9。哪一个参数对应的预测值更接近实际值,就选择哪个参数对应的预测模型。然而,对于一个实际问题,在进一步观测和预测之前,就要确定 α 的大小,这确实是一个十分困难的问题。这也是指数平滑预测方法的局限性之一。指数平滑预测法的第二个局限性是对于具有上升(或下降)趋势的序列所做的预测值常常偏低(偏高),这主要是因为指数平滑法所预测的值是以往所有观测值的加权平均,它总是小于过去观测值中最大的,而大于过去观测值中最小的。也就是说,即使选取较大的 α 值,加大修正幅度,也还是难以跟上变化趋势。

对于时间序列预测法,n 值的选取(即滑动平均的时间跨度)非常重要。如果时间序列有周期性的变化,且为分月资料时,应取 12 项移动平均;对分季度资料,则应取 3 项移动平均,这样,才能够消除季节变动因素的影响,显示出长期趋势。

对于一次指数平滑预测法,若时间序列较平稳,则 α 的取值就较小;若时间序列波动较大,则 α 的取值也就越大,使预测值能够敏感地跟踪实际值的变化。

2. 预测模型初值的确定

用指数平滑预测法进行预测时,有一个确定初值的问题。

当 $t = 1$ 时: $$F_2 = \alpha X_1 + (1 - \alpha) F_1$$

只有确定了 F_1,才能求出 F_2。

而: $$F_1 = \alpha X_0 + (1 - \alpha) F_0$$

若无 F_0,则无法求出 F_1。故一般令 $X_0 = F_0 = F_1$。

第四节　回归分析预测法

回归分析预测法是根据事物内部因素变化的因果关系来预测事物未来的发展趋势的。"回归"一词源于生物学界。19世纪英国生物学家高尔顿(F. Galton)在研究人体遗传特征时发现,个子高的双亲其子女也较高,但平均来看,却不比他们的双亲高;同样,个子矮的双亲其子女也较矮,但平均来看,却不如他们的双亲矮。他把这种身材趋向于人的平均高度的现象称为"回归",并作为统计概念加以应用。后来,他又提出"相关"的概念,由此逐渐形成有独特理论和方法体系的回归分析。

回归分析预测模型按照变量的个数,可以分为一元回归分析和多元回归分析;按照变量之间的关系,又可以分为线性回归分析和非线性回归分析。由于大多数非线性回归分析的问题都可以转化为线性回归分析的问题来处理,而多元回归分析的原理又同一元回归分析的原理一致,因此,这里我们主要讨论线性回归问题,并就可以转化为线性的非线性回归问题作一简单介绍。

一、预测原理

回归分析预测法基于这样的原理:事物内部的变化关系,一般分为两类:一类是变量间是一种确定的函数关系;另一类是变量间是一种不确定的相关关系,对具有相关关系的变量,就可以通过数理统计方法建立起变量间的回归方程,从而对变量间的密切程度进行描述,并实现对变量回归的估计和测定。

二、预测步骤

(1)进行相关关系分析:分析要预测的变量间是否存在相关关系,以及相关的程度。若没有相关关系,则不能利用回归预测模型进行预测;若存在相关关系,则再进一步确定变量间是线性关系还是非线性关系,然后转下一步。

(2)计算模型中的参数:根据上一步的分析结果,计算回归预测模型中的系数。

(3)建立回归预测模型:具体写出变量间的回归方程。

(4)利用模型进行预测:根据要求,利用模型进行预测。

(5)预测值置信度检验:预测值是否可信?其波动范围如何?需进一步作置信度的检验。

三、方法优劣

利用回归分析模型进行预测时，需要的数据量较少，且当回归方程的置信度较高时，预测的精度也较高。但是，不管是用哪种回归模型，计算量都较大，特别是非线性回归模型的求解比较困难。

四、适用范围

由于回归预测是研究变量间的相关关系及其相关程度的，因此，在使用回归分析法之前，先要通过经济理论分析或实践经验研究变量之间是否存在相关关系，对不存在相关关系的变量，就不能够用这种方法进行预测。

五、方法分类

1. 一元线性回归分析

一元线性回归模型是用于分析一个自变量 X 与一个因变量 Y 之间线性关系的数学方程，又称回归方程或回归直线。其一般形式是：

$$Y = a + bX \tag{4-5}$$

式中：Y——因变量；

X——自变量；

a——常数；

b——回归系数。

当我们取得了具有相关关系的 n 对 x_i 与 y_i 两个变量的统计资料以后，如何才能确定它们的线性回归模型呢？关键在于计算回归模型中的参数 a 和 b。根据式(4-5)，对于每一个 x_i，就有一个对应的估计值 $\hat{y}_i$，估计值 $\hat{y}_i(i=1,2,3,\cdots,n)$ 与实际值 $y_i(i=1,2,3,\cdots,n)$ 之间存在着离差，设两者之间的离差为 e_i，则：

$$e_i = y_i - \hat{y}_i = y_i - a - bx_i$$

那么，离差的平方和为：

$$\sum_{i=1}^{n} e_i^2 = \sum_{i=1}^{n} (y_i - a - bx_i)^2$$

离差平方和反映了 n 个统计数据 $y_i(i=1,2,3,\cdots,n)$ 与回归方程的总的偏离程度。根据最小二乘法原理，离差平方和最小的回归方程为最优方程。即满足：

$$\min \sum_{i=1}^{n} e_i^2 = \min \sum_{i=1}^{n} (y_i - a - bx_i)^2 \tag{4-6}$$

的 a 和 b，就是我们要求的式(4-5)的参数 a 和 b。

由微积分中的极值原理可知，使式(4-6)为最小的 a 和 b 存在，且为：

$$b = \frac{L_{XY}}{L_{XX}} \tag{4-7}$$

$$a = \bar{y} - b\bar{x} \tag{4-8}$$

式中：

$$\begin{cases} \overline{x} = \frac{1}{n}\sum_{i=1}^{n}x_i \qquad \overline{y} = \sum_{i=1}^{n}y_i \\ L_{XX} = \sum_{i=1}^{n}(x_i - \overline{x})^2 = \sum_{i=1}^{n}x_i^2 - \frac{1}{n}\left(\sum_{i=1}^{n}x_i\right)^2 \\ L_{XY} = \sum_{i=1}^{n}(x_i - \overline{x})(y_i - \overline{y}) = \sum_{i=1}^{n}x_iy_i - \frac{1}{n}\left(\sum_{i=1}^{n}x_i\right)\left(\sum_{i=1}^{n}y_i\right) \end{cases} \qquad (4\text{-}9)$$

另外,引入:

$$L_{YY} = \sum_{i=1}^{n}(y_i - \overline{y})^2 = \sum_{i=1}^{n}y_i^2 - \frac{1}{n}\left(\sum_{i=1}^{n}y_i\right)^2 \qquad (4\text{-}10)$$

一元线性回归方程在平面坐标系中是一条直线,回归分析中称之为回归直线。一元线性回归模型表明的是两个变量之间的平均变动关系。回归分析的主要目的是建立回归模型,由给定的 X 的值来估计 Y 的值,并进一步分析估计的精度,判断预测值的波动范围。

在建立一元线性回归模型时,首先要进行线性相关分析,分析两个变量间是否存在线性相关关系,可以用以下方法进行:

(1)作图法:建立平面直角坐标系,将两个变量的值标在坐标系中,即可得一散点图,又称相关图。

①如果散点较为密集地分布在一条从左到右向上的直线附近,则说明两个变量线性相关,且为正相关,如图4-7所示。

②如果散点较为密集地分布在一条从左到右向下的直线附近,则说明两个变量线性相关,且为负相关,如图4-8所示。

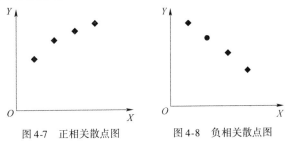

图4-7 正相关散点图　　图4-8 负相关散点图

③如果散点无规则地分布在各个象限中,则说明两个变量之间不存在线性相关关系,如图4-9所示。

④如果散点较为密集地分布在一条曲线附近,则说明两个变量相关,且为非线性相关,如图4-10所示。

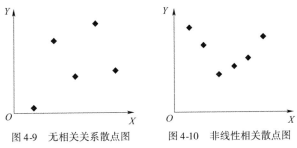

图4-9 无相关关系散点图　　图4-10 非线性相关散点图

(2)求相关系数法:相关系数是反映两个变量间是否存在相关关系,以及这种相关关系的密切程度的一个统计量。相关系数用 r 表示，r 的计算公式为：

$$r = \frac{L_{XY}}{\sqrt{L_{XX} \cdot L_{YY}}} \tag{4-11}$$

且 $0 \leqslant |r| \leqslant 1$。

①当 $|r| = 1$ 时，表示变量 X 与 Y 完全线性相关；

②当 $|r| = 0$ 时，表示变量 X 与 Y 之间不存在线性相关关系；

③当 $0 < |r| < 1$ 时，表示变量 X 与 Y 之间存在不同程度的线性相关关系，通常认为：

a. 当 $0 < |r| \leqslant 0.3$ 时，为微弱相关；

b. 当 $0.3 < |r| \leqslant 0.5$ 时，为低度相关；

c. 当 $0.5 < |r| \leqslant 0.8$ 时，为显著相关；

d. 当 $0.8 < |r| < 1$ 时，为高度相关。

即相关系数 r 反映了变量 X 与 Y 之间线性相关的密切程度，$|r|$ 越接近于 1，就说明 X 与 Y 之间的线性相关程度越密切。

【例 4-8】 某市过去 5 年的货运量与该市社会总产值的一组统计资料见表 4-7，试分析该市货运量与社会总产值之间的关系。并预测，当该市的货运量达到 50×10^7 t 时，该市的社会总产值是多少亿元？

某市过去 5 年货运量与社会总产值统计　　　　　　　　　　　　表 4-7

年份(年)	2015	2016	2017	2018	2019
货运量($\times 10^7$ t)X_i	15.0	25.8	30.0	36.6	44.4
总产值($\times 10^8$ 元)Y_i	39.4	42.9	41.0	43.1	49.2

解：

(1) 利用作图法进行相关关系分析：

将每一对统计值 (X_i, Y_i) 标在直角平面坐标系中，得散点如图 4-11 所示。

从图 4-11 中可以看出，这组数据大致落在一条直线两旁，这说明，社会总产值与货运量有一定的关系，且是一种正线性相关关系。这种关系可以用一条线性直线拟合，其拟合方程为：

$$Y = a + bX$$

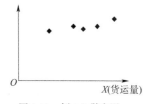

图 4-11　例 4-8 散点图

(2) 计算模型中的参数：

根据上一步的分析结果，计算回归预测模型中的系数见表 4-8。

回归预测模型系数计算表　　　　　　　　　　　　表 4-8

年份(年)	货运量 X_i($\times 10^7$ t)	总产值 Y_i($\times 10^8$ 元)	$X_i Y_i$	X^2_i	Y^2_i
2015	15.0	39.4	591.00	225.00	1552.36
2016	25.8	42.9	1106.82	665.64	1840.41
2017	30.0	41.0	1230.00	900.00	1681.00
2018	36.6	43.1	1577.46	1339.56	1857.61
2019	44.4	49.2	2184.48	1971.36	2420.64
合计	151.8	215.6	6689.76	5101.56	9352.02

$$\overline{X} = \frac{151.8}{5} = 30.36$$

$$\overline{Y} = \frac{215.6}{5} = 43.12$$

$$L_{XX} = \sum_{i=1}^{5} X_i^2 - \frac{1}{5}\left(\sum_{i=1}^{5} X_i\right)^2 = 5101.56 - \frac{1}{5}(151.8)^2 = 492.91$$

$$L_{YY} = \sum_{i=1}^{5} Y_i^2 - \frac{1}{5}\left(\sum_{i=1}^{5} Y_i\right)^2 = 9352.02 - \frac{1}{5}(215.6)^2 = 55.35$$

$$L_{XY} = \sum_{i=1}^{5} X_i Y_i - \frac{1}{5}\left(\sum_{i=1}^{5} X_i\right)\left(\sum_{i=1}^{5} Y_i\right) = 6689.76 - \frac{1}{5} \times 151.8 \times 215.6 = 144.14$$

$$b = \frac{L_{XY}}{L_{XX}} = \frac{144.14}{492.91} = 0.29$$

$$a = \overline{Y} - b\overline{X} = 43.12 - 0.29 \times 30.36 = 34.32$$

(3) 建立回归预测模型:

由上述计算结果可得回归方程为:

$$Y = 34.32 + 0.29X$$

$b = 0.29$,说明当货运量增加 $1 \times 10^7 t$ 时,社会总产值将增加 0.29 亿元。

(4) 利用模型进行预测:

预测当货运量为 $50 \times 10^7 t$ 时,社会总产值为多少。即 $X_0 = 50 \times 10^7 t$ 时,求 Y_0。

由回归方程可得: $Y_0 = 34.32 + 0.29 \times 50 = 48.82$(亿元)

(5) 相关性检验与预测值置信度检验:

货运量与社会总产值之间的相关程度如何?预测值是否可信?预测值的波动范围如何?需做进一步的检验:

① 求相关系数。利用表4-8的数据,可求得:

$$r = \frac{144.12}{\sqrt{492.91 \times 55.35}} = \frac{144.12}{165.17} = 0.87$$

故变量 X 与 Y 高度线性相关,这与用作图法得到的分析结果是一致的。

② 预测值置信区间的估计。预测值的准确性与总体的 Y 值有关,如果总体 Y 值比较离散,那么,预测值的准确性就低,反之则高。总体 Y 值的离散程度可以用观察值 Y 对回归方程的离散程度来估计。用剩余标准差来描述离散程度,其计算公式为:

$$S = \sqrt{\frac{L_{XX}L_{XY} - (L_{XY})^2}{(n-2)L_{XX}}} \tag{4-12}$$

这样,在给定的置信水平 α 下,对于 X 的任一值 X_0,便可得到相应的 Y_0 的置信区间:

$$[Y_0 - t_{\alpha/2}S, Y_0 + t_{\alpha/2}S]$$

对于此例,预测货运量为 $X_0 = 50 \times 10^7 t$ 时,总产值为 $Y_0 = 48.82$ 亿元,Y_0 的置信区间(取置信度为95%)为:

$$S = \sqrt{\frac{492.91 \times 55.35 - (144.12)^2}{(5-2) \times 492.91}} = 2.10(亿元)$$

Y_0 的置信度为 95%，即按 $\alpha = 1 - 0.95$，查附录中的附表 1 得 $t_{\alpha/2} = 1.96$。所以，在 $X_0 = 50 \times 10^7 \text{t}$ 时，置信度为 95% 的 Y_0 的置信区间为：

$$48.82 \pm 1.96 \times 2.10 = 48.82 \pm 4.116$$

即社会总产值在 [44.704, 52.936] 亿元之间。

如果用回归直线来反映任一 X 值、任一置信水平 α 下的 Y 的置信区域，那么，就有：

$$Y = a + bX \pm t_{\alpha/2}S \tag{4-13}$$

如对例 4-8 即为：

$$Y_1 = 34.32 + 0.29X + 2.10t_{\alpha/2}$$
$$Y_2 = 34.32 + 0.29X - 2.10t_{\alpha/2}$$

其示意图如图 4-12 所示。

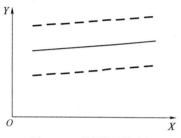

图 4-12 Y 的置信区域示意

2. 多元线性回归分析

1）多元线性回归模型

运输管理工作中，许多事物的变化往往受两个或两个以上因素的影响，比如，港口年装卸量的多少，就受到作业人数的影响、装卸机械多少的影响、装卸机械现代化程度高低的影响等。为了全面地揭示这种复杂的依存关系，准确地测定它们的数量变动，提高预测和控制的精确度，就要建立多元回归模型进行更为深入和系统的分析。多元线性回归分析的方法和一元线性回归分析基本相同，只是变量更多，因而计算也更为复杂。

如果在对变量 Y 与 $X_i (i = 1, 2, \cdots, m)$ 的 n 次观察中，获得了如下数据：

$$X = \begin{pmatrix} x_{11} & x_{12} & \cdots & x_{1m} \\ x_{21} & x_{22} & \cdots & x_{2m} \\ \vdots & \vdots & \vdots & \vdots \\ x_{n1} & x_{n2} & \cdots & x_{nm} \end{pmatrix} \quad Y = \begin{pmatrix} y_1 \\ y_2 \\ \vdots \\ y_n \end{pmatrix}$$

则多元线性回归模型的一般形式为：

$$\hat{Y} = a + b_1 X_1 + b_2 X_2 + \cdots + b_m X_m \tag{4-14}$$

式中： $\hat{Y}$——多元线性回归的估计值；

a——待定的常数；

$b_i (i = 1, 2, \cdots, m)$——$\hat{Y}$ 对 $X_i (i = 1, 2, \cdots, m)$ 的回归系数。

在多元线性回归方程中，因变量 $\hat{Y}$ 对某一自变量的回归系数 $b_i (i = 1, 2, \cdots, m)$ 表示当其他自变量都固定时，该自变量变化一个单位而使 $\hat{Y}$ 平均变化的量，故又称为偏回归系数。

参数 a、$b_i (i = 1, 2, \cdots, m)$ 的确定，与一元线性回归方程参数的确定方法相同，仍然采用最小二乘法。根据最小二乘法原理，应使：

$$\sum_{l=1}^{m}(Y_i - \hat{Y}_i)^2 = \sum_{l=1}^{m}(Y_i - a - b_1 X_{1i} - b_2 X_{2i} - b_3 X_{3i} - \cdots - b_m X_{mi})^2$$

为最小。对上式中的 a、$b_i (i = 1, 2, \cdots, m)$ 分别求偏导，并令其等于零，经整理后得：

$$\begin{cases} L_{11}b_1 + L_{21}b_2 + \cdots + L_{m1}b_m = L_{Y1} \\ L_{12}b_1 + L_{22}b_2 + \cdots + L_{m2}b_m = L_{Y2} \\ \vdots \quad \vdots \quad \vdots \quad \vdots \quad \vdots \\ L_{1m}b_1 + L_{2m}b_2 + \cdots + L_{mm}b_m = L_{Ym} \end{cases} \tag{4-15}$$

$$a = \overline{Y} - \sum_{i=1}^{m} b_i \overline{X_i} \tag{4-16}$$

在式(4-15)和式(4-16)中：

$$\overline{X_i} = \frac{1}{n}\sum_{k=1}^{n} X_{ik} \quad (i=1,2,3,\cdots,m)$$

$$\overline{Y} = \frac{1}{n}\sum_{k=1}^{n} Y_k$$

$$L_{ij} = \sum_{k=1}^{n}(X_{ik} - \overline{X_i})(X_{ik} - \overline{X_j}) = \sum_{k=1}^{n} X_{ik}X_{jk} - \frac{1}{n}\left(\sum_{k=1}^{n} X_{ik}\right)\left(\sum_{k=1}^{n} X_{jk}\right) \quad (i,j=1,2,3,\cdots,m)$$

$$L_{Yj} = \sum_{k=1}^{n}(Y_k - \overline{Y})(X_{jk} - \overline{X_j}) = \sum_{k=1}^{n} X_{jk}Y_k - \frac{1}{n}\left(\sum_{k=1}^{n} X_{jk}\right)\left(\sum_{k=1}^{n} Y_k\right) \quad (j=1,2,3,\cdots,m)$$

$$L_{YY} = \sum_{k=1}^{n}(Y_k - \overline{Y})^2 = \sum_{k=1}^{n}(Y_k - \hat{Y}_k)^2 + \sum_{k=1}^{n}(\hat{Y}_k - \overline{Y})^2$$

式(4-15)称为多元线性回归方程的正则方程，利用它及式(4-16)可确定参数 a 和 b_i ($i=1,2,\cdots,m$)，从而得到多元线性回归方程。

【例 4-9】 某地区客运量的增长同该地区总人口的增长及人均收入有关。2010—2019年的有关资料见表 4-9。如果 2021 年该地区的总人口为 430 万人，人均月收入为 7250 元，要求预测 2020 年该地区的客运量。

解：

从表 4-9 看出，客运量与总人口、人均收入两因素存在相关关系，用二元回归方程来描述：

$$Y = a + b_1 X_1 + b_2 X_2$$

式中：X_1——总人口；

X_2——人均收入。

为计算回归方程中的系数 a、b_1 和 b_2，列表求相关的数字，见表 4-9。

某地区 2010—2019 年客运量与总人口、人均收入统计　　　　　　表 4-9

年份(年)	客运量 Y ($\times 10^7$ 人·km)	总人口 X_1 ($\times 10^4$ 人)	人均月收入 X_2 ($\times 10^2$ 元)	$X_1 Y$	$X_2 Y$	$X_1 X_2$	X_1^2	X_2^2	Y^2
2010	70	200	45.0	14000	3150	9000	40000	2025	4900
2011	74	215	42.5	15910	3145	9137.5	46225	1806.25	5476
2012	80	235	47.5	18800	3800	11162.5	55225	2256.25	6400
2013	84	250	52.5	21000	4410	13125	62500	2756.25	7056

续上表

年份(年)	客运量 Y ($\times 10^7$·人·km)	总人口 X_1 ($\times 10^4$ 人)	人均月收入 X_2 ($\times 10^2$ 元)	$X_1 Y$	$X_2 Y$	$X_1 X_2$	X_1^2	X_2^2	Y^2
2014	88	275	55.0	24200	4840	15125	75625	3025	7744
2015	92	285	57.5	26220	5290	16387.5	81225	3306.25	8464
2016	100	300	60.0	30000	6000	18000	90000	3600	10000
2017	110	330	57.5	36300	6325	18975	108900	3306.25	12100
2018	112	350	62.5	39200	7000	21875	122500	3906.25	12544
2019	116	360	65.0	41760	7540	23400	129600	4225	13456
合计	926	2800	545	267390	51500	156187.5	811800	30212.5	88140

由式(4-15)有：

$$\begin{cases} L_{11}b_1 + L_{21}b_2 = L_{Y1} \\ L_{21}b_1 + L_{22}b_2 = L_{Y2} \end{cases} \tag{4-17}$$

$$\overline{Y} = \frac{1}{10}\sum_{k=1}^{10} Y_k = \frac{926}{10} = 92.6$$

$$\overline{X}_1 = \frac{1}{10}\sum_{k=1}^{10} X_{1k} = \frac{2800}{10} = 280$$

$$\overline{X}_2 = \frac{1}{10}\sum_{k=1}^{10} X_{2k} = \frac{545}{10} = 54.5$$

$$L_{11} = \sum_{i=1}^{10}(X_{1i}-\overline{X}_1)^2 = \sum_{i=1}^{10} X_{1i}^2 - \frac{1}{10}\left(\sum_{i=1}^{10} X_{1i}\right)^2 = 811800 - (2800 \times 2800)/10 = 27800$$

$$L_{22} = \sum_{i=1}^{10}(X_{2i}-\overline{X}_2)^2 = \sum_{i=1}^{10} X_{2i}^2 - \frac{1}{10}\left(\sum_{i=1}^{10} X_{2i}\right)^2 = 30212.5 - (545 \times 545)/10 = 510$$

$$L_{12} = L_{21} = \sum_{i=1}^{10}(X_{1i}-\overline{X}_1)(X_{2i}-\overline{X}_2) = \sum_{i=1}^{10} X_{1i}X_{2i} - \frac{1}{10}\left(\sum_{i=1}^{10} X_{1i}\right)\left(\sum_{i=1}^{10} X_{2i}\right)$$

$$= 156187.5 - (2800 \times 545)/10 = 3587.5$$

$$L_{Y1} = \sum_{i=1}^{10}(X_{1i}-\overline{X}_1)(Y_i-\overline{Y}) = \sum_{i=1}^{10} X_{1i}Y_i - \frac{1}{10}\left(\sum_{i=1}^{10} X_{1i}\right)\left(\sum_{i=1}^{10} Y_i\right)$$

$$= 267390 - (2800 \times 926)/10 = 8110$$

$$L_{Y2} = \sum_{i=1}^{10}(X_{2i}-\overline{X}_2)(Y_i-\overline{Y}) = \sum_{i=1}^{10} X_{2i}Y_i - \frac{1}{10}\left(\sum_{i=1}^{10} X_{2i}\right)\left(\sum_{i=1}^{10} Y_i\right)$$

$$= 51500 - (545 \times 926)/10 = 1033$$

$$L_{YY} = \sum_{i=1}^{10}(Y_i-\overline{Y}_i)^2 = \sum_{i=1}^{10} Y_i^2 - \frac{1}{10}\left(\sum_{i=1}^{10} Y_i\right)^2 = 88140 - (926 \times 926)/10 = 2392.4$$

将上述有关计算结果代入式(4-17)，得：

$$\begin{cases} 27800 b_1 + 3587.5 b_2 = 8110 \\ 3587.5 b_1 + 510 b_2 = 1033 \end{cases}$$

解上述方程组得：

$$b_1 = 0.3289$$

则：
$$b_2 = -0.2884$$
$$a = \overline{Y}_1 - b_1 \overline{X}_1 - b_2 \overline{X}_2$$
$$= 92.6 - 0.3289 \times 280 + 0.2884 \times 54.5$$
$$= 16.2258$$

故所求回归方程为：
$$Y = 16.2258 + 0.3289 X_1 - 0.2884 X_2$$

为求出2020年的客运量预测值，将总人口 $X_1 = 430$ 万人，人均月收入 $X_2 = 72.5 \times 10^2$ 元代入上述方程，得：
$$Y = 16.2258 + 0.3289 \times 430 - 0.2884 \times 72.5$$
$$\approx 136.7438 (\times 10^7 \text{人} \cdot \text{km})$$

2）相关性检验与预测值置信度检验

同一元线性回归分析一样，对已经确定的多元线性回归分析模型能否较好地反映事物之间的内在规律，仍然要进行线性相关的检验。

可以用测定系数（相当于一元回归分析的相关系数）来测定变量 Y 与 X_i（$i=1,2,\cdots,m$）之间是否线性相关以及相关的程度；用剩余标准差来测定预测值的置信区间。

（1）相关性检验：

测定系数为：
$$R^2 = \frac{b_1 L_{Y1} + b_2 L_{Y2}}{L_{YY}} \tag{4-18}$$

R^2 反映了多元线性回归对观察数据的代表性，R^2 的值越大，表明变量 Y 与 X_i（$i=1,2,\cdots,m$）之间的线性关系越显著。

相关系数为：
$$R = \sqrt{\frac{b_1 L_{Y1} + b_2 L_{Y2}}{L_{YY}}} \quad (0 \leq R \leq 1) \tag{4-19}$$

R 称为 X_i（$i=1,2,\cdots,m$）对于 Y 的全相关系数。例如，在例4-9中，将表4-9的有关数据代入式(4-19)得：
$$R = \sqrt{\frac{0.3289 \times 8110 - 0.2884 \times 1033}{2386.4}} = \sqrt{0.9929} = 0.9964$$

可见，变量 X_i（$i=1,2,\cdots,m$）与 Y 之间的线性相关关系高度显著，即表明回归方程式能够很好地反映客运量 Y 与总人口 X_1 和人均月收入 X_2 之间的关系。

（2）置信区间估计：同一元线性回归分析一样，多元线性回归预测值在置信水平 α 下的置信区间，仍用剩余标准差 S 来确定。

剩余标准差：
$$S = \sqrt{\frac{L_{YY} - b_1 L_{Y1} - b_2 L_{Y2}}{n - m - 1}} \tag{4-20}$$

对例 4-9 来说,有:

$$S = \sqrt{\frac{2392.4 - 0.3289 \times 8110 + 0.2884 \times 1033}{10 - 2 - 1}} = \sqrt{3.2769} = 1.8102$$

当把自变量的一组给定值代入回归方程以后,可得到 Y 的预测值 Y_0,在置信水平 α 下,Y_0 的置信区间为:

$$[Y_0 - t_{\alpha/2}S, Y_0 + t_{\alpha/2}S]$$

例如,对例 4-9,当总人口 $X_1 = 430$ 万人,人均月收入 $X_2 = 72.5 \times 10^2$ 元,置信度 $(1-\alpha) = 95\%$ 时,预测值 Y_0 的变化区间为:

$$136.75 \pm 1.96 \times 1.8102 = 136.75 \pm 3.5480 (\times 10^7 \cdot \text{人} \cdot \text{km})$$

即预测货运量在 $[133.202, 140.298]$ 之间。

3. 非线性回归分析

在实际问题中,有时因变量和自变量之间的依存关系并非都是线性形式,而是非线性形式,这时,求出的拟合模型就不再是一个直线,而是一个曲线,在统计上称之为非线性回归或曲线回归。非线性回归按照自变量的个数,可以分为一元非线性回归和多元非线性回归。曲线的形式也因实际统计资料的不同而有多种,如双曲线、指数曲线、S 形曲线等。在什么情况下,拟合什么样的曲线,有的要根据理论分析或过去积累的经验来确定,有的则必须根据实际资料的散点图来确定。通常的做法是采用变量代换法把非线性回归问题转换成线性回归问题来处理,使线性回归分析的方法也能适用于非线性回归问题的研究。

下面,举例说明非线性回归模型的线性化处理。

1) 抛物线形模型 ($Y = a + b_1 X + b_2 X^2$)

【例 4-10】 某地区铁路改建工程需要对未来的货运量作出预测,已知过去 9 年的货运量见表 4-10,要求预测 5 年后的货运量。

某地区铁路 2011—2019 年货运量(单位: $\times 10^3 \text{t} \cdot \text{km}$)   表 4-10

年份(年)	2011	2012	2013	2014	2015	2016	2017	2018	2019
货运量	1485	1615	1790	2025	2315	2655	3040	3480	3970

解:

根据表 4-10 作散点图,如图 4-13 所示。

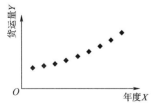

图 4-13 货运量数据散点图

从图 4-13 可以看出,货运量 Y 随着年度 X 逐年急剧增加。根据这一特点,假定 Y 与 X 之间的关系为二次曲线关系,其回归方程为:

$$Y = a + b_1 X + b_2 X^2$$

令 $X = X_1, X^2 = X_2$,则上式为:

$$Y = a + b_1 X_1 + b_2 X_2$$

式中的参数 a、b_1、b_2 待定。为计算参数,列表计算见表 4-11。

回归模型参数计算表 表4-11

年份(年)	Y ($\times 10^3 t \cdot km$)	$X = X_1$ (年)	X_1^2	$X^2 = X_2$	X_2^2	$X_1 X_2$	$X_1 Y$	$X_2 Y$	Y^2
2011	1485	1	1	1	1	1	1485	1485	2205225
2012	1615	2	4	4	16	8	3230	6460	2608225
2013	1790	3	9	9	81	27	5370	16110	3204100
2014	2025	4	16	16	256	64	8100	32400	4100625
2015	2315	5	25	25	625	125	11575	57875	5359225
2016	2655	6	36	36	1296	216	15930	95580	7049025
2017	3040	7	49	49	2401	343	21280	148960	9241600
2018	3480	8	64	64	4096	512	27840	222720	12110400
2019	3970	9	81	81	6561	729	35730	321570	15760900
合计	22375	45	285	285	15333	2025	130540	903160	61639325
平均值	2486.1111	5	31.67	—	—	—	—	—	—

$$L_{11} = \sum_{i=1}^{9}(X_{1i} - \overline{X}_1)^2 = \sum_{i=1}^{9} X_{1i}^2 - \frac{1}{9}\left(\sum_{i=1}^{9} X_{1i}\right)^2 = 285 - (45 \times 45)/9 = 60$$

$$L_{22} = \sum_{i=1}^{9}(X_{2i} - \overline{X}_2)^2 = \sum_{i=1}^{9} X_{2i}^2 - \frac{1}{9}\left(\sum_{i=1}^{9} X_{2i}\right)^2 = 15333 - (285 \times 285)/9 = 6308$$

$$L_{12} = L_{21} = \sum_{i=1}^{9}(X_{1i} - \overline{X}_1)(X_{2i} - \overline{X}_2) = \sum_{i=1}^{9} X_{1i} X_{2i} - \frac{1}{9}\left(\sum_{i=1}^{9} X_{1i}\right)\left(\sum_{i=1}^{9} X_{2i}\right)$$
$$= 2025 - (45 \times 285)/9 = 600$$

$$L_{Y1} = \sum_{i=1}^{9}(X_{1i} - \overline{X}_1)(Y_i - \overline{Y}) = \sum_{i=1}^{9} X_{1i} Y_i - \frac{1}{9}\left(\sum_{i=1}^{9} X_{1i}\right)\left(\sum_{i=1}^{9} Y_i\right)$$
$$= 130540 - (45 \times 22375)/9 = 18665$$

$$L_{Y2} = \sum_{i=1}^{9}(X_{2i} - \overline{X}_2)(Y_i - \overline{Y}) = \sum_{i=1}^{9} X_{2i} Y_i - \frac{1}{9}\left(\sum_{i=1}^{9} X_{2i}\right)\left(\sum_{i=1}^{9} Y_i\right)$$
$$= 903160 - (285 \times 22375)/9 = 194618.35$$

$$L_{YY} = \sum_{i=1}^{9}(Y_i - \overline{Y})^2 = \sum_{i=1}^{9} Y_i^2 - \frac{1}{9}\left(\sum_{i=1}^{9} Y_i\right)^2 = 61639325 - (22375 \times 22375)/9 = 6012588.89$$

将上述有关计算结果代入式(4-17),得:
$$\begin{cases} 60b_1 + 600b_2 = 18665 \\ 600b_1 + 6308b_2 = 194618.35 \end{cases}$$

解上述方程组得:
$$b_1 = 52.3712$$
$$b_2 = 25.8712$$

则:
$$a = \overline{Y}_1 - b_1 \overline{X}_1 - b_2 \overline{X}_2$$
$$= 2486.1111 - 52.3712 \times 5 - 25.8712 \times 31.67$$
$$= 1404.9142$$

故所求回归方程为:
$$Y = 1404.9142 + 52.3712X + 25.8712X^2 \qquad (4\text{-}21)$$

利用式(4-21)计算理论预测值,并与实际值 Y 进行比较,见表4-12。

理论值与实际值比较 表4-12

年份(年)	2011	2012	2013	2014	2015	2016	2017	2018	2019
实际货运量（×10³t·km）	1485	1615	1790	2025	2315	2655	3040	3480	3970
理论货运量（×10³t·km）	1483	1613	1822	2028	2314	2651	3039	3480	3972

由表4-12可见,用式(4-21)计算的预测值与实际值非常接近,说明此方程可信。如果要预测5年后的货运量,则将 $X=14$ 代入式(4-21),得:

$$Y = 1404.9142 + 52.3712X + 25.8712X^2$$
$$= 1404.9142 + 52.3712 \times 14 + 25.8712 \times 14 \times 14$$
$$= 7208.8662 \, (\times 10^3 \text{t·km})$$

2)指数型($Y = dc^X$)

【例4-11】 某地区公路改建工程需要对未来的货运量作出预测,已知过去8年该公路的货运量见表4-13,要求预测明年的货运量。

某地区公路过去8年货运量 表4-13

年度	第1年	第2年	第3年	第4年	第5年	第6年	第7年	第8年
实际货运量（×10³t·km）	1485	1900	2280	2804	3533	4557	5513	7166

解:

计算出逐年的递增,发现与指数型方程比较接近,故假定货运量 Y 与年度 X 之间存在着指数关系,设回归方程为:

$$Y = dc^X \quad (4-22)$$

为将式(4-22)变成线性方程,可对其两边取对数,得:

$$\log Y = \log d + X \log c \quad (4-23)$$

这样,就将指数型方程变成了线性方程。

令:
$$Y' = \log Y, b = \log c, a = \log d$$

则式(4-23)可写成:

$$Y' = a + bX \quad (4-24)$$

为求方程中的参数 a 和 b,列表计算如下,计算结果见表4-14。

回归模型参数计算表 表4-14

年度	年度 X_i（年）	货运量 Y_i（×10³t·km）	递增率（%）	$Y'_i = \log Y_i$	X_i^2	$X_i Y'_i$	Y'^2_i	理论值（×10³t·km）
第1年	1	1485	—	3.1718	1	3.1718	10.0603	1479
第2年	2	1900	27.9	3.2788	4	6.5576	10.7505	1847
第3年	3	2280	20.0	3.3579	9	10.0737	11.2755	2306
第4年	4	2804	23.0	3.4478	16	13.7912	11.8873	2879

续上表

年度	年度 X_i（年）	货运量 Y_i（$\times 10^3$ t·km）	递增率（%）	$Y'_i = \log Y_i$	X_i^2	$X_i Y'_i$	Y'^2_i	理论值（$\times 10^3$ t·km）
第5年	5	3533	26.0	3.5481	25	17.7405	12.5890	3594
第6年	6	4557	29.0	3.6587	36	21.9522	13.3861	4488
第7年	7	5513	21.0	3.7414	49	26.1898	13.9981	5604
第8年	8	7166	30.0	3.8553	64	30.8424	14.8622	6998
合计	36	29238	—	28.0597	204	130.3192	98.5090	—
平均值	4.5	—	—	3.5075	—	—	—	—

$$L_{XX} = \sum_{i=1}^{8} X_i^2 - \frac{1}{8}\left(\sum_{i=1}^{8} X_i\right)^2 = 204 - \frac{1}{8}(36 \times 36) = 42$$

$$L_{Y'Y'} = \sum_{i=1}^{8} Y'^2_i - \left(\sum_{i=1}^{8} Y'_i\right)^2 = 98.5090 - \frac{1}{8}(28.0597)^2 = 0.0907$$

$$L_{XY'} = \sum_{i=1}^{8} X_i Y'_i - \frac{1}{8}\left(\sum_{i=1}^{8} X_i\right)\left(\sum_{i=1}^{8} Y'_i\right) = 130.3192 - \frac{1}{8}(36 \times 28.0597) = 4.0506$$

$$b = \frac{L_{XY'}}{L_{XX}} = \frac{4.0506}{42} = 0.0964$$

$$a = \overline{Y'} - b\overline{X} = 3.5075 - 0.0964 \times 4.5 = 3.0735$$

3）建立回归预测模型

由上述计算结果可得回归方程为：

$$Y' = 3.0735 + 0.0964X$$

即：

$$\log Y = 3.0735 + 0.0964X$$

从表4-14可看出，理论值与实际值非常接近，可见预测方程是可信的。如果要预测明年的货运量，由 $X = 10$，代入 $\log Y = 30.735 + 0.0964X$，可得：

$$\log Y = 3.0735 + 0.0964 \times 10 = 4.0375$$

从反对数表中可查出： $Y = 10900(10^3 \text{ t·km})$

六、使用要点

（1）构造和应用回归模型进行估计或预测，必须对要研究的现象进行全面的分析，以确定用多元回归分析模型还是用一元回归分析模型。

（2）要正确理解回归系数 b，b 的符号同相关系数的符号是一致的，也表明变量变化的方向。但它不表示变量之间相关的密切程度，而只是 X 与 Y 两变量变动的比率。虽然 $b = 0$ 时，表明 X 对 Y 没有影响，但不能认为 $|b|$ 越大，X 对 Y 的影响也越大。因为 b 是有计量单位的，其数值受计量单位的影响。

第五节　投入产出预测法

一、投入产出的概念

投入产出方法是一种经济数学方法，是经济和数学结合的产物。投入产出可用于研究经济系统中各子系统之间的投入与产出之间的相互关系，进行经济预测、经济计划、政策模拟以及综合平衡。所谓投入，指的是从事一项经济活动的消耗。如生产过程和运输过程中所消耗的原材料、辅助材料、能源、机器设备和人的劳动等，就是从事生产和运输活动的投入。而产出，则指的是从事经济活动的结果。如生产活动的结果，是得到一定数量的产品；运输活动的结果，是完成了一定数量的运输量，这些都是它们的产出。投入产出分析的最大的特点就是对复杂的经济系统及其相互关系能够比较准确、全面和清晰地反映出来，因而该方法广泛应用于国民经济这一相互交织复杂系统中的宏观经济预测、经济分析、政策模拟、计划制订和经济控制等领域。

二、投入产出的发展简史

投入产出方法产生于 20 世纪 30 年代的美国。1936 年，美国经济学家列昂节夫发表了《美国经济系统中的投入与产出的数量关系》一文；1941 年出版了《美国的经济结构，1919—1929》一书；1953 年又出版了《美国经济结构研究》一书。在这些论著中，列昂节夫提出了投入产出方法，并且利用美国政府公布的经济统计资料，编制了美国经济的 1919 年、1929 年和 1939 年的投入产出表。

20 世纪 50~60 年代，列昂节夫将投入产出方法娴熟地运用于经济学的许多学科，取得了一个又一个成就，投入产出方法得到了社会的承认，许多学术机构、政府部门、学者也开始研究和使用投入产出方法，编制投入产出表。1974 年，联合国委托列昂节夫建立全球性的投入产出模型，以研究 20 世纪最后 20 多年中，世界经济可能发生的变化与国际社会所能够采取的方案。《世界经济的未来》一书便是列昂节夫进行此项研究的一个成果。由于列昂节夫发展的投入产出分析方法在经济领域产生的重大作用，1973 年他被授予诺贝尔经济学奖。

投入产出方法实际上是一种综合平衡方法。列昂节夫提出的投入产出法，在很大程度上是受到苏联计划平衡经济的影响。因为列昂节夫生于俄国，1925 年毕业于列宁格勒（现彼得格勒）大学，曾参与苏联中央统计局编制国民经济平衡表的工作。这一段工作经历，使他积累了编制平衡表的经验，他所编制的投入产出表在结构上，就是汲取了苏联的国民经济平衡表的棋盘式结构的特点。

当然，列昂节夫并不是完全照搬苏联的经济平衡表，而是利用数学工具找出这个表格中数字间的内在联系，揭示它们之间存在的相互依存、又相互制约的关系，为协调经济系统中各子系统之间的平衡关系提供了有效的方法。

列昂节夫提出投入产出方法以后，最初并没有受到美国政府和经济学界的重视。只是由于一个特殊的事件，才使得美国政府开始采用列昂节夫的投入产出方法。

第二次世界大战期间，罗斯福决定生产 5 万架军用飞机。当时，美国负责军工生产的部门在安排这项生产任务的时候,只考虑到了生产飞机的各种直接消耗,如铝的消耗等;而没有考虑到生产飞机会间接地消耗大量的铜。在当时,飞机的机身是用铝制造的,而铝的生产用的是电解法,每吨铝在电解过程中,要消耗 16000kW·h 电量,输电线路、各种电器用具、变压器、电动机等都要消耗大量的铜。由于事先没有估计到这一点,结果造成铜的紧张。最后,被迫向国库借用白银,代替铜作为生产铝过程中的输电之用。

由此,当时负责工业生产的管理人员深深感到,需要有一种比较科学的方法来计划和安排生产。1944 年,列昂节夫编制的美国经济 1939 年投入产出表问世,这时候,他们才注意到,列昂节夫的投入产出方法正是这样一种方法,它可以揭示经济活动中各种资源的投入与产出之间的数量关系,既可以反映出经济活动的直接消耗关系,又可以反映出间接的消耗关系;既可以用于经济计划,又可以用于经济预测,是研究经济问题的一种非常好的方法。

首先是美国劳动统计局用投入产出方法来预测:如果第二次世界大战于 1945 年 6 月 30 日结束的话,1945 年 12 月美国的就业状况将会发生什么样的变化?后来美国的经济发展情况证实了利用投入产出法所做预测的准确性。接着,美国政府在许多经济工作中都开始使用这种方法。20 世纪 50 年代,美国政府在经济研究方面花钱最多的就是投入产出分析。比如,美国政府编制的美国经济 1958 年投入产出表,就花费了 100 万美元。这以后,美国的许多州、城市和部分大公司和企业,也都开始编制投入产出表,用来分析经济和进行经济预测,都收到了非常好的效果。从此,投入产出方法很快传到了世界各国。

我国是在 20 世纪 60 年代初期开始宣传和介绍投入产出方法的,1974 年开始编制我国第一个全国性的投入产出表——1973 年全国投入产出表,于 1976 年编制完成。1987 年以后,编制全国性的投入产出表成为一项经常性、制度化的工作,每 5 年进行一次全国投入产出调查,并将投入产出方法用于计划和预测。到目前为止,除西藏自治区以外,我国已有 30 个省(自治区、直辖市)与国家同步编制了 1987 年、1992 年、1997 年和 2002 年本省(自治区、直辖市)投入产出表。部分省(自治区、直辖市)还编制了 1990 年、1995 年和 2000 年本省(自治区、直辖市)投入产出延长表。我国于 2005 年开始了第五次全国投入产出调查,并编制 2007 年全国投入产出表。此外,我国有一些企业也开始编制企业投入产出表,并用于企业计划、生产、成本等管理工作中。

三、投入产出表的结构

正如前面所说的,投入产出方法是用数学工具研究经济问题的一种方法,这种方法揭示了经济系统中各子系统在经济活动中,投入与产出之间的相互依存关系。这种相互依存的关系,可以用两种形式来描述。

一种是用一个线性方程组来描述。具体的经济结构的特点,则由这些方程中的系数来反映,这些系数是由统计、预测或其他数学推导方法来测定的。

另一种是用一个称为投入产出表的表格来描述。投入产出表是进行投入产出分析的基本形式,其结构见表 4-15。

由表 4-15 可以看出,一个投入产出表包括四个象限(部分)。

第 I 象限:部门间交易象限,又称部门间流量象限。

由组成国民经济的 n 个部门纵横交叉而成,是一个方形棋盘式的平衡表,其行数等于列数。行代表产出,列代表投入,每个部门既是投入的消耗者,又是产出的生产者。并且,相同编号的横行和纵列代表同名称的部门。

这部分反映了国民经济系统各子系统之间的生产技术联系,特别是反映了各个子系统之间提供劳动对象(输入与输出)的情况。在编制投入产出表时,取得第一部分的正确资料,是进行一系列分析计算的基础,是投入产出表的核心。

投 入 产 出 表　　　　　　表 4-15

(Ⅰ)部门间交易象限　　　(Ⅱ)最终用途象限

生产部门	消耗部门					最终需要				总产出
	中间需要					消费	积累	净出口	合计	
	部门1	部门2	…	部门n	合计					
部门1	X_{11}	X_{12}	…	X_{1n}		W_1	K_1	E_1		X_1
部门2	X_{21}	X_{22}	…	X_{2n}		W_2	W_2	E_2		X_2
⋮	⋮	⋮	⋮	⋮	⋮	⋮	⋮	⋮	⋮	⋮
部门n	X_{n1}	X_{n2}	…	X_{nn}		W_n	K_n	E_n		X_n
合计			…							
劳动者报酬	V_1	V_2	…	V_n						
社会纯收入	M_1	M_2	…	M_n						
固定资产折旧	D_1	D_2	…	D_n						
合计										
总投入	X_1	X_2	…	X_n						

(Ⅲ)增加价值象限　　　(Ⅳ)直接购买要素象限

第Ⅱ象限:最终用途象限,又称最终产品象限。

这部分反映了最终产品的实物构成及其使用,通常包括 3 个部分:消费基金、积累基金和净出口。

消费基金 = 家庭消费 + 社会消费 = 生产性消费 + 生活性消费

积累基金 = 新增固定资产 + 国库储备 = 生产性积累 + 生活性积累

所有部门最终产品的总和为社会最终产值或国民生产总值。社会最终产值从数量上等于国民收入加上本年度的固定资产折旧额之和,它与第三部分的数值相对应。

第Ⅲ象限:增加价值象限。

这部分是第一象限在垂直方向的延伸,反映了社会最终产值即国民生产总值的价值形成过程。通常包括:劳动报酬,如劳动者的个人收入;社会纯收入,如政府的税收;和固定资产折旧。

第Ⅳ象限:直接购买要素象限。

这一部分主要反映了国民收入的再分配。这一部分没有前 3 个部分重要,通常不考虑。不过,在进行国民经济核算时它是必要的,特别是在计算国内生产总值方面很重要。

四、投入产出表的类型

按照不同的分类方法,可将投入产出表分为不同的类型。

1. 按照计量单位来划分

投入产出表中的数字若为价值单位,则为价值型投入产出表;投入产出表中的数字若为实物单位,则为实物型投入产出表。实物型投入产出表就只有横方向的两个象限,而没有另外两个象限。

2. 按照编制时期来划分

投入产出表中的数字若为统计数字(即已经实现了的指标),则为投入产出统计表,可用来进行经济分析、政策分析;投入产出表中的数字若为预测值或计划值,则为投入产出计划表,可用来进行经济预测、政策模拟、安排生产计划等。

3. 按照编制的范围来划分

若投入产出表是对整个国家的各经济部门编制的,则称为全国性投入产出表;类似的还有省级、地区级、企业投入产出表等。目前,世界银行组织也在编制世界投入产出表。

4. 按照分析时间来划分

按照分析时间可以将投入产出表分为静态投入产出表和动态投入产出表。静态模型较为成熟,应用较广;动态模型还很不完善,还未得到广泛的应用。

另外,也有编制一些专门的投入产出表的,比如能源投入产出表,还有的借助于数学规划方法,利用投入产出表求解最优化问题,比如利用投入产出表确定基本建设的最大规模。

五、投入产出的数学模型

1. 模型中的符号

在建立投入产出的数学模型之前,我们先来进一步明确一下投入产出表中各符号的含义:

(1)X_i表示第i部门的产值,$i = 1, 2, 3, \cdots, n$。

(2)X_{ij}表示第i部门的产品用作第j部门生产消耗的数量,或者,第j部门在生产过程中消耗掉的第i部门产品的数量,$i, j = 1, 2, 3, \cdots, n$。

(3)Y_i表示第i部门最终产品的合计数,$i = 1, 2, 3, \cdots, n$。

(4)V_j表示第j部门在生产过程中所支付的劳动报酬的数额,如工资、奖金、津贴等,$j = 1, 2, 3, \cdots, n$。

(5)M_j表示第j部门生产工作者所创造的社会纯收入的数额,如利润、税金等,$j = 1, 2, 3, \cdots, n$。

(6)D_j表示第j部门生产过程中所消耗的固定资产价值,即固定资产折旧额,$j = 1, 2, 3, \cdots, n$。

2. 建模依据及模型

投入产出数学模型的建立,是基于以下两个基本假设的:

一方面,一切部门生产的总产品,不是用于生产性消耗(中间需要),就是用于最终消耗(最终需要)。也就是说,从投入产出表的水平方向来看,应该有如下的关系式成立:

$$\begin{cases} X_{11} + X_{12} + \cdots + X_{1n} + Y_1 = X_1 \\ \cdots \\ X_{n1} + X_{n2} + \cdots + X_{nn} + Y_n = X_n \end{cases}$$

上述关系式可写为：

$$\sum_{i=1}^{n} X_{ij} + Y_i = X_i \quad (i=1,2,3,\cdots,n) \tag{4-25}$$

另一方面，国民生产总值应等于中间产品的转移价值加上新创造价值的总和。也就是说，从投入产出表的垂直方向来看，应该有如下的关系式成立：

$$\begin{cases} X_{11} + X_{21} + \cdots + X_{n1} + D_1 + V_1 + M_1 = X_1 \\ \cdots \\ X_{1n} + X_{2n} + \cdots + X_{nn} + D_n + V_n + M_n = X_n \end{cases}$$

同样，上述关系式可写为：

$$\sum_{i=1}^{n} X_{ij} + D_j + V_j + M_j = X_j \quad (j=1,2,3,\cdots,n) \tag{4-26}$$

应该说明的是，由于实物型投入产出表中各类产品的度量单位不一样，所以，纵向不能相加。即实物型的投入产出表没有第二组关系式。从总量上说，国民生产总值应该与各部门的固定资产折旧总额及新创造价值总额之和相等，即：

$$\sum_{i=1}^{n} Y_i = \sum_{j=1}^{n} (D_j + V_j + M_j) \quad (j=1,2,3,\cdots,n)$$

但是，某个部门所提供的最终产品与该部门的新创造价值与固定资产折旧额之和，在数量上并不一定相等。即一般来说：

$$Y_i \neq D_j + V_j + M_j \quad (i,j=1,2,3,\cdots,n)$$

这两组关系式就构成了投入产出的数学模型。这个模型实际上是一个有 $2n$ 个方程的线性方程组。

六、投入产出模型中的系数

在前面，我们得到了投入产出的数学模型，通过这个模型，以及投入产出表中各部门之间的流量，我们可以进一步讨论投入产出表中各数字之间的数量关系，得到投入产出模型的几个重要参数，从而得到一个新的投入产出模型关系式。

1. 直接消耗系数 a_{ij}

直接消耗系数 a_{ij} 表示第 j 部门在单位产品的生产过程中消耗第 i 部门产品的数量。即：

$$a_{ij} = \frac{X_{ij}}{X_j} \quad (i,j=1,2,3,\cdots,n) \tag{4-27}$$

由直接消耗系数 a_{ij} 构成的 $n \times n$ 矩阵 $\boldsymbol{A} = (a_{ij})$，称为直接消耗系数矩阵。

由式(4-27)有：

$$X_{ij} = a_{ij} X_j \quad (i,j=1,2,3,\cdots,n) \tag{4-28}$$

将其代入式(4-25)有：

$$\sum_{j=1}^{n} a_{ij} X_j + Y_i = X_i \quad (i,j=1,2,3,\cdots,n) \tag{4-29}$$

若记：

$$X = \begin{pmatrix} X_1 \\ X_2 \\ \vdots \\ X_n \end{pmatrix} \quad Y = \begin{pmatrix} Y_1 \\ Y_2 \\ \vdots \\ Y_n \end{pmatrix} \quad A = \begin{pmatrix} a_{11} & a_{12} & \cdots & a_{1n} \\ a_{21} & a_{22} & \cdots & a_{2n} \\ \vdots & \vdots & \vdots & \vdots \\ a_{n1} & a_{n2} & \cdots & a_{nn} \end{pmatrix}$$

则式(4-29)可以写成：

$$AX + Y = X \tag{4-30}$$

即：

$$X - AX = Y$$
$$(I - A)X = Y \tag{4-31}$$

用 $(I-A)^{-1}$ 乘式(4-31)，得：

$$X = (I - A)^{-1} Y \tag{4-32}$$

式(4-32)实际上是式(4-25)的另一种表达形式。这个表达形式非常重要，而且，使用的场合也更多一些。

由式(4-32)可以知道，如果已知列向量 Y，即已知各部门的最终产品数，就可以利用式(4-32)求出各部门的总产值 X 来。

2. 完全消耗系数 b_{ij}

直接消耗系数反映了国民经济各部门之间产品在生产过程中的直接消耗关系，称为直接联系。如在船舶的生产过程中，要消耗生铁、钢材、煤、电等，说明船舶与生铁、钢材、煤、电等行业间存在着直接联系。此外，国民经济各部门之间的产品在生产过程中还存在着间接消耗关系，称为间接联系。例如，生产船舶要消耗钢材，生产钢材要消耗矿石，这就使得船舶的生产与矿石的生产发生了间接的消耗关系。所谓完全消耗系数，就是直接消耗系数与全部间接消耗系数之和。

为了更好地理解完全消耗系数，我们用一个船舶生产对电的直接消耗与间接消耗的例子，通过图解作出说明。图4-14为船舶生产对电力的直接消耗与间接消耗的示意图，图中只列了与船舶生产相关的6种产品，远没有把与船舶生产有关的所有产品都列出来，只是让读者对间接消耗的概念有一个较直观的了解。图4-14上的箭头都代表直接消耗，箭头所指的方框，表示该方框内的产品要直接消耗某一产品的数量。例如，在船舶这个方框内，有4个箭头到达，说明它在生产过程中，要直接消耗这4种产品。图中每一个方框内的产品都有标号，

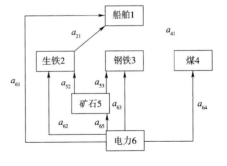

图4-14 船舶生产对电力消耗的示意图

其目的是使图中的线段上都可以记上直接消耗系数的标记。例如，a_{61} 就是船舶生产对电力的直接消耗系数；a_{65} 是矿石生产对电力的直接消耗系数。

从图4-14上可以看出，生产一艘船舶直接消耗电力的系数是 a_{61}，与此同时，在船舶的生产过程中，还要同时消耗生铁、钢材、煤等，它们在图上的消耗系数分别用 a_{21}、a_{31}、a_{41} 来表示。而生铁、钢材、煤的生产过程中也要消耗电，它们对电力的直接消耗系数就是 a_{62}、a_{63}、a_{64}。这样，船舶生产通过生铁、钢材、煤，形成了对电力的一次间接消耗，它们的一次间接消

耗系数是 $a_{62}\,a_{21}$、$a_{63}\,a_{31}$、$a_{64}\,a_{41}$。如果不计算通过其他产品的间接消耗,则船舶对电的一次间接消耗系数是上述 3 个系数之和,即:

$$a_{62}\,a_{21} + a_{63}\,a_{31} + a_{64}\,a_{41}$$

从上面的 3 个系数中,任意拿出来一个进行分析。如果以船舶通过钢材对电的间接消耗为例,可以看出,$a_{63}\,a_{31}$ 是一个间接消耗系数,它代表船舶在对电的消耗过程中,要经过一个钢材的中间环节,其余几个一次间接消耗系数也存在这种关系。

图 4-14 还说明了船舶生产的二次消耗。它通过钢材生产中要消耗矿石来说明对电的第二次间接消耗,其二次间接消耗系数为 $a_{65}\,a_{53}\,a_{31}$。如果我们还考虑生产的消耗情况的话,就可以进一步分析船舶生产的三次间接消耗、四次间接消耗……情况。

综上所述,我们可以总结出有关间接消耗系数的规律。一次间接消耗系数是由有关的两个直接消耗系数乘积的连加;二次间接消耗系数是由有关的 3 个直接消耗系数乘积的连加;三次间接消耗系数是由有关的 4 个直接消耗系数乘积的连加;依此类推,k 次间接消耗系数,则要由有关的 $(k+1)$ 个直接消耗系数乘积的连加才能得到。

如果令完全消耗系数为 b_{ij},则根据以上分析,b_{ij} 为:

$$b_{ij} = a_{ij} + a_{ik}\,a_{kj} + a_{ik}\,a_{ks}\,a_{sk} + a_{ik}\,a_{ks}\,a_{sk}\,a_{ik} + \cdots \tag{4-33}$$

根据乘法原理,二个矩阵的乘积是其行与列有关元素乘积之连加,上式符合矩阵乘法的原理,故可用矩阵形式来表示,即:

$$B = A + A^2 + A^3 + A^4 + \cdots + A^k + \cdots \tag{4-34}$$

式中:B——完全消耗系数矩阵;
　　A——直接消耗系数矩阵;
　　A^2——一次间接消耗系数矩阵;
　　A^3——二次间接消耗系数矩阵;
　　A^k——$(k-1)$ 次间接消耗系数矩阵。

当 $k \to \infty$ 时,式(4-35)就包含了全部的间接消耗。

将式(4-35)两端都加上一个单位矩阵 I,并设 $k \to \infty$ 得:

$$B + I = I + A + A^2 + A^3 + A^4 + \cdots + A^k \tag{4-35}$$

用 $(I-A)$ 乘式(4-36)的右端得:

$$\begin{aligned}
& (I-A)(I + A + A^2 + A^3 + A^4 + \cdots + A^k) \\
&= I + A + A^2 + A^3 + A^4 + \cdots + A^k - A - A^2 - A^3 - A^4 - \cdots - A^k - A^{k+1} \\
&= I - A^{k+1}
\end{aligned} \tag{4-36}$$

由于在价值型的投入产出表中,直接消耗系数 a_{ij} 都小于 1(因为当大于 1 时,生产活动是没有经济意义的),根据矩阵乘法原理,当矩阵内各元素都为正值,并都小于 1 时,该矩阵经 $k(k \to \infty)$ 次乘方以后,其元素将趋于零,即式(4-36)是收敛的。因此,式(4-36)中的 A^{k+1} 可以忽略不计,这样,式(4-36)变为:

$$(I-A)(I + A + A^2 + A^3 + A^4 + \cdots + A^k) = I \tag{4-37}$$

又根据逆矩阵的定理,式(4-37)可以表示为:

$$(I-A)(I-A)^{-1} = I$$

或:

$$(I + A + A^2 + A^3 + A^4 + \cdots + A^k) = (I-A)^{-1} \tag{4-38}$$

将式(4-38)代入式(4-35),得到:

$$B + I = (I-A)^{-1} \tag{4-39}$$

故:

$$B = (I-A)^{-1} - I \tag{4-40}$$

完全消耗系数 b_{ij} 是第 j 部门每增加一个单位的最终产品时,需要完全消耗第 i 部门产品的数量,包括直接消耗量和间接消耗量。

3. 最终需要系数 $\bar{b}_{ij}$

式(4-40)说明,完全消耗系数矩阵 B 与 $(I-A)$ 的逆矩阵之间存在着密切的关系,两者之间仅相差一个单位矩阵。

$(I-A)$ 的逆矩阵称之为列昂节夫逆阵,或者称为最终需要系数矩阵 $\bar{B}$。

$$\bar{B} = (I-A)^{-1} \tag{4-41}$$

因为:

$$X = (I-A)^{-1} Y$$

故当 Y 为单位产品时,就有:

$$X = (I-A)^{-1}$$

这说明,生产单位最终产品,对各部门产品的完全需要量为 $(I-A)^{-1}$。也就是说,最终需要系数 $\bar{b}_{ij}$ 是第 j 部门每生产一个单位的最终产品时,需要完全消耗第 i 部门产品的数量,最终需要系数 $\bar{b}_{ij}$ 构成最终需要系数矩阵。

以上3个系数是利用投入产出方法进行经济计划、经济预测、经济分析工作时常用到的3个系数。只要我们知道了各部门之间的流量情况,就可以计算出直接消耗系数矩阵 A,有了 A,就很容易地求出另外两个系数矩阵来。

【例4-12】 已知某地区三部门投入产出见表4-16,试计算直接消耗系数、最终需要系数、完全消耗系数。

某地区三部门投入产出表(单位:亿元)　　　　表4-16

生产部门	消耗部门				最终需要			总产出
	中间需要				积累	消费	合计	
	工业	农业	其他	合计				
工业	1000	200	100	1300	250	450	700	2000
农业	200	100	50	350	150	500	650	1000
其他	200	100	0	300	50	150	200	500
合计	1400	400	150	1950	450	1100	1550	3500
劳动报酬	300	300	175	775				
社会收入	300	300	175	775				
合计	600	600	350	1550				
总投入	2000	1000	500	3500				

解:

(1) 计算直接消耗系数。

$a_{11} = X_{11}/X_1 = 1000/2000 = 0.5$ $\quad a_{12} = X_{12}/X_2 = 200/1000 = 0.2$

$a_{13} = X_{13}/X_3 = 100/500 = 0.2$ $\quad a_{21} = X_{21}/X_1 = 200/2000 = 0.1$

$a_{22} = X_{22}/X_2 = 100/1000 = 0.1$ $\quad a_{23} = X_{23}/X_3 = 50/500 = 0.1$

$a_{31} = X_{31}/X_1 = 200/2000 = 0.1$ $\quad a_{32} = X_{32}/X_2 = 100/1000 = 0.1$

$a_{33} = X_{33}/X_3 = 0/500 = 0.0$

由此得直接消耗系数矩阵为:

$$A = \begin{pmatrix} 0.5 & 0.2 & 0.2 \\ 0.1 & 0.1 & 0.1 \\ 0.1 & 0.1 & 0.0 \end{pmatrix}$$

(2) 计算最终需要系数矩阵。

因:

$$I - A = \begin{pmatrix} 0.5 & -0.2 & -0.2 \\ -0.1 & 0.9 & -0.1 \\ -0.1 & -0.1 & 1.0 \end{pmatrix}$$

故:

$$\overline{B} = \begin{pmatrix} 2.2096 & 0.5459 & 0.4693 \\ 0.2730 & 1.1911 & 0.1737 \\ 0.2482 & 0.1737 & 1.0670 \end{pmatrix}$$

(3) 计算完全消耗系矩阵。

$$B = (I - A)^{-1} - I = \begin{pmatrix} 1.2096 & 0.5459 & 0.4693 \\ 0.2730 & 0.1911 & 0.1737 \\ 0.2482 & 0.1737 & 0.0670 \end{pmatrix}$$

七、投入产出的应用

1. 利用投入产出方法进行经济结构分析

报告期的投入产出表中,包含了大量汇总的经济数据,利用它可以分析报告期的经济结构,分析国民经济中的各种重要比例,如积累和消费的比例、国民经济各部门间的比例、运输部门间的比例等。而且还可以进一步分析,如果计划期的最终需求发生了变化,整个国民经济的结构将发生什么样的变化。

2. 利用投入产出方法进行经济预测

用投入产出方法进行经济预测,是投入产出法最广泛的应用之一。预测某项经济政策的实施将对社会经济产生什么样的影响,也是投入产出分析的一个重要应用。如第二次世界大战结束的时候,一些工业企业家认为美国的钢产量在战争期间已经达到了很高的水平,战后,由于军用订货的减少,对钢的需求量也将有所下降,因此,要降低钢的产量。但是,经美国劳动统计局利用投入产出方法进行计算后,结果表示,战后经济的复苏与繁荣,对钢的需求量不仅不会减少,还会超过战时的最高水平,并预测1950年钢的需求量将为9800万t。

1950年美国钢铁工业全部开工,使产量达到了9680万t,基本上满足了市场需求。

目前,联合国通过编制世界投入产出模型,来预测世界经济到2020年时的发展情况,包括发达国家和发展中国家国民经济生产总值的增长情况、对外贸易状况、就业状况和环境污染状况等。

【例4-13】 假定某地投入产出见表4-17,计划期确定,甲部门为优先发展部门,发展指标为1000万t;乙、丙及运输部门围绕甲部门的发展而发展,计划期最终需求分别为:200、100及80万t。试预测计划期其他各部门的发展规模。

某地区投入产出表(单位:万t) 表4-17

投入	产出					最终需要	合计
	中间需要						
	甲部门	乙部门	丙部门	运输部门	合计		
甲部门	180	104	115	80	479	81	560
乙部门	140	261	206	140	747	113	860
丙部门	160	208	115	100	583	37	620
运输部门	80	157	69	20	326	34	360

解:

(1)利用式(4-27),计算表4-17中国民经济各部门的直接消耗系数矩阵如下:

$$A = \begin{pmatrix} 0.321 & 0.121 & 0.185 & 0.222 \\ 0.250 & 0.303 & 0.332 & 0.389 \\ 0.286 & 0.242 & 0.185 & 0.278 \\ 0.143 & 0.183 & 0.111 & 0.056 \end{pmatrix}$$

(2)计算列昂节夫逆阵$(I-A)^{-1}$:

$$(I-A) = \begin{pmatrix} 0.679 & -0.121 & -0.185 & -0.222 \\ -0.250 & 0.697 & -0.332 & -0.389 \\ -0.286 & -0.242 & 0.815 & -0.278 \\ -0.143 & -0.183 & -0.111 & 0.944 \end{pmatrix}$$

$$(I-A)^{-1} = \begin{pmatrix} 3.137 & 1.598 & 1.618 & 1.873 \\ 3.063 & 3.649 & 2.589 & 2.986 \\ 2.474 & 2.051 & 2.936 & 2.292 \\ 1.360 & 1.191 & 1.092 & 2.191 \end{pmatrix}$$

(3)由$X = (I-A)^{-1}Y$有:$X' = (I-A)^{-1}Y'$

其中:

$$X = \begin{pmatrix} 1000 \\ X'_2 \\ X'_3 \\ X'_4 \end{pmatrix} \quad Y = \begin{pmatrix} Y'_1 \\ 200 \\ 100 \\ 80 \end{pmatrix}$$

即:

$$\begin{pmatrix} 1000 \\ X'_2 \\ X'_3 \\ X'_4 \end{pmatrix} = \begin{pmatrix} 3.137 & 1.598 & 1.618 & 1.873 \\ 3.063 & 3.649 & 2.589 & 2.986 \\ 2.474 & 2.051 & 2.936 & 2.292 \\ 1.360 & 1.191 & 1.092 & 2.191 \end{pmatrix} \begin{pmatrix} Y'_1 \\ 200 \\ 100 \\ 80 \end{pmatrix}$$

由此可得：
$$Y'_1 = 117.552$$
$$X'_2 = 1587.642, X'_3 = 1177.984, X'_4 = 682.55$$

由计算结果可知：当甲部门的计划期总产出为1000万t，且乙、丙及运输部门的计划期最终需求将分别为200万t、100万t和80万t时，甲部门的最终需求为117.552万t；乙、丙及运输部门的总产出分别为1587.642万t、1177.984万t和682.55万t。

3. 编制计划期投入产出表

由上例计算可知，有了 $X' = (I - A)^{-1} Y'$，就可根据 $X'_{ij} = a_{ij} X'_j$ 求出计划期的部门间流量，从而求出计划期的投入产出表。例4-13的计划期投入产出见表4-18。

某地区计划期投入产出表（单位：万t）　　表4-18

投　　入	产　　出					最终需要	合　　计
	中间需要						
	甲部门	乙部门	丙部门	运输部门	合计		
甲部门	321.00	192.10	217.92	151.52	882.54	117.55	1000.09
乙部门	250.00	481.04	391.09	265.51	1387.64	200.0	1587.64
丙部门	286.00	384.21	217.94	189.75	1077.98	100.0	1177.98
运输部门	143.00	290.54	130.76	38.22	602.52	80.0	682.52

表4-18中的数字由于计算中的四舍五入，与前面的计算结果有一些计算误差。

4. 与其他数学方法相结合，编制国民经济综合平衡规划模型

一个理想的国民经济计划，应当是满足这样两个要求：

它是一个现有人力、物力、财力等条件下，所能够实现的方案，在这个计划中，国民经济各个部门应该相互协调、保持平衡状态。

这是一个最优的计划，即能够使计划编制者所提出的某一个目标，或若干个目标达到最优。例如使经济发展速度最快；人民生活水平得到较大提高等。

投入产出模型能够做到上述的第一点，即使国民经济中的各个生产部门相互协调、保持平衡。如果将投入产出模型与最优规划方法结合起来，就能够同时达到上述的两个要求。

如我国曾经利用投入产出方法与其他方法（如经济计量模型、生产函数模型）相结合，设计中长期宏观经济模型（CMEM），为编制"七五"计划提供预测数据，同时预测了2000年我国国民经济和社会发展的趋势。

国家信息中心经济预测部，利用计量经济方法、投入产出分析、扩展线性支出系统等方法，建立了《中国宏观经济多部门模型》。该模型从最终需求出发，利用计量方法和扩展线性支出系统，研究我国的消费、投资、进出口情况，形成最终需求；再通过部门投入产出关系，形成最终需求诱导的总需求，并分析对就业、物价所产生的影响；进而通过财政、货币政策进一步对收入分配、投资、消费、外贸等行为产生新一轮的影响分析，直到达到均衡。国家信息中心经济预测部还根据我国主要经济和社会发展指标来主导产业发展的目标，将计量经济模型、投入产出模型和规划模型相结合，编制完成了我国"十五"和"十一五"发展规划模型。

【例4-14】 假定某经济区目前的就业人数见表4-19。

某经济区目前就业人数（单位:万人） 表4-19

生产部门	A部门	B部门	C部门	合计
就业人数	8	50	15	73
就业系数	0.8	2.5	1.0	—

计划部门打算,在5年以后,使该地区的就业人数达到最大。初步考虑经济区各部门的合计总产值,在5年后应增加30%。问:应如何在现有的基础上安排本经济区国民经济各部门在5年后的生产指标,才能满足此要求？该地区目前国民经济各部门投入产出见表4-20。

某经济区目前国民经济各部门投入产出简表（单位:亿元） 表4-20

产出	投入				最终需要	总产出
	中间需要					
	A部门	B部门	C部门	合计		
A部门	4	2	3	9	1	10
B部门	3	8	6	17	3	20
C部门	1	6	3	10	5	15
其他	2	4	3	9	—	—
总投入	10	20	15	45		

解：

(1) 建立模型。

①确定决策变量:设A、B、C三部门5年后的总产出额分别为X_1、X_2、X_3。

$$X_i \geq 0 \quad (i=1,2,3)$$

②确定目标函数:该题的目标是5年后的就业总人数达到最大,设5年后的就业总人数为Z,则:

$$\max Z = 0.8X_1 + 2.5X_2 + 1.0X_3$$

③找出约束条件。5年后的总产值在现有基础上提高30%,即达到:

$$45 + 45 \times 30\% = 58.5（亿元）$$

因而有: $X_1 + X_2 + X_3 = 58.5$（亿元）

目前的经济关系满足: $X = (I-A)^{-1}Y$

即: $(I-A)X = Y$

若设5年后的总产出额为X',则应有:$X' \geq X$

由此有: $(I-A)X' \geq (I-A)X = Y$

即5年后应有: $(I-A)X' \geq Y$

此时, $X = \begin{pmatrix} X_1 \\ X_2 \\ X_3 \end{pmatrix} \quad Y = \begin{pmatrix} 1 \\ 3 \\ 5 \end{pmatrix}$

还需求出$(I-A)$来:

由：
$$A = \begin{pmatrix} 0.4 & 0.1 & 0.2 \\ 0.3 & 0.4 & 0.4 \\ 0.1 & 0.3 & 0.2 \end{pmatrix}$$

有：
$$I - A = \begin{pmatrix} 0.6 & -0.1 & -0.2 \\ -0.3 & 0.6 & -0.4 \\ -0.1 & -0.3 & 0.8 \end{pmatrix}$$

由此又可得到一组约束条件：
$$\begin{pmatrix} 0.6 & -0.1 & -0.2 \\ -0.3 & 0.6 & -0.4 \\ -0.1 & -0.3 & 0.8 \end{pmatrix} \begin{pmatrix} X_1 \\ X_2 \\ X_3 \end{pmatrix} \geq \begin{pmatrix} 1 \\ 3 \\ 5 \end{pmatrix}$$

即：
$$\begin{cases} 0.6 X_1 - 0.1 X_2 - 0.2 X_3 \geq 1 \\ -0.3 X_1 + 0.6 X_2 - 0.4 X_3 \geq 3 \\ -0.1 X_1 - 0.3 X_2 + 0.8 X_3 \geq 5 \end{cases}$$

故得该问题的数学模型为：
$$\max Z = 0.8 X_1 + 2.5 X_2 + 1.0 X_3$$
$$\begin{cases} 0.6 X_1 - 0.1 X_2 - 0.2 X_3 \geq 1 \\ -0.3 X_1 + 0.6 X_2 - 0.4 X_3 \geq 3 \\ -0.1 X_1 - 0.3 X_2 + 0.8 X_3 \geq 5 \\ X_1 + X_2 + X_3 = 58.5 \\ X_1, X_2, X_3 \geq 0 \end{cases}$$

(2) 模型求解。

上述模型是一个线性规划问题，用单纯形法可以求出该问题的最优解和最优值。

最优解为：$(X_1, X_2, X_3)^T = (12.4, 27.8, 18.3)^T$

最优值为：$Z = 97.72$（万人）

即 5 年后，该经济区 A、B、C 三个部门的总产出额分别为 12.4 亿元、27.8 亿元、18.3 亿元时，可使该经济区的就业总人数达到最大，为 97.72 万人。

5. 利用投入产出方法进行经济政策模拟

利用投入产出模型，进行经济政策模拟，就是对经济政策的实施结果做试验，以便说明不同的经济政策带来的后果与影响。由于投入产出模型反映了国民经济各部门、再生产各环节间的联系，如果把与各种经济政策有关的一些变量，如运输价格、税收、工资等，作为已知的控制变量，就可以利用该模型来模拟各种不同的经济政策可能带来的结果，为制定经济政策提供依据。

例如，美国曾利用投入产出方法研究如果美国政府对国内原油价格不进行人为的控制，国内原油价格上升到世界原油市场价格以后，对美国经济和进出口贸易将会产生什么样的影响。研究结果表明：原油价格上升以后，美国对原油的消费量和进口量将大大降低，美国的国际贸易入超现象将有很大改变。但美国国民生产总值的增长速度将会有所减慢。1990 年国民生产总值可能减少 5.27%，2000 年可能减少 11.93%。

又如,美国曾利用投入产出方法研究工资提高10%以后,对各部门产品价格的影响。研究结果表明:工资上升10%以后,生活费用将上升3.9%左右,工人所获得的真正益处仅为6%左右。同时,也可以计算商业税、消费税等提高10%对各部门产品价格和生活费用的影响,以及计算利润上升10%的影响。最后的结果是:如果工资、利润、税收都提高10%,那么,生活费就要提高8.38%,而有关各方面得到的只是微不足道的1.62%的实际利益。

例如,我国通过结构动态投入产出模型、投入产出价格模型、投入产出税收模型等,研究产业政策、价格政策和税收政策等变化对我国国民经济整体及各产业部门的影响。在价格政策模拟方面,国家统计局及有关单位测算过一种或多种货物和服务价格变动对其他货物和服务价格的影响,为价格管理部门确定修改价格方案提供科学依据。国家统计局还进行过入世对我国整个国民经济价格体系影响的模拟研究。

对交通运输系统,同样可以用投入产出方法模拟各种运输投资政策的影响、运输价格的影响、国家的税收政策、能源政策对交通运输业的影响等。铁道部为了加强制定运输价格的科学性,利用投入产出价格模型进行了新型运价体制的研究,实践中取得了良好的效果。另外,利用投入产出表提供的影响力和感应度系数进行产业关联分析,找出国民经济中制约经济发展或带动经济发展的产业部门,为有关部门制定相关政策提供依据。

6. 利用投入产出法进行国民经济可持续发展研究

"可持续发展"作为一种新的发展模式,已成为21世纪全球面临的焦点问题。中国国家统计局与挪威统计局合作开展的《中挪环境统计与分析项目》已经圆满完成,编制了能源账户,计算了大气污染物排放清单和建立了中国环境与经济综合分析与预测模型。模型的主要功能是在能源账户和大气污染物排放基础上,结合国民经济核算数据,利用数学方程把经济因素、环境因素联系起来,反映经济与环境之间的数量关系。该项目的研究成果不仅为我国的能源管理和可持续发展研究提供了基础数据,而且还通过构造模型进行各种政策模拟,为制定能源政策、确定环境保护措施提供依据。

7. 利用投入产出法进行经济全球化研究

21世纪世界经济发展的大趋势之一就是全球化继续向深度和广度发展。2001年我国已经成功地加入了世界贸易组织,实践证明,我国与世界各国之间在经济活动上的相互依赖不断提高,国际市场的变化对我国经济的影响也越来越大。要客观地制定我国科学的全球化发展战略,研究我国与世界经济之间的互动关系非常必要,而投入产出技术则为我国提供了研究这一领域问题的重要手段。目前,国家信息中心与日本有关方面合作,参与编制了包括中国在内的亚洲国家(地区)间投入产出表;另外,国务院发展研究中心利用投入产出技术,采用了中国经济的可计算一般均衡模型,相对综合和全面地分析了中国加入世界贸易组织所带来的整体的、部门的及区域性的影响。

8. 几点说明

尽管投入产出方法在经济工作当中有不少作用,但它也有方法本身的不足和应用的局限性:

(1)投入产出方法与其他经济数学方法一样,不可避免地要做出某些假设,将复杂的经济现象进行一定的合理的简化和抽象。这就是说,它不是无条件地适用于任何场合的,而是有条件地适用于特定的领域和场合的。

(2)我们曾经提到投入产出方法的两个基本假设,其中一个假设就是:假定每个部门的投入(生产消耗)是该部门生产量的线性函数,这就是说,每个部门各种投入的数量是与该部门的总产出成比例地变动的。但实际情况却并非都是如此。

(3)编制投入产出表的主要困难是统计资料问题。产出与投入之间的依存关系有一定的滞后周期,制表所需的许多基本数据需要经过长期统计和整理,最终完成一个国家或地区范围的投入产出表往往需要数年的时间。因此,正确地、及时地收集、预测和修正投入产出模型所需的基本数据,是推广应用这种方法的一个重要问题。

(4)投入产出方法目前在理论上、方法上和应用上比较成熟的是静态的开放模型,而对于动态方面的问题,还不能够很好地解决,这就在很大程度上限制了这种方法的应用。

小　结

本章首先简单介绍了交通运输系统预测的意义及作用;其次,介绍了运输系统预测的步骤和方法分类;最后,详细介绍了几种常用的定性预测方法和定量预测方法,并对这些方法的应用要点及优缺点作了说明。

本章的重点是交通预测方法,通过对各种预测方法的学习,学会根据具体的预测对象、预测目标以及预测期限,选择适当的预测方法进行交通运输预测。

思考与练习题

一、思考题

1. 什么是预测?它的作用是什么?
2. 预测的工作步骤有哪些?
3. 选择预测方法时应考虑的因素有哪些?
4. 德尔菲法的特点、工作程序和工作关键有哪些?
5. 时间序列法的基本原理是什么?
6. 时间序列预测法的主要特点是什么?
7. 常用的基本预测方法有哪几种?各有什么特点?
8. 回归分析法的基本原理是什么?
9. 时间序列法中参数 n、W_i、α 的选择原则是什么?
10. 相关系数的含义是什么?如何计算相关系数?
11. 置信区间的含义是什么?如何计算置信区间?
12. 什么是投入?什么是产出?
13. 如何理解直接消耗系数?完全消耗系数?最终需要系数?
14. 预测是所有的决策所必需的吗?你能否举出不必预测就可以做决策的例子?
15. 预测的不准确可能给一个组织的业绩造成什么影响?请举例支持你的观点。
16. 当要选择一种预测方法时,你会考虑哪些因素?

二、练习题

1. 某企业去年产品实际销售额数据见表 4-21。

某企业去年产品实际销售额　　　　　　　　　　　　　　　表 4-21

月份(月)	1	2	3	4	5	6	7	8	9	10	11	12
实际销售额(万元)	10	12	13	16	19	23	26	30	28	18	16	14

要求用时间序列法预测今年 1 月份的销售额：
(1) 简单滑动预测法：$n=3$；
(2) 加权滑动预测法：$n=3$，$W_3=3$，$W_2=2$，$W_1=1$。
(3) 指数平滑预测法：$\alpha=0.1, 0.9$。
并计算各模型预测值的平均绝对误差，进行比较，选出精度较好的模型。

2. 某港连续 16 个月的货运量统计资料见表 4-22。

某港连续 16 个月的货运量统计　　　　　　　　　　　　　　表 4-22

连续月份(月)	1	2	3	4	5	6	7	8	9	10	11	12	13	14	15	16
货运量(10^4t)	97	95	95	92	95	95	98	99	97	95	95	96	97	98	94	95

要求：选择适当的平滑系数 α（例如，选择 $\alpha=0.1$、0.3 或 0.5），建立指数平滑预测模型，预测下一个月的货运量。

3. 某厂某产品的销售量和盈利额统计数据见表 4-23，试用回归分析法求销售量为 140 件时的盈利额。

某厂某产品的销售量和盈利额统计　　　　　　　　　　　　表 4-23

销售量(件)	4	6	10	20	30	40	50	60	65	90	120
赢利额(万元)	4	6	8	13	16	17	19	25	25	29	46

4. 已知某地区投入产出见表 4-24。

某地区投入产出表(单位：亿元)　　　　　　　　　　　　　表 4-24

生产部门	消耗部门			最终需要			总产品
	中间需要			积累	消费	合计	
	工业	农业	合计				
工业		400	700	300	200	500	
农业	420				250	600	1450
合计	720	830	1550	650	450	1100	
劳动报酬		250	450				
社会纯收入	280	370					
合计	480		1100				
总产品		1450	2650				

要求：
① 填满表中数字；
② 计算直接消耗系数；
③ 若计划工业部门的发展指标为 1600 亿元，农业部门的最终需求为 800 亿元。问要达到此目标，农业部门的发展指标如何？工业部门的最终需求为多少？

④假定计划期各比例关系不变,试编制计划期投入产出表。

5. 已知某地区投入产出见表4-25。

某地区投入产出表(单位:亿元) 表4-25

生产部门	消耗部门				最终需要			总产品
	中间需要				积累	消费	合计	
	工业	农业	运输业	合计				
工业	100		150	370	60	70		
农业	80	140	100			160		600
运输业		110	90	360	140		340	
合计								
劳动报酬	100	170						
社会纯收入		130						
合计	160	230	360					
总投入	500		700					

要求:

①填满表中数字;

②每单位工业部门生产的产品消耗多少农业部门、多少运输部门的产品?

③每单位农业部门的最终产品消耗多少农业部门、多少运输部门的产品?

④若计划工业部门的发展指标为900亿元,农业部门的最终需求为350亿元,运输部门的最终需求为400亿元,为达到此目标,农业和运输部门的发展指标如何?

已知:
$$A = \begin{pmatrix} 0.53 & 0.50 & 0.45 \\ 0.44 & 0.49 & 0.34 \\ 0.65 & 0.49 & 0.39 \end{pmatrix}$$

第五章 运输系统优化控制

第一节 概 述

运输系统是一个由物质、能量和信息相互交换构成的复杂网络系统,在运输系统网络内部,各种关系纵横交错、彼此相连。在这些错综复杂、彼此相连关系的共同作用下,各种物质、能量和信息在网络内部和网络与环境之间有秩序、有节奏地流动和循环着,并使这个网络(实际上是一个层次更高的大系统)执行它的各种功能。因此,要正确认识运输系统网络中的各种关系,以实现对运输系统网络的最优控制和最优管理。

运输系统网络控制,即对运输系统施加各种适当的作用,用以保证系统的行为尽可能最优地达到原来在最优设计中规定的各项目标。目前,常采用网络计划技术来达到对系统的优化控制。

网络计划技术,又叫计划协调技术、计划评审技术或统筹法,简称 PERT(Program Evaluation Review Technique)。计划协调技术是1958年美国海军部特种计划局,在制造北极星导弹的工程管理中提出来的。北极星导弹的制造工程由8家总承包公司、250家分包公司、3000家三包公司、9000家厂商承担。由于使用了PERT技术,提高了工作效率,使整个工程的研制工作提前两年完成。

前面提到的阿波罗登月工程,也是成功地应用PERT的典型案例。在阿波罗登月工程中所面临的难题是:怎样把比较笼统的初始要求(如使航天员安全登月并返回地球)逐步变为成千上万个工程任务参与者的具体工作?怎样把这些工作最终组合成一个技术上合理、经济上合算、研制周期短、协调运转方便的实际工程系统?这样复杂的工程系统,涉及大规模复杂的社会劳动组织和协调管理,需要有一套严密而科学的组织管理方法。在阿波罗计划实施过程中,美国建立了强有力的管理组织,用PERT加强对阿波罗计划整体过程的管理,并将管理工作的全过程划分为编制计划、分析评价、控制指导及督促检查等阶段,从根本上保障了阿波罗计划的顺利完成。表5-1所示为阿波罗11号飞船登月在主要环节上计划时间与实际时间的比较,由此可以看到系统的时间控制在整个工程中的作用。

阿波罗11号飞船登月在主要环节上计划时间与实际时间的比较　　　　表5-1

项 目	计 划			实 际			误 差	
	日(d)	时(h)	分(min)	日(d)	时(h)	分(min)	时(h)	分(min)
飞船发射	16	20	32	16	20	32		0
飞向月球轨道		23	26		23	16		10
进入绕月球的椭圆轨道	20	0	26	20	0	22		4

续上表

项 目	计 划			实 际			误 差	
	日(d)	时(h)	分(min)	日(d)	时(h)	分(min)	时(h)	分(min)
登月舱进入接近月面轨道	21	2	10	21	2	8		2
登月舱在月面登陆		3	19		3	17		2
宇航员走出登月舱踏上月面		13	19		9	56	3	23
宇航员回到登月舱		15	42		12	11	3	31
登月舱离开月面开始上升	22	0	55	22	0	55		0
宇航员进入返回地球的轨道		11	56		11	55		1
在太平洋中部着落	24	23	51	24	23	50		1

还有一种系统优化控制方法,叫"关键线路法",简称 CPM(Critical Path Method),是美国兰德公司和杜邦公司在 1957 年建设化工厂时提出来的,以后又用于生产设备的维修,效果都非常显著。如路易维尔工厂原来因设备大修需停产 125h,采用 CPM 以后,大修时间缩短为 78h。杜邦公司在采用 CPM 后的一年中,就节约了 100 万美元,5 倍于该公司用于研究发展 CPM 所花费的经费。这种方法除考虑时间因素外,还考虑成本或费用。

由于 PERT 和 CPM 在工程管理与系统控制方面获得巨大的成功,这两种技术在美国引起了各方面的重视,其应用推广到军事工业、计算机工业、空间发展计划和建筑施工等领域中。20 世纪 60 年代,世界各国陆续把 PERT 应用于工业、农业、国防和科学技术的计划和管理。日本在 1962 年前后引进 PERT 和 CPM,并首先在建筑领域中应用,继而又推广到钢铁、造船和设备安装等部门。其后,苏联、英国、美国、意大利等国也都广泛采用。有的国家甚至采用行政措施来推行,例如规定:凡不采用 PERT 和 CPM 编制计划的工程项目,不予审批。有统计资料表明,在不改变人力、物力和财力的条件下,使用 PERT 进行工程系统的管理和控制,可以提前工期 15%~20%,节省成本 10%~15%。

PERT 与 CPM 并无根本区别。由于 PERT 是由军事部门所创,而 CPM 是由民用部门所创。所以,前者较偏重时间控制,后者较偏重成本控制。此外,后者的工作时间一般是确定性的,而前者的工作时间往往具有某种不确定性。但是,在后来的发展中,这两种方法逐渐融合,常称为 PERT-CPM 技术。这就是说,既要考虑时间因素,又要考虑成本因素;既能用于有先例可循的常规性的任务(即工作时间是确定性的任务),又能用于无先例可循的一次性的任务(即工作时间是不完全确定的任务)。

一、基本思想

统筹兼顾、求快、求好、求省。

二、基本原理

由于在进行系统开发尤其是大系统的开发时,往往要牵涉许多具体的工作,这些工作千头万绪、错综复杂。但是,如果仔细进行分析就会发现,这些工作之间有着互相联系的内在规律,就是时间上有先后性,只有当一件工作或几件工作完成以后,才能开始后面的工作,即工作具有流程性。

网络计划技术就是利用工作的这种流程性,将要开发的项目或规划作为一个系统来处理,把组成系统的各项具体任务按完成的时间先后排序,通过网络图的形式对整个系统进行全面的规划,并分轻重缓急进行协调,使系统对资源(人力、物力、财力、时间)得到合理的安排,有效的利用,达到以最少的资源消耗来完成整个系统预定计划的目标,取得最好经济效益的目的。

三、网络图的类型

1. 物质流网络

如水、气、油、电源、车辆、船舶、飞机、产品等,在自来水系统、输油输气管道系统、电源电网系统、交通运输系统、工厂的生产系统中流转,就构成了物质流网络。这类网络问题的优化包括求最大流问题、最小费用与最大流问题等。

2. 信息流网络

如信息在广播通信系统、情报系统、计算机系统以及工程控制系统中的信息流程图中流转,就构成了信息流网络。

3. 时间流网络

在做计划调度时,在网络图的各条边上标以完成工作所需要的时间,以构成时间流网络。

下面我们讨论的时间流网络,包括时间流网络的组成、绘制,时间流网络时间参数的计算,以及时间流网络的优化等内容。

第二节 网络图的组成

应用网络图进行系统优化控制时,首先要绘制网络图。网络图是根据工作的流程特性编制的,它全面地反映了系统内部各项工作之间的先后关系、协调关系和配套关系,是计划工作的基础,是统筹安排具有多因素、多阶段、纵横有序、确定性和随机性交织在一起的复杂系统的有效工具。

有些简单的任务,凭经验可能作出合理的安排,但对于大型的、复杂的系统,由于其中包含的工作任务繁多,活动错综复杂,单凭经验是无法作出合理的安排的。必须借助于网络分析技术,进行统筹规划,才能使整个系统协调运转起来。

要利用网络分析技术,首先就要了解网络图的组成要素。一个网络图包含了以下几个要素。

一、工作

工作是指一项有具体活动的过程,它需要人力参加,需要消耗资源,并经过一定的时间后才能够完成的活动过程。工作用带箭头的箭线"——→"表示,且一个箭线只能表示一个工作。

二、事项

事项是指两个工作之间的衔接点。事项不需要人力参加,不消耗资源,也不占用时间,只是表示某个工作开始和结束的一种符号。事项用一个圆"○"表示。一个事项既是前面工作的结束事项,又是后面工作的开始事项。但每一个工作只能用两个事项来连接,且两个事项之间有且只能有一个工作。

三、线路

线路是指从始点开始顺着箭头所指的方向,连续不断地到达终点为止的一条通道。线路所需要的时间叫作路长,即线路上各个工作的时间总和。在一个系统网络图中,往往包含着多条线路,每一条线路所需要的时间都不同,在所有的线路中,所需时间最长的线路称为关键线路。关键线路的时间也就是完成整个系统的任务所需要的时间。关键线路上的工作若能够按时完成,则整个系统的任务就能按时完成;反之,若关键线路上的工作时间被耽误了,整个系统的完成时间就要受影响。网络分析的目的,就是要通过网络图找出系统的关键线路,并实现系统的优化。

第三节 网络图的绘制

应用网络技术的前提,是要绘制网络图。在绘制网络图之前,必须首先了解本系统有哪些工作(工序)?这些工作与工作之间是什么关系?完成每项工作需要多长时间?需要多少资源?因此,一般网络图的绘制都可以分为3个步骤:任务的分解、作图和编号。

一、任务的分解

1. 分解原则

根据目标,确定分解的粗细,逐步细化,逐步具体。

2. 分解步骤

1)将任务分解成工作

任何一项任务都是由许多工作组成的,在绘制网络图以前,应将一项计划任务,根据需要分解为一定数目的工作。按照分解的粗细不同,网络图可分为:

(1)总网络图:整个系统的网络图,便于领导掌握进度。

(2)分网络图:子系统网络图,便于任务的开展。

(3)基层网络图:详细的工作网络图,便于具体调度,适当的调整和修改。

2)确定各个工作之间相互联系和相互制约的关系

工作与工作之间往往存在着下述一些关系:

(1)紧前工作:当某个工作开始之前,必须先期完成的工作。

(2)紧后工作:当某个工作完成之后,必须紧接着开始的工作。

(3)平行工作:与某个工作同时进行的工作。

(4)交叉工作:与某个工作交叉进行的工作。

确定工作之间的相互关系非常重要,这是正确绘制网络图的基础,要通过认真的系统分析,以确定工作之间的关系。

3)估计完成每个工作所需要的成本(时间、费用、设备及人员)

完成每个工作所需要的时间称为作业时间或工作时间,记作 t_e。作业时间的长短受作业人员的技术水平、设备条件或气候条件等因素的影响,往往因人而异、因时而异、因地而异。估计作业时间有两种方法:

(1)一点估计法。在具备劳动定额资料的情况下,或者在有作业时间消耗的统计数据时,可利用这些资料,通过分析对比,给出一个工作时间值。

(2)三点估计法。所谓"三点估计法",就是把时间定额区分为最乐观时间、最悲观时间和最大可能时间3种:

①最乐观时间 a:指某个作业在各个方面的工作都配合得很好、很协调和顺利的情况下所需要的时间。最乐观时间主要依靠技术指导、改善组织管理等而获得,不是依靠加强人力、物力来取得的。

②最悲观时间 b:指在工作进行的最不顺利的情况下所需要的时间。

③最大可能时间 m:在一般正常情况下完成任务的可能性为最大时所需要的时间。

三点估计法是求上述3个时间的平均值:

$$平均作业时间 \ t_e = \frac{a + 4m + b}{6} \tag{5-1}$$

在网络计划中,正确确定完成各个工作所需要的时间,是一项十分重要的工作,如果能够充分利用平时积累的定额资料,就非常方便和省力。但由于实际情况经常变化,所以要采用估算的方法来确定,最常用的就是"三点估计法"。

为了使系统在资源(包括人力、物力、资金、时间等)的使用上达到最优,通常要同时考虑时间因素和成本因素,所以,除了估计完成每项工作所需要的时间以外,还要考虑完成每项工作所需要的费用或成本,可以参照估计工作时间的方法来估计工作的成本。

4)将分解结果汇总列表

最后,将分解的结果汇总成一张明细表,表的主要内容包括工作名称、工作之间的关系、完成每个工作所需要的时间、成本(费用,资金,设备,人员)等(表5-2)。

任务分解明细表　　　　　　　　　　　　　　　　　　　　表5-2

工 作 名 称	紧 前 工 作	工作时间(单位)	工作费用(单位)
⋮	⋮	⋮	⋮
⋮	⋮	⋮	⋮
⋮	⋮	⋮	⋮

二、作图

1. 图形代号

任务分解完后,就要具体作图。目前常用的是一种双代号网络图,其表示方法是:

(1)用箭线表示工作,工作名称标在箭线上方,工作时间标在箭线下方。

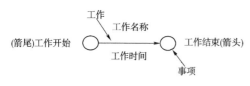

图 5-1　网络图形代号示意图

(2)用圆表示事项,工作与工作之间用事项连接起来,一个工作由两个事项连接,且两个事项之间有且只能有一个工作。

(3)箭头的方向表示工作进行的方向,箭尾表示工作开始,箭头表示工作结束,如图 5-1 所示。

2. 绘图原则

绘制网络图时,应注意以下问题。

1) 网络图是有向的

网络图是有向的,从左向右排列,不能出现循环。图 5-2 为无向图、图 5-3 为循环图,二者均是错误的。

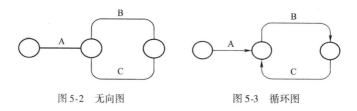

图 5-2　无向图　　　　　　图 5-3　循环图

2) 一个网络图只能有一个总开始事项和一个总结束事项

不管是总网络图,还是分网络图、基层网络图,都只能有一个总开始事项和一个总结束事项。

【例 5-1】　一项工程可以分成 4 个工作,有关资料见表 5-3,则该项工程的网络图如图 5-4 所示。

某工程工作分解表　表 5-3

工作名称	紧前工作
A	—
B	—
C	A
D	A、B

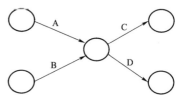

图 5-4　某工程网络图

由于图 5-4 中有两个总开始事项和两个总结束事项,故图 5-4 的网络图是错误的。

3) 要合理运用虚工作

虚工作是指仅表示工作之间相互依存的逻辑关系的工作,而不代表真正的工作,虚工作既不需要人力,也不消耗资源,更不占用时间。虚工作用带箭头的虚线"┈┈▶"表示。

为什么要引入虚工作呢?分析例 5-1 中的图 5-4,我们可以发现,它有两处错误:一是有多于一个的总开始事项和总结束事项;二是工作与工作之间的逻辑关系不对。C 的紧前工作只有工作 A,而在图 5-4 中,C 的紧前工作是 A 和 B,这显然不对。那么,应该如何画这个网络图呢?我们只要引入一个虚工作就可以了,如图 5-5 所示。

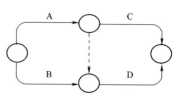

图 5-5　引入虚工作的网络图

【例5-2】 一项工程由5个工作组成,有关资料见表5-4,则该工程的网络图如图5-6所示。

某工程工作分解表　　表5-4

工作名称	紧前工作
A	—
B	A
C	A
D	A
E	B、C、D

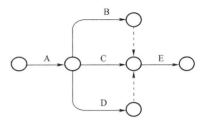

图5-6　某工程网络图

【例5-3】 一项工程由7个工作组成,有关资料见表5-5,则该工程的网络图如图5-7所示。

某工程工作分解表　　表5-5

工作名称	紧前工作
A	—
B	—
C	B
D	A、C
E	C
F	D
G	E

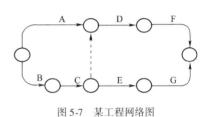

图5-7　某工程网络图

三、编号

1. 编号目的

为便于对网络图进行管理和计算,需要对网络图中的事项统一编号。

2. 编号规则

(1)每个事项均有一个编号,不能重复。

(2)编号顺序是自左向右,逐列编号,每列自上而下或自下而上。

(3)一个工作的两个相关事项可写成 ⓘ———ⓙ,编号一般要求箭尾事项的编号小于箭头事项的编号,即 $i<j$。

【例5-4】 一项工程由8个工作组成,有关资料见表5-6,则该工程的网络图如图5-8所示。

某工程工作分解表　　表5-6

工作名称	紧前工作	工作时间(d)
A	—	1
B	—	8
C	A	6
D	A	9
E	B、C	5
F	B、C	4
G	D、E	7
H	F	3

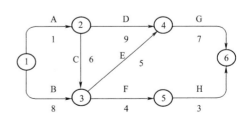

图5-8　某工程网络图

第四节 网络图时间参数的计算

绘制网络图的最终目的,是要通过网络图实现对系统的最优控制,因而,就必须计算网络图的时间参数。网络图时间参数的计算,是网络分析的重要环节,是编制网络计划,寻找关键线路的前提。寻找关键线路有两种途径:一是计算网络图中事项的时间参数;二是计算网络图中工作的时间参数。无论是计算事项的时间参数,还是计算工作的时间参数,都是为了寻找关键线路。

网络图时间参数的计算方法有 3 种:①公式计算法是用公式进行网络图时间参数的计算;②图上计算法是直接在网络图上完成时间参数的计算;③表格计算法是利用表格完成对网络图时间参数的计算。这 3 种方法都可以计算出各项工作的时间参数,并找到关键工作、关键事项和关键线路,为编制计划提供依据。

一、事项时间参数的计算

事项时间参数的计算包括事项的最早开始时间、事项的最迟结束时间和事项的时差。

1. 事项的最早开始时间 $t_E(j)$

$t_E(j)$ 即从始点起到此事项的最长路线的时间之和。

计算顺序:从始点开始,自左至右,逐个计算,直至终点。

计算公式

$$t_E(1) = 0$$
$$t_E(j) = \max[t_E(i) + t(i,j)] \quad (j = 2, 3, \cdots, n) \quad (5-2)$$

式中: $t_E(j)$ ——箭头事项的最早开始时间;

$t_E(i)$ ——箭尾事项的最早开始时间;

$t(i,j)$ ——工作 $\textcircled{i} \longrightarrow \textcircled{j}$ 的工作时间。

表示方法:事项 $\textcircled{j}$ 的最早开始时间 $t_E(j)$ 算出来后,直接标在事项 $\textcircled{j}$ 的上方,用"□"框起来。

【例 5-5】 计算例 5-4 事项的最早开始时间。

解:

$$t_E(1) = 0$$
$$t_E(2) = t_E(1) + t(1,2) = 0 + 1 = 1$$
$$t_E(3) = \max \begin{Bmatrix} t_E(2) + t(2,3) \\ t_E(1) + t(1,3) \end{Bmatrix} = \max \begin{Bmatrix} 1+6 \\ 0+8 \end{Bmatrix} = 8$$
$$t_E(4) = \max \begin{Bmatrix} t_E(2) + t(2,4) \\ t_E(3) + t(3,4) \end{Bmatrix} = \max \begin{Bmatrix} 1+9 \\ 8+5 \end{Bmatrix} = 13$$
$$t_E(5) = t_E(3) + t(3,5) = 8 + 4 = 12$$
$$t_E(6) = \max \begin{Bmatrix} t_E(4) + t(4,6) \\ t_E(5) + t(5,6) \end{Bmatrix} = \max \begin{Bmatrix} 13+7 \\ 12+3 \end{Bmatrix} = 20$$

图 5-9 为例 5-5 网络图,将计算结果标在图 5-9 中的方框中。

2. 事项的最迟结束时间 $t_L(i)$

$t_L(i)$ 即在这个时间里该事项必须完成,若不能完成,就要影响紧后各项工作按时开始。

计算顺序:从终点开始,自右向左,逐个计算,直至始点。

计算公式:

$$t_L(n) = t_E(n)$$

$$t_L(i) = \min[t_L(j) - t(i, j)] \quad (i = n-1, n-2, \cdots, 3, 2, 1) \quad (5-3)$$

式中:$t_L(n)$——终点的最迟结束时间;

$t_E(n)$——终点的最早开始时间;

$t_L(i)$——箭尾事项的最迟结束时间;

$t_L(j)$——箭头事项的最迟结束时间。

表示方法:事项 ⓘ 的最迟结束时间 $t_L(i)$ 算出来后,直接标在事项 ⓘ 的下方,用三角形"△"框起来。

【例 5-6】 计算例 5-4 事项的最迟结束时间。

解:

$$t_L(6) = t_E(6) = 20$$

$$t_L(5) = t_L(6) - t(5, 6) = 20 - 3 = 17$$

$$t_L(4) = t_L(6) - t(4, 6) = 20 - 7 = 13$$

$$t_L(3) = \min\begin{pmatrix} t_L(5) - t(3,5) \\ t_L(4) - t(3,4) \end{pmatrix} = \min\begin{pmatrix} 17-4 \\ 13-5 \end{pmatrix} = 8$$

$$t_L(2) = \min\begin{pmatrix} t_L(4) - t(2,4) \\ t_L(3) - t(2,3) \end{pmatrix} = \min\begin{pmatrix} 13-9 \\ 8-6 \end{pmatrix} = 2$$

$$t_L(1) = \min\begin{pmatrix} t_L(2) - t(1,2) \\ t_L(3) - t(1,3) \end{pmatrix} = \min\begin{pmatrix} 2-1 \\ 8-8 \end{pmatrix} = 0$$

图 5-10 为例 5-6 网络图,将计算结果标在图 5-10 中的三角形框中。

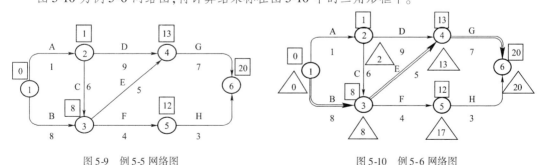

图 5-9 例 5-5 网络图　　　　图 5-10 例 5-6 网络图

3. 事项的时差 $S(i)$ 或 $S(j)$

$S(i)$ 或 $S(j)$ 即事项的最迟结束时间 $t_L(i)$ 与最早开始时间 $t_E(i)$ 之差。事项的时差表明一个事项可以推迟多少时间完成,而不至于影响整个工期和下一个事项的最早开工,表明了该事项有多大的机动时间可以利用。

计算顺序：在网络图上自左至右或自右至左计算；

计算公式：　　$S(i) = t_L(i) - t_E(i)$　　　$(i = n-1, n-2, \cdots, 3, 2, 1)$

或

$$S(j) = t_L(j) - t_E(j) \quad (j = 1, 2, 3, \cdots, n-1, n) \tag{5-4}$$

用符号表示：　　　　　　　$S(i) = \triangle - \square$

【例 5-7】　计算例 5-4 事项的时差。

解：

$S(6) = t_L(6) - t_E(6) = 20 - 20 = 0$　　　$S(5) = t_L(5) - t_E(5) = 17 - 12 = 5$

$S(4) = t_L(4) - t_E(4) = 13 - 13 = 0$　　　$S(3) = t_L(3) - t_E(3) = 8 - 8 = 0$

$S(2) = t_L(2) - t_E(2) = 2 - 1 = 1$　　　$S(1) = t_L(1) - t_E(1) = 0 - 0 = 0$

时差为零的事项称为关键事项，结合事项参数的计算，把关键事项串起来，就得到了关键线路。

例如例 5-4 的关键事项为：①、③、④、⑥；

关键线路为：①→③→④→⑥；

总时间为：$8 + 5 + 7 = 20(d)$；

即关键线路的路长为 20d，说明完成该项工程所需要的时间为 20d。

在图 5-10 上用双箭线表示关键线路，其他的线路是"非关键线路"，又称"富裕线路"。

如例 5-4 的线路①→②→④→⑥就是一条富裕线路，其工作时间为 17d，比关键线路少 3d，这 3d 就是该条线路的富裕时间。

一个网络图的关键线路可能不止一条，而且，关键线路和非关键线路是相对的，是可以变化的。在编制和执行计划的过程中，采取一定的技术组织措施，可以使非关键线路变为关键线路。

例 5-7 是用公式法计算事项时间参数，求关键线路的。还可以省去公式计算过程，按照图上计算法直接计算，在图上标号，求得事项的时间参数，见例 5-8。

另外，为了使网络图看上去简洁、清晰，图 5-11 为事项时间参数值表示图，引入图 5-11 的符号，来表示事项 i 的编号、事项 i 的最早开始时间 $t_E(i)$ 以及事项 i 的最迟结束时间 $t_L(i)$。

图 5-11　事项时间参数值表示图

【例 5-8】　一项工程由 9 个工作组成，有关资料见表 5-7。

某项工程工作分解表　　　　　　表 5-7

工作名称	紧前工作	工作时间(d)	工作名称	紧前工作	工作时间(d)
A	—	6	F	C、D	5
B	—	5	G	C、D	3
C	A	7	H	E、F	4
D	B	3	I	G	6
E	B	4	—	—	—

解：

用图上计算法求出例 5-8 网络各事项的时间参数，如图 5-12 所示。

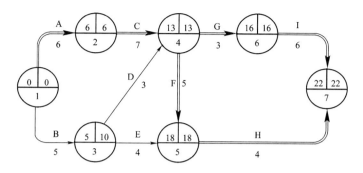

图 5-12 例 5-8 网络图

该网络有两条关键线路：

①→②→④→⑥→⑦
①→②→④→⑤→⑦

关键线路的路长为 22d。

二、工作时间参数的计算

工作时间参数的计算包括：工作最早开始时间、工作最早结束时间、工作最迟结束时间、工作最迟开始时间、工作总时差和工作单时差。

1. 工作最早开始时间 $T_{ES}(i,j)$

任何一个工作都必须在其紧前工作结束后才能开始，紧前工作的最早结束时间，即是该工作的最早可能开始的时间，简称工作最早开始时间，它等于该工作箭尾事项的最早开始时间：

$$T_{ES}(i,j) = t_E(i) \tag{5-5}$$

【例 5-9】 计算例 5-8 中各工作的最早开始时间。

解：

$T_{ES}(1,2) = t_E(1) = 0 \quad T_{ES}(1,3) = t_E(1) = 0 \quad T_{ES}(2,4) = t_E(2) = 6$

$T_{ES}(3,4) = t_E(3) = 5 \quad T_{ES}(3,5) = t_E(3) = 5 \quad T_{ES}(4,5) = T_{ES}(4,6) = t_E(4) = 13$

$T_{ES}(5,7) = t_E(5) = 18 \quad T_{ES}(6,7) = t_E(6) = 16$

2. 工作最早结束时间 $T_{EF}(i,j)$

工作的最早结束时间，是工作可能结束时间的简称，它等于工作最早开始时间加上完成该工作所需要的工作时间。即：

$$T_{EF}(i,j) = T_{ES}(i,j) + t(i,j) \tag{5-6}$$

【例 5-10】 计算例 5-8 中各工作的最早结束时间。

解：

$$T_{EF}(1,2) = T_{ES}(1,2) + t(1,2) = 0 + 6 = 6$$

$$T_{EF}(1,3) = T_{ES}(1,3) + t(1,3) = 0 + 5 = 5$$

$$T_{EF}(2,4) = T_{ES}(2,4) + t(2,4) = 6 + 7 = 13$$

$$T_{EF}(3,4) = T_{ES}(3,4) + t(3,4) = 5 + 3 = 8$$

$$T_{EF}(3,5) = T_{ES}(3,5) + t(3,5) = 5 + 4 = 9$$

$$T_{EF}(4,5) = T_{ES}(4,5) + t(4,5) = 13 + 5 = 18$$

$$T_{EF}(4, 6) = T_{ES}(4, 6) + t(4, 6) = 13 + 3 = 16$$
$$T_{EF}(5, 7) = T_{ES}(5, 7) + t(5, 7) = 18 + 4 = 22$$
$$T_{EF}(6, 7) = T_{ES}(6, 7) + t(6, 7) = 16 + 6 = 22$$

3. 工作最迟结束时间 $T_{LF}(i,j)$

在不影响工程最早结束时间的前提下,工作最迟必须结束的时间,简称工作最迟结束时间,它等于工作箭头事项的最迟结束时间。即:

$$T_{LF}(i,j) = t_L(j) \tag{5-7}$$

【例 5-11】 计算例 5-8 中各工作的最迟结束时间。

解:

$T_{LF}(1, 2) = t_L(2) = 6$ $T_{LF}(1, 3) = t_L(3) = 10$ $T_{LF}(2, 4) = t_L(4) = 13$
$T_{LF}(3, 4) = t_L(4) = 13$ $T_{LF}(3, 5) = t_L(5) = 18$ $T_{LF}(4, 5) = t_L(5) = 18$
$T_{LF}(4, 6) = t_L(6) = 16$ $T_{LF}(5, 7) = t_L(7) = 22$ $T_{LF}(6, 7) = t_L(7) = 22$

4. 工作最迟开始时间 $T_{LS}(i,j)$

在不影响工程最早结束时间的条件下,工作最迟必须开始的时间,简称工作最迟开始时间,它等于工作最迟结束时间减去完成工作所需要的时间。即:

$$T_{LS}(i,j) = T_{LF}(i, j) - t(i, j) \tag{5-8}$$

【例 5-12】 计算例 5-8 中各工作的最迟开始时间。

解:

$$T_{LS}(1, 2) = T_{LF}(1, 2) - t(1, 2) = 6 - 6 = 0$$
$$T_{LS}(1, 3) = T_{LF}(1, 3) - t(1, 3) = 10 - 5 = 5$$
$$T_{LS}(2, 4) = T_{LF}(2, 4) - t(2, 4) = 13 - 7 = 6$$
$$T_{LS}(3, 4) = T_{LF}(3, 4) - t(3, 4) = 13 - 3 = 10$$
$$T_{LS}(3, 5) = T_{LF}(3, 5) - t(3, 5) = 18 - 4 = 14$$
$$T_{LS}(4, 5) = T_{LF}(4, 5) - t(4, 5) = 18 - 5 = 13$$
$$T_{LS}(4, 6) = T_{LF}(4, 6) - t(4, 6) = 16 - 3 = 13$$
$$T_{LS}(5, 7) = T_{LF}(5, 7) - t(5, 7) = 22 - 4 = 18$$
$$T_{LS}(6, 7) = T_{LF}(6, 7) - t(6, 7) = 22 - 6 = 16$$

5. 工作总时差 $TE(i,j)$

在不影响工程最早结束时间的条件下,工作最早开始或结束时间可以推迟的时间,称为该工作的总时差。即:

$$\begin{aligned} TE(i,j) &= T_{LS}(i,j) - T_{ES}(i,j) \\ &= T_{LF}(i,j) - T_{EF}(i,j) \\ &= t_L(j) - t_E(i) - t(i,j) \end{aligned} \tag{5-9}$$

工作的总时差越大,表明该工作在整个网络中的机动时间越大,可以在一定的范围内将该工序的人力、物力资源用到关键工作上去,以达到缩短工程结束时间的目的。

6. 工作单时差 $FF(i,j)$

在不影响紧后工作最早开始时间的条件下,工作最早结束时间可以推迟的时间,成为工作的单时差。即:

$$FF(i, j) = T_{ES}(j, k) - T_{EF}(i,j) \qquad (5-10)$$

式中：$T_{ES}(j,k)$——工序 $i \to j$ 的紧后工序的最早开始时间。

工作总时差为零的工序，开始和结束时间没有机动的余地，由这些工作组成的路线就是网络中的关键路线，这些工作就是关键工作，用计算工作总时差的方法确定网络的关键工作和关键线路是最常用的方法。

以上例题是用公式法和图上计算法求关键线路的。用公式法计算，步骤简单机械，不容易出错。直接在图上进行计算，简便快捷，但在工序很多和网络图复杂的情况下，容易出错和遗漏。除上述两种方法以外，还可以用表格法进行计算。

表格法计算时间参数的步骤是：首先设计表格，然后在表上填写各道工作的工作代号、箭线的起始点、工作时间，按照计算 $T_{ES}(i, j)$、$T_{EF}(i, j)$、$T_{LS}(i, j)$、$T_{LF}(i, j)$、$TE(i,j)$ 及 $FF(i,j)$ 的顺序，根据计算各项时间参数的公式，在表格上对逐项工作进行计算。首先是计算 $T_{ES}(i, j)$ 和 $T_{EF}(i, j)$，方法是由始点开始，从上至下逐项工作进行计算；然后是计算 $T_{LS}(i, j)$ 和 $T_{LF}(i, j)$，这时由终点开始，由下而上逐项工作进行计算。最后，计算各项工作的 $TE(i,j)$ 和 $FF(i,j)$，并确定关键工作与关键路线。

【例 5-13】 用表格法计算例 5-8 中各工作的时间参数，并确定关键工作和关键路线。

解：

用表格法计算，其计算结果见表 5-8。

用表格法计算时间参数　　　　　　　　表 5-8

工作代号	事项		时间参数						关键工作
	i	j	$t(i,j)$	T_{ES}	T_{EF}	T_{LS}	T_{LF}	TE	FF	
A	1	2	6	0	6	0	6	0	0	*
B	1	3	5	0	5	5	10	5	0	—
C	2	4	7	6	13	6	13	0	0	*
D	3	4	3	5	8	10	13	5	5	—
E	3	5	4	5	9	14	18	9	9	
F	4	5	5	13	18	13	18	0	0	*
G	4	6	3	13	16	13	16	0	0	*
H	5	7	4	18	22	18	22	0	0	*
I	6	7	6	16	22	16	22	0	0	*

将关键工作串起来，就可以得到关键线路。与前面我们用公式法、图上计算法得到的计算结果是一样的。

第五节　网络图的优化

通过绘制网络图，计算网络图的时间参数和找出关键线路，可以得到一个系统的规划或一个项目的开发计划。然而，这时的计划还仅仅是个初始方案，并不一定是最优方案，我们还要通过对初始方案的调整和改善，直至求出最优计划方案。

所谓系统的最优计划方案,就是根据编制计划的要求,综合地考虑进度、费用和资源等目标,达到整体最优。

因此,网络图的优化与控制,主要是讨论:①工期最短,即缩短工程进度;②费用最低,即确定最低成本日程;③资源最优,即使有限的资源得到合理的安排和使用。

一、缩短工程进度

在现有资源允许的条件下,应尽量缩短工程进度,其主要途径如下。

1. 采取技术措施

压缩关键工作的工作时间。例如,采取改进工艺方案、合理划分工序组成、改进工艺装备等措施,来压缩工作时间。

2. 采取组织措施

在工艺流程允许的条件下,对关键线路上的各关键工作组织平行作业或交叉作业,合理调配工程技术人员或生产工人,尽量缩短各道关键工作的工作时间,达到缩短工期的目的。

3. 利用时差

从非关键工作上抽调部分人力、物力,集中用于关键工作,缩短关键工作的时间,达到缩短工期的目的。

【例5-14】 某项工程的有关资料见表5-9,另外,每天可以安排的人员数只有10人,要求工程在15d里完成,在现有人力资源条件下,应如何安排工程进度,按期完成任务?

某工程任务分解表　　　　　　　　　　　表5-9

工 作 名 称	紧 前 工 作	工作时间(d)	每天需要的人员(人)
A	—	4	4
B	—	5	4
C	—	8	3
D	B	5	4
E	A、D、C	9	7
F	C	1	3

解:

(1)绘制网络图,并求出关键线路,得到初始方案,如图5-13所示。图中每条箭线上括号内的数字,是该项工作所需要的人员。

关键线路为:①→②→④→⑤

关键线路的路长为19d,即工程需要19d才能完成,不能满足完工期的要求。

(2)画出每天对人员的需要量的直方图,如图5-14所示。由图5-14可知,对人员的需求也不能满足要求,比如,在前4d,由于A、B、C三项工作同时进行,对人员的需要量是11人。

(3)计划调整。为了在现有人力资源条件下按期完工,所以在保证关键工作人员配置的情况下,要想办法从非关键工作抽调人力,支援关键工作。比如对计划做如下调整:

① 从非关键工作 A 上抽调人员 2 名,分别支援给关键工作 B 1 名,关键工作 D 1 名,这样,工作 A 的工作时间将延长至 8d,而工作 B 和工作 D 的工作时间都将缩短为 4d;

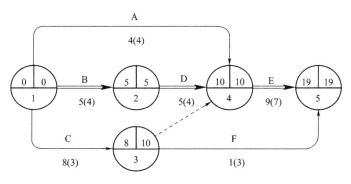

图 5-13 某工程初始方案网络图

② 从非关键工作 F 上抽调人员 2 名,支援关键工作 E,这样工作 F 的工作时间将延长至 3d,而工作 E 的工作时间将缩短为 7d。

按照上述思路,对初始方案进行调整后,得到第二个方案,如图 5-15 所示。

(4) 方案二有 3 条关键线路:
关键线路 1:①→④→⑤
关键线路 2:①→②→④→⑤
关键线路 3:①→③→④→⑤

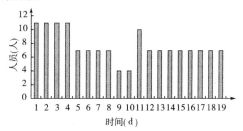

图 5-14 某工程初始方案人员需求直方图

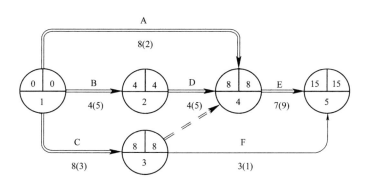

图 5-15 某工程方案二网络图

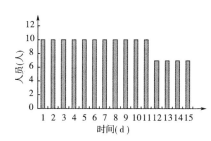

图 5-16 某工程方案二人员需求直方图

由图 5-15 可知,此时的工期为 15d,满足题目的要求,且每天对人员的需要量也不超过 10 人,如图 5-16 所示。

采用上述方法以缩短工期时,要注意资源的特殊性。有时非关键线路上的工作,虽有机动时间,但其资源却不能用于关键工作,如专业技术人员、特种设备等。另外,抽调非关键线路上的资源要适当,否则,会造成矛盾转化,出现新的更长的关键线路,达不到缩短工期的目的。

二、时间成本优化

1. 基本思想

缩短工程进度,仅仅考虑了系统的时间因素,若要达到系统整体的最优,还必须综合考虑时间、成本等各方面的因素。也就是既要时间最短,又要成本最低。就成本而言,一项工程或任务,一般都具有三类成本:直接成本、间接成本和赶工成本。

1) 直接成本

直接用来完成工程任务的费用称为直接成本。如人工费、材料费、燃料费等。直接费用直接分摊到每一道工序,若要缩短工序的工作时间,相应的就要增加一部分直接费用。

2) 间接成本

在某些工程项目中,间接成本是按照各道工序所消耗的时间比例进行分摊的。如管理人员的工资、办公费、采购费等就属于间接费用。工序的工作时间越短,分摊到该工序的间接费用就越少;工程周期越短,则工程的间接费用就越少。

3) 赶工成本

在增加了人力、物力等资源以后,使工期得以缩短而需要的费用。

所谓网络图的时间成本优化,就是研究如何以最低的成本来缩短整个工期的问题。在编制网络计划时,需要计算工程的完工时间所对应的工程费用,使工程费用最低的完工时间,称为最低成本日程。无论是以降低成本为主要目标,还是以尽量缩短工程周期为主要目标,都要计算最低成本日程,从而才可以制订出最优计划方案。

那么,如何寻找最低成本日程呢?这里有两个目标:一是尽可能使工期最短;二是使完成工程所需的总费用最低。由于工程的工期是由关键线路的时间决定的,也就是由关键工作的工作时间决定的,所以,要缩短工期,就要想办法缩短关键工作的工作时间。同时,为了达到使总费用最低的目的,就要想办法缩短单位赶工费用最低的关键工作的工作时间。这种寻找最低成本日程的方法称作"关键线路-成本法"。

2. 基本概念

要缩短工程周期,就要在某些工作上赶工。所谓赶工,是相对于正常工作时间而言的。

(1) 正常时间:指按原计划进行所需要的时间。

图 5-17 成本斜率示意图

(2) 赶工时间:指多派人力、物力后,完成该工作所需要的时间。

(3) 正常成本:指按原计划进行所需要的成本。

(4) 赶工成本:指赶工使工期缩短后该工程的成本。

(5) 成本斜率:指赶工一天所需要的成本。

$$成本斜率 = \frac{赶工成本 - 正常成本}{正常时间 - 赶工时间} \quad (5-11)$$

以上基本概念可以参看"成本斜率示意图"(图 5-17)来理解:

一项工程的费用或成本,除了直接费用、间接费用外,还有赶工费用,即:

$$工程总费用 = 直接费用 + 间接费用 + 赶工费用 \quad (5-12)$$

下面我们举例讨论网络图时间成本优化的方法。

【例 5-15】 某工程由 4 项工作组成,其有关资料见表 5-10。

某工程任务分解表　　　　　　　　　　　　　　　　　　表 5-10

工作名称	紧前工作	工作时间(d)		工作费用(千元)		成本斜率
		正常时间	赶工时间	正常费用	赶工费用	
A	—	3	1	10	18	4
B	A	7	3	15	19	1
C	A	4	2	12	20	4
D	C	5	2	8	14	2

又知该工程的间接成本为每天 4500 元,试进行时间成本优化(即求最低成本日程)。

解:

由题目知,该工程的直接费用为:

$$10 + 15 + 12 + 8 = 45(千元)$$

方案一:绘制网络图,并找出关键线路,得到方案一,如图 5-18 所示。

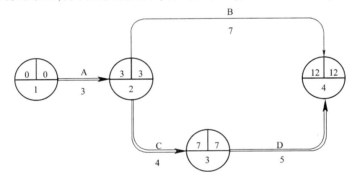

图 5-18　某工程方案一网络图

图 5-18 中关键工作用双箭线表示,将关键工作连起来,得到关键线路:

$$①→②→③→④$$

方案一的关键线路路长为 12,故该工程的总工期为 12d。

$$\begin{aligned}总费用(成本) &= 直接费用 + 间接费用 + 赶工费用\\ &= 45000 + 4500 \times 12(d) + 0\\ &= 99000(元)\end{aligned}$$

另一条线路①→②→④为富裕线路,工期为 10d,即该条线路有 2d 的富裕时间。

为使工期最短,就要缩短关键线路上关键工作的工作时间;同时,为了使成本最低,就要从成本斜率最低的关键工作上着手来缩短工期。

算出各项工作的成本斜率见表 5-10。

方案二:分析关键线路的关键工作 A、C、D,工作 D 的赶工成本斜率最低,故在工作 D 上赶工。工作 D 最多可赶工 3d,但若赶工 3d,则关键线路①→②→③→④的工期就变为 9d,工期小于线路①→②→④的工期,这是不允许的。故工作 D 最多只能赶工 2d。选择 D 赶工

2d,得方案二,如图 5-19 所示。

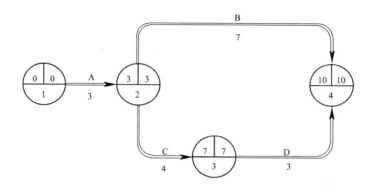

图 5-19 某工程方案二网络图

D 赶工 2d 后,方案二就有两条关键线路了,工期均为 10d。

①→②→③→④
①→②→④

总费用 = 45000 + 4500 × 10(d) + 2000 × 2(d) = 94000(元)

或

总费用 = 99000 − 4500 × 2(d) + 2000 × 2(d) = 94000(元)

方案三:是否还能够进一步缩短工期呢?

由于此时有两条关键线路,故若要再缩短工期,就要同时考虑两条关键线路。分析方案二可知,此时可选择的赶工方案见表 5-11。

某工程方案二的赶工方案及成本斜率表 表 5-11

赶工方式	成本斜率(元/d)	赶工方式	成本斜率(元/d)
方案 1:A 赶工 1d	4000	方案 3:B、D 各赶工 1d	1000 + 2000 = 3000
方案 2:B、C 各赶工 1d	1000 + 4000 = 5000		

从表 5-11 中可以看到,第 3 种方案的赶工费用最低,故首先选择 B、D 各赶工 1d 的方案,这样,关键线路仍然保持不变,工期变为 9d。

总费用 = 45000 + 4500 × 9(d) + 2000 × 3 + 1000 × 1 = 92500(元)

方案四:由表 5-11 可知,若再要赶工,应选择 A 赶工,A 可以赶工 2d,故在 A 工作上赶工 2d,工期变为 7d。

总费用 = 45000 + 4500 × 7(d) + 2000 × 3 + 1000 × 1 + 4000 × 2 = 91500(元)

此时,可以赶工的方案只剩下 B、C 同时赶工。但若 B、C 同时赶工 1d,赶工费用为 5000元,大于工程每天的间接费,再继续赶工已经不合算,故方案四为最低成本日程,工期为 7d,工程总费用为 91500 元。

该工程的最低成本日程如图 5-20 所示。

三、资源优化

网络分析,不仅要考虑时间因素,合理安排时间,而且要考虑资源的最优配置和使用。

所谓资源,就是完成各项工作所需要的人力、物力、财力等。当工程的工期确定以后,接下来就要确定各项工作对资源的需要情况,以便多快好省地完成预定的任务。

资源优化包括"工期固定,资源均衡""资源有限,工期最短"两方面的内容。

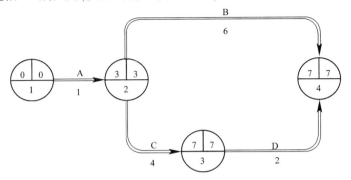

图 5-20 某工程最优方案网络图

1. 工期固定,资源均衡

制订一项计划,总希望对资源的利用能够尽量保持均衡,使计划期内对资源的需求不会出现过大的高峰或低谷。某一时段,若对资源的需求量过大,可能会造成资源供应不足;而需求量过小,则可能会使资源闲置,不能充分发挥效用。工期固定,资源均衡的目的,就是要在计划工期不变的前提下,实现资源分配的均衡。

2. 资源有限,工期最短

上述时间成本的优化,是假定可供调配的资源能够充分的满足,但实际上,一项任务或一个工程在一定的期间内所能得到的资源总是有限的。因此,如果网络计算的结果在某些时间段内,对资源的需要量超过了可能供应的限度,就会影响原有计划的实现,必须对整个计划重新安排和调整。

如何最优地使用有限的资源,并使得工程的工期尽可能最短呢? 一般来说,由于资源供应的限制,往往使某些工作不可能在某一时段同时进行,而某些工作推迟,则又有可能延误工期。因此,在安排资源的时候,就应该分析一下,应该推迟哪些工作,才能够不延误工期或尽可能少延误工期。这就是资源优化,工期最短所要讨论的内容。

【例 5-16】 某工程队承担的道路施工项目共有 5 道工序,其资料见表 5-12。

道路施工任务分解表　　　　　表 5-12

工作名称	紧前工作	工作时间(d)	每天所需人力(人)
A	—	10	11
B	—	6	8
C	—	4	9
D	A、B、C	3	8
E	A、B、C	4	11

每天施工队可投入工作的人员有 20 人,应如何组织施工,才能使工程在 14d 内完成?

解:

(1)根据工程资料,绘制网络图,得到初始方案,如图 5-21 所示。图 5-21 中每条箭线下括号中的数字,是该工作所需要的人数。

(2) 求出该网络的关键线路为:①→④→⑥。

关键线路的路长为 14d,即整个工程的工期为 14d。

(3) 根据每天总的劳动力的需要量,画出劳动力分布图,如图 5-22 所示。

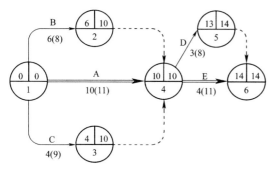

图 5-21 道路施工初始方案网络图

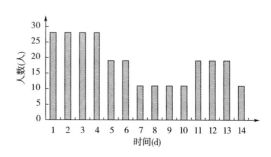

图 5-22 方案一道路施工人员需求直方图

(4) 分析劳动力的分布是否均衡(即资源的分配是否均衡)。

从图 5-22 可以看出,工程前 4d 共需要劳动力 28 人,而整个工程队只有 20 人,显然不能如此组织施工。为了在现有人力资源的条件下,使工程按期完工,我们可以利用工序的时差,进行资源的合理调配。

(5) 资源调整。调整原则如下:

①保证关键线路上关键工序的资源需要量;

②充分利用各工序的机动时间(时差)来错开各工序的开工时间;

③时差大的工序往后推迟开工期,或者在技术规程允许的情况下,延长工序完工期,以减少每天所需要的工人数(或资源数)。

根据上述原则,进行工程劳动力调整:由于前 4d 劳动力需求量最大,是因为工序 A、B、C 同时开工造成的,所以,要想办法错开工序的开工时间。但 A 是关键工序,需优先保证劳动力的需求,故考虑工序 B、C。工序 B、C 均有机动时间,其中 C 工序的时差最大,所以,让工序 C 尽量推迟开工,如让工序 C 与工序 A 同时完工,即将网络图改为如图 5-23 所示的形式,这样,每天需要的劳动力分布图就如图 5-24 所示。

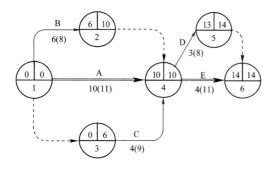

图 5-23 推迟 C 开工时间后道路施工网络图

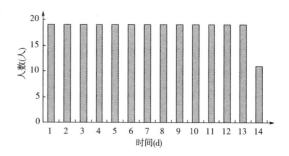

图 5-24 推迟 C 开工时间后道路施工人员需求直方图

显然,经过调整后,在现有的人力条件下,可以按时完工。

小　结

本章介绍了网络图的基本原理及类型；网络图的组成及绘制；网络图的时间参数计算，以及网络图的优化。

本章的重点是网络图的绘制、时间参数计算以及网络图的优化。绘制网络图，相当于建立问题的模型，要正确描述所要解决的问题，同时要尽可能简洁，不要冗笔。一般来讲，绘制网络图时，按照工序关系，由表到图，由左向右，沿着时间推进的方向绘制。绘制完以后，要由图到表，由右向左，检查绘制的网络图是否正确。计算时间参数的目的，是寻找关键线路，可以有两条途径：一是计算事项的时间参数；二是计算工作的时间参数。两条路径殊途同归，都是为了寻找关键线路。网络图的优化，是为了实现系统的优化控制，这一部分内容是难点，需要重点掌握。

思考与练习题

一、思考题

1. 网络分析的基本原理是什么？
2. 网络图是由哪些要素组成的，这些要素有哪些特点？
3. 什么是虚工作？为什么要引入虚工作？试举例说明。
4. 关键线路在网络分析中有何作用？
5. 怎样绘制网络图？绘制网络图时要注意哪些原则？
6. 怎样计算网络图的各项时间参数？
7. 网络分析优化的主要内容是什么？
8. 计算关键线路时间参数有哪些方法？

二、练习题

1. 表 5-13～表 5-15 为某工程资料表，利用表 5-13～表 5-15 所给的资料，绘制网络图。

某工程资料　　　　　　　　　　　　　　　　　　　　　　表 5-13

工作名称	紧前工作	工作名称	紧前工作	工作名称	紧前工作
A	—	E	B	I	G
B	—	F	D	J	H、I
C	B	G	D、E		
D	A、C	H	F、G		

某工程资料　　　　　　　　　　　　　　　　　　　　　　表 5-14

工作名称	紧前工作	工作名称	紧前工作	工作名称	紧前工作
A	—	D	A、C	G	E、F
B	—	E	A、B	H	D、G
C	—	F	A、B、C		

某工程资料　　　　　　　　　　　　　　　　　　　　表 5-15

工作名称	紧前工作	工作名称	紧前工作	工作名称	紧前工作
A	—	E	—	I	A、B
B	—	F	D、E	J	H、I
C	—	G	C、D	K	F、G
D	—	H	B、C	L	J、K

2. 已知某工程的网络图资料见表 5-16～表 5-18，试绘制网络图，并求关键线路。

某工程网络图资料　　　　　　　　　　　　　　　　表 5-16

工作名称	紧前工作	工作时间(d)	工作名称	紧前工作	工作时间(d)
A	—	60	F	C	18
B	A	45	G	D	30
C	A	10	H	D、E	15
D	A	20	I	G	25
E	A	40	J	B、F、H、I	35

某工程网络图资料　　　　　　　　　　　　　　　　表 5-17

工作名称	紧前工作	工作时间(d)	工作名称	紧前工作	工作时间(d)
A	—	7	F	D	6
B	—	4	G	D、E	4
C	B	6	H	F、G	8
D	A、C	5	I	G	5
E	B	9	J	H、I	7

某工程网络图资料　　　　　　　　　　　　　　　　表 5-18

工作名称	紧前工作	工作时间(d)	工作名称	紧前工作	工作时间(d)
A	—	4	F	A、B、C	7
B	—	8	G	E、F	4
C	—	6	H	D、G	3
D	A、C	3	I	D、G	6
E	A、B	5			

3. 已知某工程的网络图资料见表 5-19，该工程的间接费用为 500 元/d，试求该工程的最低成本日程。

某工程网络图资料 表5-19

工作名称	紧前工作	工作时间(d)		工作费用(百元)	
		正常时间	赶工时间	正常费用	赶工费用
A	—	4	3	15	20
B	—	8	6	22	30
C	B	6	4	9	15
D	A	3	2	3	5
E	A	5	4	14	18
F	A	7	4	19	40
G	B、D	4	3	7	10
H	E、F、G	3	2	9	15

4. 已知某工程的网络图资料见表5-20,该工程的间接费用为500元/d,试求该工程的最低成本日程。

某工程网络图资料 表5-20

工作名称	紧前工作	工作时间(d)		工作费用(百元)	
		正常时间	赶工时间	正常费用	赶工费用
A	—	15	12	24	30
B	A	12	10	20	26
C	A	9	7	22	28
D	B	10	9	18	24
E	B、C	8	7	14	18
F	D、E	12	10	16	26
G	E	15	12	24	30

5. 有某项工程资料见表5-21,可分解为85个具体的工作。要求:(1)绘制网络图;(2)计算时间参数;(3)求关键线路。

某工程资料 表5-21

序号	工作名称	紧前工作	工作时间(d)	序号	工作名称	紧前工作	工作时间(d)
1	A	—	2	13	D4	C2、C3	35
2	B	A	3	14	D5	C2、C3	30
3	C1	B	3	15	D6	C4	3
4	C2	B	3	16	D7	C5	7
5	C3	B	9	17	D8	C5	8
6	C4	B	27	18	D9	C6	30
7	C5	B	9	19	D10	C7	15
8	C6	B	3	20	E1	D1	21
9	C7	B	15	21	E2	D2	15
10	D1	C1	75	22	E3	D3	10
11	D2	C1	52	23	E4	D4、D5	80
12	D3	C1	53	24	E5	D6	9

续上表

序 号	工作名称	紧前工作	工作时间(d)	序 号	工作名称	紧前工作	工作时间(d)
25	E6	D7	1	56	L2	K2	5
26	E7	D8	1	57	L3	K3	50
27	E8	D9	15	58	L4	K4	5
28	E9	D10	30	59	M1	L1、L2	14
29	F1	E2	25	60	M2	L2	24
30	F2	E4	14	61	N	M2	11
31	F3	E6	2	62	Q1	M1	4
32	F4	E7	2	63	Q2	M1	4
33	F5	E8	85	64	O	N	2
34	F6	E9	15	65	P	O、L4	1
35	G1	E1、E3、F1	25	66	R1	Q1	4
36	G2	E5、F3	2	67	R2	Q2、P	4
37	G3	E5、F3	3	68	S1	R1	4
38	G4	F4	9	69	S2	R1、R2	8
39	G5	F6	85	70	T1	S1	2
40	H1	G2	60	71	T2	S2	5
41	H2	G4	119	72	T3	P、K5、H2、S1	2
42	I1	H1	4	73	U1	T1	7
43	I2	G3	2	74	U2	T2	5
44	I3	G3	2	75	U3	T3	2
45	J1	I1	24	76	V1	U1	7
46	J2	I2	5	77	V2	U2	4
47	J3	I3	5	78	V3	U3	5
48	J4	I3	2	79	V4	U3	5
49	J5	I3	5	80	V5	U3	5
50	K1	J1	4	81	W1	V1	2
51	K2	J2	80	82	W2	V3、V4、V5	7
52	K3	J3	20	83	X	W2	2
53	K4	J4	98	84	Y	V2、W1、X	1
54	K5	J5	20	85	Z	F5、G5、Y	2
55	L1	K1	6	—	—	—	—

第六章　运输系统评价

第一节　运输系统评价的概念

一、系统综合评价的概念

系统综合评价是指根据系统确定的目的,在系统调查和系统可行性研究的基础上,主要从技术、经济、环境和社会等方面,就各种系统设计的方案能够满足需要的程度与为之消耗和占用的各种资源进行评审,并选择出技术上先进、经济上合理、实施上可行的最优或最满意的方案。

系统综合评价是系统工程中的一个重要环节。系统工程的基本方法就是把所要研究的对象当作一个整体系统来分析;然后,对分析结果加以综合,并进行系统设计;最后,再对这个系统进行综合评价。系统分析、系统综合与系统评价之间的关系如图6-1所示。

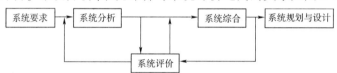

图6-1　系统分析、系统评价与系统综合之间的关系

【例6-1】　运输方式系统分析、系统综合、系统设计与系统评价之间的关系

为解决某两大城市间的运输问题,以下5种运输方式可作为替代方案:空运、水运、铁运、汽运及水陆空综合运输。其最优运输方式的分析、综合、设计、评价过程如图6-2所示。

二、运输系统综合评价的重要性

系统评价是系统决策的重要依据,没有正确的评价也就不可能有正确的决策,所以,系统评价是系统决策的十分重要的组成部分,甚至评价本身就是一种决策形式。自20世纪50年代以来,在西方以及苏联、东欧各国,对系统的技术评价、政策评价、经济评价等都非常重视。我国20世纪80年代以来也开始重视系统评价的研究,对一些重大工程项目进行技术经济论证,对一些大系统的开发进行综合评价。目前,系统评价的方法呈现出两个明显的特征:一是定性研究与定量研究相结合;二是单项指标评价与综合评价相结合,评价的方法也在不断地完善。

交通运输系统是国民经济大系统中的一个重要子系统,交通运输项目往往是数亿元投资的大项目,它涉及的问题多而且复杂,影响广而且深远。因此,在对交通运输系统进行评价的时候,一要考察它与社会、经济系统的相互联系与相互作用,从生产系统的角度评价其经营效果,从服务系统的角度评价其满足用户需要的程度和服务质量对用户的影响等;二要考察它对自然环境的相互影响,因为交通运输系统是在一定的外部空间环境中运行的。此外,交通运输系统又是由各种运输方式相互结合、相互作用的一个综合的、复杂的系统,在某种程度上,各种运输方式之间存在着可替代性,但每种运输方式都有其各自的技术经济特点、优势和合理的使用范围,其功能作用和影响也不尽相同。充分发挥各种运输方式的优势,提高运输系统的综合运输能力,是当今世界交通运输发展的总趋势。因此,必须从经济、技术、社会和环境等方面,对交通运输系统进行全面的、客观的、科学的评价,为交通运输系统的规划、决策提供可靠的依据。

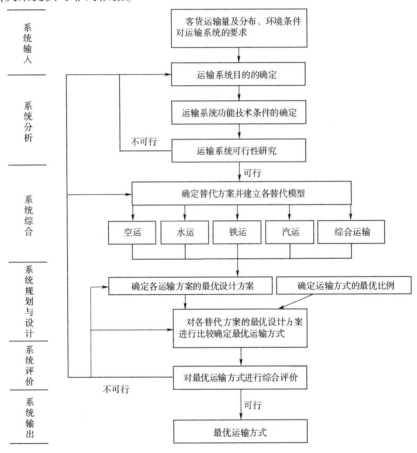

图 6-2　运输方式系统分析、系统综合、系统设计与系统评价之间的关系

三、运输系统综合评价的内容

运输系统综合评价的内容,涉及经济、技术、社会、环境等多个方面,如图 6-3 所示。如综合运输网络系统评价、各种运输方式评价、航运规划综合评价、公路网综合评价、区域网综合规划评价等。

图 6-3　运输系统综合评价的内容

四、系统评价的分类

对系统的评价按不同的分类方法,可以进行如下分类。

1. 按评价的项目分类

(1) 目标评价:当系统的目标确定以后,对系统目标进行评价,以确定系统目标的合理性、可实现性、科学性等。

(2) 规划评价:在着手设计系统之前,对系统进行比较全面的评价,并制订出切实可行的系统开发计划。系统规划是系统工程过程中的一个要素,是决定系统大局的必要阶段,因此,要认真进行系统规划阶段的评价。

(3) 方案评价:根据系统目标,制订出系统方案,并进行系统方案的评价、比较,选择最优系统方案。

(4) 设计评价:系统设计是系统工程的核心问题,因为,系统具有什么样的性能,怎样才能达到系统设计的目标,在很大程度上都取决于系统设计。所以,系统设计评价,主要是评价系统的特性。包括系统设计适合目标的情况以及系统功能或性能的评价。

2. 按评价的时间顺序分类

(1) 事前评价:这是在是否要开发一个系统,进行系统规划研究时进行的评价。由于没有系统的实物,一般只能采用预测和仿真的方法来进行评价。如规划评价就属于事前评价。

(2) 中间评价:这是在系统计划实施中期进行的评价,着重检验系统是否按计划进行,例如检查项目完成情况,往往采用计划评审技术(PERT)。

(3) 事后评价:这是在一个系统完成后,评价是否达到了预期的目标。这时已经有了大量的数据,可以采用定量方法进行评价。

(4) 跟踪评价:在系统的整个运行阶段跟踪进行评价。

上述4个阶段如图6-4所示。

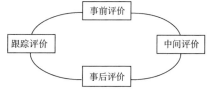

图6-4 系统评价的4个阶段

3. 按评价的内容分类

(1) 技术评价:技术评价是围绕系统功能来进行的,评定系统方案能否实现所需的功能及实现的程度。

(2) 经济评价:经济评价是围绕系统的经济效益来进行的,评价的内容主要是以成本为中心的经济可行性分析。

(3) 社会评价:社会评价是围绕系统给社会带来的利益或影响而进行的评价。

(4) 综合评价:综合评价是在上述3个方面评价的基础上,对系统方案价值的大小所做的综合评价。

五、系统评价的原则

为了做好系统评价,必须坚持以下原则。

1. 要保证系统评价的客观性

评价的目的是决策,而评价的质量直接影响着决策的正确性。因此,要保证系统评价的客观性,进行评价所依据的资料要全面、可靠、准确。要防止评价人员的倾向性,评价人员的组成要有代表性。

2. 要保证系统方案的可比性

所提出的系统方案在保证实现系统的基本功能上要有可比性,不能搞"陪衬"方案,从而失去评价的意义。

3. 评价指标要形成体系

评价指标体系是由若干个单项评价指标组成的整体,它应当包括系统目标涉及的一切方面,而且对定性的问题要有恰当的定量评价指标,以保证评价的全面性。评价指标要与国家的方针、政策、法令的要求相一致。

六、系统综合评价的步骤

系统评价的步骤是有效地进行系统评价的保证,一般包括以下几个步骤。

1. 明确系统目的,熟悉系统方案

为了进行科学的评价,必须反复调查、了解系统的目的,熟悉所提出的系统方案,进一步分析和讨论已经考虑到的各种因素。

2. 分析系统要素,确定分析项目

根据系统的目的,集中收集有关的资料和数据,对组成系统的各个要素及系统的性能特征进行全面的分析,找出进行系统评价的项目。系统的评价项目一般是由构成系统的性能要素决定的,主要包括系统的功能、进度、成本、可靠性、实用性、适应性、寿命、技术水平等因素。

3. 确定评价指标体系

指标是衡量系统总体目的的具体标志,对于所评价的系统,必须建立能够对照和衡量各个方案的统一尺度,即评价指标体系。指标体系的建立主要是指标的选取,以及指标之间结构关系的确定。对于复杂的系统,指标的选取和指标关系的确定并不是一件容易的事,既要求对理论(包括所涉及的专业领域知识、系统评价理论等)有深邃的把握,也要求必须具备丰富的实践经验。

对于交通运输系统的评价指标,一般包括两种:定性指标和定量指标。定性指标主要是从评价的目的和原则出发,考虑评价指标的充分性、可行性、稳定性、必要性以及指标与评价方法的协调性等因素,由系统分析人员和决策者主观确定指标和指标结构的过程;定量指标则是通过一系列检验,使指标体系更加科学和合理的过程。前者由于受判断者自身经验和素质的影响,判断结果可能会有较大的偏差;而后者则易出现指标信息覆盖不全或指标间信息重叠的现象,且数据的统计与处理也可能会存在困难。因此,一个科学合理的评价指标体系,必须从系统的目的出发,考虑系统的特点,在大量资料分析、细致调研的基础上得到。评价指标体系必须科学地、客观地、尽可能全面地考虑各种因素,包括组成系统的主要因素及有关系统性能、费用、效果等方面的因素,由若干个单项评价指标组成,并形成一个整体。

4. 制订评价结构和评价准则

在评价过程中,如果只是定性地描述系统的目的,而没有定量的表述,就难以作出科学的评价,因而,要对所确定的指标进行定量化的处理。由于每一个要评价的系统都有不同的特性、不同的目的,所以,就有不同的评价指标体系结构;又由于各指标的评价尺度不一样,

对于不同的指标,很难在一起比较。因此,必须将指标体系中的指标规范化,制订出评价准则,并根据指标所反映出的各要素的状况,确定各指标的结构和权重。

5. 选择评价方法

评价方法根据评价对象的具体要求不同而有所不同,总的来说,要按照系统目的和系统分析的结果、实施费用、评价效果等方面来选择系统评价的方法。

6. 进行系统评价

根据系统目的、要求,按照评价标准,进行单项系统评价或系统综合评价,选择适当而且可能实现的最优或最满意方案。

系统综合评价的步骤如图 6-5 所示。

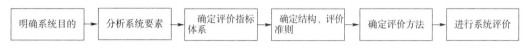

图 6-5 系统综合评价的步骤

第二节 运输系统评价指标体系

一、运输系统指标体系的确定原则

由于交通运输系统结构复杂、层次多变,子系统之间既有相互作用,又有相互间的输入和输出。某些层次、某些元素及某些子系统的改变可能导致整个系统由优到劣或由劣到优的变化,因而需要用多个指标组成一个有机的整体,通过建立指标体系来描述系统的发展状况。在考虑交通运输系统的评价指标体系时,除了要符合统计学的基本规范外,还必须遵循以下原则。

1. 科学性原则

指标体系一定要建立在科学基础之上,指标概念必须明确,并且有一定的科学内涵,能够度量和反映交通运输系统的各目标层的现状及发展趋势。

2. 系统性原则

指标体系作为一个有机整体,应该能比较全面地反映和测度被评价系统的主要发展特征和发展状况,使评价指标既能反映系统的直接效果,又能反映系统的间接效果,以保证评价的全面性和可信度。

3. 层次性原则

指标体系既要有整体性,又要有层次性。这样,才能为衡量系统方案的效果和确定评价指标的权重提供方便。

4. 可操作性原则

评价指标的含义明确,具有可测性且易于量化;数据资料收集方便,计算简单,易于掌握。

5. 简易性原则

评价指标体系的制订,要言简意赅,避免烦琐,避免指标中显见的包含关系,对隐含的相关关系,要在模型中以适当的方法加以消除。

6. 可比性原则

指标的选择要保持同趋势化,以保证可比性。

7. 定性指标与定量指标相结合的原则

运输系统的综合评价,既包括技术经济指标,又包括社会环境指标,前者比较易于用定量指标来度量,但后者却很难用定量化的指标衡量,如安全、迅速、舒适、便利等。要使得评价更具有客观性,就必须坚持定量指标与定性指标相结合的原则。这样做也便于系统模型的处理,并且可以弥补单纯定量评价的不足以及数据本身存在的某些缺陷。

8. 绝对指标与相对指标相结合原则

绝对指标反映系统的规模和总量;相对指标反映系统在某些方面的强度或性能,两者结合起来使用,才能够全面地描述交通运输系统的特性。

二、运输系统评价指标体系的内容

运输系统综合评价指标体系包括技术、经济、社会等多个方面,涉及政策、规划、经济、效益、时间、环境、风险等多个类别。以往在选择或设计一个系统的时候,大多只注意对这个系统的经济目标和技术目标进行评价、协调,这也是一般系统设计所遵循的"技术-经济"原则。这种设计原则的最大弊端是,忽视对人力、物力、时间等资源的考虑,以及对环境带来的影响,从而导致人力、物力、时间的浪费和对环境的破坏。按照系统工程的方法,在对系统进行选择或设计的时候,不单要考虑技术-经济这一技术方面的准则,而且要同时考虑环境-社会这一非技术方面的准则,并且,要综合考虑经济、技术、社会、环境等各方面的因素,对系统进行综合评价。这样,才能使系统有较好的整体性,更好地适应环境,更好地实现系统的目的。

1. 政策性指标

包括政府有关运输系统方面的方针、政策、法令以及法律和发展规划等方面的要求,这些方面对运输系统的建设尤为重要。

2. 技术性指标

包括运输系统的性能、寿命、可靠性、方便性和先进性等方面。

3. 经济性指标

包括运输系统方案的国民经济评价、财务评价、区域经济影响分析等方面。

4. 社会性指标

包括运输系统对国民经济大系统的影响及社会大系统综合发展的影响等方面。

5. 环境性指标

包括对生态环境的影响,对自然资源的开发、利用等方面。

6. 时间性指标

包括运输系统开发周期的长短、运输系统的寿命周期等方面。

以上是考虑运输系统评价的大类指标,每一个大类指标又可以包含许多小类指标。每一个具体的指标可能由几个指标综合反映,这样,就构成了系统评价的指标体系。

第六章 运输系统评价

【例 6-2】 不同运输方式的综合评价指标体系见表 6-1。

不同运输方式的综合评价指标体系　　　　表 6-1

社会评价	国防意义	经济评价	国民经济评价
	民族团结		财务评价
	安全性		用户效益
	就业		自然资源消耗
	舒适性		对地区经济发展的影响
	对地区综合运输的影响		对外汇收入平衡的影响
	文化遗产及传统	技术评价	先进行
环境评价	自然生态环境		可靠性
	生活环境		方便性

【例 6-3】 航运规划多目标综合评价指标体系见表 6-2。

航运规划多目标综合评价指标体系　　　　表 6-2

经济类	经济净现值	航运状况	航道状况与运量
	经济净现值率		可能的周转量
	经济内部收益率		实际的周转量
	差额投资内部收益率		网络迂回率
	用户效益		航道通行能力与需求的均衡性
技术类	安全可靠性	港口状况	港口状况与吞吐能力
	操作方便性		港口吞吐量
	技术先进性		港口吞吐能力与需求的均衡性
	方案与国情的符合程度		港口的机械化程度
社会类	国防意义	船舶状况	总吨位
	劳动就业		平均航速
	对地区综合运输网的影响		平均吨位
	方案的综合效益		船舶质量
	对地区经济发展的贡献		航道、港口、船舶的均衡性
环境类	安全与舒适性	管理组织	工程管理配套
	对自然生态环境的影响		地区间的矛盾与合作
	对文化遗产和传统的影响		部门间的矛盾与合作
	对生活环境的影响		权威人士的影响

【例 6-4】 港口装卸工艺综合评价指标体系见表 6-3。

港口装卸工艺综合评价指标体系　　　　　　　　　　表6-3

经济类指标	1. 投资		技术类指标	4. 设计年通过能力
		①港口或码头建设总投资		5. 泊位数目
		②直接用于装卸工作的机械设备的投资		6. 库场面积
		③船舶在港停泊应分摊的投资		7. 装卸工人及机械驾驶员人数
		④车辆、驳船等在港停留分摊的投资		8. 装卸机械化程度
		⑤货物在港停留的流动资金或商品基金负债		9. 装卸生产率
		⑥单位货运量投资		10. 船舶、车辆在港停留时间（装卸时间、排队时间、总停留时间）
		⑦投资偿还期和投资效果系数		
	2. 总营运费用		社会指标	11. 社会效益分析及评价
		①全部装卸费用		
		②码头等全港性建筑物的营运费用		
		③营运期内全部船舶在港停泊期间的营运费用		
		④营运期内全部车辆、轮驳船在港停留期间的营运费		
	3. 成本		环境指标	12. 环境影响分析及评价
		①装卸总成本和单位装卸成本		
		②成本利润率		
		③平均利润率		

【例6-5】 船舶运输系统综合评价指标体系见表6-4。

船舶运输系统综合评价指标体系　　　　　　　　　　表6-4

经济类指标	1. 投资		技术类指标	4. 船队年货运量
		①船舶或船队建设总投资		5. 船舶艘数
		②船舶分摊航道的投资		6. 载质量平均利用率
		③船舶分摊港口的投资		7. 船员人数
		④船舶分摊装卸机械的投资		8. 装船港装卸效率
		⑤货物在港停留的流动资金或商品基金负债		9. 卸船港装卸效率
		⑥单位货运量投资		10. 船舶在港停留时间（装卸时间、排队时间、总停留时间）
		⑦投资偿还期和投资效果系数		
	2. 总营运费用		社会指标	11. 社会效益分析及评价
		①船舶修理费用		
		②船舶折旧费用		
		③船员费用		
		④燃料费用		
		⑤港口费用		
		⑥其他费用		
	3. 成本		环境指标	12. 环境影响分析及评价
		①运输总成本和单位运输成本		
		②成本利润率		
		③平均利润率		

【例 6-6】 区域交通运输网络综合评价指标体系如图 6-6 所示。

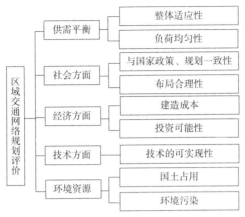

图 6-6 区域交通运输网络综合评价指标体系

第三节 运输系统技术经济评价

一、运输系统技术评价

运输系统的技术评价,是以技术水平为标准的,在系统工程中,技术评价有着极其重要的作用。所谓技术评价,就是对运输系统备选方案所采用的技术的先进性、适用性、可靠性、维护性等方面进行分析、比较、评价,为技术选择以及系统方案决策提供科学依据。

无论是宏观技术决策,还是微观技术决策,技术评价都是个重大研究课题。从大的方面来讲,运输系统的技术评价必须与国家的有关制度、法规、政策等相一致;另一方面,任何运输系统技术的选择与开发,都不能对当地的资源、自然环境和生态系统构成危害,不能损害人民群众的根本利益。

一般来说,技术评价是技术选择的前提和基础,技术选择是技术评价的结果。科学准确的技术评价,有利于技术选择的正确合理。运输系统技术评价的内容包括以下几个方面。

1. 技术的先进性

(1) 技术水平高:应采用成长期或进入成熟期时间不长的新技术。技术的先进程度应根据需要达到国际先进水平(国际标准)、国际水平或者国内水平,绝不能采用进入衰退期的落后技术。应努力采用填补国内或行业空白的新技术、新工艺,以提高我国的总体技术水平。

(2) 产品质量好:产品质量是投资项目方案的生命,产品质量要达到国际标准、国家标准或部门行业标准。同时,应有完善的质量管理系统和可靠的质量控制系统。

(3) 生产效率高:拟选择的技术应有较高的生产效率和扩大再生产的能力,以取得满意的规模经济效益。

(4) 能源、材料消耗低:先进技术应能满足以最少的投入,获得最大产出的目标。各种原材料、燃料动力的消耗量,应达到国内先进水平或国际先进水平。主要原材料利用率、标准化、通用化和系列化程度,应在国内处于领先地位,接近或达到国际水平。

2.技术的适用性

(1)符合国情及系统需求:运输系统投资方案拟应用的技术应符合我国的国情和本部门的实际情况,满足系统需求,要有必要的资源、能源条件。

(2)便于推广转移:应尽量选择能在较短时间内消化、吸收,并能够可持续发展、创新的先进技术。对于可操作性强,便于推广的新技术,应优先考虑。

(3)国内容易配套:对复杂技术和技术组合的选择,还要考虑对配套工艺和设备要求的难易程度。在国内容易配套的技术,其适用性较好。

3.技术的可靠性

(1)技术安全可靠:应选择经实践证明安全可靠的先进技术,职工的工作条件、劳动强度、人身安全以及劳动保护等方面,应符合国家劳动保护部门的有关规定。

(2)标准化程度高:拟采用的技术在基础标准、产品标准、方法标准等方面,应符合公认的国际标准或国家标准。仅适合个别国家标准的技术,其推广转移、创新发展往往受到许多限制,不宜引进使用。

(3)环保措施可靠:选择的技术应对噪声、粉尘、有害物(废水、废液、废气、废渣等)有科学、系统的环保措施和管理办法,卫生与劳动环境保护符合国家规定的标准或国际标准。

4.技术的维护性

(1)容易维护修理:选择的技术和工艺设备的有关合格证书、操作规程、使用维护说明书和鉴定文件等资料齐全,修理用备品和配件容易解决,技术维护修理性能达到国内较高水平。

(2)维护费用低:维护修理费用是评价选择技术的一项重要经济内容。选择技术不但要考虑总投资额的大小,还要分析其每年支出的维护费用的多少,也就是要综合考虑采用技术寿命周期总费用的大小。选择总投资额与维护费用均低的技术方案,有利于节约投资资金,降低经营成本,获得最佳技术经济效益。

二、运输系统经济评价

运输系统经济评价是以货币价值或经济效益为评价标准的,在系统工程中,经济评价也有着重要的作用。一个运输系统的规划、设计、施工及经营管理,往往在技术上有多种方案,究竟采用哪种方案,在完成系统方案的技术分析以后,还需要通过经济分析,选择经济效果最好的最优方案,即在相同的收益下资源消耗最少的方案或在相同的资源消耗下收益最大的方案。随着社会经济的发展,交通运输系统的作用越来越显得更重要,运输系统本身也越来越复杂庞大,经济上的评价、分析也就变得比以往更为困难,这就更需要以严谨、科学的态度来处理。常用的经济评价方法有现值法、年值法和回收率法。

1.复利公式

由于资金具有时间价值,因而资金在不同的时期,其价值是不同的。现值指资金现在的价值,终值指资金在将来某一时期的价值。现值与终值通常用现金流程图表示,如图 6-7 所示。

对现金流程图的几点说明:

图 6-7 中水平线是时间标度,自左向右表示时间的延续;每一等分的间隔代表一个时间单位,一般是年,也可以是月、日等。水平线上的点,称为时点,时点通常表示是该年的年末,同时也是下一年的年初。零时点即为第一年开始的时点。整个水平线可以看作是我们要考察的"系统"的有效时间。

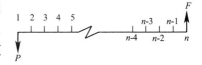

图 6-7 现金流程示意图

水平线的垂直线,表示流入或流出该"系统"的现金流量。垂直线的长度根据现金流量的大小按比例画出。箭头表示现金流动的方向,箭头向上表示现金流入(资金增加),箭头向下表示现金流出(现金减少)。

在箭头的上方(或下方)标明该现金流量的金额大小。

设 P 表示现值;F 表示终值;n 表示计算周期数;i 表示某一规定周期(年、月)的利率。则现值与终值之间有如下关系。

1)单利法

在单利法中,资金的时间价值只与资金的本金有关,在资金的增值过程中,只有本金产生时间价值。而已产生的时间价值不再增值,因而资金在各个时期产生的时间价值是相同的。

单利法的计算公式为:

$$F = P(1 + ni) \tag{6-1}$$

2)复利法

在复利法计算中,资金在增值过程中已产生的时间价值仍继续增值,因而资金在各个时期产生的时间价值是不一样的。

复利法的计算公式为:

$$F = P(1 + i)^n \tag{6-2}$$

【例 6-7】 某港口向银行借款 60 万元,用于港口装卸设备更新,年利为 9%,借期为 10 年,试问 10 年后,该单位应向银行还多少钱?分别用单利法和复利法计算。

解:

单利法: $F = 60(1 + 10 \times 0.09) = 114($万元$)$

复利法: $F = 60(1 + 0.09)^{10} = 142($万元$)$

可见,用单利法计算与用复利法计算,其结果是相差很大的。期限越长,利率越高,则两者之差就越大。在资金投资或贷款计算中,一般都是采用复利法。

式(6-1)、式(6-2)是最基本的计算公式,在实际应用中,通常采用由复利法的计算公式(6-2)推导出来的一些计算因数。这些计算因数如下。

(1)一次整付之终值。

计算公式为:

$$F = P(1 + i)^n \tag{6-3}$$

式中:$(1 + i)^n$——复利终值因数。

(2)一次整付之现值。

计算公式为:

$$P = F(1 + i)^{-n} \tag{6-4}$$

式中:$(1+i)^{-n}$——复利现值因数。

(3) 分期等值支付之终值。

计算公式为:

$$F = A\left[\frac{(1+i)^n - 1}{i}\right] \tag{6-5}$$

式中:$\left[\frac{(1+i)^n - 1}{i}\right]$——年金终值因数;

A——每次支付的资金。

(4) 积累基金。

计算公式为:

$$A = F\left[\frac{i}{(1+i)^n - 1}\right] \tag{6-6}$$

式中:$\left[\frac{i}{(1+i)^n - 1}\right]$——积累基金因数。

(5) 分期等值支付之现值。

计算公式为:

$$P = A\left[\frac{(1+i)^n - 1}{i(1+i)^n}\right] \tag{6-7}$$

式中:$\left[\frac{(1+i)^n - 1}{i(1+i)^n}\right]$——年金现值因数。

(6) 资本回收资金。

计算公式为:

$$A = P\left[\frac{i(1+i)^n}{(1+i)^n - 1}\right] \tag{6-8}$$

式中:$\left[\frac{i(1+i)^n}{(1+i)^n - 1}\right]$——资本回收因数。

【例6-8】 某航运公司向银行贷款8000万元购置一批船舶,年利率为10%,从贷款后的第一年开始,平均分6年还清,问该航运公司每年应还款多少万元?

解:

即已知 $P = 8000$ 万元,$i = 10\%$,$n = 6$,求计算资本回收金 A。

用式(6-8)计算如下:

$$A = 8000 \times \frac{0.10 \times (1+0.10)^6}{(1+0.10)^6 - 1} = 1836.7662(万元)$$

故该航运公司平均每年的还款数为 1836.7662 万元。

现将前面的诸公式汇总于复利公式汇总表(表6-5)。

复利公式汇总表　　　　表6-5

名 称	公 式	已知项	所求项	系数符号	系 数 公 式
一次整付之终值	$F = P(1+i)^n$	P	F	$(F/P, i, n)$	$(1+i)^n$
一次整付之现值	$P = F(1+i)^{-n}$	F	P	$(P/F, i, n)$	$(1+i)^{-n}$

续上表

名　称	公　式	已知项	所求项	系数符号	系　数　公　式
分期等值支付之终值	$F = A\left[\dfrac{(1+i)^n - 1}{i}\right]$	A	F	$(F/A, i, n)$	$\left[\dfrac{(1+i)^n - 1}{i}\right]$
积累基金	$A = F\left[\dfrac{i}{(1+i)^n - 1}\right]$	F	A	$(A/F, i, n)$	$\left[\dfrac{i}{(1+i)^n - 1}\right]$
分期等值支付之现值	$P = A\left[\dfrac{(1+i)^n - 1}{i(1+i)^n}\right]$	A	P	$(P/A, i, n)$	$\left[\dfrac{(1+i)^n - 1}{i(1+i)^n}\right]$
资金回收基金	$A = P\left[\dfrac{i(1+i)^n}{(1+i)^n - 1}\right]$	P	A	$(A/P, i, n)$	$\left[\dfrac{i(1+i)^n}{(1+i)^n - 1}\right]$

【例 6-9】 某工程预计 5 年建成,计划投资额为每年 1000 万元,若折现率为 6.48%,试求全部工程投资现值为多少?

解:

即已知 $A = 1000$ 万元,$i = 6.48\%$,$n = 5$ 年,求分期等值支付之现值 P。

$$P = 1000 \times \frac{(1 + 0.0648)^5 - 1}{0.0648 \times (1 + 0.0648)^5} = 4157.8354 \text{(万元)}$$

故该工程分期等值支付之现值为 4157.8354 万元。

2. 现值法

现值法是进行系统经济分析时最常用的一种方法。现值法又分为使用期相等与使用期不等两种情况。它是通过将各种方案不同时期的投资都换算成现值的方法,来进行方案的分析、评价、选择的。

1) 相同使用期的方案比较

在这种情况下,可直接将各方案在各个时期的投资换算成现值,并进行比较,选择投资现值最少的方案为合理的方案。

【例 6-10】 某设计院在设计某一港口时,提出了 3 个港口设计方案,使用期都是 20 年。方案 A 的初始投资为 100 万元,年营运费用 30 万元;方案 B 的初始投资为 150 万元,年营运费用 20 万元;方案 C 的初始投资为 100 万元,第 10 年末再增加投资 100 万元,年营运费用 10 万元。资金年利率为 10%,试确定最经济的港口设计方案。

解:

方案 A:
$$P_1 = 100 \text{(万元)}$$
$$P_2 = 30 \times \frac{(1 + 0.10)^{20} - 1}{0.10 \times (1 + 0.10)^{20}} = 255.4069 \text{(万元)}$$
$$P_A = P_1 + P_2 = 100 + 255.4069 = 355.4069 \text{(万元)}$$

方案 B:
$$P_1 = 150 \text{(万元)}$$
$$P_2 = 20 \times \frac{(1 + 0.10)^{20} - 1}{0.10 \times (1 + 0.10)^{20}} = 170.2720 \text{(万元)}$$
$$P_B = P_1 + P_2 = 150 + 170.2720 = 320.272 \text{(万元)}$$

方案 C:
$$P_1 = 100 + 100 \times (1 + 0.1)^{-10} = 138.555 \text{(万元)}$$
$$P_2 = 10 \times \frac{(1 + 0.10)^{20} - 1}{0.10 \times (1 + 0.10)^{20}} = 85.136 \text{(万元)}$$

$$P_C = P_1 + P_2 = 138.555 + 85.136 = 223.691(万元)$$

3个方案的计算结果见表6-6。

某港口3个方案的计算结果（单位：万元）　　　　　　　　表6-6

方案	投资本金	年营运费用本金	总投资本金	总投资现值
A	100	600	700	355.4069
B	150	400	550	320.2720
C	200	200	400	138.5550

从上表可以看出，方案B的总投资现值最少，方案C最大。如果其他条件相同，从经济上看，方案B最合理。如果比较总投资本金，则方案C的总投资本金最少，而方案B的总投资本金要大于方案C，似乎应选择方案C，但这种选择是错误的，因为这时没有考虑资金的时间价值。

2）不同使用期方案比较

在现值比较法中，各方案的比较必须在相同的使用期内进行，若各方案的使用期不同，则必须求出各方案使用期的最小公倍数，把各方案的使用期延长，甚至延长几倍，使各方案的使用期相等。并假设在延长的使用期中，各方案按原来的使用期重复投资，然后按使用期相同的方法，计算现值，并进行比较和选择。

【例6-11】 某设计院设计一条公路桥梁，现有两种方案，方案A为建一钢架桥，投资80万元，设计年限（即使用年限）为40年，40年后的残余价值为20万元。方案B为建一石拱桥，投资60万元，设计年限为20年，残余价值不计。试比较两方案（资金年利率为10%）。

解：

两个方案的使用期不同，为了使两者能够比较，就要使两个方案的使用期相同。假设方案B在第20年后重建一石拱桥，投资仍然是60万元。两方案的现金流程图如图6-8所示。

方案A的现值为： $P_A = 80 - 20(1+0.10)^{-40} = 79.558(万元)$

方案B的现值为： $P_B = 60 + 60(1+0.1)^{-20} = 68.919(万元)$

方案B的现值小于方案A的现值，故方案B较为合理。

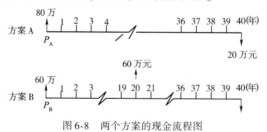

图6-8 两个方案的现金流程图

3. 年值法

年值法也是一种常用的系统分析、比较方法，它与现值法不同，在年值法中，首先要将方案的各项投资和运转费用换算成现值，然后，再用资本回收基金的换算方法式(6-8)换算成等值（等值的年成本），再进行比较，年值最少的方案便是经济上最合理的方案。

使用期相同的方案进行比较时，使用年现值法不如直接比较现值方便。但当各方案的使用期不同时，年值法比现值法方便得多，年值法中无须将各方案的使用期换算成相等的期限。

【例 6-12】 用年值法比较例 6-11 中的两个方案。

方案 A:投资现值　　　　　$P_1 = 80(万元)$

残值现值　　　　　　　$P_2 = 20(1+0.1)^{-40} = 0.442(万元)$

总现值　　　　　　　　$P_A = P_1 - P_2 = 79.588(万元)$

年值　　　　　　　　　$A = P_A \times \left[\dfrac{i(1+i)^n}{(1+i)^n - 1}\right]$

$$= 79.558 \times \left[\dfrac{0.10 \times (1+0.10)^{40}}{(1+0.10)^{40} - 1}\right] = 8.14(万元)$$

方案 B:总现值　　　　　$P_B = 60(万元)$

年值　　　　　　　　　$A = P_B \times \left[\dfrac{i(1+i)^n}{(1+i)^n - 1}\right]$

$$= 60 \times \left[\dfrac{0.10 \times (1+0.10)^{20}}{(1+0.10)^{20} - 1}\right] = 7.05(万元)$$

比较可得,方案 B 的年值小于方案 A 的年值,故方案 B 较合理,这个结论与现值法是一致的。

4. 回收率法

1) 回收率

一项工程建成后,在工程的使用期限内,工程将产生效益,否则,这项工程也就失去了意义。回收率与利率具有相似的含义,为了说明回收率的概念,我们举一个简单的例子。假设某工程初始投资为 A 万元,5 年后,该工程创造一次性收益 B_1 万元。若当初投资 A 不是用于工程投资,而是存入银行,那么,这 A 万元资金在 5 年后的价值可用复利公式计算,其值为 $B_2 = A(1+i)^5$ 万元,i 是利率。但在现在的情况中,初始投资 A,投资 5 年后得到的收益(回收价值)是已知的,为 B_1 万元,而它的回收利率(回收率)i 是未知的,那么,可用复利公式反算求得。本例中:

$$B_1 = A(1+i)^5$$

则:
$$i = \sqrt[5]{\dfrac{B_1}{A}} - 1$$

投资回收率反映了工程投资的回收效果,回收率大,投资者就愿意投资。显然,只有当回收率大于利率时,才能吸引投资。

回收率的计算方法有两种:现值计算法和年值计算法。

(1) 现值计算法。在现值计算法中,先将工程的所有支出与收入全部都换算成现值,然后令支出与收入相等,用试算法反求回收率 i。

【例 6-13】 某公路集团投资新建一条高速公路,工期 8 年,建设费分 3 次投资,初始投资 90×10^2 万元,第二年末(即第三年初)投资 80×10^2 万元,第四年末投资 60×10^2 万元,高速公路建成后,该公路集团出卖路权,获收益 550×10^2 万元。试求该工程的投资回收率。

解:

(1) 先把该工程的各项收入、支出换算成现值:

收入 $\qquad P_1 = 550(1+i)^{-8}$ (10^2 万元)

支出 $\qquad P_2 = 90$ (10^2 万元)

$\qquad P_3 = 80(1+i)^{-2}$ (10^2 万元)

$\qquad P_4 = 60(1+i)^{-4}$ (10^2 万元)

(2) 令：收入 = 支出，并求出满足该式的 i 的值：

由： $\qquad P_1 = P_2 + P_3 + P_4$

有： $\qquad 550(1+i)^{-8} = 90 + 80(1+i)^{-2} + 60(1+i)^{-4}$

令： $\qquad K = 550(1+i)^{-8} - 80(1+i)^{-2} - 60(1+i)^{-4} - 90$

对不同的 i 值，就有不同的 K 值：

若 $K < 0$，说明收入现值小于支出现值，i 值取的偏大；

若 $K > 0$，说明收入现值大于支出现值，i 值取的偏小；

若 $K = 0$，说明收入现值等于支出现值，i 值取的比较合适。

(3) 以下取不同的 i 值试算，选择合适的 i 值。

第一次试算：

令 $i = 14\%$，得：$K = 5.7252$，

K 值为正值，说明 i 偏小，即 i 应大于 14%；

令 $i = 15\%$，得：$K = -4.9995$，

K 值为负值，说明 i 偏大，即 i 应小于 15%；

由此可知，i 值应在区间 $[14\%, 15\%]$ 之间。

第二次试算：

令 $i = 14.5\%$，得：$K = 0.2454$，$K > 0$，故 i 值取得偏小；

令 $i = 14.8\%$，得：$K = -2.9285$，$K < 0$，故 i 值偏大；

由此可知，i 值应在区间 $[14.5\%, 14.8\%]$ 之间，且应更接近 14.5%。

第三次试算：

令 $i = 14.55\%$，得：$K = -0.2911$，$K < 0$，故 i 值取得偏大；

令 $i = 14.52\%$，得：$K = 0.0286$，$K > 0$，故 i 值偏小；

由此可知，i 值应在区间 $[14.52\%, 14.55\%]$ 之间，且更接近 14.52%。

第四次试算：

令 $i = 14.523\%$，得：$K = -0.0006$，$K < 0$；

令 $i = 14.522\%$，得：$K = 0.0005$，$K > 0$；

由此可知，i 值应在区间 $[14.522\%, 14.523\%]$ 之间。

注意到此时的 i 值已十分接近，故可采用内插公式求 i 值：

当 $i = 14.523\%$ 时，$K = -0.0006$；

当 $i = 14.522\%$ 时，$K = 0.0005$，则，使 $K = 0$ 的 i 值为：

$$\frac{14.523\% - i}{14.523\% - 14.522\%} = \frac{0 - 0.0005}{-0.0006 - 0.0005}$$

由此求得：$i = 14.5225\%$

至此，回收率的误差已很小，绝对误差为：

$$|\Delta i| = \max(14.523\% - 14.5225\%, 14.5225\% - 14.522\%) = 0.0005\%$$

所以,可以取 $i=14.5225\%$ 作为该工程的投资回收率。

一般情况下,当 i 的绝对误差小于 0.5% 时,试算就可以结束。否则,继续迭代,直至满足精度要求。

(2)年值计算法。回收率的年值计算法是将工程的所有收入与支出,全部换算成年等值,并令工程的收入年等值与支出年等值相等,用试算法反求回收率。

【例 6-14】 某收费桥梁初始建造费为 100 万元,桥梁使用期为 40 年,在使用期内,每年的养护费为 1 万元,每年能收车辆过桥费 10 万元,使用期末桥梁的残余价值为 10 万元。试计算该桥梁的投资回收率。

解:

支出年值为:
$$A_1 = 100 \times \frac{i \times (1+i)^{40}}{(1+i)^{40}-1}(万元)$$

养护费年值为: $A_2 = 1$(万元)

收入年值为: $A_3 = 10$(万元)

残值年值为:
$$A_4 = 10 \times \frac{i}{(1+i)^{40}-1}(万元)$$

令支出年值 = 收入年值,则: $A_1 + A_2 = A_3 + A_4$

即:
$$100 \times \frac{i \times (1+i)^{40}}{(1+i)^{40}-1} + 1 = 10 + 10 \times \frac{i}{(1+i)^{40}-1}$$

用与上例相同的迭代法,即可得到投资回收率为 8.7%。

2)回收率比较法

回收率比较法是在现值比较法与年值比较法的基础上发展起来的一种经济评价方法。其基本原理是:将各方案的收入与支出都换算成现值或年值,令各方案的收入现值(或年值)等于各方案的支出现值(或年值),用试算法求出回收率;然后,对各方案的回收率进行比较,回收率最大的方案就是最优方案。这种比较法的优点是事先知道各个比较方案的投资效果,对方案的评价比较确切;缺点是计算比较麻烦。

【例 6-15】 某港口拟购买运输用货车,初步定了两种车型,从中选择一种。已知这两种车型的有关情况见表 6-7。

两种车型有关情况表 表 6-7

车型	A	B	车型	A	B
购买价格(万元)	17	20	年维修费(元)	5000	7000
使用期(年)	10	12	年净收益(未扣维修费)(万元)	5	6
使用期末残值(元)	5000	6000	—	—	—

问:购买哪种汽车比较合理?

解:

因为两种方案的使用期不同,所以用年值法求回收率比较方便。

1. 方案 A 的回收率

购入投资年值:
$$A_1 = 170000 \times \frac{i \times (1+i)^{10}}{(1+i)^{10}-1}(元)$$

维修费的年值：$\quad A_2 = 5000(元)$

残值的年值：$\quad A_3 = 5000 \times \dfrac{i}{(1+i)^{10}-1}(元)$

净收益年值：$\quad A_4 = 50000(元)$

令：$\quad K = 收入年值 - 支出年值$

$\quad = A_3 + A_4 - A_1 - A_2$

$\quad = 5000 \times \dfrac{i}{(1+i)^{10}-1} + 50000 - 170000 \times \dfrac{i \times (1+i)^{10}}{(1+i)^{10}-1} - 5000$

用试算法求使 $K=0$ 的 i 值，可得方案 A 的回收率为 $i_A = 23.25\%$。

2. 方案 B 的回收率

购入投资年值：$\quad B_1 = 200000 \times \dfrac{i \times (1+i)^{12}}{(1+i)^{12}-1}(元)$

维修费的年值：$\quad B_2 = 7000(元)$

残值的年值：$\quad B_3 = 6000 \times \dfrac{i}{(1+i)^{12}-1}(元)$

净收益年值：$\quad B_4 = 60000(元)$

令：$\quad K = 收入年值 - 支出年值$

$\quad = B_3 + B_4 - B_1 - B_2$

$\quad = 6000 \times \dfrac{i}{(1+i)^{12}-1} + 60000 - 200000 \times \dfrac{i \times (1+i)^{12}}{(1+i)^{12}-1} - 7000$

用试算法求使 $K=0$ 的 i 值，可得方案 B 的回收率为 $i_B = 24.73\%$。

方案 B 的回收率大于方案 A 的回收率，可见方案 B 比方案 A 合理，故购买 B 型车比较合算。

以上是用年值法计算回收率的例题，用现值法计算可以得到同样的结果。

第四节 运输系统综合评价

在第三节里，主要介绍了有关单目标系统的评价方法。事实上，在交通运输系统中，许多实际问题往往呈现多目标性质，要从多方面对系统进行综合评价，故本节讨论运输系统的综合评价方法。

一、收益-成本分析法

收益-成本分析法又可以分为两种：一种是从方案的总成本角度进行的收益-成本分析；另一种是从方案追加成本的角度进行的收益-成本分析。所谓总成本是指系统的开发、建设投资与运行成本之和。所谓追加成本是指相互对比的两个系统方案总成本的差额。此外，按照货币时间价值的等值计算形式的不同，收益-成本分析可采用现值计算，也可采用年值计算。下面分别介绍两种方法。

1. 总成本的收益-成本分析

1）第一种计算形式

$$\frac{B}{C} = \frac{\sum_{t=1}^{n} B_t (1+i)^{-t}}{K_0 + \sum_{t=1}^{n} C_t (1+i)^{-t}} \tag{6-9}$$

$$B - C = \sum_{t=1}^{n} (B_t - C_t)(1+i)^{-t} - K_0 \tag{6-10}$$

式中：B_t——系统第 t 年的净收入值，即系统第 t 年社会收益人与社会受损者支出的差额值；

C_t——系统第 t 年的净经营成本值，即系统第 t 年兴办者的经营支出费用与经营收入的差额值；

K_0——系统的初始投资额；

i——系统的最低期望收益率；

n——系统的使用期；

t——年次（$t = 1, 2, \cdots, n$）；

$\dfrac{B}{C}$——系统收益与成本之比，即单位成本所获得的收益；

$B - C$——系统的收益与成本之差，即系统的经济收益的绝对值。

判别准则：对单一系统方案而言，只要 $B/C > 1$ 或 $(B-C) > 0$，即可认为该方案在经济上是可行的。

在应用以上公式时，应注意"收益"与"成本"的计算范围和内容，式中的收益是指系统给社会带来的收入或节约值减去损失后的净值；同样，成本是指系统兴办者支付的全部投资和经营成本扣除所节约或收入后的净值。例如，政府投资兴建的公路可能发生如下收益与成本费用：

（1）社会收益人的收入。例如，车辆运行成本的节约，减少车祸的损失，缩短行车距离的时间节约，公路沿线商业、旅游业、服务业收入的增长等。

（2）社会所受的损失。例如，农田改作公路的经济损失，空气污染和环境干扰所造成的损失等。

（3）政府支出的公路建设成本费用。例如，路基勘探和设计费用，筑路费用及公路管理费用等。

（4）政府收入。例如，车辆通行费收入，以及由于土地提价、商业与服务业发展等带来的税收增加等。

2）第二种计算形式

$$\frac{B}{C} = \frac{\sum_{t=1}^{n} (B_t - C_t)(1+i)^{-t}}{K_0} \tag{6-11}$$

$$B - C = \sum_{t=1}^{n} (B_t - C_t)(1+i)^{-t} - K_0 \tag{6-12}$$

判别准则：对单一系统方案而言，只要 $B/C > 1$ 或 $(B-C) > 0$，即可认为系统方案在经济上是可行的。

上述两种计算形式中，其经济效益绝对值的计算形式是相同的，而经济效益的相对值的计算形式虽然有所不同，但只要方案的现金流量不变，其评价结论是一致的。

【例 6-16】 某市有 A、B 两条公路在某路口交叉，该交叉路口设有红绿信号灯控制，指挥车辆通行,该信号系统年运行成本为 1000 元;此外,还有负责指挥的交通民警 1 人,每日值勤 2h,每小时工资 3 元。据统计,公路 A 日平均车辆通行数为 5000 辆,公路 B 日平均车辆通行数为 4000 辆,其中,20% 为商业性货车,80% 为普通客车。由于车辆通行量大,约有 50% 的车辆在交叉路口要停车等候,每次平均停车时间公路 A 为 1min,公路 B 为 1.2min。如果将停车时间折算成资金损失,则货车停车平均每小时损失 5 元,客车停车平均每小时损失 2 元;车辆每起动一次的费用,货车为 0.06 元,客车为 0.04 元。另据前 4 年的统计资料,因车辆违反信号控制,发生死亡事故 2 起,每 2 起平均赔偿费用 50000 元;伤残事故 40 件,每起平均赔偿费用 1500 元。

现设想用立交公路桥取代原交叉路口的信号控制系统,预计建设立交桥需投资 750000 元,系统使用寿命为 25 年,年维修费为 2500 元,残值为零。预计立交桥投入使用后,停车现象与交通事故可基本消除。但通行车辆的 15% 需增加行驶路程 0.25km,货车与客车每公里行驶成本分别为 0.25 元和 0.06 元。设投资的最低期望收益率 $i=7\%$,试用收益-成本分析法评价立交桥系统的经济效益。

解:

1. 系统收益人的收入计算

(1) 消除车辆等待时间所获得的节约资金额:

公路 A 行驶车辆节约资金额

$= [(5 \times 20\% + 2 \times 80\%)(5000 \times 365 \times 50\% \times 1/60)](P/A, 7\%, 25)$

$= 3954.667 \times 11.653 = 460779.04$(元)。

公路 B 行驶车辆节约资金额

$= [(5 \times 20\% + 2 \times 80\%)(4000 \times 365 \times 50\% \times 1.2/60)](P/A, 7\%, 25)$

$= 37960 \times 11.653 = 442347.88$(元)。

(2) 减少车辆起动次数所获节约资金额

$= (0.06 \times 20\% + 0.04 \times 80\%)[(5000 + 4000) \times 365 \times 50\%](P/A, 7\%, 25)$

$= 72270 \times 11.653 = 842162.31$(元)。

(3) 消除交通事故所获节约资金额

$= (2/4 \times 50000 + 40/4 \times 1500)(P/A, 7\%, 25)$

$= 40000 \times 11.653 = 466120$(元)。

(4) 行驶路程延长导致车辆运行成本增加资金额

$= (0.25 \times 20\% + 0.06 \times 80\%)[(5000 + 4000) \times 365 \times 15\% \times 0.25](P/A, 7\%, 25)$

$= 0.098 \times 123187.5 \times 11.653 = 140679.39$(元)。

(5) 受益者总收入现值为(1) + (2) + (3) − (4)

$= 460779.04 + 442347.88 + 842162.31 + 466120 - 140679.39$

$= 2070729.84$(元)。

2. 兴办者成本费用计算

(1) 投资额为 750000(元)。

(2) 立交桥维修费用支出额

$= 2500(P/A, 7\%, 25) = 2500 \times 11.653 = 29132.5$(元)。

(3) 取消信号系统与指挥交通民警节约资金额

$= (1000 + 3 \times 2 \times 365)(P/A, 7\%, 25)$

$= 3190 \times 11.653 = 37173.07(元)$。

(4) 兴办者总成本费用现值为(1) + (2) - (3)

$= 750000 + 29132.5 - 37173.07$

$= 741959.43(元)$。

3. 收益-成本分析

(1) 按第一种形式计算：

$$\frac{B}{C} = \frac{2070729.84}{741959.43} = 2.79$$

$$B - C = 2070729.84 - 741959.43 = 1328770.41(元)$$

(2) 按第二种形式计算：

$$\frac{B}{C} = \frac{2070729.84 - (29132.84 - 37173.07)}{750000} = 2.79$$

$$B - C = 2070729.84 - (29132.5 - 37173.07) - 750000 = 1328770.41(元)$$

通过以上两种形式的收益-成本分析，其结果表明：立交桥系统的经济效益相对比值 $B/C > 1$，经济效益绝对值 $(B - C)$ 为正数，所以这个系统在经济上是可行的。

最后需要指出的是，从总成本角度进行的收益-成本分析所得到的经济效益相对比值 B/C，可以用来评价单一方案的经济可行性。但是由于这个比值只能反映系统单位成本所获得的收益，不能反映系统所获得的总收益，故不能单独作为系统方案优劣的评价指标，必须同经济效益绝对值指标 $(B - C)$ 结合起来同时使用。

2. 追加成本的收益-成本分析法

系统方案比较的实质，是对系统方案的收入和成本的差值进行比较，一般成本高的方案其收入也高，故可通过比较一方案比另一方案增加的收入和追加的成本来评价系统方案的优劣。从追加成本的角度进行系统收益-成本的分析，也需要计算反映经济效益的相对评价指标和绝对评价指标，其计算公式如下：

$$\frac{\Delta B}{\Delta C} = \frac{\sum_{t=1}^{n}(B_{2t} - B_{1t})(1+i)^{-t}}{(K_{20} - K_{10}) + \sum_{t=1}^{n}(C_{2t} - C_{1t})(1+i)^{-t}} \tag{6-13}$$

$$\Delta B - \Delta C = \sum_{t=1}^{n}\left[(B_{2t} - B_{1t}) - (C_{2t} - C_{1t})\right](1+i)^{-t} - (K_{20} - K_{10}) \tag{6-14}$$

式中：ΔB——两方案收入差的现值；

ΔC——两方案成本差的现值；

K_{10}——第一方案的初始投资；

K_{20}——第二方案的初始投资；

B_{1t}——第一方案的收入；

B_{2t}——第二方案的收入；

C_{1t}——第一方案的运行成本；

C_{2t}——第二方案的运行成本。

【例 6-17】 某港口集装箱码头因泊位通过能力饱和,迫切需要增加泊位及其附属设施。根据目前的航道水深条件,提出了3个投资方案:改造原泊位;增建2.5万t级泊位一个;增建5万t级泊位一个。表6-8所示为各投资方案的投资与运行成本的年值,试从方案总成本与追加成本两个方面进行收益-成本分析。

各投资方案的投资与运行成本的年值(单位:万元)　　表6-8

方案	投资与运行成本年值	损失年值	收入年值
A_1 维持现状	0	2000	0
A_2 改造现有泊位	400	1300	700
A_3 增建2.5万t级泊位	1200	400	1600
A_4 增建5万t级泊位	1600	100	1900

解:

各方案的收益-成本分析的计算汇总见表6-9。

各投资方案的收益-成本分析计算表(单位:万元)　　表6-9

方案	收入年值 B	成本年值 C	总成本收益-成本分析		ΔB	ΔC	追加成本效益-成本分析	
			B/C	$B-C$			$\Delta B/\Delta C$	$\Delta B - \Delta C$
A_1	0	0	—	0	—	—	—	—
A_2	700	400	1.75	300	700	400	1.75	300
A_3	1600	1200	1.33	400	900	800	1.125	100
A_4	1900	1600	1.19	300	300	400	0.75	-100

由计算结果可知:

(1)由总成本的收益-成本分析结果表明,除了不进行投资的方案 A_1 外,方案 A_2、A_3、A_4 的相对评价指标 B/C 值均大于1,故均可列为备选方案;

(2)由追加成本的收益-成本分析结果可知,只有方案 A_4 的相对评价指标 $\Delta B/\Delta C$ 之值为0.75,小于1,而且其绝对评价指标($\Delta B - \Delta C$)之值为负值,说明其收入的增加不足以补偿追加的成本费用,所以尽管前面总成本的收益-成本分析中,其评价指标值都符合要求,但还是应该舍去;

(3)方案 A_3 与方案 A_2 相比,其相对评价指标 $\Delta B/\Delta C$ 之值为1.125,大于1,说明其收入增加超过了追加的成本费用,虽然小于方案 A_2 的相对评价指标值1.75,但方案 A_3 的绝对评价指标($B - C$)在各方案中数量最大,为400万元,所以,只要不受资金限制,应选择方案 A_3,此时可获得最大净年值。

由前面的论述和计算可知,收益-成本分析法,反映了资金的时间价值,是动态评价方法的一种。但就其实质来说,同其他各种现值法、年值法是相同的,计算的结果也是完全一致的。

二、效用-成本分析法

效用-成本分析法,是评价系统效益的另一种方法,它同收益-成本分析法的不同点是:收益-成本分析法适用于系统方案的效益可以用货币来计量时的评价,而效用-成本分析法则适用于系统方案的效益不能用货币来计量时的评价。如对系统的质量、系统的可靠性、系统的效能等的评价。效用-成本分析法可作为收益-成本分析法的补充,同收益-成本分析法结合起来对系统进行综合评价,选出收益高、成本低、效用好的系统方案。

1. 效用-成本分析法的步骤

1)明确系统要实现的效用目标

进行系统效用-成本分析时,首先要明确系统要求实现的效用目标。例如,交通信号指挥系统的效用目标是运行可靠;军事后勤运输系统的效用目标是在规定的时间内,将一定数量的人员和武器装备运送到指定的地点等。如果被评价的系统有多种效用目标时,可选择其基本效用目标作为效用-成本分析的对象。

2)确定反映系统效用水平的评价指标

明确了系统的效用目标以后,就要选择一定的能够度量系统效用大小或效用高低的评价指标,不同的效用需选择不同的效用指标来计量。例如,交通信号指挥系统的运行可靠性可采用可靠度指标,即用不发生错误信号的概率来度量;军事后勤运输系统的运载能力可用日运载吨位指标来度量等。

3)提出具有预定效用的备选方案

提出具有预定效用的备选方案,并把各方案的成本与效用相应的计量指标表示出来。

4)采用成本固定法或效用固定法筛选系统方案

成本固定法是指被评价系统可利用的资金或成本支出是固定有限的,以一定的资金或成本为条件,根据效用高低来评选方案;效用固定法指对被评价系统必须达到的最低效用水平作出规定后,以一定的效用水平为条件,根据成本高低来评选系统方案。

2. 效用成本分析法举例

下面举例说明效用-成本分析法的应用。

【例6-18】 某城市为改善交通秩序,提高车辆的通行效率,拟建新的交通自动信号控制系统,系统以可靠度为效用指标,可靠度用预定期限和条件下系统不发生失误的概率来表示。已知该系统的投资与运行费用额为24万元,效用水平要求不低于97%,备选方案有4个,有关数据见表6-10,试用效用-成本分析法进行系统方案选择。

各备选方案有关数据表 表6-10

方案	投资与运行费用年值(万元)	系统可靠性	方案	投资与运行费用年值(万元)	系统可靠性
1	24	0.99	3	20	0.98
2	24	0.98	4	20	0.97

解:

(1)首先根据表6-10的已知数据作方案的效用-成本关系图,如图6-9所示,表示方案的效用-成本关系。

(2)根据图6-9进行系统方案的效用-成本比较。

由于4个方案的成本都不超过24万元的限额,且效用都能达到最低水平,故可综合考虑效用、成本两项因素进行方案优选。

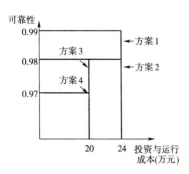

图6-9 方案的效用-成本关系

① 比较方案1与方案2，两方案成本相同，但方案1的效用大于方案2（即0.99＞0.98），故保留方案1，舍去方案2。

② 比较方案3与方案4，两方案成本相同，但方案3的效用大于方案4（即0.98＞0.97），故保留方案3，舍去方案4。

③ 比较方案1与方案3，两方案的成本与效用均不同，故可通过效用-成本比率进行比较：

方案1： 效用/成本 = 0.99/24 = 0.041
方案2： 效用/成本 = 0.98/20 = 0.049

通过上述比较，表明方案3是成本不超过限额条件，且单位成本可获最大效用的方案，故应选择方案3。

三、评分比较法

评分比较法是对系统的多项评价指标进行综合评价的一种系统评价方法，也是一种常用的综合评价方法。

1. 具体步骤

(1) 根据具体评价对象，确定评价项目。
(2) 确定各评价项目的相对重要程度（即权系数或评价系数）。
(3) 对各替代方案的有关评价项目确定其评价基准。
(4) 各评价值的加权和即为系统的综合评价值。

用数学语言来描述评分比较法就是，设：

$A_1, A_2, \cdots, A_m$ 是 m 个替代方案；
$X_1, X_2, \cdots, X_n$ 是 n 个评价项目；
$W_1, W_2, \cdots, W_n$ 是 n 个评价项目的权系数（即评价系数）；
V_{ij} 是第 i 个替代方案关于第 j 个评价项目的价值评定量（$i = 1, 2, \cdots, m$；$j = 1, 2, \cdots, n$）

则第 i 个替代方案的综合评价值 V_i 为：

$$V_i = \sum_{j=1}^{n} W_j V_{ij} \quad (i = 1, 2, \cdots, m) \tag{6-15}$$

相应的评分矩阵见表6-11。

评分比较法评分矩阵　　　　表6-11

X_j / V_{ij} / W_j / A_i	X_1	X_2	$\cdots$	X_n
	W_1	W_2	$\cdots$	W_n
A_1	V_{11}	V_{12}	$\cdots$	V_{1n}
A_2	V_{21}	V_{22}	$\cdots$	V_{2n}
$\vdots$	$\vdots$	$\vdots$		$\vdots$
A_m	V_{m1}	V_{m2}	$\cdots$	V_{mn}

2. 应用举例

【例 6-19】 用评分比较法评价交通系统的安全措施

为提高城市交叉路口的安全通行能力,设计了3种方案以供选择。A_1:守护栏杆;A_2:人行天桥;A_3:信号设备。试对这3种方案进行分析、评价、比较。

解:

(1) 根据系统目的,确定评价项目:

该系统的主要目的是安全性,其次还要考虑系统实施的费用、与周边环境的协调、城市美观等因素,故确定评价项目为:

B_1:减少死亡人数;B_2:减少负伤人数;B_3:减少经济损失;B_4:城市景观;B_5:实施费用。

根据以上各评价项目及其他城市的统计信息可知,3种方案的实施效果见表 6-12。

提高交叉路口安全通行能力方案实施效果统计　　表 6-12

备选方案	评价项目				
	减少死亡人数（人）B_1	减少负伤人数（人）B_2	减少经济损失（100万元）B_3	城市景观 B_4	实施费用（万元）B_5
守护栏杆 A_1	5	10	10	不好	20
人行天桥 A_2	6	15	15	很好	100
信号设备 A_3	3	8	5	一般	5

(2) 确定各评价项目的相对重要程度(即权系数或评价系数):

用两两比较法,得出各评价项目的权系数,其结果见表 6-13。

提高交叉路口安全通行能力评价系数　　表 6-13

评价项目	两两比较得分										累计得分	评价系数
B_1	1	1	1	1							4	0.4
B_2	0				1	1	1				3	0.3
B_3		0			0			1	1		1	0.1
B_4			0			0		0		0	0	0.0
B_5				0			0		1	1	2	0.2

由表 6-13 可知,减少死亡人数比减少负伤人数重要,所以,前者得1分,后者为0分;余可类推。最后,根据累计得分,计算各评价项目的评价系数。

(3) 对各替代方案的有关评价项目确定其评价基准见表 6-14。

各替代方案评价基准表　　表 6-14

评价项目	评价分值				
	5	4	3	2	1
减少死亡人数 B_1	8 人以上	6~7 人	4~5 人	2~3 人	1 人以下
减少负伤人数 B_2	30 人以上	20~29 人	15~19 人	10~14 人	9 人以下
减少经济损失(100万元) B_3	30 以上	20~29	15~19	10~14	0~9
城市景观 B_4	很好	好	一般	不好	很不好
实施费用(100万元) B_5	0~20	21~40	41~60	61~80	80 以上

(4)计算各评价项目的评分见表 6-15。

计算评价项目得分表 表 6-15

备选方案	评价项目					综合评价值 $V_i = \sum_{j=1}^{5} W_j V_{ij}$
	B_1	B_2	B_3	B_4	B_5	
	0.4	0.3	0.1	0.0	0.2	
守护栏杆 A_1	3	2	2	2	5	3.0
人行天桥 A_2	4	3	3	5	1	3.0
信号设备 A_3	2	1	1	3	5	2.2

(5)计算各方案的综合评价值。

第 i 个替代方案的综合评价值 V_i 为:$V_i = \sum_{j=1}^{5} W_j V_{ij}$ $(i = 1,2,3)$

$$V_1 = 0.4 \times 3 + 0.3 \times 2 + 0.1 \times 2 + 0.2 \times 5 = 3$$
$$V_2 = 0.4 \times 4 + 0.3 \times 3 + 0.1 \times 3 + 0.2 \times 1 = 3$$
$$V_3 = 0.4 \times 2 + 0.3 \times 1 + 0.1 \times 1 + 0.2 \times 5 = 2.2$$

(6)对各备选方案做综合评价。

以上计算结果表明:守护栏杆和人行天桥两个方案比信号设备优越。而前两个方案的综合评价值相同。那么,应该如何作出选择呢?此时,可以增加评价项目,对前两个方案做进一步的评价、比较。例如,增加对行人的方便性、人流的通过能力等评价项目,再作评价,并进行取舍。

四、层次分析法

层次分析法(Analytical Hierarchy Pross)是美国运筹学家萨帝(T. L. Saaty)于 20 世纪 70 年代初期提出来的,简称 AHP 法。这是一种简明的、实用的定性分析与定量分析相结合的系统分析、评价的方法。

AHP 法的基本思想是:先按问题的要求建立起一个描述系统功能或特征的系统递阶层次结构,给出判断标度(或评价标准),对每一层的系统要素(如目标、准则、方案)进行两两比较,建立判断矩阵。通过判断矩阵特征向量的计算,得出该层要素对上一层要素的权重。在此基础上,计算出各层要素对于总体目标的综合权重,从而得出不同方案的综合评价值,为选择最优方案提供依据。

AHP 法的特点是:分析思路清晰,可将分析人员的思维过程系统化、数学化和模型化。分析时所需要的数据量不多,但要求对问题所包含的要素及其相关关系非常清楚、明确;这种方法适用于多准则、多目标的复杂问题的评价、分析,广泛用于经济发展比较、科学技术成果评价、资源规划分析、人员素质测评等。

1. 实施步骤

(1)分析评价系统的要素集合及相关关系,用结构分析法建立系统的层次结构模型。

(2)确定评价基准或判断标度。

(3)从最上层要素开始,依次以最上层要素为依据,对下一层要素两两比较,建立判断矩阵,记判断矩阵为 $M = (b_{ij})$。

(4) 根据判断矩阵，计算各要素的优先级向量(或称判断矩阵的特征向量)。

①若判断矩阵为 $n \times n$ 矩阵，则首先计算矩阵各行元素乘积的 n 次根：

$$\overline{W} = \sqrt[n]{M_i} \tag{6-16}$$

其中：
$$M_i = \prod_{j=1}^{n} b_{ij} (i = 1, 2, \cdots, n)$$

②将上述计算结果正交化。所谓正交化，就是先将上述各数相加，再除以每个数。这样，就得到了各要素的优先级向量：

$$W_i = \frac{\overline{W_i}}{\sum_{j=1}^{n} \overline{W_j}} \tag{6-17}$$

则，$W_i = (W_1, W_2, \cdots, W_n)^T$ 即为所求的优先级(特征根)向量。

(5) 确定总体优先级向量。

(6) 按照优先级别向量，对系统进行分析、评价和排序。

2. 应用举例

【例 6-20】 某市是以钢铁工业为主的新兴工业城市，近年来，工农业总产值持续稳定增长。但随着生产的发展，运输缺口也越来越大，已成为经济进一步发展的主要障碍，急需投资交通工程项目，以扩大运输能力。该项目有3个备选方案：水运、公路运输、铁路运输，试用层次分析法对优先发展的运输方案作一排序。

解：

(1) 分析该运输系统的要素集合及相关关系，用结构分析法建立系统的层次结构模型如图 6-10 所示。

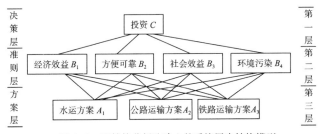

图 6-10 用结构分析法建立的系统层次结构模型

(2) 确定评价基准或判断标度。

定义判断标度见表 6-16。

层次分析法判断标度　　　　　　　　　　　　　　表 6-16

标　度	定　义	简要说明
1	同等重要	两要素对于某个性质具有同样的贡献
3	稍微重要	从经验判断，要素 S_i 比 S_j 稍微重要
5	较强重要	从经验判断，要素 S_i 比 S_j 较强重要
7	强烈重要	从经验判断，要素 S_i 比 S_j 强烈重要
9	绝对重要	从经验判断，要素 S_i 比 S_j 绝对重要
2、4、6、8	上述两判断级的中间值	表示需要在上述两个标准之间取折衷值
倒数	反比较	要素 S_i 与 S_j 比较得判断值 b_{ij}，则 S_j 与 S_i 比较得判断值 $b_{ji} = 1 / b_{ij}$

(3) 从最上层要素开始,依次以最上层要素为依据,对下一层要素两两比较,建立判断矩阵:
① 先以第一层要素(投资层)为依据,对第二层(准则层)要素建立判断矩阵见表 6-17。

以投资层为依据对准则层要素建立判断矩阵　　　　　　　　　　表 6-17

投资 C	B_1	B_2	B_3	B_4	优先级向量
经济效益 B_1	1	3	3	4	0.4944
方便可靠 B_2	1/3	1	4	3	0.2854
社会效益 B_3	1/3	1/4	1	2	0.1290
环境污染 B_4	1/4	1/3	1/2	1	0.0912

注:1. 判断矩阵主对角线上的元素均为1,是因为自己与自己相比重要程度相同;
　　2. 经济效益与方便可靠相比,投资者认为,经济效益稍微重要;
　　3. 经济效益与社会效益相比,投资者认为,经济效益稍微重要;
　　4. 余可类推。

② 再以第二层要素(准则层)为依据,对第三层(方案层)要素建立判断矩阵。由于此时有 4 个准则,故有 4 个判断矩阵。见表 6-18 ~ 表 6-21。

以经济效益为依据对各方案建立判断矩阵　　　　　　　　　　表 6-18

经济效益 B_1	A_1	A_2	A_3	优先级向量
水运方案 A_1	1	1/7	1/5	0.0719
公路方案 A_2	7	1	3	0.6491
铁路方案 A_3	5	1/3	1	0.2790

以方便可靠为依据对各方案建立判断矩阵　　　　　　　　　　表 6-19

方便可靠 B_2	A_1	A_2	A_3	优先级向量
水运方案 A_1	1	5	3	0.6483
公路方案 A_2	1/5	1	1/2	0.1220
铁路方案 A_3	1/3	2	1	0.2297

以社会效益为依据对各方案建立判断矩阵　　　　　　　　　　表 6-20

社会效益 B_3	A_1	A_2	A_3	优先级向量
水运方案 A_1	1	2	3	0.5400
公路方案 A_2	1/2	1	2	0.2970
铁路方案 A_3	1/3	1/2	1	0.6133

以环境污染为依据对各方案建立判断矩阵　　　　　　　　　　表 6-21

环境污染 B_4	A_1	A_2	A_3	优先级向量
水运方案 A_1	1	3	5	0.6483
公路方案 A_2	1/3	1	2	0.2297
铁路方案 A_3	1/5	1/2	1	0.1220

(4) 根据判断矩阵,计算各要素的优先级向量:
① 首先计算表 6-17 判断矩阵各要素的优先级向量:
由于此时判断矩阵为 4×4 矩阵,则首先计算矩阵各行元素乘积的 4 次根:

$$\sqrt[4]{1\times3\times3\times4}=2.4495$$

$$\sqrt[4]{(1/3)\times1\times4\times3}=1.4142$$

$$\sqrt[4]{(1/3)\times(1/4)\times1\times2}=0.6389$$
$$\sqrt[4]{(1/4)\times(1/3)\times(1/2)\times1}=0.4518$$

② 其次,将上述计算结果正交化,即先将上述各数相加,再除以每个数,这样,就得到了表 6-17 中各要素 B_1、B_2、B_3、B_4 的优先级向量:

$$2.4495 + 1.4142 + 0.6389 + 0.4518 = 4.9544$$
$$1.8612 / 4.9544 = 0.4944$$
$$1.4142 / 4.9544 = 0.2854$$
$$0.6389 / 4.9544 = 0.1290$$
$$0.4518 / 4.9544 = 0.0912$$

故:以投资为准则时,经济效益、方便可靠、社会效益、环境污染的优先级向量为:
$$(0.4944, 0.2854, 0.1290, 0.0912)$$

将此优先级向量写在表 6-17 的最后一列。

以此方法,可求出其他几个矩阵的优先级向量,见表 6-18 ~ 表 6-21 最后一列。

(5) 确定总体优先级向量:

总体优先级向量的计算结果见表 6-22。

总体优先级向量的计算结果 表 6-22

投资 C	B_1	B_2	B_3	B_4	总体优先级
	0.4944	0.2854	0.1290	0.0912	
A_1	0.0719	0.6483	0.5400	0.6483	0.3493
A_2	0.6491	0.1220	0.2970	0.2297	0.4150
A_3	0.2790	0.2297	0.1633	0.1220	0.2357

总体优先级向量的计算如下:

$0.4944\times0.0719 + 0.2854\times0.6483 + 0.1290\times0.5400 + 0.0912\times0.6483 = 0.3493$

$0.4944\times0.6491 + 0.2854\times0.1220 + 0.1290\times0.2970 + 0.0912\times0.2297 = 0.4150$

$0.4944\times0.2790 + 0.2854\times0.2297 + 0.1290\times0.1633 + 0.0912\times0.1220 = 0.2357$

(6) 按照优先级别向量,对系统进行分析、评价、排序。

根据总体优先级向量,可知,水运方案的总体优先级为 0.3493,公路方案的总体优先级为 0.4150,铁路方案的优先级为 0.2357。可以认为 3 个方案的排序应为 A_2、A_1、A_3,即应选择公路方案。

3. 应用要点

在应用层次分析法进行系统评价的时候,要注意以下几点:

(1) 正确建立系统的层次结构模型。因为层次分析法是以系统的层次结构模型为基础的,只有层次结构模型正确,在此基础上所做的分析才是可信的、可靠的。

(2) 判断矩阵一致性的检验。层次分析法是将分析者的思维过程数学化的一种方法。但是在一般的系统评价中,由于涉及的因素量多且广,对有些因素评价者不可能给出精确的比较判断,就可能会产生判断的不一致性。这种判断的不一致性可以由判断矩阵的特征根的变化反映出来。因此,引入判断矩阵最大特征根的概念,来进行判断矩阵一致性的检验。

根据矩阵理论可知，如果 $\lambda_1, \lambda_2, \cdots, \lambda_n$ 满足：
$$MX = \lambda X \tag{6-18}$$
则 $\lambda_1, \lambda_2, \cdots, \lambda_n$ 就是矩阵 M 的特征根，并且，对于所有的 $b_{ii} = 1$，有：
$$\sum_{i=1}^{n} \lambda_i = n \tag{6-19}$$
显然，当矩阵 M 具有完全一致性时，$\lambda_1 = \lambda_{\max} = n$，其余特征根均为零；而当矩阵 M 不具有完全一致性时，则有：
$$\lambda_1 = \lambda_{\max} > n \tag{6-20}$$
其余特征根 $\lambda_2, \lambda_3, \cdots, \lambda_n$ 有如下关系：
$$\sum_{i=1}^{n} \lambda_i = n - \lambda_{\max} \quad \text{或} \quad \lambda_{\max} - n = -\sum_{i=1}^{n} \lambda_i \tag{6-21}$$
当矩阵 M 具有满意一致性时，$\lambda_{\max}$ 稍大于 n，而其余特征根也接近于零。

所以，当判断矩阵不能保证完全一致性时，相应的判断矩阵的特征根也将发生变化，这就可以用判断矩阵的特征根的变化来检查判断矩阵的一致性程度。即用：
$$CI = \frac{\lambda_{\max} - n}{n - 1} \tag{6-22}$$
检查系统评价者判断思维的一致性。

当 $\lambda_{\max} = n$，$CI = 0$ 时，为完全一致；CI 的值越大，判断矩阵的完全一致性越差，一般，只要 $CI < 0.1$，就认为判断矩阵的一致性可以接受，否则要重新进行两两比较。

(3) 当判断矩阵的维数 n 越大时，判断的一致性就越差，故应放宽对高阶判断矩阵一致性的要求。于是，引入判断矩阵的平均随机一致性指标 RI 值：
$$CR = \frac{CI}{RI} \tag{6-23}$$
即用更为合理的平均随机性指标 CR 进行判断矩阵一致性的检验。对于 1~9 阶判断矩阵，其 RI 值分别见表 6-23。

1~9 阶判断矩阵的 RI 值表　　　　表 6-23

维数 n	1	2	3	4	5	6	7	8	9
RI	0.00	0.00	0.58	0.96	1.12	1.24	1.32	1.41	1.45

例如，此例中方便可靠准则 B_2 对 3 个运输方案建立的判断矩阵的最大特征根及一致性检验如下：

由：
$$MW = \begin{pmatrix} 1 & 5 & 3 \\ 1/5 & 1 & 1/2 \\ 1/3 & 2 & 1 \end{pmatrix} \begin{pmatrix} 0.6483 \\ 0.1220 \\ 0.2297 \end{pmatrix} = \begin{pmatrix} 1.9474 \\ 0.3666 \\ 0.6898 \end{pmatrix}$$

有最大特征根为：
$$\lambda_{\max} = \frac{1}{3} \left(\frac{1.9474}{0.6483} + \frac{0.3666}{0.1220} + \frac{0.6898}{0.2297} \right) = 3.0039$$

则：

$$CI = \frac{3.0039 - 3}{3 - 1} = 0.0020$$

且：

$$CR = \frac{0.0020}{0.58} = 0.0034 < 0.1$$

故认为准则 B_2 对 3 个运输方案建立的判断矩阵的一致性较好,是可以接受的。

同样,可求得其余几个判断矩阵的最大特征根,并经过一致性检验后,认为其余几个判断矩阵的一致性也较好,也是可以接受的。

五、模糊综合评判法

模糊综合评判法是近年来逐渐推广应用的一种系统综合评价方法,是综合运用层次分析法(AHP)和模糊数学方法(Fuzzy)而形成的一种综合评价方法。

1. 实施步骤

(1) 确定系统评价项目的评审要素集合：$U = \{U_i\}$ ($i = 1, 2, \cdots, n$)；

(2) 确定各评审要素的权系数行向量：$P = P_i$；

(3) 确定评价基准及相应的价值量：$E = \{E_i\}$ ($i = 1, 2, \cdots, n$)；

(4) 计算系统各评价项目的模糊综合评判矩阵：$R = (r_{ij})$；

(5) 对模糊综合评判矩阵进行加权,得出模糊综合评价结果：$S_i = PR$；

(6) 计算各评价项目的可行度：$N_i = S_i E^T$；

(7) 比较各项目的可行度,按可行度的大小排出先后次序。

2. 应用举例

[例6-21] 某交通运输主管部门收到下级申报的科研课题 6 个,由于科研经费有限,不能全部拨款进行研究。为此,该部门请了 9 位有关专家,对这 6 个课题进行评议,以排出优先顺序供决策者进行决策时参考。专家们采用了模糊综合评判法进行评议。

(1) 确定系统评审要素集合为：

$$U = \{U_1, U_2, U_3, U_4, U_5\};$$

U_1：立题必要性；U_2：技术先进性；U_3：实施可行性；U_4：经济合理性；U_5：社会效益性。
6 个科研课题记为：$(A_1, A_2, A_3, A_4, A_5, A_6)$。

(2) 确定各评审要素的权系数行向量：

$$P = (P_1, P_2, P_3, P_4, P_5)$$
$$= (0.15, 0.20, 0.10, 0.25, 0.30)$$

(3) 确定评价基准及相应的价值量：

$$E = (E_1, E_2, E_3, E_4, E_5)$$
$$= (0.9, 0.7, 0.5, 0.3, 0.1)$$

即评价等级分为 5 级。

(4) 计算各评价项目的模糊综合评判矩阵：

首先,根据上述评价项目及权系数、评价等级,9 位专家对第一个课题 A_1 进行评议。评议结果见表 6-24。

专家对课题 A_1 的评议结果表　　　　　　　　　　　　表6-24

评价项目	评价项目的权系数	评价等级					专家人数
		0.9	0.7	0.5	0.3	0.1	
立题必要性	0.15	0	6	3	0	0	9（人）
技术先进性	0.20	5	3	1	0	0	
实施可行性	0.10	0	4	4	1	0	
经济合理性	0.25	0	7	2	0	0	
社会效益性	0.30	4	4	1	0	0	

然后，计算模糊综合评判矩阵：　　　$R = (r_{ij})$

其中：
$$r_{ij} = d_{ij} \Big/ \sum_{j=1}^{n} d_{ij}$$

即模糊综合评判矩阵中的元素 r_{ij} 要归一化。

d_{ij} 是矩阵 $D = (d_{ij})$ 中的元素。

$$D = \begin{pmatrix} 0 & 6 & 3 & 0 & 0 \\ 5 & 3 & 1 & 0 & 0 \\ 0 & 4 & 4 & 1 & 0 \\ 0 & 7 & 2 & 0 & 0 \\ 4 & 4 & 1 & 0 & 0 \end{pmatrix}$$

则：

$r_{11} = \dfrac{0}{9} = 0.00$　　$r_{12} = \dfrac{6}{9} = 0.67$　　$r_{13} = \dfrac{3}{9} = 0.33$　　$r_{14} = \dfrac{0}{9} = 0.0$　　$r_{15} = \dfrac{0}{9} = 0.0$

$r_{21} = \dfrac{5}{9} = 0.56$　　$r_{22} = \dfrac{3}{9} = 0.33$　　$r_{23} = \dfrac{1}{9} = 0.11$　　$r_{24} = \dfrac{0}{9} = 0.0$　　$r_{25} = \dfrac{0}{9} = 0.0$

$r_{31} = \dfrac{0}{9} = 0.00$　　$r_{32} = \dfrac{4}{9} = 0.44$　　$r_{33} = \dfrac{4}{9} = 0.44$　　$r_{34} = \dfrac{1}{9} = 0.11$　　$r_{35} = \dfrac{0}{9} = 0.0$

$r_{41} = \dfrac{0}{9} = 0.00$　　$r_{42} = \dfrac{7}{9} = 0.78$　　$r_{43} = \dfrac{2}{9} = 0.22$　　$r_{44} = \dfrac{0}{9} = 0.00$　　$r_{45} = \dfrac{0}{9} = 0.0$

$r_{51} = \dfrac{4}{9} = 0.44$　　$r_{52} = \dfrac{4}{9} = 0.44$　　$r_{53} = \dfrac{1}{9} = 0.11$　　$r_{54} = \dfrac{0}{9} = 0.00$　　$r_{55} = \dfrac{0}{9} = 0.0$

根据归一化的要求，将矩阵中两个元素的值 r_{34} 和 r_{53} 改为 0.12。

由此得模糊综合评判矩阵为：

$$R_1 = \begin{pmatrix} 0.00 & 0.67 & 0.33 & 0.00 & 0.00 \\ 0.56 & 0.33 & 0.11 & 0.00 & 0.00 \\ 0.00 & 0.44 & 0.44 & 0.12 & 0.00 \\ 0.00 & 0.78 & 0.22 & 0.00 & 0.00 \\ 0.44 & 0.44 & 0.12 & 0.00 & 0.00 \end{pmatrix}$$

(5) 对模糊综合评判矩阵进行加权,得出模糊综合评价结果:
由 $S_i = PR$
有:

$$S_1 = PR = (0.15 \quad 0.20 \quad 0.10 \quad 0.25 \quad 0.30) \begin{pmatrix} 0.00 & 0.67 & 0.33 & 0.00 & 0.00 \\ 0.56 & 0.33 & 0.11 & 0.00 & 0.00 \\ 0.0 & 0.44 & 0.44 & 0.12 & 0.00 \\ 0.00 & 0.78 & 0.22 & 0.00 & 0.00 \\ 0.44 & 0.44 & 0.12 & 0.00 & 0.00 \end{pmatrix}$$

$$= (0.244 \quad 0.538 \quad 0.204 \quad 0.012 \quad 0.00)$$

(6) 计算各课题的可行度: $N_i = S_i E^T$

$$N_1 = S_1 E^T = (0.244 \quad 0.538 \quad 0.204 \quad 0.012 \quad 0.0) \begin{pmatrix} 0.9 \\ 0.7 \\ 0.5 \\ 0.3 \\ 0.1 \end{pmatrix} = 0.7$$

即第一个课题的可行度是0.7。

按照上述方法,可以依次求出其他几个课题的可行度为:

$$N_2 = 0.47, N_3 = 0.41, N_4 = 0.56, N_5 = 0.64, N_6 = 0.43$$

(7) 比较各课题的可行度,按可行度的大小排出先后次序:
由于: $0.7 > 0.64 > 0.56 > 0.47 > 0.43 > 0.41$
故得出 6 个科研课题的优先排序为: $A_1、A_5、A_4、A_2、A_6、A_3$

【例 6-22】 某港口计划从同类装卸设备 A、B、C、D 中选择一种,主要从设备的技术上先进、生产上可行、技术服务性良好几个方面来考虑。为此聘请了 10 名专家讨论制定了评审项目集合、评价的权系数向量、评价等级等,对这 4 种设备进行了模糊综合评价,评价过程如下:

(1) 确定系统评审项目集合为:
$U = \{生产性,可靠性,安全性,节能节料,环保性,维修性,耐用性,成套性\}$
$= \{U_1, U_2, U_3, U_4, U_5, U_6, U_7, U_8\}$

(2) 确定各评价项目的权系数行向量:
$$P = \{P_1, P_2, P_3, P_4, P_5, P_6, P_7, P_8\}$$
$$= \{0.55, 0.20, 0.1, 0.05, 0.05, 0.03, 0.01, 0.01\}$$

(3) 确定评价基准及相应的价值量:
评价基准分为 5 个等级,$E = \{很好,较好,一般,较差,极差\} = \{e_1, e_2, e_3, e_4, e_5\}$
相应的价值量为: $E = \{e_1, e_2, e_3, e_4, e_5\} = \{5, 4, 3, 2, 1\}$

(4)对4种设备计算各评价项目的模糊综合评判矩阵如下：

$$R_A = \begin{pmatrix} 0.0 & 0.0 & 0.0 & 0.1 & 0.9 \\ 0.9 & 0.1 & 0.0 & 0.0 & 0.0 \\ 0.1 & 0.1 & 0.7 & 0.1 & 0.0 \\ 0.0 & 0.0 & 0.4 & 0.2 & 0.4 \\ 0.0 & 0.0 & 0.1 & 0.1 & 0.8 \\ 0.0 & 0.0 & 0.9 & 0.1 & 0.0 \\ 1.0 & 0.0 & 0.0 & 0.0 & 0.0 \\ 0.8 & 0.2 & 0.0 & 0.0 & 0.0 \end{pmatrix} \quad R_B = \begin{pmatrix} 0.0 & 0.0 & 0.1 & 0.9 & 0.0 \\ 0.0 & 0.0 & 0.0 & 0.0 & 1.0 \\ 0.5 & 0.4 & 0.1 & 0.0 & 0.0 \\ 0.0 & 0.6 & 0.4 & 0.0 & 0.0 \\ 0.9 & 0.1 & 0.0 & 0.0 & 0.0 \\ 0.0 & 0.0 & 0.7 & 0.1 & 0.2 \\ 1.0 & 0.0 & 0.0 & 0.0 & 0.0 \\ 0.8 & 0.2 & 0.0 & 0.0 & 0.0 \end{pmatrix}$$

$$R_C = \begin{pmatrix} 0.9 & 0.1 & 0.0 & 0.0 & 0.0 \\ 0.0 & 0.0 & 0.1 & 0.2 & 0.7 \\ 0.1 & 0.1 & 0.7 & 0.1 & 0.0 \\ 0.8 & 0.2 & 0.0 & 0.0 & 0.0 \\ 0.0 & 0.9 & 0.1 & 0.0 & 0.0 \\ 0.0 & 0.1 & 0.9 & 0.0 & 0.0 \\ 0.0 & 0.0 & 0.0 & 0.0 & 1.0 \\ 0.8 & 0.2 & 0.0 & 0.0 & 0.0 \end{pmatrix} \quad R_D = \begin{pmatrix} 0.0 & 0.9 & 0.1 & 0.0 & 0.0 \\ 0.0 & 0.0 & 0.2 & 0.4 & 0.4 \\ 0.0 & 0.4 & 0.5 & 0.1 & 0.0 \\ 0.0 & 0.0 & 0.4 & 0.2 & 0.4 \\ 0.0 & 0.0 & 1.0 & 0.0 & 0.0 \\ 0.0 & 0.8 & 0.2 & 0.0 & 0.0 \\ 0.0 & 0.0 & 0.0 & 0.0 & 1.0 \\ 0.8 & 0.2 & 0.0 & 0.0 & 0.0 \end{pmatrix}$$

(5)对模糊综合评判矩阵进行加权,得出模糊综合评价结果：

$$S_A = PR_A = (0.208, 0.032, 0.122, 0.083, 0.555)$$
$$S_B = PR_B = (0.113, 0.077, 0.106, 0.498, 0.206)$$
$$S_C = PR_C = (0.553, 0.125, 0.122, 0.050, 0.150)$$
$$S_D = PR_D = (0.032, 0.543, 0.215, 0.100, 0.110)$$

(6)计算各项目的可行度：

$$N_A = S_A E^T = 2.255, N_B = S_B E^T = 2.393, N_C = S_C E^T = 3.881, N_D = S_D E^T = 3.287$$

(7)比较各评价设备的可行度,按可行度的大小排出先后次序并作出选择：

从可行度的大小来看,可行度最大的是设备 C,故应选择设备 C。

以上介绍的是常用的几种系统综合评价方法,在应用的时候,需要注意以下几个关键的问题。

(1)评价项目权系数的确定。

常用的确定权系数的方法有两两比较法、加权平均法、主成分分析法、AHP方法等。

(2)评价基准的确定。

评价基准,可以是定量的各种物理、经济的量,也可以是定性的分数、级数、序数、评语等,以表示不同的程度。确定评价基准时,要进行详细的调查研究,通过对大量统计数据的整理、分析、研究,确定出评价应分为几个等级,每个等级的界限应如何确定。

(3)评价的客观性问题。

评价中有客观评价,也有主观评价。客观评价一般根据实测数据来评价,而主观评价往往随着评价者的主观判断而定。为了使评价的结果客观、可靠,就要求评价者做到：尊重客观,正确评价,不以个人偏见、喜好影响评价值,也不受环境(上级领导的意图以及群众舆论)

的影响。

(4) 群评价的问题。

有些评价是在一群评价者中进行的,如何综合群体评价,既不能通过简单的民主投票表决,也不能受少数人的操纵。

(5) 评价方法的选择。

要注意评价方法的实用性,例如数据的可获得性、评价程序的简便性,特别不能为方法而方法,而应根据不同的问题选择适当的方法。

(6) 评价结果的表达。

要注意评价结果的易懂性和可接受性。

(7) 评价与决策的关系。

评价和决策是密不可分的两个既有区别又相互依存的组成部分。为了在众多的系统方案中作出正确的选择、科学的决策,就必须要有足够丰富的信息。其中,就包括要有足够多的系统方案的评价信息。评价是为了决策,决策需要评价,决策的过程有时也是评价的过程。在某些场合,决策与评价可以是等同的。因为一旦作出了评价,决策问题也就迎刃而解了。当然,对于某些决策问题,还需要应用一定的决策技术才能够最终解决。有关系统决策问题我们将在第七章讨论。

小 结

本章首先介绍了运输系统评价的概念;其次介绍了运输系统评价的指标体系,包括制定评价指标体系的原则、评价指标体系的内容;再次介绍了如何进行运输系统的技术评价、经济评价以及综合评价。

本章应重点掌握如何确定评价指标体系;重点掌握运输系统的经济评价方法以及常用的几种综合评价方法。运输系统综合评价方法的理解与掌握是本章的难点,尤其是层次分析法与模糊综合评价法。前者是一种定性与定量相结合的方法,利用此方法做系统综合评价时,应注意各要素权重的确定、判断矩阵最大特征值的求解、判断矩阵一致性的检验等问题。后者是综合了层次分析法与模糊数学的方法而形成的一种综合评价方法,此方法应特别注意模糊评判矩阵中各元素的确定以及元素的归一化。

思考与练习题

一、思考题

1. 什么是系统评价?为什么要进行系统评价?
2. 运输系统评价的内容是什么?
3. 系统评价的原则是什么?
4. 系统评价与系统分析、系统设计、系统优化之间具有何种关系?
5. 层次分析法的特点是什么?
6. 模糊综合评判法的特点是什么?
7. 评分比较法的特点是什么?

二、练习题

1. 某运输集团用分期付款的方式向银行贷款5000万元购置一批运输车辆,贷款条件为:年利率10%,从贷款后的第一年开始,平均分6年还清,问运输集团每年需还款若干万元?

2. 某项工程,折算至投产年的总投资额为6000万元,若按年利率5%计算,要求投产后5年收回全部投资,平均每年应回收的资金应为多少万元?

3. 某工程预计6年建成,计划投资额为每年3000万元,若折现率为6%,试求全部工程投资现值为多少万元?

4. 某项军事运输系统有A、B、C共3个方案可供选择,方案效用与成本的预测结果见表6-25,试用效用-成本分析法进行系统方案的选择,并作图说明。

3个方案的效用成本表　　　　　　　　　　　　　　　　　　表6-25

方　　案	成本(万元)	效用(t/d)
A	2.4	1800
B	2.0	1500
C	1.6	1300

5. 某道路建设集团拟定了两个修建道路的方案,其现金流量见表6-26,若贴现率为8%,试用收益-成本分析法进行方案的评价与选择。

两个方案的现金流量表(单位:元)　　　　　　　　　　　　表6-26

方　　案	A	B
年损失减少额	1400000	2600000
年收入增加额	360000	600000
其他年收入	120000	310000
年营运费用	220000	400000
寿命(年)	50	50
残值	0	0

6. 设某交通工程有两个实施方案可供选择,方案A和方案B,拟对这两个方案作出评价选择,评价指标为费用效益、区域发展、社会安定、环境保护4个方面。经抽样调查,得出两个方案的模糊评判矩阵:

$$R_A = \begin{pmatrix} 0.7 & 0.2 & 0.1 & 0.0 \\ 0.2 & 0.7 & 0.1 & 0.0 \\ 0.0 & 0.2 & 0.7 & 0.1 \\ 0.1 & 0.3 & 0.5 & 0.1 \end{pmatrix} \quad R_B = \begin{pmatrix} 0.1 & 0.3 & 0.5 & 0.1 \\ 0.2 & 0.7 & 0.1 & 0.0 \\ 0.2 & 0.7 & 0.1 & 0.0 \\ 0.0 & 0.2 & 0.7 & 0.1 \end{pmatrix}$$

试用模糊综合评判法评价上述两个方案,并做出选择。

第七章　运输系统决策

第一节　概　　述

一、运输系统决策问题

如果简单地、顾名思义地来认识"决策"一词的话,就是作出决定。即为了达到一定的目标,而对应该采取的行动方案作出最好的选择和决定。但是,如果进一步深入地、完整地加以探索的话,决策实际上包含了这样一个过程:

从明确要解决的问题出发,经过积极的思考,认真的调查研究,分析客观情况和主观目标要求,制定多个可行方案,最后选定最佳或最满意的行动方案,并加以贯彻实施。决策就是这样一个全过程。

由于人类的社会活动是多方面、多领域、多层次的,因而,有关的决策问题和决策活动也是多方面、多领域、多层次的。从宏观上来讲,就有政治上的决策、军事上的决策、经济上的决策、文教、科技、艺术上的决策等。从微观上讲,有具体到一个企业、一个部门的日常生产经营方面的决策。

所谓运输系统决策问题,就是在运输系统中,与运输活动有关的决策问题。如运输经济决策、运输科技决策、运输发展决策等。

从运输企业的长远发展方向来看,要不要增加新的投资?要不要扩大运输规模?要不要引进新技术、新工艺、新设备?从运输企业的日常管理工作来看,运输价格应如何确定?运输设备何时更新?如何更新?所有这些,都要求决策者能够作出合理、适时、科学、正确的决策。

二、运输系统决策的重要性

运输系统决策的重要性可以从决策实施后的效果以及这种效果影响的广度和深度来理解。中华人民共和国成立以来,我国的交通运输事业虽然有了很大的发展,但仍然不能适应经济和社会发展对运输的需求,交通运输已经逐渐成为制约国民经济发展的瓶颈。究其原因,是长期以来,我国在运输系统方面的决策失误造成的。在发展国民经济的指导思想上,往往是重生产、轻流通,重工业、轻交通。主要表现在:一是只看到工业,特别是重工业眼前的、直接的经济效益,看不到或不重视交通运输业巨大的、长远的社会效益和间接的经济效益;二是对交通运输业的性质及其在国民经济和社会发展中的地位和作用缺乏深层次的理解,对交通运输是国民经济重要的基础结构、必须适度先行认识不足,缺乏工业发展取决于交通运输承受能力的概念;三是对在物质生产、分配、流通、消费四大领域中,交通运输是再生产过程中的纽带和前提条件缺乏必要的认识,往往只把交通运输业作为一般的服务行业,没有充分认识到它的社会公益功能和宏观调控功能,致使工业部门越来越多,交通运输业承受的挤占也越来越多(特别是投资挤占);四是对交通运输供给能力的认识存在很大的片面性,认为运输能力的弹性大,运力再紧张,只要挤一挤、压一压,也能挖掘出一些"潜力"。殊不知这种超负荷、拼设备、吃老本的做法,牺牲了运输业本身的效益和服务质量,为国民经济和社会的发展留下了很大的后患;五是片面强调铁路的作用,对其他运输方式在综合运输系统中应有的地位和作用认识不够客观和全面,导致运输业内部发展不平衡,综合运输效益差。

由于认识上的偏差,在投资政策上,对交通运输业的投资与整个国民经济、工业、能源投资之间的比例安排不当,造成投资结构的严重失调。在对运输业内部的投资政策上,又偏重铁路,对其他运输方式重视不够。加之运输价格的不合理性,财政、税收、信贷政策的限制,燃油供应政策缺乏保证以及运输系统管理体制存在的种种弊端,使得我国的交通运输紧张,严重制约了国民经济和社会的发展,成为突出的薄弱环节之一。

此外,在交通运输投资决策上,不按科学规律办事,违反科学的决策程序,按长官意志行事,有些交通运输建设项目在论证不充分的情况下就匆匆上马,影响了运输投资效益的发挥,造成了运输建设项目的重大决策失误。

例如上海港十六铺码头的重建工程。旧上海港十六铺客货运码头,是中华人民共和国成立前遗留下来的一项市政设施,已经使用了半个世纪以上,无论是房屋建筑还是装卸设备,都已经十分陈旧落后,不能适应运量日益增长的需要。所以,在1978年决定全部拆除重建。

在进行新港规划时,提出采用客货分流制,即将原有的客货两用码头改为单一的客运码头。当时设想在新码头邻近的地段另建一个货运码头。但是,在货运码头的场地还没有得到落实的情况下,就匆忙将原有的码头拆掉了,因而严重地影响了原有的货运系统。这一决策失误,给国家造成了巨大的经济损失。

据估计,由于新码头没有考虑货运设施,到达和离开新码头的船只,在下客后和上客前,都要移泊到军工路、东昌路等码头装卸货物,以解决沿海和内河两大系统8个省市的货运问题。因而,需要增加以下费用:①移泊费:因为其他货运码头离十六铺码头还有相当的距离,所以,要增加移泊费;②移泊事故赔偿损失费:由于移泊中发生的碰撞事故所致;③空仓损失费:由于停靠装卸时间不足以及移泊装卸不满所致;④压仓损失费:由于其他码头增加装卸作业负担所致;⑤铁路和驳船运输费:由于货运不方便,改由铁路和驳船运输所致。综合以上各项经济损失,每年约达8000多万元。几年下来,这些损失累计已经超过了客运码头建筑工程投资的几倍,直到1983年为止,还没有一个能使各方面都接受的补救方案。

我们再来看一个铁路隧道的投资例子。美国连接纽约与新泽西的第一条哈德逊河隧道铁路,于1908—1909年修建,1910年开始使用,至今已经过去100多年了,这条铁路仍在满负荷运营。高峰时期,每小时运行23列火车,每天运送乘客约24万人次。这条铁路全长22.2km,当时全部的建造费用为5500万~6000万美元,约为2008年的10亿美元。专家称,该条铁路再运营100年没有任何问题。但是,其运量早已不能满足日益增长的需求量,因此,2009年7月,美国开始修建第二条连接纽约与新泽西的哈德逊河隧道铁路,预计2018年完工。工程完工后,进出纽约城的列车数量将翻倍,可有效地解决高峰时段运力不足的问题。但遗憾的是,这个被称为美国有史以来最大的公共建设项目半路夭折了,工程开工仅14个月,在2010年10月就被宣布停工。之所以被叫停,是因为它"太昂贵"了。工程预算87亿美元,但是,在工程开工以后,重新评估工程成本时,发现整个隧道建设费用可能会超出预算23亿~53亿美元,将总成本拉高至140亿美元。因此,新泽西州州长克里斯蒂认为,这"远超新泽西州纳税人可承受的水平,叫停它是唯一慎重的决定。"为此,这个规划了长达20年,动工并已经花费超过6亿美元的工程项目,被这位州长用了不到30天的时间,就让它终结了。工程停工后,目前在新泽西一座小山附近只留下一个未完工的巨大洞口。当地人戏称,这个洞或许是世界上最昂贵的洞。

这项工程是否科学?工程预算是否合理?这位州长的停工决策是否正确?我们无从评说,历史将给出正确的答案。但从上述例子可见,一个正确的决策是多么的重要。尤其值得注意的是,一项重大的决策,其影响往往不是暂时的,而是十分长久的。诸如经济决策、科技决策、文化教育决策等,由于这类决策的惯性很大,响应时间很长,一旦造成损失,就是很严重、很深刻,而且往往是无法弥补的。对于一个较大的问题,决策失误,带来的损失也是巨大的。对于那些对全局有重大联系的关键性问题的决策,其影响就更为严重和深远。这类决策错了,即使局部工作做得再好,全局还是难免失败。而且,其影响还要扩展到有关的各个方面。比如,要消除我国在交通运输方面的决策失误带来的影响,就不是一年、两年所能够解决的,而是要经过几十年、甚至是更长的时期。

三、决策的要素

不同的决策会产生不同的结果,对决策结果可能产生影响的主要因素称为决策要素。决策要素可以从宏观和微观两个方面来进行分析。

1. 宏观决策要素

从宏观角度来分析,决策要素有3个方面:决策人选、决策程序和决策制度。

1) 决策人选

决策人选,即各级管理决策者,特别是主要决策者的选择。它涉及对决策者素质、知识、能力、经验、行为方式和性格特征等方面的分析和评价。一个决策者若能够在上述诸方面均具有良好评价,能知人善任,集中众人的智慧,调动众人的积极性,则会有助于事业的兴旺发达。反之,事业就得不到发展。

决策人选的确定,除了对人才素质和行为、性格等方面要有正确的原则要求和评价准则外,选拔制度和方式,诸如对学历、资力的审查,工作实绩的考查,以及人才的相对流动等也有实际的意义。

2) 决策程序

决策程序反映了决策过程的客观规律,违反决策程序也会造成决策的失误。

例如,大型建设项目中厂址的选择是一个非常关键的决策问题,它涉及经济效益、社会环境和安全因素等。在工业发达国家,厂址的选择要考虑:法律对土地使用的限制;城乡和工业区的规划布局要求;社会环境(如地震、水灾等)的影响;环境保护要求(工业三废的处理);工厂经济成本的计算(如原材料供应和运输,劳动力来源,水电煤气资源的供应条件,产品市场等)。只有按照上述程序完成这些分析计算以后,才能确定适当的厂址,否则,就会造成严重的损失。

3) 决策制度

决策制度主要表现为决策者的权利与责任是否能相互协调一致。合理的决策制度应该赋予决策者以相应的决策权,以调动其主动性和进取心。第二次世界大战以来,由于市场需求的变化,美国各大企业都十分重视决策制度的改变。即从高级经理作为企业代理人直接对业主负责,改变为以客观的职责为基础,对企业的经济效益负责。武断专横的家长式的管理,被客观的经营原则和管理标准所取代,实行高级经理们的全权、全责式的决策方式。

2. 微观决策要素

从微观角度来分析,决策要素由以下几个因素构成:

1) 决策主体或决策者

决策主体或决策者可以是个人,也可以是一个集体,如董事会、委员会等。

2) 决策问题的性质、内容和目标要求

即要弄清所要解决的是一个什么问题,解决这一问题的目标要求是什么,以及用来比较、衡量方案的价值标准等。

3) 解决问题的可行方案

即决策者根据决策要求可能采用哪些可行的方案。

4) 决策方案实施以后可能遇到的客观情况

即每种方案实施以后,可能遇到哪些情况,要进行预先估计。

5) 每一可行方案在每一客观情况下产生的后果

通常可以用定量化的方法计算出来,以便于进行衡量和比较。

四、决策的程序

决策程序就是实施决策的步骤,是人们长期进行决策实践的科学总结。如前所述,正确的决策不仅取决于决策者个人的素质、知识、才能、经验以及审时度势和多谋善断,并且与认识和遵循决策的科学程序有着密切的关系。

完整的决策程序应包括以下几个步骤。

1. 明确问题

决策总是为了解决某一个问题,因此,首先要弄清楚问题的性质、特征、范围、背景、条件、原因等,特别是要找出问题的关键。

例如,交通运输紧张,出路何在?是应该增加投入?还是应该深化改革?又如,若增加投入,是应该加强基础设施?还是应该改进技术装备?

2. 确定目标

决策目标的确定是决策程序的一个重要步骤,因为决策方案的提出与选择都是以目标要求为依据的。

决策目标有技术上的目标,也有经济上的目标或社会、环境目标。

例如,为提高运输企业经济效益而确定的目标就属于经济上的目标;研制先进的、适用的运输机械以提高运输能力就属于技术上的目标。目标的确定要考虑以下几点。

1) 目标的针对性

针对所要解决的问题,例如是为了增加运量,还是为了降低成本;

针对决策人的职责范围,例如降低成本问题,上级要有上级的目标,下级要有下级的目标,下级的目标要服从上级的目标。

2) 目标的准确性

准确性即概念明确,时间、数量、条件等都要具体加以规定。这一方面是作为提出可行方案的依据,另一方面是为了有可能对执行的结果进行检查。

3) 目标的先进性和可靠性

先进性即要注意建立一个必须经过人们的艰苦努力才能够达到的目标,而不是建立一个轻易可达的目标,否则,就不能调动群众的积极性,就不能充分挖掘潜力。

可靠性即要注意使目标有较大实现的可能性,注重实际,量力而行,不能搞空想的、不可实现的目标。

4) 目标的相关性

一项决策可能涉及多项目标,这就要分清哪些是长期目标,哪些是近期目标;哪些是战略目标,哪些是战术目标;哪些是主要目标,哪些是次要目标。并且,还要明确它们的主从关系和衔接关系。对于主次目标,还必须确定一个优先顺序,使次要目标服从主要目标,以保证主要目标的实现。

3. 拟订可行方案

根据目标,拟订可行方案,这是决策的基础。那么,方案从何而来呢?

研究提出可行方案,要根据系统的内外部条件,采取专家和群众相结合的方法,群策群力,集思广益,不能靠少数几个人的苦思冥想;要善于启发,使人们解放思想;要重视"奇谈怪论"式的只言片语,或"头脑风暴"式的敢想敢言。

各个方案提出后,还要对每个方案进行充分的研究和可行性论证。要尽可能分析每一个方案的措施、组织、资源、人力、经费、时间等。通过论证,只有在技术上可行的方案才能够作为决策分析中待比较、选择的方案。而且,至少要有两个以上的可行方案可供选择。

4. 编制决策益损表

预测方案实施以后可能发生的各种状态,计算不同方案在不同状态下的收益值或损失值,编制决策收益或损失表(或称决策益损表)(表7-1)。

决策收益或损失表 表7-1

Q_{ij} S_j P_j A_i	S_1	...	S_j	...	S_n
	P_1	...	P_j	...	P_n
A_1	Q_{11}	...	Q_{1j}	...	Q_{1n}
...	...	...	...	...	...
A_i	Q_{i1}	...	Q_{ij}	...	Q_{in}
...	...	...	...	...	...
A_m	Q_{m1}	...	Q_{mj}	...	Q_{mn}

决策益损表由三部分组成：

(1) 备选方案：表的左列 $A_1, \cdots, A_i, \cdots, A_m$。

(2) 自然状态(S_j)及自然状态出现的可能性(概率 P_j)：表的上面两行。

(3) 收益(损失)值：表的主体部分$\{Q_{ij}\}$。

5. 应用决策标准选择最优方案

以决策益损值为依据，选择适当的决策标准进行决策分析和比较，选出最优方案。

6. 组织决策方案的实施

目标是否明确，方案是否满意，都有待于在方案的贯彻执行中加以验证。因此，必须组织力量，以求该方案的具体实施。

7. 检验决策实施效果

为了将实际效果与预计效果相比较，要建立健全信息反馈渠道，及时收集决策方案实施过程中的有关资料，若发现与预计效果有差异，要有针对性地查明原因，并加以修正或调整，以保证全部实现决策目标。

整个决策过程的一般程序如图 7-1 所示。

上述决策过程按每个步骤的性质，又可以分为 5 个阶段。这 5 个阶段组成一个有机的整体，既互相独立，又互相联系，甚至互相交叉、互相渗透。例如，在拟订方案阶段，可能发现原定目标不恰当而要加以修改，这时就要回到第一阶段的工作；又如，在分析、比较阶段，可能发现某些方案需要作一些修改，甚至可能发现新方案，需要重新修订；而在方案的实施过程中，更要求把实施结果与预定结果加以对比，观察是否有差异以及差异的程度，反过来对决策方案加以修正。但是，作为决策科学和决策方法的研究重点，是在第三阶段，即对已拟订的可行方案进行分析、比较和选择、决策上。

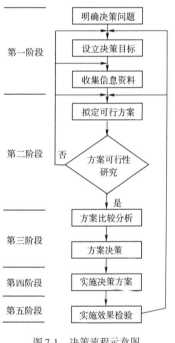

图 7-1 决策流程示意图

五、运输系统决策问题的分类

运输系统决策可以从不同的角度、按不同的标准进行分类。

1. 按决策的作用范围分类

按决策的作用范围分类，决策可分为运输战略决策、运输管理决策和运输业务决策。

(1) 战略决策：主要是指与运输系统未来发展有关的全局性决策。如运输经营目标、经营方针、技术改造以及运输系统的长远发展规划等方面的决策。

(2) 管理决策：主要是运输系统内各职能管理部门为贯彻全局性决策所做的具体的或局部的决策。如各种运输计划的制订，运输设备更新的选择等方面的决策。

(3) 业务决策：主要是在日常的运输生产活动中为了提高生产或工作效率所作的决策。如运输部门间的经营协作、运输生产组织的局部调整、劳动定额的制定及生产任务的日常分配等方面的决策。

2.按决策的形态性质分类

按决策的形态性质分类,决策可分为程序化决策和非程序化决策。

(1)程序化决策:是指目标明确,可供选择的方案具备,用一般的程序化的方法就可以找到一个最优方案的决策。这类决策可以建立固定的模式,有一套通用的决策方法。如材料的订购、常规的生产作业计划的制订等方面的决策。

(2)非程序化决策:是指高层次所面临的一种复杂的、用一般程序化的方法解决不了的决策问题。是一种非例行决策,它受许多因素的影响,没有规律可循,不可能建立一套通用的决策模式,这类决策要依靠决策者的知识、经验和判断力。如新技术的开发、多种经营的开拓等方面的决策。

3.按决策的可靠程度分类

按决策的可靠程度分类,决策可分为确定型决策、风险型决策和非确定型的决策。

(1)确定型决策需满足以下4个条件:

①存在决策人希望达到的一个明确的目标;

②存在一种确定的自然状态;

③存在可供决策人选择的两个以上的决策方案;

④不同方案在确定的状态下的益损值可以计算出来。

(2)风险型决策需满足以下5个条件:

①存在决策人希望达到的一个明确的目标;

②存在两种或两种以上的自然状态;

③存在可供决策人选择的两个以上的决策方案;

④不同方案在各种状态下的益损值可以计算出来;

⑤在 n 种($n=1,2,3,\cdots$)自然状态中,究竟出现哪一种状态,决策人不能肯定,但是各种自然状态出现的概率(可能性)事先可以估计或计算出来(由历史资料进行统计分析或由经验判断估计)。

(3)非确定型决策需满足以下4个条件:

①存在决策人希望达到的一个明确的目标;

②存在两种或两种以上的自然状态;

③存在可供决策人选择的两个以上的决策方案;

④不同方案在各种状态下的益损值可以计算出来。

确定型决策是知道有某种自然状态,而且这种自然状态一定会发生,即该种自然状态出现的概率为1。风险型决策是知道有 n 种可能的自然状态,虽不知道哪一种自然状态将会发生,但是可以估计出每种自然状态发生的概率。而非确定型决策则是:知道有 n 种可能的自然状态,但既不知道 n 种状态中要发生哪一种,也不知道每种状态发生的概率有多大。即非确定型决策问题仅满足风险型决策的前4个条件,而没有第5个条件。

4.按决策目标的多少分类

按决策目标的多少分类,决策可分为单目标决策和多目标决策。

(1)单目标决策:决策目标只有一个,如决策目标是提高经济效益。

(2)多目标决策:决策目标有多个,例如既要提高经济效益,又要降低成本。

5.按决策面对的自然状态的性质分类

按决策面对的自然状态的性质分类,决策可分为竞争型决策和非竞争型决策。

(1)竞争型决策:决策者面对的自然状态是有理智的、善于采取合理行动的竞争对手,也称冲突型决策问题或对策问题。

(2)非竞争型决策:决策者面对的自然状态是客观的自然环境或社会环境。

本章中,主要讨论不确定型决策、风险型决策和竞争型决策(即对策)问题。而求解决策问题,可以用决策表法,也可以用决策树法,以下将对这两种方法详细进行介绍。

第二节 不确定型运输系统决策问题

所谓不确定,是指只知道决策方案实施以后,可能发生的状态,但既不知道究竟哪种状态会发生,也不知道每种状态发生的概率。在这种情况下进行决策,就主要是取决于决策者的主观愿望和要求以及性格特征。常用的决策准则有乐观准则、悲观准则、折衷准则和遗憾值准则。

一、悲观准则

悲观准则又称极大极小决策标准。当决策者对决策问题不明确时,唯恐由于决策失误可能带来的损失。因而,在做决策时,小心谨慎,总是抱着悲观的态度,从坏处着想,从最坏的可能中争取最好的结果。

1.决策步骤

(1)编制决策益损表。

(2)从每一个方案中选择一个最小的收益值。

(3)在这些最小的收益值对应的决策方案中,选择一个收益值最大的方案为备选方案。

2.决策原则

悲观准则的决策原则为小中取大。由于这种决策标准是由 Wald 提出的,故又称"瓦尔特法"。

3.算例

【例7-1】 某货场需贷款修建一个仓库,初步考虑了3个建仓库的方案:(1)修建大型仓库;(2)修建中型仓库;(3)修建小型仓库。由于对货物量的多少不能确定,对不同规模的仓库,其获利情况、支付贷款利息及营运费的情况都不同。经初步估算,编制出每个方案在每种不同的货物量下的益损值见表7-2。

每个方案在不同货物量的益损值(悲观准则) 表7-2

方案	益损值(万元)			最小收益值
	货物量大	货物量中	货物量少	
建大型仓库	100	50	30	30
建中型仓库	60	80	50	50
建小型仓库	40	60	70	40
	max{30,50,40}=50			

即采用建中型仓库方案,收益为 50 万元。

二、乐观准则

乐观准则又称极大极大决策标准。该标准与极大极小决策标准相反,它的主要特征是:实现方案选择的乐观原则。进行决策时,决策者不放弃任何一个获得好结果的机会,争取大中取大,充满乐观冒险精神。

1. 决策步骤

(1) 编制决策益损表。

(2) 从每一个方案中选择一个最大的收益值。

(3) 在这些最大的收益值对应的决策方案中,选择一个收益值最大的方案为备选方案。

2. 决策原则

乐观准则的决策原则为大中取大。

3. 算例

【例 7-2】 用乐观准则求例 7-1 的最优决策方案。

计算结果见表 7-3。

每个方案在不同货物量的益损值(乐观准则) 表 7-3

方 案	益损值(万元)			最大收益值
	货物量大	货物量中	货物量少	
建大型仓库	100	50	30	100
建中型仓库	60	80	50	80
建小型仓库	40	60	70	70
	max{100,80,70} = 100			

即选择建大型仓库的方案,收益为 100 万元。

三、折衷准则

折衷决策标准是介于乐观决策标准和悲观决策标准之间的一个决策标准。在进行决策的时候,要求决策者确定一个系数:折衷系数 α,且 $0 < \alpha < 1$。

1. 决策步骤

(1) 编制决策益损表。

(2) 计算每个方案的折衷决策标准收益值。

$$\text{收益值} = \alpha Q_{max} + (1-\alpha) Q_{min} \tag{7-1}$$

式中:Q_{max}——同一方案的最大收益值;

Q_{min}——同一方案的最小收益值。

(3) 选择最大的折衷收益值对应的方案为备选方案。

说明:当 $\alpha = 1$ 时,为乐观(极大极大)准则;

当 $\alpha = 0$ 时,为悲观(极大极小)准则。

2. 算例

【例 7-3】 用折衷决策标准求例 7-1 的最优决策方案,取折衷系数为 $\alpha = 0.7$。计算结果见表7-4。

每个方案在不同货物量的益损值(折衷准则)　　　　表7-4

方　案	益损值(万元)			最大收益值(万元) Q_{max}	最小收益值(万元) Q_{min}	折衷收益值(万元) $\alpha = 0.7$
	货物量大	货物量中	货物量少			
建大型仓库	100	50	30	100	30	79
建中型仓库	60	80	50	80	50	71
建小型仓库	40	60	70	70	40	61
$\max\{\alpha Q_{max} + (1-\alpha)Q_{min}\} = \max\{79, 71, 61\} = 79$						

即选择建大型仓库的方案,折衷收益值为79万元。

四、遗憾值准则

在决策过程中,当某一种自然状态可能出现时,决策者必然首先要选择收益最大的方案。如果决策者由于决策失误未选取这一方案,而是选择了其他方案,就会感到遗憾和后悔。这样两个方案的收益值之差就叫作遗憾值或后悔值。遗憾值标准就是为避免将来后悔而设计的一种决策方法。

1. 决策步骤

(1)编制决策益损表。
(2)用每个状态下的最大收益值减去其他方案的收益值,得出每个方案的遗憾值。
(3)找出每个方案的最大遗憾值。
(4)从每个方案的最大遗憾值中找出最小的遗憾值对应的方案为备选方案。

2. 算例

【例7-4】 用遗憾值准则求例7-1的最优决策方案。

(1)从决策收益表中用"＊"号标出不同状态下的最大收益值见表7-5。

每个方案在不同货物量的益损值(遗憾值准则)　　　　表7-5

方　案	益损值(万元)		
	货物量大	货物量中	货物量少
建大型仓库	100＊	50	30
建中型仓库	60	80＊	50
建小型仓库	40	60	70＊

(2)用每列带有"＊"的最大收益值减去各个方案的收益值,列出遗憾值表(表7-6)。

每个方案的遗憾值　　　　表7-6

方　案	益损值(万元)			最大遗憾值(万元)
	货物量大	货物量中	货物量少	
建大型仓库	0	30	40	40＊
建中型仓库	40	0	20	40＊
建小型仓库	60	20	0	60
$\min\{40, 40, 60\} = 40$				

(3) 从表 7-6 中每个方案的遗憾值中找出最大的遗憾值,得到表 7-6 中最后一列的数字。

(4) 从每个方案的最大遗憾值中选出最小的遗憾值对应的方案为备选方案。即此时有两个方案可供选择:选择建大型仓库方案或选择建中型仓库方案,后悔值均为 40 万元。

上面讨论了不确定情况下的 4 种决策标准,具体进行决策时,可以将几个标准同时使用,将选中次数最多的方案作为备选方案。

例如,在前面几个例子中,4 个决策标准的决策结果见表 7-7。

4 个决策标准的决策结果　　　　表 7-7

决策标准	决策方案			决策标准	决策方案		
	建大型仓库	建中型仓库	建小型仓库		建大型仓库	建中型仓库	建小型仓库
悲观准则		*		折衷准则	*		
乐观准则	*			遗憾值准则	*	*	

由于建大型仓库的方案选中的次数最多,故最终应选择建大型仓库。若方案被选中的次数相同,则需要增加评价指标进行再评价。

第三节　风险型运输系统决策问题

由前所述,对于风险型决策问题,存在两种或两种以上的自然状态;存在可供决策人选择的两个以上的决策方案;不同方案在各种状态下的益损值可以计算出来;虽然在 n 种自然状态中,究竟出现哪一种状态,决策人不能肯定;但是各种自然状态出现的概率事先可以估计或计算出来。因此,对于此类决策问题我们可以用期望值标准进行决策,即对期望益损值进行比较、分析,最后选出最优方案。常用的决策标准主要有最大期望收益值标准、最小期望损失值标准,以及最大可能收益值标准。

一、最大期望收益值标准

1. 步骤

(1) 编制不同方案在不同自然状态下的收益值表;

(2) 计算不同方案的期望收益值:

$$E(A_i) = \sum_{j=1}^{n} P_i Q_{ij} \quad (i=1,2,\cdots,m) \quad (7-2)$$

式中: P_i ——第 i 种自然状态出现的概率 ($i=1,2,\cdots,m$);

Q_{ij} ——第 i 个方案在第 j 种自然状态下的收益值 ($i=1,2,\cdots,m;j=1,2,\cdots,n$)。

(3) 选择期望收益值最大的方案为最优方案:

$$E(A_i) = \max\{E(A_i)\} \quad (i=1,2,\cdots,m)$$

2. 算例

【例 7-5】　仍以例 7-1 为例,据估计,货物量大的可能性是 50%,货物量中的可能性是 30%,货物量少的可能性是 20%。此时,问题就变成了风险型的决策问题了。我们用最大期望收益值标准进行决策,计算结果见表 7-8。

最大期望收益值标准决策结果 表 7-8

方案	货物量大 概率为 0.5	货物量中 概率为 0.3	货物量少 概率为 0.2	期望收益值 $E(A_i)=\sum_{j=1}^{n}P_iQ_{ij}$
建大型仓库(万元)	100	50	30	$0.5\times100+0.3\times50+0.2\times30=71$
建中型仓库(万元)	60	80	50	$0.5\times60+0.3\times80+0.2\times50=64$
建小型仓库(万元)	40	60	70	$0.5\times40+0.3\times60+0.2\times70=52$
		$\max\{71,64,52\}=71(万元)$		

故应选择期望收益值最大的建大型仓库的方案。

二、最小期望损失值标准

最小期望损失值标准的基本思想是:计算各种情况下,各行动方案的损失值,然后,计算每种方案的期望损失值,选择最小期望损失值对应的方案为最优方案。

1. 步骤

(1)编制不同方案在不同自然状态下的损失值表。

损失值的计算方法是:用每种状态下的最大收益值减去该状态下各个方案的收益值,就得到了损失值表。

(2)计算不同方案的期望损失值[式(7-1)]:

$$E(A_i)=\sum_{j=1}^{n}P_iQ_{ij} \quad (i=1,2,\cdots,m)$$

式中:P_i——第 i 种自然状态出现的概率($i=1,2,\cdots,m$);

Q_{ij}——第 i 个方案在第 j 种自然状态下的损失值($i=1,2,\cdots,m;j=1,2,\cdots,n$)。

(3)选择期望损失值最小的方案为最优方案:$E(A_i)=\min\{E(A_i)\}(i=1,2,\cdots,m)$。

2. 算例

【例 7-6】 以例 7-5 为例,用最小期望损失值标准进行决策。

解:

(1)编制期望损失表(表 7-9)。

(2)计算期望损失值,并选择最小期望损失值对应的方案为最优方案,计算结果见表 7-9。

最小期望损失值标准决策 表 7-9

方案	货物量大 概率为 0.5	货物量中 概率为 0.3	货物量少 概率为 0.2	期望收益值 $E(A_i)=\sum_{j=1}^{n}P_iQ_{ij}$
建大型仓库(万元)	0	30	40	$0.5\times0+0.3\times30+0.2\times40=17$
建中型仓库(万元)	40	0	20	$0.5\times40+0.3\times0+0.2\times20=24$
建小型仓库(万元)	60	20	0	$0.5\times60+0.3\times20+0.2\times0=36$
		$\min\{17,24,36\}=17(万元)$		

故应选择期望损失值最小的建大型仓库的方案。

三、最大可能收益值标准

风险型决策问题中,每种状态的发生都有一个概率值,某种状态的概率值越大,说明该种状态发生的可能性越大。基于这种想法,在风险型决策问题中,若某种状态的概率远比其他状态的概率大得多的时候,就可以忽略其他状态,而只考虑概率特别大的这一种状态,即把风险型决策问题转换成确定情况下的决策问题进行决策,这就叫最大可能收益值标准。

【例7-7】 假设在例7-5中,3种状态出现的概率分别为:0.9,0.1,0.1,此时,货物量大的情况出现的可能性非常大,故不再考虑其他两种情况,只考虑货物量大这一情况。分别用最大收益标准和最小损失标准决策(表7-10)。

最大可能收益值标准决策　　　　　　　　　　　表7-10

方　案	收益值标准	损失值标准
建大型仓库	100	0
建中型仓库	60	40
建小型仓库	40	60
决策	max{100,60,40}=100	min{0,40,60}=0

故选择建大型仓库的方案。

这种决策方法适用于某一个状态的概率突出地大的情况。如果各种状态的概率值相差不多的时候,就不能用这种算法;否则,会造成决策失误。

【例7-8】 某汽车客运公司经营某一旅游线路,每一班车平均获利润80元,每一班车成本80元,如果停开一班车则损失30元。现要求根据市场状况作出客运班车计划,使其获利润最多。

解:

根据上一年同期日开班车量资料进行统计分析,确定不同日开班车量的概率见表7-11。

确定不同日开班车量的概率　　　　　　　　　　表7-11

日开班车数(班)	完成日开班车数的天数(天)	概率值
100	21	0.21
110	38	0.38
120	29	0.29
130	12	0.12
合计	100	1.00

1. 用期望收益表法计算

根据每天可能的开车量,编制不同生产方案的收益矩阵表(表7-12)。

不同生产方案的收益矩阵　　　　　　　　　　　表7-12

方案(班)	收益(元)				期望收益值 $E(A_i)=\sum_{j=1}^{4}P_jQ_{ij}$
	开设100班 概率为0.21	开设110班 概率为0.38	开设120班 概率为0.29	开设130班 概率为0.12	
100	8000	8000	8000	8000	0.21×8000+0.38×8000+0.29×8000+0.12×8000=8000
110	7700	8800	8800	8800	0.21×7700+0.38×8800+0.29×8800+0.12×8800=8569
120	7400	8500	9600	9600	0.21×7700+0.38×8800+0.29×8800+0.12×8800=8720*
130	7100	8200	9300	10400	0.21×7700+0.38×8800+0.29×8800+0.12×8800=8552
	max{8000,8569,8720,8552}=8720(元)				

根据上述计算可得出结论：日开班车 120 班时，为最优方案，此时期望收益值为 8720 元，利润最高。

2. 用期望损失表法计算

用表 7-12 中条件收益部分每一列的最大值减去该列各值，得到的差值即为各方案在各种状态下的损失值见表 7-13。

期望损失值法求解各方案在各种状态下的损失值　　　　表 7-13

方案（班）	收益(元)				期望收益值 $E(A_i) = \sum_{j=1}^{4} P_j Q_{ij}$
	开设 100 班	开设 110 班	开设 120 班	开设 130 班	
	概率为 0.21	概率为 0.38	概率为 0.29	概率为 0.12	
100	0	800	1600	2400	$0.21 \times 0 + 0.38 \times 800 + 0.29 \times 1600 + 0.12 \times 2400 = 1056$
110	300	0	800	1600	$0.21 \times 300 + 0.38 \times 0 + 0.29 \times 800 + 0.12 \times 1600 = 487$
120	600	300	0	800	$0.21 \times 600 + 0.38 \times 300 + 0.29 \times 0 + 0.12 \times 800 = 336^*$
130	900	600	300	0	$0.21 \times 900 + 0.38 \times 600 + 0.29 \times 300 + 0.12 \times 0 = 504$
min{1056,487,336,504} = 336(元)					

由表 7-13 可知，当日市场需要量与日开班车量相同，则条件机会损失值为 0，所以在表 7-13 中，主对角线上的元素均为 0。对角线以下的值是每日开班车量多于每日市场需求量造成的"过剩损失"；而对角线以上的值是每日开班车量少于每日市场需求量而产生的"不足损失"。

由表 7-13 可知，在各方案的全部期望损失中，以 336 元为最小。故可作出决策：每日开班车 120 辆车，此时的损失值最小。

用收益表法计算与用期望损失值表法得出结论是一致的，均是日发班车 120 班为最优方案。

第四节　决 策 树 法

前面我们所讨论的例题都是用决策益损表进行计算的。决策益损表较简单、直观，但对于较为复杂的，特别是多阶段的决策问题，就显得无能为力了。因此，人们设计了一种"决策树法"来求解决策问题特别是多阶段的决策问题。

一、决策树的结构

决策树法是利用树形结构图辅助进行决策的一种方法。这种方法是把各种备选方案、可能出现的状态以及决策产生的后果，按照逻辑关系画成一个树形图，在树形图上完成对各种方案的计算、分析和选择。决策树由 4 个部分组成。

1. 决策节点

在决策树中用"□"代表决策节点，表示决策者要在此处进行决策。从它引出的每一个分枝，都代表决策者可能选取的一个策略(又称方案枝)。

2.事件节点

在决策树中用"○"代表事件节点,从它引出的分枝代表其后继状态。对于风险型决策问题,分枝上括号内的数字标明该状态发生的概率(又称概率枝)。

3.结果节点

在决策树中用"△"代表结果节点,它表示决策问题在某种可能情况下的结果,它旁边的数字是这种情况下的益损值(又称末梢)。

4.分枝

在决策树中用连接两个节点的线段代表分枝。根据分枝所处的位置不同,又可以分成方案枝和状态枝。连接决策节点和事件节点的分枝称为方案枝;连接事件节点和结果节点的分枝称为状态枝。

决策树的结构如图7-2所示。

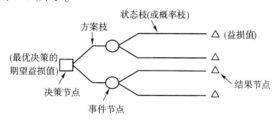

图7-2 决策树结构示意图

二、决策树法的决策步骤

1.画决策树

画决策树的过程实际上就是建立决策问题的模型,不过,这种模型不是用数学公式来描述的,而是用一个树形图来反映的。画决策树的步骤如下:

(1)首先,要提出各种行动方案,画出方案枝。

(2)预计方案实施后可能发生的自然状态(事件)及其发生的概率,画出相应的状态枝,并把状态概率值标在状态枝上。

(3)计算各种方案在各种自然状态下的益损值,并标在相应的结果节点上。

2.计算益损值(期望益损值)

在决策树中,由末梢(即结果节点)开始,按照自右向左的方向,逐列计算每个事件节点和决策节点的期望益损值,并标在相应的节点上。

3.比较、剪枝、决策

在决策树中,比较决策节点的期望益损值,进行方案的选择:

(1)若决策问题的目标是效益、利润、产值等,则应取最大期望收益值对应的方案为最优方案。

(2)若决策问题的目标是费用、成本、损失等,则应取最小期望损失值对应的方案为最优方案。

(3)将收益最大(或损失最小)的期望值标在相应的决策节点上,表示该方案即为决策选择的方案,而其余的方案都用"∥"号删除,称为剪枝。

三、算例

1. 单级决策问题

单级决策问题是指在一个决策问题中只有一个层次的决策。反映在决策树模型中,就是只有一个决策节点。

【例 7-9】 用决策树法求解例 7-1。

解:
(1)画决策树如图 7-3 所示。
(2)下面分别用乐观准则、悲观准则求解:
① 若用乐观准则求解,则选择建大型仓库方案,而建中型仓库及小型仓库方案被剪枝,求解过程如图 7-4 所示。
② 若用悲观准则求解,则选择建中型仓库方案,而建大型仓库及小型仓库方案被剪枝,求解过程如图 7-5 所示。

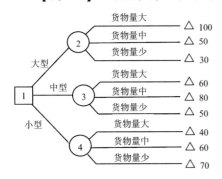

图 7-3 某货场建仓库决策树图

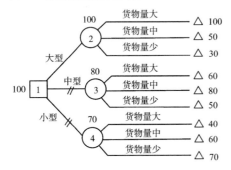

图 7-4 用乐观准则求解例 7-9

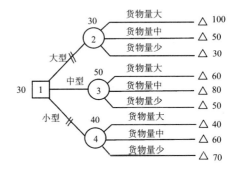

图 7-5 用悲观准则求解例 7-9

【例 7-10】 为生产某种新型的港口装卸机械,提出了两个建厂方案:一是投资 300 万元建大厂;二是投资 160 万元建小厂,均考虑 10 年经营期。据预测,在这 10 年经营期内,前 3 年该产品销路好的概率为 0.7;而若前 3 年销路好,则后 7 年销路好的概率为 0.9;若前 3 年销路差,则后 7 年销路肯定差。另外,估计每年两个建厂方案的益损值见表 7-14,请用决策树法确定应采用哪种建厂方案?

解:
(1)画决策树如图 7-6 所示。
(2)计算各事件节点的期望益损值。
节点④:[0.9×100+0.1×(-20)]×7=616;
节点⑤:[1.0×(-20)]×7=-140;
节点⑥:(0.9×40+0.1×10)×7=259;
节点⑦:(1.0×10)×7=70;
节点②:[0.7×100×3+0.3×(-20)×3]+
[0.7×616+0.3×(-140)]-300=281.2;

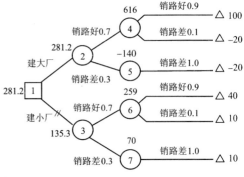

图 7-6 建厂方案决策树图

节点③：$(0.7 \times 40 \times 3 + 0.3 \times 10 \times 3) + (0.7 \times 259 + 0.3 \times 70) - 160 = 135.3$。

两个建厂方案的益损值表　　　　　　　　　　　　　　　　　　　　表7-14

建厂方案	投产后的年益损值（万元）		建厂方案	投产后的年益损值（万元）	
	销路好	销路差		销路好	销路差
建大厂	100	-20	建小厂	40	10

（3）比较、剪枝、决策。比较节点②和节点③的期望收益值，节点②的期望收益值大，则有节点①：$\max\{281.2, 135.3\} = 281.2$。

故最优方案为建大厂。将节点①上方标上期望收益值281.2万元，并剪去建小厂方案枝。

2．多级决策问题

多级决策问题是指在一个决策问题中有两个或两个以上层次的决策。反映在决策树模型中，就是有两个或两个以上的决策节点。单级决策问题既可以用决策表法求解，也可以用决策树法求解。但是，由于多级决策问题的决策层次多，很难直接用决策表法求解，通常都是用决策树法求解。

绘制多级决策问题的决策树图时，一般常从第一级决策问题画起，然后发展到第二级决策问题，直至最后一级决策问题。其结构与单级决策问题无本质的区别，只是比较复杂，计算量更大一些。

【例7-11】 仍考虑例7-10。现假定两个方案中，除了建大厂的方案以外，另一个方案是：先投资160万元建小厂，若产品销路好，则3年后考虑是否扩建成大厂，扩建投资为140万元。扩建后产品的经营期为7年，每年的收益情况与大厂相同。此时，应选择哪个建厂方案？

解：

这个问题就属于多级决策问题。因为，既要确定当前是建大厂，还是建小厂？3年后又要确定小厂是否需要扩建的问题。

（1）画决策树。

该决策问题有两个决策点：一是第一年决定是建大厂还是建小厂；二是3年后是否将小厂扩建为大厂。因此，该问题的决策树模型如图7-7所示。

（2）计算各节点的益损值。

节点②：建大厂方案，其值与例7-10同，为281.2万元；

节点⑧：$[0.9 \times 100 + 0.1 \times (-20)] \times 7 - 140 = 476$；

节点⑨：$(0.9 \times 40 + 0.1 \times 10) \times 7 = 259$；

节点⑥：决策节点，比较节点⑧与节点⑨的值，因为476 > 259，故选择扩建方案为好，剪去不扩建方案，并且将476写在节点⑥上方；

节点⑦：$(1.0 \times 10) \times 7 = 70$；

节点③：$(0.7 \times 40 + 0.3 \times 10) \times 3 + (0.7 \times 476 + 0.3 \times 70) - 160 = 287.2$；

节点①：决策节点，比较节点②与节点③的值，因为287.2 > 281.2，故剪去建大厂方案。

最优方案为：先投资160万元建小厂，3年后，若产品销路好，则再追加投资140万元，扩建成大厂，10年的总收益为287.2万元。

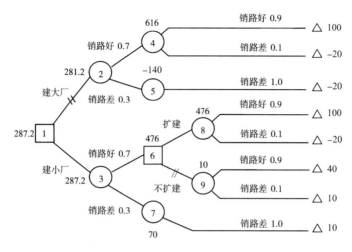

图 7-7　例 7-11 决策树图

四、算法讨论

风险型决策问题与不确定型决策问题的本质区别在于:前者利用自然状态出现的概率分布,以期望收益值最大为决策目标,所得到的结果比较能够符合客观情况;而后者则是对未来的自然状态一无所知,其决策受主观意志的影响很大,带有一定的盲目性。

在风险型决策问题中,确定未来状态出现的概率是非常重要的。各种自然状态出现的概率,可以用统计资料、实验结果得出,但大多数情况下要凭经验、知识甚至是预感对未来的情况进行估计,这样得出的概率值称为主观概率。对同一事件,不同的人做出的主观概率的估计是不同的,因此,所得出的决策结果也是不同的。

对于不确定型决策,只要决策者对未来状态出现的可能性不是全然不知,就总可以做出一些估计,因而即可化成风险型的决策问题。

第五节　运输系统对策

一、对策及其要素

1. 对策现象

系统对策是研究竞争型决策问题的,即此时决策者所面临的自然状态是有理智的、善于采取合理行动的竞争对手。在日常生活中,这种竞争现象是到处可见的,如下棋、打扑克、体育比赛等;在经济领域中,各国之间的贸易谈判、企业之间的订货谈判等,都是竞争现象。人们在竞争中,总是希望自己一方最终取得胜利或取得好的结局,因此,总是力图采取最不利于另一方的行动,且这些行动事先并不知道,竞争的对方则要千方百计进行干扰和对抗。为了使自己一方尽可能获得胜利,或避免失败,就必须了解对方的实力和策略,以及己方的策略和实力,达到"以己之长,攻彼之短",以夺取竞争的胜利,这就是系统对策的思想。

我国古代就有对策理论的朴素思想了。早在战国时期,齐国的国王与齐国的一位大将田忌赛马,双方约定,各自出三匹马,分别为好的、中的、差的各一匹。比赛时,每次双方各从自己的三匹马中任选一匹参加比赛,输者付给赢者千两黄金。共比赛三次,每匹马都必须参加比赛。当时的情况是,三种不同等级的马,齐王的马都比田忌的马强,看起来田忌似乎要输掉三千两黄金了。但是,田忌手下有一个谋士给田忌出了一个主意,让田忌用最差的马对齐王的好马,结果田忌输掉了第一局;接着,田忌用中马对齐王的差马,用好马对齐王的中马,连赢了两局。比赛结果是,田忌两胜一负,反而赢了一千两黄金。由此可见,竞赛双方如何决策是至关重要的,决策正确,就可以化不利因素为有利条件。

对策理论的形成大约在 20 世纪 30 年代前后。1928 年诺依曼教授从数学上奠定了对策理论的基础,但是,这种理论的实用价值还没有被人们所认识。1944 年,诺依曼与摩尔根斯特恩共同出版了《对策论和经济行为》一书,在学术界引起了很大的震动。凡是带有竞争性质的问题,都可以用对策理论来解释。其应用领域涉及政治、经济、国防、经营管理等各个方面。

2. 对策模型

对策模型是决策者用来制定在竞争局势下采取合理行动的方法和工具,任何一个对策现象都有三个最基本的要素:

(1)局中人。即参加竞争的各方,通常为两方,称为二人对策;如果有两方以上,则称为多人对策。

(2)策略。即竞争各方所可能采取的行动策略,通常每方都至少有两个或两个以上的策略。各方的策略构成的集合称为策略集。若各个局中人都有有限个策略,就称为有限对策;若各个局中人都有无限个对策,就称为无限对策。

(3)对策的结局。即对策双方各取一个策略进行竞赛的竞赛结果,往往是局中人的一方赢得另一方的损失,通常用数值形式表示得或失,胜方的赢得(或败方的支付)称为赢得(或支付)函数。

如果在任一局对策中,一方的赢得正好等于另一方的损失,即全体局中人的得失相加总等于零时,这样的对策就称作零和对策,否则,就称为非零和对策。

对策理论要求在各方所可能采取的策略集中,找出各自的最优策略。最优策略的衡量标准是,收益最大或损失最小。当各方都采取最优策略时的收益值,叫作对策的值。

二、二人零和对策

二人零和对策又叫矩阵对策。

1. 特点

(1)必须有且仅有两个局中人,每个局中人可以从有限个策略中选择一个策略。

(2)每个局中人的赢得正好等于另一个局中人的损失。

(3)每个局中人对双方可采取的策略都有充分的了解,双方都知道当采用各组策略时可能发生的支付函数。

(4)局中人双方的利益是冲突的,双方的唯一目的就是最大限度地扩大自己的赢得。

(5)不允许双方相互达成协议,局中人要同时选择策略,使竞争者在不知道对方采取的策略之前选择自己的策略。

2. 模型

仍以齐王赛马为例,以 x_1(上,中,下)表示齐王先用上等马,再用中等马,最后用下等

马,也就是说,x_1 是齐王的一个策略。于是,齐王就有六个策略,即:

x_1(上,中,下)、x_2(上,下,中)、x_3(中,上,下)、

x_4(中,下,上)、x_5(下,中,上)、x_6(下,上,中)

如果用集合符号来描述,则齐王的策略集 S_1 中就有六个元素,即:

$$S_1 = \{x_1, x_2, x_3, \cdots, x_6\}$$

同样,田忌也有六个策略,即田忌的策略集中也有六个元素,记为:

$$S_2 = \{y_1, y_2, y_3, \cdots, y_6\}$$

上述的 x_i 和 y_i($i=1,2,\cdots,6$)称为纯策略。这时,齐王的支付情况见表 7-15。

齐王与田忌赛马对策矩阵表　　　　表 7-15

齐王的策略	田忌的策略					
	y_1	y_2	y_3	y_4	y_5	y_6
x_1	3	1	1	1	1	-1
x_2	1	3	1	1	-1	1
x_3	1	-1	3	1	1	1
x_4	-1	1	1	3	1	1
x_5	1	1	-1	1	3	1
x_6	1	1	1	-1	1	3

表 7-15 中的 1 和 3 表示的是齐王赢得的数,也是田忌输掉的数;而 -1 是齐王输掉的数,也是田忌赢得的数。由表 7-15 可得该问题的赢得(或支付)矩阵:

$$A = \begin{pmatrix} 3 & 1 & 1 & 1 & 1 & -1 \\ 1 & 3 & 1 & 1 & -1 & 1 \\ 1 & -1 & 3 & 1 & 1 & 1 \\ -1 & 1 & 1 & 3 & 1 & 1 \\ 1 & 1 & -1 & 1 & 3 & 1 \\ 1 & 1 & 1 & -1 & 1 & 3 \end{pmatrix}$$

对策问题的一般形式是:

若局中人 X 的策略集合中有 m 个策略:$x_1, x_2, x_3, \cdots, x_m$,即:

$$S_x = \{x_1, x_2, x_3, \cdots, x_m\}$$

局中人 Y 的策略集合中有 n 个策略:$y_1, y_2, y_3, \cdots, y_n$,即:

$$S_y = \{y_1, y_2, y_3, \cdots, y_n\}$$

则局中人 X 的赢得矩阵可写为:

$$A = \begin{pmatrix} a_{11} & \cdots & a_{1j} & \cdots & a_{1n} \\ \cdots & \cdots & \cdots & \cdots & \cdots \\ a_{i1} & \cdots & a_{ij} & \cdots & a_{in} \\ \cdots & \cdots & \cdots & \cdots & \cdots \\ a_{m1} & \cdots & a_{mj} & \cdots & a_{mn} \end{pmatrix}$$

这时,我们可以将局中人 X 和 Y 的对策记为:

$$G = \{X, Y, S_x, S_y, A\}$$
$$或: G = \{S_x, S_y, A\}$$

我们就用 $G = \{S_x, S_y, A\}$ 表示一个对策模型:

$$\begin{array}{c} & y_1 \quad \cdots \quad y_j \quad \cdots \quad y_n \\ \begin{matrix} x_1 \\ \vdots \\ x_j \\ \vdots \\ x_m \end{matrix} & \begin{bmatrix} a_{11} & \cdots & a_{1j} & \cdots & a_{1n} \\ \cdots & \cdots & \cdots & \cdots & \cdots \\ a_{i1} & \cdots & a_{ij} & \cdots & a_{in} \\ \cdots & \cdots & \cdots & \cdots & \cdots \\ a_{m1} & \cdots & a_{mj} & \cdots & a_{mn} \end{bmatrix} \end{array}$$

3. 最优纯策略

(1) 有鞍点的对策。

【例 7-12】 有一对策 $G = \{S_x, S_y, A\}$, 其中, $S_x = \{x_1, x_2, x_3\}$、$S_y = \{y_1, y_2, y_3\}$

$$A = \begin{pmatrix} 3 & -4 & 1 \\ -3 & 0 & 1 \\ 4 & 3 & 2 \end{pmatrix}$$

求双方的最优策略和对策值。

解:

①首先考虑局中人 X:

若局中人 X 选择 x_1,则可能发生的最坏的情况(最大的损失)是 Y 选择 y_2,这时,局中人 X 将损失 4,即 $\min\{3, -4, 1\} = -4$;

若局中人 X 选择 x_2,则可能发生的最坏的情况(最大的损失)是 Y 选择 y_1,这时,局中人 X 将损失 3,即 $\min\{-3, 0, 1\} = -3$;

若局中人 X 选择 x_3,则可能发生的最坏的情况(最大的损失)是 Y 选择 y_3,这时,局中人 X 将赢得 2,即 $\min\{4, 3, 2\} = 2$。

则局中人 X 的策略 x_1, x_2, x_3 相对应的最大损失分别为 -4、-3、$+2$,这些损失的最小值是 2,所以,它就是局中人 X 的极大损失中的极小解,或者说,是局中人 X 在最坏的条件下争取损失最小的结果。故局中人 X 的最优策略为:选择 x_3

$$\max\{-4, -3, 2\} = 2$$

②同样,局中人 Y 的策略 y_1, y_2, y_3 相对应的最大损失分别为 4、3、2,这些损失的最小值也是 2,所以,它就是局中人 Y 的极大损失下的极小解,或者说,是局中人 Y 在最坏的条件下争取损失最小的结果。故局中人 Y 的最优策略为:选择 y_3

$$\max\{3, -3, 4\} = 4$$
$$\max\{-4, 0, 3\} = 3$$
$$\max\{1, 1, 2\} = 2$$
$$\min\{4, 3, 2\} = 2$$

故该对策问题的对策为:(x_3, y_3),又称为"鞍点"。

该对策问题的对策值为:$a_{33} = 2$,又称"鞍点值"。

现在,把上述讨论推广到一般的情况:设有一对策 $G = \{S_x, S_y, A\}$,S_x、S_y 与 A 的定义同

前。对局中人 X 来说,其最优策略值为:

$$\max_i \{\min_j a_{ij}\}$$

而对局中人 Y 来说,其最优策略为:

$$\min_j \{\max_i a_{ij}\}$$

若有等式:
$$\max_i \{\min_j a_{ij}\} = \min_j \{\max_i a_{ij}\}$$

成立,则其值为 V_G,称为对策 G 的值。如果有纯局势 (X_i^*, Y_j^*) 使:

$$\min_j a_{ij}^* = \max_i a_{ij}^* \ (= V_G)$$

则称对策 $G = \{S_x, S_y, A\}$ 为有鞍点的对策,其鞍点为 (X_i^*, Y_j^*),也称它是对策 G 在纯策略中的解,X_i^* 和 Y_j^* 分别称为局中人 X 与局中人 Y 的最优纯策略。

(2)无鞍点的对策。

设矩阵 A 的对策为 G:

$$G = \{S_x, S_y, A\}$$
$$S_x = \{x_1, x_2\}$$
$$S_y = \{y_1, y_2\}$$

若:
$$\max_i \{\min_j a_{ij}\} \neq \min_j \{\max_i a_{ij}\}$$

则称该对策没有鞍点,或者说该对策在纯策略没有解。

【例 7-13】 设赢得矩阵为: $A = \begin{pmatrix} 1 & 0 \\ -4 & 3 \end{pmatrix}$

求局中人的最优纯策略和对策值。

解:

对局中人 X 来说,有: $\max_i \{\min_j a_{ij}\} = 0$

对局中人 Y 来说,有: $\min_j \{\max_i a_{ij}\} = 1$

$$\max_i \{\min_j a_{ij}\} \neq \min_j \{\max_i a_y\}$$

这说明,该对策问题无解。

【例 7-14】 在齐王赛马的例子中,由齐王的赢得矩阵可知:

$$\max_i \{\min_j a_{ij}\} = -1$$
$$\min_j \{\max_i a_{ij}\} = 3$$
$$\max_i \{\min_j a_{ij}\} \neq \min_j \{\max_i a_{ij}\}$$

故齐王赛马对策双方没有最优纯策略,也没有纯策略的对策值。

4. 混合策略和对策期望值

前面的例 7-13 和例 7-14 都在纯策略中没有解,那么,局中人应该如何选择纯策略参加对策呢?

在双方没有纯策略可采用的情况下,局中人的一方为了战胜竞争者,就要出其不意地从一种策略的选择,变为另一种策略的选择,并且要估计各个策略使用的最优次数,即确定各种策略使用的可能性的大小,也就是用多大的概率来选取各个纯策略,这种以一定的概率来选择各个策略的对策问题,称作有混合策略的对策问题。

【例7-15】 考虑例7-13的赢得矩阵:$A = \begin{pmatrix} 1 & 0 \\ -4 & 3 \end{pmatrix}$

由例7-13可知,该对策没有最优纯策略。下面求它的混合策略。

解:

设 p 代表局中人 X 使用策略 x_1 的概率,则 $1-p$ 代表局中人 X 使用策略 x_2 的概率;

q 代表局中人 Y 使用策略 y_1 的概率,则 $1-q$ 代表局中人 Y 使用策略 y_2 的概率。

即混合对策模型见表7-16。

混合对策模型　　　　　　　　　　表7-16

	局中人X	局中人Y	
		q	$1-q$
		y_1	y_2
p	x_1	1	0
$1-p$	x_2	-4	3

按照二人零和的特点,局中人 X 总是希望求得的 p 和 $1-p$ 的值,能够使他处于最优的竞争地位。也就是说,当 X 用这种方法分配 x_1 和 x_2 的概率时,无论对方如何选择策略,局中人 X 总是能够得到相同的收益,其期望收益计算如下:

当 Y 采取 y_1 时,X 的期望收益为:

$$p - 4(1-p) = 5p - 4$$

当 Y 采取 y_2 时,X 的期望收益为:

$$0p + 3(1-p) = -3p + 3$$

由于 X 希望,无论 Y 选择 y_1 还是选择 y_2,都会得到相同的期望收益值,所以有:

$$5p - 4 = -3p + 3$$
$$8p = 7$$
$$p = 7/8 = 0.875$$
$$1 - p = 0.125$$

这个概率值表明,局中人 X 应该在策略 x_1 和策略 x_2 之间分配其对策的概率为:选择策略 x_1 的次数为策略总次数的 87.5%,选择策略 x_2 的次数为策略总次数的 12.5%。

同理,可以求出局中人 Y 的策略概率值。

当 X 采取 x_1 时,Y 的期望收益为:

$$q + 0(1-q) = q$$

当 X 采取 x_2 时,Y 的期望收益为:

$$-4q + 3(1-q) = -7q + 3$$

由于 Y 希望,无论 X 选择 x_1 还是选择 x_2,都会得到相同的期望收益值,所以有:

$$q = -7q + 3$$
$$8q = 3$$
$$q = 3/8 = 0.375$$
$$1 - q = 0.625$$

这个概率值表明,局中人 Y 应该在策略 y_1 和策略 y_2 之间分配其对策的概率为:选择策略 y_1 的次数为策略总次数的 37.5%,选择策略 y_2 的次数为策略总次数的 62.5%。

上述与纯策略集合相对应的概率向量:

$$P = (0.875, 0.125), \quad Q = (0.375, 0.625)$$

分别称为局中人 X 和 Y 的混合策略。

由于局中人 X 和 Y 按照上述混合策略进行对策时,都能够达到最优期望收益值,所以,P 和 Q 就分别是局中人 X 和 Y 的最优策略。两者的公共值就是该混合对策的期望收益值:

X 选择 x_1 时,收益值为: $0.375 \times 1 + 0 \times 0.625 = 0.375$;

或 X 选择 x_2 时,收益值为: $0.375 \times (-4) + 3 \times 0.625 = 0.375$。

Y 选择 y_1 时,收益值为: $0.875 \times 1 + 0.125(-4) = 0.375$;

或 Y 选择 y_2 时,收益值为: $0.875 \times 0 + 3 \times 0.125 = 0.375$。

从以上的分析可以看出,对于没有鞍点的对策问题,每个局中人在做决策时,不是决定要采用哪一个纯策略,而且要决定用多大的概率选择一个纯策略,以这样一种方式选择纯策略参加对策,是双方的最优策略。

三、矩阵对策的求解方法

当矩阵对策中每个局中人都有三个或更多个策略可选择时,就往往形成了一个大对策问题,其赢得矩阵就是三阶或三阶以上的矩阵,这时,该如何求解呢?从前面的讨论可以看出,如果能够将一个大对策问题简化为 2×2 的对策问题或至少局中人的一方只有两个策略可选择的对策问题,就可以利用我们前面所讨论的方法求解了。那么,怎样进行简化呢?允许简化的条件是什么呢?

1. 优势简化法

简化的条件是:若大对策问题中存在着对局中人来说,绝不会去选择的策略时,就可以将这样的策略从赢得矩阵中去掉,从而使对策问题得到简化。

【例 7-16】 设有对策 $G = \{S_x, S_y, A\}$,其中,$S_x = \{x_1, x_2, x_3\}$、$S_y = \{y_1, y_2, y_3\}$

$$A = \begin{pmatrix} 0 & -4 & 0 \\ -2 & 4 & 0 \\ -1 & -5 & -2 \end{pmatrix}$$

求最优策略和对策值。

解:

(1) 模型简化。

从该赢得矩阵可知,对局中人 X 来说,策略 x_3 明显劣于策略 x_1,因为无论局中人 Y 选择哪种策略,局中人 X 都会在 x_1 和 x_3 中选择 x_1,而不会选择 x_3,因此,对局中人 X 来说,可以将策略 x_3 从赢得矩阵中去掉,而将具有优势的策略 x_1 留下。

这样,赢得矩阵就简化为:

$$A = \begin{pmatrix} 0 & -4 & 0 \\ -2 & 4 & 0 \end{pmatrix}$$

继续分析,可以发现策略 y_1 又优于策略 y_3,所以, y_3 也可以去掉。于是有:

$$\begin{array}{c} & y_1 & y_2 \\ x_1 & \begin{pmatrix} 0 & -4 \\ x_2 & -2 & 4 \end{pmatrix} \end{array}$$

(2) 求对策鞍点。

对局中人 X: $\max_i \{\min_j c_{ij}\} = \max(-4, -2) = -2$

对局中人 Y: $\min_j \{\max_i c_{ij}\} = \min(0, 4) = 0$

$$\max_i \{\min_j c_{ij}\} \neq \min_j \{\max_i c_{ij}\}$$

故该问题不存在纯策略,需采用混合策略法求解。

(3) 求混合策略。

设 X 分别以概率 p 和概率 $1-p$ 选择策略 x_1 和 x_2; Y 分别以概率 q 和概率 $1-q$ 选择 y_1 和 y_2,则混合策略模型为:

$$\begin{array}{cc} & q & 1-q \\ & y_1 & y_2 \\ p & x_1 \begin{pmatrix} 0 & -4 \\ 1-p & x_2 & -2 & 4 \end{pmatrix} \end{array}$$

对 X 来讲,期望收益值为:

当 Y 取 y_1 时: $0p + (-2)(1-p) = -2 + 2p$

当 Y 取 y_2 时: $(-4)p + 4(1-p) = 4 - 8p$

两者应相等: $-2 + 2p = 4 - 8p$

$$10p = 6$$

$$p = 0.6, 1 - p = 0.4$$

对 Y 来讲,期望收益值为:

当 X 取 x_1 时: $0q + (-4)(1-q) = -4 + 4q$

当 X 取 x_2 时: $(-2)q + 4(1-q) = 4 - 6q$

两者应相等: $-4 + 4q = 4 - 6q$

$$10q = 8$$

$$q = 0.8, 1 - q = 0.2$$

故局中人 X 的最优策略为 $P^* = (0.6, 0.4)$。

局中人 Y 的最优策略为 $Q^* = (0.8, 0.2)$。

在局势 (P^*, Q^*) 下的混合对策期望收益值为:

$$V = 0p + (-2)(1-p) = (-2) \cdot 0.4 = -0.8$$

2. 线性规划法

当要求的对策问题具有以下特点时,就要借助于线性规划方法求解:

(1) 每个局中人都有 3 个以上的策略可供选择。

(2) 不存在鞍点。

(3) 不能用优势简化法把对策问题简化成一个更容易处理的问题。

1）混合对策的数学描述

设有矩阵对策：
$$G = \{S_X, S_Y, A\}$$
$$S_X = \{x_1, x_2, \cdots, x_m\}, S_Y = \{y_1, y_2, \cdots, y_n\}$$

$$\begin{array}{c} & y_1 & \cdots & y_j & \cdots & y_n \\ x_1 \\ \vdots \\ x_j \\ \vdots \\ x_m \end{array} \begin{bmatrix} a_{11} & \cdots & a_{1j} & \cdots & a_{1n} \\ \cdots & \cdots & \cdots & \cdots & \cdots \\ a_{i1} & \cdots & a_{ij} & \cdots & a_{in} \\ \cdots & \cdots & \cdots & \cdots & \cdots \\ a_{m1} & \cdots & a_{mj} & \cdots & a_{mn} \end{bmatrix}$$

定义纯策略集合的概率向量为：

$$\begin{cases} P = (p_1, p_2, \cdots, p_m) & \left(p_i \geq 0, i = 1, 2, \cdots, m \text{ 且} \sum_{i=1}^{m} p_i = 1\right) \\ Q = (q_1, q_2, \cdots, q_n) & \left(q_j \geq 0, j = 1, 2, \cdots, n \text{ 且} \sum_{j=1}^{n} q_j = 1\right) \end{cases} \tag{7-3}$$

式中：P、Q——分别为局中人 X 与 Y 的混合策略；

p_i——是 X 取 x_i 时的概率；

q_j——是 Y 取 y_j 时的概率。

又定义对策数学期望：

$$E(P, Q) = \sum_{i=1}^{m} \sum_{j=1}^{n} a_{ij} p_i q_j$$

$E(P, Q)$ 为局中人 X 的期望赢得值；$-E(P, Q)$ 为 Y 的期望赢得值。(P, Q) 称为混合局势。

若局中人 X 的所有混合策略的集合记为 S_X^*，即：$S_X^* = \{P\}$

局中人 Y 的所有混合策略的集合记为 S_y^*，即：$S_y^* = \{Q\}$

于是，X 采取混合策略 P 时，从最坏的情况着想，只能赢得的值为：

$$\min E(P, Q) \quad (Q \in S_y^*)$$

但局中人 X 在选取 $P \in S_x^*$ 时，就要在最坏的情况下，尽量取得最好的结果，即保证获得的期望赢得值不应少于：

$$\max_i \min_j E(P, Q) = V_X \quad (P \in S_x^*, Q \in S_y^*)$$

同理，局中人 Y 在选取 $Q \in S_y^*$ 时，也要保证获得的期望值不少于：

$$\min_j \max_i E(P, Q) = V_Y \quad (P \in S_x^*, Q \in S_y^*)$$

显然，存在 V，使得：$V_Y \leq V \leq V_X$

若：$\max_i \min_j E(P, Q^*) = \min_j \max_i E(P^*, Q) = V \quad (P \in S_x^*, Q \in S_y^*)$

则称 V 为混合对策的期望赢得值，(P^*, Q^*) 称为混合局势，或混合策略下的解。而 P^* 与 Q^* 分别称为局中人 X 与局中人 Y 的最优策略。

求局中人 X 的最优策略，就是求向量 $P = (p_1, p_2, \cdots, p_m)$，且 P 满足条件：

$$\begin{cases} \sum_{i=1}^{m} a_{ij} p_i \geq V & (j = 1, 2, \cdots, n) \\ \sum_{i=1}^{m} p_i = 1 & (i = 1, 2, \cdots, m) \\ p_i \geq 0 & (i = 1, 2, \cdots, m) \end{cases} \tag{7-4}$$

式中：V——对策 G 的值，即：$V = \max\min\sum_{i=1}^{m}a_{ij}p_i$

上式通过变换：
$$p'_i = \frac{p_i}{V} \quad (i=1,2,\cdots,m) \tag{7-5}$$

可以变为：
$$\begin{cases} \sum_{i=1}^{m}a_{ij}p'_i \geq 1 & (j=1,2,\cdots,n) \\ \sum_{i=1}^{m}p'_i = 1 & (i=1,2,\cdots,m) \\ p'_i \geq 0 & (i=1,2,\cdots,m) \end{cases} \tag{7-6}$$

于是，上式就化成了一个线性规划问题：

目标函数
$$\min f(P) = \sum_{i=1}^{m}p'_i \tag{7-7}$$

约束条件
$$\begin{cases} \sum_{i=1}^{m}a_{ij}p'_i \geq 1 & (j=1,2,\cdots,n) \\ \sum_{i=1}^{m}p'_i = 1 & (i=1,2,\cdots,m) \\ p'_i \geq 0 & (i=1,2,\cdots,m) \end{cases} \tag{7-8}$$

同理，局中人 Y 的最优策略可化为下述线性规划问题：

目标函数
$$\min f(Q) = \sum_{j=1}^{n}q'_j \tag{7-9}$$

约束条件
$$\begin{cases} \sum_{j=1}^{n}a_{ij}q'_j \leq 1 & (i=1,2,\cdots,m) \\ \sum_{j=1}^{n}q'_j = 1 & (j=1,2,\cdots,n) \\ q'_j \geq 0 & (j=1,2,\cdots,n) \end{cases} \tag{7-10}$$

其中：
$$q'_j = \frac{q_j}{V} \quad (j=1,2,\cdots,n)$$

$$V = \min\max\sum_{j=1}^{n}a_{ij}q_j \quad (i=1,2,\cdots,m)$$

2) 混合对策的线性规划解法

由于上述两个线性规划模型是互为对偶的问题，所以，只需用单纯形法求解其中的一个问题，就可以从最终表中得到另一个问题的最优解。

【例 7-17】 求矩阵对策 $G = \{S_X, S_Y, A\}$，$S_X = \{x_1, x_2, x_3\}$，$S_Y = \{y_1, y_2, y_3\}$

$$A = \begin{array}{c} \\ x_1 \\ x_2 \\ x_3 \end{array} \begin{array}{c} y_1 \quad y_2 \quad y_3 \\ \begin{pmatrix} 2 & 0 & 2 \\ 0 & 3 & 1 \\ 1 & 2 & 1 \end{pmatrix} \end{array}$$

的对策解和对策值。

解：

分析该对策有无鞍点。

对局中人 X：
$$\min\{2,0,2\}=0$$
$$\min\{0,3,1\}=0$$
$$\min\{1,2,1\}=1$$
$$\max\{0,0,1\}=1$$

对局中人 Y：
$$\max\{2,0,1\}=2$$
$$\max\{0,3,2\}=3$$
$$\max\{2,1,1\}=2$$
$$\min\{3,2,2\}=2$$
$$\max\{0,0,1\}\neq\min\{3,2,2\}$$

故该对策不存在鞍点。

用线性规划方法求解：

对局中人 X 的线性规划模型为：

$$\min f(P)=p'_1+p'_2+p'_3$$

$$\begin{cases} 2p'_1+p'_3\geq 1 \\ 3p'_2+2p'_3\geq 1 \\ 2p'_1+p'_2+p'_3\geq 1 \\ p'_1,p'_2,p'_3\geq 0 \end{cases}$$

对局中人 Y 的线性规划模型为：

$$\max f(Q)=q'_1+q'_2+q'_3$$

$$\begin{cases} 2q'_1+2q'_3\leq 1 \\ 3q'_2+q'_3\leq 1 \\ q'_1+2q'_2+q'_3\leq 1 \\ q'_1,q'_2,q'_3\geq 0 \end{cases}$$

此时,应选择局中人 Y 的模型求解,因为可以不加人工变量。用单纯形法求解,得最终单纯形表见表 7-17。

最终单纯形表　　　　　　　　　　　　　表 7-17

c_j		1	1	1	0	0	0	b_i
C_B	X_B	q'_1	q'_2	q'_3	q'_4	q'_5	q'_6	
1	q'_1	1	0	0	-1/4	-1	3/2	1/4
1	q'_2	0	0	1	3/4	1	-3/2	1/4
1	q'_3	0	1	0	-1/4	0	-1/2	1/4
	$f(Q)$	0	0	0	-1/4	0	-1/2	4/3

由表 7-17 可知：$q'_1=q'_2=q'_3=1/4$

因为：
$$\sum_{j=1}^{n}q'_j=\frac{1}{V}$$

故：
$$V = \frac{1}{\sum_{j=1}^{n} q'_j} = \frac{4}{3}$$

又：$\quad q_j = Vq'_j \quad (j=1,2,\cdots,n)$

故：$\quad q_j = 4/3 \times 1/4 = 1/3$

即：$\quad (q_1, q_2, q_3) = (1/3, 1/3, 1/3)$

同理：由最终表可知：$p'_1 = 1/4, p'_2 = 0, p'_3 = 1/2$

又：$\quad p_j = Vp'_j$

故：$\quad (p_1, p_2, p_3) = (1/3, 0, 2/3)$

即矩阵对策 G 的最优策略为：

对局中人 X：$\quad P^* = (1/3, 0, 2/3)$

对局中人 Y：$\quad Q^* = (1/3, 1/3, 1/3)$

小 结

本章首先介绍了决策问题的基本概念；运输系统决策的重要性；决策的要素及程序；运输系统决策问题的分类。其次，具体介绍了不确定型决策问题的分析方法，包括悲观准则、乐观准则、折衷准则和遗憾值准则。再次，介绍了风险型决策问题的分析方法，最大期望收益值法以及最小期望损失值法。在具体求解方法上，介绍了决策益损值表法和决策树法。详细介绍了如何编制决策益损值表，以及如何绘制决策树。最后，介绍了运输系统对策问题，以及几种基本的对策问题的求解方法。

本章应重点掌握如何用决策益损值表和决策树求解不确定型决策问题和风险型决策问题，特别是重点掌握多阶段风险型决策问题的求解。还应重点掌握二人零和对策问题的求解方法，以及如何用线性规划方法求解矩阵对策问题。

思考与练习题

一、思考题

1. 决策的作用是什么？试结合我国交通运输现状谈科学决策的重要性。
2. 决策的内容和步骤是什么？
3. 怎样理解决策要素？
4. 决策问题可以分成几类？
5. 决策树的结构及决策程序是什么？
6. 什么是对策要素？
7. 二人零和对策具有哪些特点？

二、练习题

1. 为改善某交通路口的安全通行状况，提出了三个方案：方案甲：修建高标准立交桥，投资最大，收益也最大；方案乙：修建简易立交桥，投资较少，收益也较少；方案丙：改建原有设施，调整车流运行方式，加强交通管理，投资最少，收益也最少。预测未来该路口交通量的增长情况有三种：迅速增长、一般增长和缓慢增长。各方案相应于不同交通量情况的效益净现值见表 7-18。

各方案效益净现值　　　　　　　　　　　　　　　　　　　　　　　　表 7-18

方案	状态		
	迅速增长	一般增长	缓慢增长
甲	150	80	−70
乙	100	60	−30
丙	−50	20	40

试分别用：乐观准则、悲观准则、折衷准则(折衷系数 0.4)、后悔值准则作出决策，并对几种决策标准所做的决策进行比较。

2. 某石油公司的输油管线设计能力为 180 万 t，已满足了油田外输量的要求；但已知明年油田的生产能力将有所增长，为扩大输油能力，必须对输油管线进行改建。但在 3~5 年内，输油量因勘探工作尚未结束，无法最后确定，估计在 200~260 万 t 之间。据专家估算，油量为 200 万 t 的概率为 0.2，220 万 t 的概率为 0.4，240 万 t 的概率为 0.3，260 万 t 的概率为 0.1。据核算，输油管道系统恰好能满足外输能力时，每输 1t 原油可盈利 25 元，若输油能力超过外输量，就会造成设备和人员的浪费，则每闲置 1t 输油能力则亏损 15 元。问：设计人员应如何设计，才能使扩建后的输油管线获利最大。

3. 某运输集团公司拟修建一个货物中转仓库，拟定了两个方案：一是投资 9000 万元，一次建成大仓库，货源好时年收益 3000 万元；货源差时年亏损 600 万元。二是先建小仓库，投资 5000 万元，货源好时年收益 1400 万元；货源差时每年仍能收益 500 万元，5 年后若货源好考虑是否扩建成大型仓库，追加投资 4000 万元，每年可得收益 3000 万元。两个方案的经营期均为 15 年。另外，估计前 5 年货源好的概率是 0.7，若前 5 年货源好，则后 10 年货源好的概率是 0.9。试用决策树法进行决策。

4. 某道路施工，管理人员需决策下个月是否开工：若开工以后天气好，能按时完工，则可获利 50000 元；若天气坏，则将损失 10000 元；若不开工，则窝工要付费 1000 元。据以往的气象资料预测下月天气好的概率是 0.3，天气坏的概率是 0.7，试作出决策。

5. 有两个道路建设方案：
一是建设高速公路，使用期限为 30 年，总投资 10000 万元。若在前 15 年交通量达到设计标准(10000 辆/日)，则获得年收益 1500 万元；若交通量达不到设计标准，则年收益为 1000 万元。据预测，前 15 年交通量达到设计标准的概率为 0.7，若前 15 年达到设计标准，则后 15 年达到设计标准的概率为 0.8，且达到设计标准的后 15 年的年收益为 2500 万元；未达到设计标准的后 15 年的年收益为 1600 万元。

二是先建二级公路，使用期限为 15 年，总投资为 6000 万元。前 15 年达到设计交通量(2500 辆/日)，则获得年收益 900 万元的概率为 1.0，15 年后改建为高速公路，改建费 5000 万元。据预测达到设计交通量的概率为 0.8，年收益 2200 万元；如达不到标准，年收益为 1500 万元。

问：在年利率为 15% 时，应选取哪个方案？

6. 今有一矩阵对策 $G = \{S_X, S_Y, A\}$，$S_X = \{x_1, x_2, x_3\}$，$S_Y = \{y_1, y_2, y_3\}$

$$\begin{array}{c} \begin{array}{ccc} y_1 & y_2 & y_3 \end{array} \\ \begin{array}{c} x_1 \\ x_2 \\ x_3 \end{array}\left(\begin{array}{ccc} 5 & 4 & 6 \\ 2 & 3 & 7 \\ 4 & 3 & 0 \end{array}\right) \end{array}$$

求对策双方的最优策略和对策值。

7. 将以下矩阵对策化成线性规划问题求解：

$$A = \begin{array}{c} \begin{array}{cc} y_1 & y_2 \end{array} \\ \begin{array}{c} x_1 \\ x_2 \\ x_3 \end{array}\left(\begin{array}{cc} 2 & 12 \\ 12 & 0 \\ 11 & 6 \end{array}\right) \end{array} \qquad B = \begin{array}{c} \begin{array}{ccc} y_1 & y_2 & y_3 \end{array} \\ \begin{array}{c} x_1 \\ x_2 \\ x_3 \end{array}\left(\begin{array}{ccc} 0 & 1 & 1 \\ -1 & 0 & 1 \\ 1 & -1 & 0 \end{array}\right) \end{array}$$

第八章 运输系统模拟

第一节 概 述

一、系统模拟的概念

模拟的本意是"虚构,抽取本质、超越现实"。系统模拟则是指用系统模型结合实际的或模拟的环境和条件,或用实际的系统结合模拟的环境和条件,对系统进行研究、分析和实验的方法。

人们在研究系统,特别是研究那些复杂而庞大的系统的时候,往往要通过建立模型,在模型上进行实验的方法,来认识系统,了解系统。如工程方面,飞机的风洞实验、船模的船池实验等,就是利用系统模型在模拟的环境和条件下进行实验;军事方面,军队举行的各种战略、战术演习,就是真实的军事系统结合模拟的环境和条件下的实验;再比如,航天方面,在宇宙航行中用动物作为生理模型代替人去冒险,就是用系统模型结合真实的环境和条件下的实验。

系统模拟的目的,是要在人为控制的环境和条件下,通过改变系统的输入、输出或系统模型的特定参数,来观察系统或模型的响应,用以预测系统在真实环境和条件下的品质、行为、性质和功能。

二、系统模拟的发展过程

模拟的思想早在古代就有了,如中国象棋就是模仿古代战争的一种游戏。因此,模拟并不是一个新的概念,人类早就开始用模拟的方法来认识世界和改造世界了。模拟的发展大致经历了三个阶段。

1. 直观模拟阶段

在这个阶段,人们只是对自然物进行直观的模仿,其特点是只模仿自然物的外部几何形状和由外部形状产生的某些功能,模拟的目的只是为了研究被模拟的对象(原型),把原型中的某些优点移植到工具或仪器上。由于这种局限性,直观模拟只能为科学的发展提供一些条件,而不能带来根本性的变革。

2. 模拟实验阶段

在这个阶段,开始把模拟方法用于科学实验,用模型模拟原型、研究原型,以便制成比原型更高级的系统。此时,常采用两种手段进行模拟实验:一是物理模拟,即以几何相似或物理相似为基础的模拟;一是数学模拟,即以数学方程式相似为基础的模拟。最后,将模拟结果在实践中加以检验。

3. 功能模拟阶段

在这个阶段,是以不同系统的功能和行为的相似为基础进行模拟,用不同的系统结构实现相同的系统功能。如用计算机模拟人脑的思维功能、人体功能等。在这一阶段,计算机已经成为现代模拟的主要工具,使模拟技术得到了深入的发展。

三、系统模拟的功能

系统模拟主要有以下功能。
(1)估价系统中的某一部分。
(2)估价系统各部分或子系统彼此之间的影响和对系统整体性能的影响。
(3)比较各种设计方案,以获得最优的设计。
(4)在系统发生故障后,使之重演,以便研究故障原因。
(5)进行假设检验。
(6)训练系统操作人员等。

四、系统模拟的步骤

1. 提出问题,明确模拟对象

即要求清楚地、准确地阐明模拟对象的研究主题,要求建立模拟系统的规模、目的、范围,确定模拟系统的界限、条件,确定系统模拟效果的评定准则。

2. 建立系统模拟模型

应用已取得的资料数据,建立描述系统的模拟模型,以观察其是否与实际系统情况相符合,若有差异,则立即予以修正,务求使建立的模型可靠有效。

3. 模拟模型验证

利用建立的模拟模型进行一系列的模拟试验,对模型输入各种条件,观察其输出情况,了解各种条件的变化对现实过程的影响。

4. 对模拟结果进行评价

按照模拟模型的评价标准,对其验证工作进行评价、比较,若满足要求,则模拟工作完成;若不满足要求,应反馈重新模拟或修改模型。

以上步骤的程序框图如图 8-1 所示。

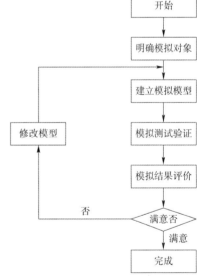

图 8-1 系统模拟的步骤

五、系统模拟的方法

在系统工程中,利用模拟模型来研究现实系统时,首先要建立模拟模型,模拟模型一般分为 3 类:物理模拟模型、数学模拟模型和兼有以上两种模型特征的模拟模型。物理模拟模型即实体模型。数学模拟模型又分为数学解析模拟和蒙特卡罗模拟(计算机模拟),本章中主要介绍蒙特卡罗模拟方法。

第二节 蒙特卡罗模拟

一、蒙特卡罗模拟法的由来

蒙特卡罗法是由匈牙利数学家冯·诺依曼建立的。蒙特卡罗是摩洛哥的一个地名,它濒临地中海。1862年,摩洛哥国王为了解决经济困难,在蒙特卡罗设置了赌场,由于它优越的地理环境和宜人的气候,吸引了世界各国的有钱人,成为西方世界的王公显贵、达官富豪寻欢作乐的场所。蒙特卡罗也因此而成了颇负盛名的赌城。为了寻求赌赢之道,许多人经过长期观察,对赌场的输赢过程进行模拟,逐渐摸索到了一点门道,随后,又经过数学家的推理与论证,逐步形成了一种科学的方法。蒙特卡罗法就是这样形成的一种模拟方法。

二、蒙特卡罗法的原理与步骤

1. 原理

蒙特卡罗法又称统计试验法,是以概率论与数理统计为指导的模拟方法。它的实质是运用一连串的随机数来模拟可能出现的随机现象,即为了求解确定的数学问题,要构造一个与原来的问题没有直接关系的概率过程,而利用其产生统计现象的方法。

这种方法由于运用的是概率中大数定律的原理,是统计的方法,免不了有偶然的成分,所以抽取的随机数的次数要大些才行。

2. 步骤

(1) 对资料进行分析和处理,以适应建模的需要。

(2) 建立描述现实系统的适当的模拟模型。

(3) 根据资料的处理结果,对模型进行提取样本的试验,并利用试验结果分析系统变化的规律。

由上述蒙特卡罗法的原理、步骤可知,蒙特卡罗法的关键步骤在于建立模拟模型,而建立模拟模型的关键,又在于随机数的确定,确定随机数主要有以下几种方法。

三、确定随机数的方法

作为可用的随机数,应具有下述性质:随机性好;速度快;节省时间;循环周期长;易于在计算机上实现,且占用内存少;不应退化到反复产生同一个常数。常用的确定随机数的方法有以下几种。

1. 用随机数骰子确定随机数

一般常见的骰子是正6面体,有6个数字,而随机数骰子为正20面体,刻有0~9两组数字,如图8-2所示。

假如要确定两位数的随机数,就用两个随机数骰子,这样,可以得出00~99的随机数。若要确定三位数的随机数,就用三个随机数骰子,可以得出000~999的随机数。不过,用随机数骰子得出的随机数称为均匀分布随机数。

2. 用电子计算机确定随机数

通过编写随机数产生程序,用计算机产生随机数。用这种方法产生的随机数便于重复产生,占用内存少,产生速度快。但由于这种随机数是根据确定的递推公式求得的,存在着周期现象;另外,在初值确定以后,所有的随机数就都被唯一地确定下来了,不能满足真正随机数的要求。因此,这样产生的随机数又称为伪随机数。不过,在实际应用中,只要这些伪随机数序列能通过一系列的统计检验,可以把它们当作真正的随机数使用。

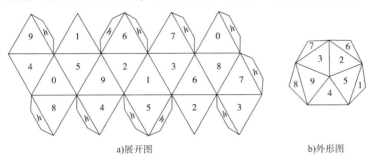

a)展开图　　　　　　　b)外形图

图 8-2　20 面骰子示意图

利用计算机确定随机数时,常用的算法有:平方取中法、固定乘数法、移位指令法、乘同余法、加同余法等。

1)用平方取中法求四位随机数

任取一个四位数,将其平方后,得八位数(不足八位数在前面补零),取八位数的中间四位数再平方,然后再在此平方数的中间取四位数,再平方……如此一个个求下去,即可得到所需要数量的随机数。

例如：　　　　　$(1235)^2 = 01525225$　　　随机数:5252

　　　　　　　　$(5252)^2 = 27583504$　　　随机数:5835

　　　　　　　　$(5835)^2 = 34047225$　　　随机数:0472

　　　　　　　　$(0472)^2 = 00222784$　　　随机数:2227

　　　　　　　　$(2227)^2 = 04959529$　　　随机数:9595

　　　　　　　　　　　　…　　　　　　　　　　…

这种方法目前已很少使用,因为产生退化很快,一旦出现一个零以后,后面就都是零,除非采取其他措施。此外,这种方法产生的随机数速度较慢。

2)固定乘数法求四位随机数

将任意一个四位数与任意一个常数相乘,从乘积中截取后面的一半,取其前四位数作为随机数,然后,将这个随机数与该常数相乘,照样截取后面的一半,取其前四位数作为随机数……继续下去,即可达到所需数量的随机数。

例如:以 5091 为一个四位数,$(6)^7$ 为一固定乘数,与之相乘,求得四位随机数如下:

　　　　　　　　$(5091)(6)^7 = 1425154176$　　　随机数:5417

　　　　　　　　$(5417)(6)^7 = 1516413312$　　　随机数:1331

　　　　　　　　$(1331)(6)^7 = 0372594816$　　　随机数:9481

　　　　　　　　$(9481)(6)^7 = 2653073216$　　　随机数:7321

　　　　　　　　　　　　…　　　　　　　　　　…

这种方法产生随机数的周期比平方取中法有所改善,但还是不够长,随机数的分布比平方取中法均匀,但有时也会产生退化。

3) 加乘同余法

加乘同余法是莱默(Lehmer)设计的,是目前较常采用的求随机数的方法。其算法是:

$$X_{n+1} = (aX_n + C)(\mod m) \quad (n \geq 0) \tag{8-1}$$

式中:X_n——初始值;

a——乘子,常数;

C——增量,常数;

m——模数,常数。

如取 $X_n = 33, a = 21, C = 53, m = 100$,求得两位随机数见表 8-1。

求得两位随机数　　　　　　　　　表 8-1

n	X_n	$21X_n + 53$	$(21X_n + 53)/100$	X_{n+1}
1	33	746	746/100	46
2	46	1019	1019/100	19
3	19	452	452/100	52
4	52	1145	1145/100	45
5	45	998	998/100	98
…	…	…	…	…

对加乘同余法有很多研究成果。这种方法产生的随机数比以前所有的方法得到的随机数分布得更为均匀,周期更长,且计算起来更快。然而,这种方法有时候也会出现循环。

应用这种方法求随机数时,有几个问题需要注意:

(1)增量常数 C 的选择。增量常数 C 应为奇数,且一般要求 $C(\mod 8) = 5$(对二进制计算机)。

(2)乘子常数 a 的选择。乘子常数 a 应为奇数,且如果 4 是 m 的一个因数,则 $a = 1(\mod 4)$;如果 P 是 m 的一个质因子,则 $a = 1(\mod P)$。对 a 的最方便的选择是 $a = 2^s + 1$(对二进制计算机 $S > 2$)。

(3)模数常数 m 的选择。模数常数 m 应是一个较大的数。

(4)初值 X_n 的选择。尽量不用零。

3. 查随机数表以确定随机数

目前,有不少随机数表,如两位数的随机数表、三位数的随机数表等,可以通过查随机数表,确定随机数。但随机数表也是通过计算机产生的,因而,也是伪随机数。利用随机数表确定随机数,是从随机数表中的任意行、任意列开始,一个个地或 3 个一组、10 个一组地提取所需数量的随机数。

四、随机模拟

1. 将随机数作为事件出现的随机概率进行模拟

1) 步骤

(1)求出模拟事件出现的频率。

(2)计算累计频率。

(3)将累计频率换算为随机概率。
(4)从随机数表中任意指定一个随机数作为始点,一个一个地模拟。
2)算例

【例 8-1】 对某汽车修理车间修理每辆汽车所需要的时间进行统计,共统计了100次,各种时间出现的次数见表8-2,试对汽车修理车间修理每辆汽车的服务时间进行模拟。

某汽车修理车间修理汽车所需时间　　　　表 8-2

服务时间(h)	发生次数(次)	分布概率	累计频率	随机概率
6	10	0.10	0.10	0.00~0.09
7	25	0.25	0.35	0.10~0.34
8	35	0.35	0.70	0.35~0.69
9	20	0.20	0.90	0.70~0.89
10	10	0.10	1.00	0.90~0.99

解:
① 计算汽车修理车间修理每辆汽车所需服务时间的分布概率、累计频率和随机概率见表8-2。
② 假定有随机数见表8-3。

随机数表　　　　表 8-3

序 号	随 机 数								
1	97	95	12	11	90	49	57	13	86	81
2	02	92	75	91	24	58	39	22	13	02
3	80	67	14	99	16	89	96	63	67	60
4	66	24	72	57	32	15	49	63	00	04
5	96	76	20	28	72	12	77	23	79	46

在随机数表中任意指定一个数开始模拟服务时间,比如,从第二行第五个随机数24开始模拟。24在表8-2中属于随机数0.10~0.34这个范围,它的服务时间是7h。接着,第二行第六个随机数是58,58在表8-2中属于随机数0.35~0.69这个范围,它的服务时间是8h。假如共模拟了10个服务时间,则模拟的10个随机数与相应的服务时间见表8-4。

模拟的随机数与相应的服务时间　　　　表 8-4

随机数	24	58	39	22	13	02	80	67	14	99
服务时间(h)	7	8	8	7	7	6	9	8	7	10

2. 将随机数加以改造,作为实际发生的事件进行模拟

若模拟随机数的平均数与均方差不能够很好地模拟实际发生的事件时,就要对随机数加以适当的改造,用模拟随机数进行模拟。改造的方法是:
(1)求出模拟事件的平均数与均方差。
(2)再求出模拟随机数的平均数与均方差。
(3)比较以上两者的平均数与均方差;若模拟随机数的均方差小于模拟事件的平均数与均方差,则将其加大;反之,则缩小。目的是使随机数的平均数与均方差和模拟事件的平均

数与均方差相等。

例如,在模拟某种设备的故障发生时间,以决定其检修方式时,可以把随机数作为发生故障的间隔时间看待;再如,在模拟原材料的供需情况以决定其最佳存量时,可以把随机数作为需要量看待。但是,在这种情况下,由于随机数不可能与发生故障的间隔时间或原材料的需要量等同,所以要加以适当的改造。

3. 将随机数作为某种特定的标志进行模拟

【例 8-2】 醉汉问题

从前有一位数学家,看到一个醉汉倚着广场上的一根灯柱站着。忽然,醉汉无目的地向某一方向走了几步,然后又向另一个方向走了几步或后退几步。醉汉就这样东倒西歪、忽前忽后地走着。这位数学家想到了一个问题:醉汉走出几步之后,最可能出现的离开灯柱的距离是多远?

解:

这个问题叫作随机行走问题,可以用二位随机数来模拟。如果有二维直角坐标系(图 8-3),原点为灯柱所在地。用随机数的第一位数字代表醉汉向 x 轴方向的运动,用随机数的第二位数字代表醉汉向 y 轴方向的运动,且以偶数代表醉汉向前走,以奇数代表醉汉向后退。

假定求醉汉行走 5 步以后离开灯柱的距离,用 5 个随机数来模拟。假设抽出的 5 个随机数为:76、35、68、92、15,则,模拟结果见表 8-5。

模 拟 结 果   表 8-5

移动步数	第一位数字	第二位数字	位置(按单位计)	
			x_n	y_n
1	7	6	−1	1
2	3	5	−2	0
3	6	8	−1	1
4	9	2	−2	2
5	1	5	−3	1

模拟醉汉行走的路线如图 8-3 所示。

由模拟结果可知,醉汉走出 5 步以后,离开灯柱的距离是:

$$d_5 = \sqrt{(-3)^2 + 1^2} = \sqrt{10} \approx 3.16$$

以上介绍的是在模拟时应如何运用随机数的问题。在应用的过程中,还要注意以下几个具体的问题:

(1)当手头上没有二位随机数表,而要取二位随机数时,也可用四位或多位随机数表进行模拟。一种方法是不管这个数字有多大,只指定其中的两位数作为我们想要的随机数;另一种方法是把它们看作是一些连续数,每两个作为一组依

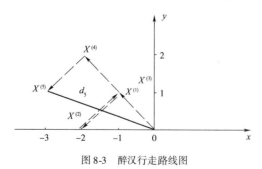

图 8-3 醉汉行走路线图

次使用。例如,1225 这个数,可分为 12、25 两个数;1587634976 这个数,可分为 15、87、63、49、76 五个数。

(2)当以随机数作为实际发生的事件进行模拟时,如果随机数的散布情况与事件的散布情况有较大的距离时,如事件的最低值为 70,最高值为 120,最低值与最高值之间的离差为 50,而二位随机数的最低值为 00,最高值为 99,两者的离差为 100,则应将模拟随机数予以合并、平均,求出另一组离差较小的模拟数进行模拟。

例如,表 8-6 为模拟随机数,可以采取两两合并的办法,缩小差距。如表 8-6 中的 67、11、09、48、96、29 等 6 个随机数可以合并、平均为以下 3 个随机数。

模 拟 随 机 数 表 8-6

序 号	随 机 数								
1	67	11	09	48	96	29	94	59	84	41
2	68	38	04	13	86	91	02	19	85	28
3	67	41	90	15	23	62	54	49	02	06
4	93	25	5	49	06	96	52	31	40	59
5	78	26	74	41	76	43	35	32	07	59

$$\frac{67+11}{2}=39 \quad \frac{9+48}{2}=28.5 \quad \frac{96+29}{2}=62.5$$

(3)当要求均匀随机数符合于常态分布时,可查常态随机数表,如无此表,则可用下式计算:

$$U=\frac{\sum_{i=1}^{N} u_i - \frac{N}{2}}{\sqrt{N/12}} \tag{8-2}$$

式中:U——常态随机数;

u_i——均匀随机数;

N——均匀随机数的个数。

如果 $N=12$,则式(8-2)可写为:

$$U=\sum_{i=1}^{12} u_i - 6 \tag{8-3}$$

现仍用表 8-6 的资料,以 6 个两位数的随机数为一组,根据式(8-3)计算,可得:

$$U_1 = 6+7+1+1+0+9+4+8+9+6+2+9-6 = 56$$
$$U_2 = 9+4+5+9+8+4+4+1+6+8+3+8-6 = 63$$
$$U_3 = 0+4+1+3+8+6+9+1+0+2+1+9-6 = 38$$

(4)当手头资料不足,无法求出模拟事件的平均值与均方差时,可用式(8-4)和式(8-5)进行估算:

$$平均值 = \frac{最大值 + 4(估计的平均值) + 最小值}{6} \tag{8-4}$$

$$均方差 = \frac{最大值 - 最小值}{6} \tag{8-5}$$

第三节 运输系统模拟

随着模拟方法和计算机的应用发展,模拟方法的应用范围越来越大,甚至过去用数学方法解决的问题,现在也开始被模拟方法所取代。根据近年来的报道,在系统工程中所采用的运筹学的各种方法中,模拟方法的应用范围迅速超过了线性规划和网络技术,而居各项技术的首位。

在如下系统中的一些部门或问题,可以应用模拟方法来解决:

1. 修理部门(如汽车修理厂、修船厂、航修站、修理车间或机修点等)

可以利用模拟法对顾客(车辆、船舶或工件)到来的间隔时间和维修服务的工作时间进行模拟。根据模拟的结果,制定今后的工作计划,如生产计划、劳动力需要量计划、内涵挖潜计划和扩建计划等。

2. 物资供应部门

包括企业内部的采购、仓储部门和公司内部的统配物资的计划与分配部门,可对各项主要物资在各时期的需要量进行模拟。根据模拟结果,确定最佳储存计划和最佳采购计划,以减少所占面积和加速流动资金的周转。

3. 设备管理部门

可对各项主要设置的使用情况进行模拟,纠正由于生产组织不合理而引起的排队现象,并为编制设备购置计划做参考。另外,设置管理部门还可以利用模拟对某些主要设备的故障发生时间进行模拟,以制定出比较切合实际的设备检修计划。

4. 运输生产部门

如汽车运输部门、港口部门及航运部门,在缺乏数据来源或数据来源不全的时候,为了确定运输生产能力、港站规模和研究车船到发规律以及装卸工人的配备等,均可以利用模拟法提出合理的设计要求。

5. 某些重大事件

需要对今后的发展状况有所了解才能决策时,也可以应用模拟法。

一、用随机概率模拟排队论问题

在运输系统中,排队现象是普遍可见的,如到港待泊的船只、等待加油的汽车、等待装卸的货物等。船舶与港口,汽车与加油站,货物与装卸机械等构成了一个个排队系统。如何估计一个排队系统的服务质量?如何确定排队系统的最优运营参数?如何判断一个排队系统的结构是否合理,是否需要采取改进措施?都需要计算排队系统的有关运行指标,而这些指标可以通过模拟方法来求得。

1. 一般排队系统的模拟

一般排队系统,即不考虑发展因素的排队系统,在应用模拟方法时,其具体步骤如下:

第一步:计算排队系统的随机概率。根据统计资料,整理出排队系统中顾客的到达时间间隔和服务员的服务时间长度所出现的频率,并将其换算为随机概率。

第二步:排队系统模拟。用随机数表进行模拟。

第三步:排队系统运行指标计算。根据模拟情况,计算排队系统的各种运行指标。

第四步:排队系统分析。根据排队系统的运行指标,分析、评价排队系统的运行情况。

下面举例说明。

【例 8-3】 某运输公司材料仓库有管理员一个负责发料工作,根据过去的记录,得知领料人到达时间间隔和管理员发料时间长度的频率见表 8-7 和表 8-8。

领料人到达时间间隔频率　　　　　　　　　　　　　　　　　　　　　　　　　表 8-7

到达时间间隔(min)	3	4	5	6	7	8	合计
频率	0.05	0.20	0.35	0.25	0.10	0.05	1.00

管理员发料时间长度频率　　　　　　　　　　　　　　　　　　　　　　　　　表 8-8

发料时间长度(min)	3	4	5	6	7	合计
频率	0.10	0.20	0.40	0.20	0.10	1.00

试用模拟法求:

①领料人的平均等待时间;

②等待行列的平均顾客人数;

③发料人的平均服务时间;

④领料人平均到达间隔;

⑤领料人在仓库的平均消耗时间。

解:

第一步:将到达时间间隔与服务时间长度的频率加以累计,并根据随机数的要求,将累计频率换算为随机概率(表 8-9、表 8-10)。

领料人到达时间间隔累计频率及随机概率　　　　　　　　　　　　　　　　　　表 8-9

到达时间间隔(min)	频率	累计频率	随机概率	到达时间间隔(min)	频率	累计频率	随机概率
3	0.05	0.05	0.00~0.04	6	0.25	0.85	0.60~0.84
4	0.20	0.25	0.05~0.24	7	0.10	0.95	0.85~0.94
5	0.35	0.60	0.25~0.59	8	0.05	1.00	0.95~0.99

管理员服务时间长度累计频率及随机概率　　　　　　　　　　　　　　　　　　表 8-10

到达时间间隔(min)	频率	累计频率	随机概率	到达时间间隔(min)	频率	累计频率	随机概率
3	0.10	0.10	0.00~0.09	6	0.20	0.90	0.70~0.89
4	0.20	0.30	0.10~0.29	7	0.10	1.00	0.90~0.99
5	0.40	0.70	0.30~0.69				

第二步:利用随机数进行模拟;从随机数表中的任意一个数开始,顺序抽取 20 个随机数,模拟 20 个顾客来到仓库领料,其模拟的情况见表 8-11。

模拟情况表(单位:min)　　　　　　　　　　　　　　　　　　　　　　　　　表 8-11

序号	随机数	到达时间间隔	到达时间	服务开始时间	随机数	服务时间	服务完成时间	等待时间 管理员	等待时间 领料人	等待行列长度
1	83	6	8.06	8.06	46	5	8.11	6		

续上表

序号	随机数	到达时间间隔	到达时间	服务开始时间	随机数	服务时间	服务完成时间	等待时间 管理员	等待时间 领料人	等待行列长度
2	70	6	8.12	8.12	64	5	8.17	1		
3	06	4	8.16	8.17	09	3	8.20		1	1
4	12	4	8.20	8.20	48	5	8.25			
5	59	5	8.25	8.25	97	7	8.32			
6	46	5	8.30	8.32	22	4	8.36		2	1
7	54	5	8.35	8.36	29	4	8.40		1	1
8	04	3	8.38	8.40	01	3	8.43		2	1
9	51	5	8.43	8.43	40	5	8.48			
10	99	8	8.51	8.51	75	6	8.57	3		
11	84	6	8.57	8.57	10	4	9.01			
12	81	6	9.03	9.03	09	3	9.06	2		
13	15	4	9.07	9.07	70	6	9.13	1		
14	36	5	0.12	9.13	41	5	9.18		1	1
15	12	4	9.16	9.18	40	5	9.23		2	1
16	54	5	9.21	9.23	37	5	9.28		2	1
17	97	8	9.29	9.29	21	4	9.33	1		
18	08	4	9.33	9.33	38	5	9.38			
19	49	5	9.38	9.38	14	4	9.42			
20	44	5	9.43	9.43	32	5	9.48	1		
Σ	—	103	—	—	—	93	—	15	11	7

第三步：根据表 8-6 的有关数据，求该排队系统的有关指标：

① 领料人平均等待时间：$W_q = 11 \div 20 = 0.55(\min)$

② 等待行列的平均顾客人数：$L_q = 7 \div 20 = 0.35(人)$

③ 发料人的平均服务时间：$93 \div 20 = 4.65(\min)$

④ 领料人平均到达间隔：$103 \div 20 = 5.15(\min)$

⑤ 领料人在仓库的平均消耗时间：

$$W_s = 0.55 + 4.65 = 5.20(\min)$$

第四步：排队系统分析

根据上述各项排队系统指标，进一步分析、评价该排队系统的运行状况，如该仓库管理人员人数的设置是否合理；工作效率如何；要不要增加管理人员，以减少领料人在系统中的等待时间等。

2. 考虑发展因素的排队问题

上述排队问题的模拟方法，对非发展事件，即对变化不大的事件是适用的，但对需要考虑发展因素的排队系统进行模拟时，还采用上述方法，就可能使模拟的结果严重背离实际情况。当利用随机概率对发展型事件进行模拟时，要对其前期的统计资料加以适当的改造后，

再予以利用。可按如下步骤进行:

第一步:求出模拟事件的先验分布。根据统计资料计算模拟事件的先验分布,看其服从于哪种分布或类似于哪种分布。

第二步:计算分布参数。对完全服从于某种分布、基本上服从于某种分布或类似于某种分布的事件,按照分布公式的要求,算出它们的计算参数。

第三步:在计算参数中加入发展因素,然后再根据这个参数求该事件的理论次数分布。

第四步:利用随机概率进行模拟。对于完全服从于某种分布的事件,可直接将理论分布换算为随机概率进行模拟,对于基本上服从于某种分布或类似于某种分布的事件,则需将相应的先验分布与理论分布相加,求出其平均分布,并换算成随机概率后,再进行模拟。

必须注意的是,对需要按平均分布进行模拟的问题,在求理论分布时,除应考虑发展因素外,还应考虑由于先验分布与理论分布两者平均所抵消的部分,即在发展因素之外,还应增加一个补偿数。这个补偿数,一般与发展因素相等。

下面举例说明。

【例 8-4】 某外贸码头报告期每日到港的船舶艘数见表 8-12,为便于计算,将该码头的营运期简化为 100 天,故该表中共统计了 100 天的船舶到港情况。计划期预测,估计每日平均到港的船舶艘数可增加 5% 左右。从该码头当前的生产情况来看,已经感到生产能力不足,如再增加到港船舶,势必更加忙乱。为解决此问题,港口计划部门拟利用模拟方法,模拟该港外贸码头计划期的船舶到港情况,以便设计最合理的扩充码头设施的方案。

某外贸码头报告期每日到港的船舶数 表 8-12

每日到港船艘数(x)(艘)	日数(f)(日)	(f_x)	计 算 式
0	6	0	
1	16	16	
2	38	76	$\lambda = \dfrac{\sum f_x}{\sum f} = \dfrac{228}{100} = 2.28$
3	26	78	即:平均每日到船 2.28 艘
4	12	48	
5	2	10	
Σ	100	228	

解:

第一步:根据以上资料,观察船舶到港是什么样的分布。可以用直方图来表现(图 8-4)。由图 8-4 可以看出,船舶到港基本上类似于泊松分布。

第二步:按照泊松分布公式的要求,计算它的分布参数 λ。经计算得:

$$\lambda = 2.28 (艘)$$

第三步:考虑发展因素。根据题意,该外贸码头计划期平均每日到港的船舶艘数可增加 5% 左右,按此计算,可得:

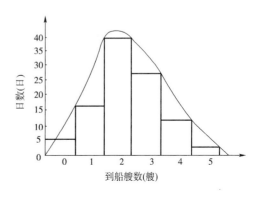

图 8-4 到船艘数直方图

$$2.28 \times 0.05 = 0.114(艘)$$

即计划期每日到港船舶艘数可增加 0.114 艘。包括发展因素在内,计划期每日到港的船舶艘数应为:

$$\lambda = 2.28 + 0.114 = 2.394(艘)$$

第四步:求事件的随机概率。

(1) 计算每日到港船舶艘数的理论次数分布。

由于本例的先验分布基本上类似于泊松分布,因此,我们以泊松分布作为该例题的理论分布。在泊松分布的 λ 中,还需要考虑因求平均分布所抵消的部分,即在 2.394 中再增加一个 0.114,得 $2.508 \approx 2.5$。取 2.5 作为计算参数 λ,代入泊松公式:

$$f(x) = \frac{\lambda^x}{x!} e^{-\lambda} \quad (x = 0, 1, 2, \cdots, n) \tag{8-6}$$

得每日平均到港 0~7 艘的理论次数分布见表 8-13。

每日平均到港船舶的理论分布值　　　表 8-13

每日到港船舶艘数(x)	0	1	2	3	4	5	6	7	Σ
理论分布日数(f')	8.2	20.5	25.7	21.4	13.4	6.7	2.8	1.3	100.0

(2) 求平均次数分布。

将先验次数分布与理论次数分布相加,求平均次数分布见表 8-14。

平均次数分布　　　表 8-14

每日到船艘数 (x)(艘)	先验分布日数 (f)(日)	理论分布日数 (f')(日)	平均分布日数 $f = (f+f')/2$(日)
0	6	8.20	7.10
1	16	20.5	18.25
2	38	25.7	31.85
3	26	21.4	23.70
4	12	13.4	12.70
5	2	6.70	4.35
6	0	2.80	1.40
7	0	1.30	0.65

(3) 按照平均次数分布,求该港计划期预计到船总数。

所求的预计到船总数见表 8-15。

预计到船总数　　　表 8-15

每日到船艘数(x)	0	1	2	3	4	5	6	7	Σ
平均分布日数(f)	7.10	18.25	31.85	23.70	12.70	4.35	1.40	0.65	100.0
fx	0.00	18.25	63.70	71.10	50.80	21.75	8.40	4.55	238.55

(4) 求计划期每日平均到港船舶艘数。

$$238.55/100 = 2.3855 \approx 2.39(艘)$$

即计划期每日平均到港船舶艘数约等于2.39艘,与约定的计划增长数 $\lambda = 2.394$ 基本相符。

(5)计算每日到港船舶频率。

有了船舶到港日平均次数分布数以后,即可以按四舍五入将它们简化,并将每日到船为6艘及7艘的日数并入每日到船为5艘的日中,再将这个分布转化为频率见表8-16。

计算的每日到港船舶频率　　　　　　表8-16

每日到船艘数(x)(艘)	0	1	2	3	4	5(包括5以上)	Σ
平均分布日数(f)(日)	7	18	32	24	13	6(4.3+1.4+0.65)	100.0
频率(f/100)	0.07	0.18	0.32	0.24	0.13	0.06	1.00

(6)求随机概率。

将以上频率加以累计,并换算为随机概率见表8-17。

每日到港船舶随机概率　　　　　　表8-17

每日到船艘数(x)(艘)	0	1	2	3	4	5
累计频率	0.07	0.25	0.57	0.81	0.94	1.00
随机概率	00~06	07~24	25~56	57~80	81~93	94~99

第五步:利用随机概率进行模拟。

模拟的过程如例8-3。

二、用模拟随机数模拟方案论证问题

1. 利用模拟随机数,模拟设备购置方案的论证

所谓模拟随机数,是根据模拟事件的特点加以改造了的随机数。在某些情况下,为了直接模拟事件的进行状态,需要利用模拟随机数进行模拟。此时,需对随机数做如下处理:

(1)根据统计资料求事件的平均数与均方差。

(2)从均匀随机数表中,任意选择一组随机数,按求常态随机数的公式加以组合,并求出其平均数与均方差。

(3)按照实际事件的平均数和均方差,利用式(8-7)~式(8-9),将常态随机数改造为与实际事件具有同样平均数与均方差的模拟随机数。

求实际事件的均方差与常态随机数的均方差的比值系数 ε_σ;

$$\varepsilon_\sigma = \frac{\sigma_1}{\sigma_M} \tag{8-7}$$

式中:σ_1——实际事件的均方差,或称指定均方差;

σ_M——常态随机数的均方差。

求模拟修正数 ε'_M;

$$\varepsilon'_M = \overline{X}_M \cdot \varepsilon_\sigma - \overline{X}_1 \tag{8-8}$$

式中:$\overline{X}_M$——常态随机数的平均数;

$\overline{X}_1$——实际事件的平均数,或称指定平均数。

求模拟随机数 M'_i;

$$M'_i = M_i \cdot \varepsilon_0 - \varepsilon_n \tag{8-9}$$

式中:M_i——常态随机数($i=1,2,3,\cdots,n$)。

以上,我们介绍了对于非发展型事件,如何利用模拟随机数进行模拟,但如果要模拟的事件是发展型的,则应考虑发展因素。可以按以下方法进行:

根据预测情况,确定计划期的发展比率;按下述公式,求事件在计划期希望达到的平均水平与均方差;求包含有发展因素的事件的平均数 $\bar{X}'_1$:

$$\bar{X}'_1 = \bar{X}_1(1+r)^n \tag{8-10}$$

式中:r——年平均发展比率;

n——周期数,一般以年为单位。

求包括有发展因素的事件的均方差 σ'_1:

$$\sigma'_1 = \frac{\sigma_1 \bar{X}'_1}{\bar{X}_1} \tag{8-11}$$

将式(8-7)和式(8-8)中的 $\bar{X}_1$ 和 σ_1 更换为 $\bar{X}'_1$ 和 σ'_1,并按照式(8-9)逐项计算,即可得出一组包含有发展因素的模拟随机数。

下面举例加以说明。

【例8-5】 某南方海湾,有一个由若干个体渔民组织起来的捕捞队,为了及时地将其捕获的鲜鱼运往城市,曾与某汽车运输公司签订合同,合同中约定:由汽车运输公司出资购买冷藏汽车承运,而捕捞队则在运价上给汽车运输公司以适当照顾。但捕捞队每日的捕鱼量不等,最高日与最低日之差竟达100t以上。根据这种情况,该汽车运输公司应购置几台冷藏汽车负责此项运输才适宜?

现将有关资料叙述如下:

①根据以往的统计资料,该捕捞队每日的平均捕鱼量为180t,均方差为30t。预计计划期的捕鱼量可增长5%。

②根据道路情况及海湾至城市的距离,每台冷藏汽车的运输能力为每日20t鲜鱼。

③损益情况:若捕获的鲜鱼当日不能运完,汽车运输公司每日每吨要损失机会盈利20元,若冷藏汽车的运输能力当日未能充分利用,每空位1t,要耗费营运费10元。

④针对该捕捞队的情况,汽车运输公司曾召集下属有关部门进行过研究,初步提出的购车方案有9台、10台、11台三种。

解:根据以上资料,我们可按下述步骤进行模拟。

第一步,将计划期的发展因素加入实际事件的平均数与均方差中去。按照式(8-10)、式(8-11),得:

$$\bar{X}'_1 = 180(1+0.05) = 189$$

$$\sigma'_1 = \frac{30 \times 189}{180} = 31.5$$

第二步,从均匀随机数表中,任意选择一组随机数,按式(8-2)将其改造为常态随机数,并求出其平均数与均方差:

①任意选定一组均匀随机数(表8-18)。

②将表8-18中的随机数改造为常态随机数(表8-19)。

③求常态随机数的平均数与均方差(表8-20)。

第八章 运输系统模拟

均匀随机数 表 8-18

序号	均匀随机数	序号	均匀随机数
1	72 95 17 31 16 93 32 43 50 27	11	49 04 91 00 39 68 29 61 66 37
2	89 87 19 20 15 37 00 49 32 85	12	32 20 30 77 84 57 03 29 10 45
3	66 60 44 38 68 88 11 80 68 34	13	65 04 26 11 04 96 67 24 29 94
4	30 13 70 55 74 30 77 40 44 22	14	98 94 24 68 49 69 10 82 53 75
5	78 84 26 04 33 46 09 52 68 07	15	91 93 30 34 25 20 57 27 40 48
6	97 06 57 74 57 25 65 76 59 29	16	73 51 92 16 90 82 66 59 83 62
7	97 68 60 71 91 38 67 54 13 58	17	64 11 12 66 19 00 71 74 60 47
8	18 24 76 15 54 55 95 52 27 42	18	21 29 68 02 02 37 03 31 11 27
9	37 86 53 48 59 90 65 72 96 57	19	94 75 06 06 09 19 74 66 02 94
10	69 36 10 96 46 92 42 45 97 60	20	37 31 02 87 63 52 24 90 … …

常态随机数 表 8-19

序号	常态随机数	序号	常态随机数
1	48 52 35 51 55 32 51 38 60 62	3	38 67 53 46 40 47 51 39 41 24
2	59 48 53 53 60 55 48 48 40 42	4	50 49 42 … … … … … … …

平均数与均方差 表 8-20

分组	组中值(m)	次数(f)	fm	$m-\bar{X}$	$(m-\bar{X})$	$f(m-\bar{X})^2$	计 算 式
20⊢30	25	1	25	−23.6	556.96	556.96	
30⊢40	35	5	175	−13.6	184.96	924.80	$\bar{X}_m = \dfrac{\sum fm}{\sum f} = \dfrac{1605}{33} = 48.6$
40⊢50	45	12	540	−3.6	12.96	155.52	$\sigma_m = \sqrt{\dfrac{\sum f(m-\bar{X})^2}{\sum f}}$
50⊢60	55	11	605	6.4	40.96	450.56	
60⊢70	65	4	260	16.4	268.96	1075.84	$= \sqrt{\dfrac{3163.68}{33}} = 9.79$
Σ		33	1605	—	—	3163.68	

第三步,与实际事件的平均数比较,利用式(8-7)、式(8-8)。将常态随机数改造为包含有发展因素的模拟随机数。

① 按式(8-7)、式(8-8)求包含有发展因素的事件的均方差与常态随机数的均方差的比值系数 ε_σ 和模拟修正数 ε'_M,得:

$$\varepsilon_\sigma = \frac{31.5}{9.79} = 3.22$$

$$\varepsilon'_M = 48.6 \times 3.22 - 189 = -32.5$$

② 按式(8-9)求包含有发展因素的模拟随机数。例如,第一个模拟随机数为:

$$M'_1 = 48 \times 3.22 - (-32.5) = 187.06 \approx 187$$

221

第二个模拟随机数为：
$$M_2' = 52 \times 3.22 - (-32.5) = 199.94 \approx 200$$
依此类推。

表8-21所示为我们求出的与实际事件相适应并包含有发展因素的模拟随机数。

模 拟 随 机 数　　　　　　　表8-21

序号	包含有发展因素的模拟随机数	序号	包含有发展因素的模拟随机数
1	187　200　145　197　210　138　197　155　226　232	3	155　248　203　181　161　184　197　158　165　110
2	222　187　203　203　226　210　187　187　161　168	4	194　190　168　…　…　…　…　…　…　…

第四步，根据设定方案，利用模拟随机数进行模拟。由于该汽车运输公司综合各部门的意见有：9台、10台、11台三个方案。因此，可将这三个方案作为设定方案利用模拟随机数进行模拟。表8-22所示为模拟的结果。

根据题意，若因冷藏汽车运输能力不足，每少运1t鲜鱼，要损失机会盈利20元；若因运输能力未充分利用，每空位1t，要浪费营运费10元，按表8-22的模拟结果算得结果见表8-23。

模 拟 结 果　　　　　　　表8-22

序号	模拟随机数	冷藏汽车9台（日运量180t）		冷藏汽车10台（日运量200t）		冷藏汽车11台（日运量220t）	
		能力剩余	能力不足	能力剩余	能力不足	能力剩余	能力不足
1	187		7	13		33	
2	200		20			20	
3	145	35		55		75	
4	197		17	3		23	
5	210		30		10	10	
6	138	42		62		62	
7	197		17	3		23	
8	155	25		45		45	
9	226		46		26		6
10	232		52		32		12
11	222		42		22		2
12	187		7	13	3	33	
13	203		23		3	17	
14	203		23		26	17	
15	226		46		10		6
16	210		30			10	
17	187		7	13		33	
18	187		7	13		33	
19	161	19		39		59	
20	168	12		32		52	

续上表

序号	模拟随机数	冷藏汽车9台(日运量180t)		冷藏汽车10台(日运量200t)		冷藏汽车11台(日运量220t)	
		能力剩余	能力不足	能力剩余	能力不足	能力剩余	能力不足
21	155	25		45		65	
22	248		68		48		28
23	203		23		3	17	
24	181		1	19		39	
25	161	19		39		59	
26	184		4	16		36	
27	197		17		3	23	
28	158	22		42		62	
29	165	15		35		55	
30	110	70		90		110	
31	194		14		6	26	
32	190		10	10		29	
33	168	12		32		52	
Σ		296	511	628	183	1119	54

从表8-23中,可以看出:损失最小的是购置10台冷藏汽车。

计算结果　　　　　　　　　　　　　　　　　表8-23

冷藏汽车购置方案	因运输能力过剩浪费的营运费(元)		因运输能力不足损失的机会盈利(元)		损失合计(元)
9台	296	2960	511	10220	13180
10台	628	×10=6280	183	×20=3660	9940
11台	1190	11190	54	1080	12270

2. 利用随机概率,模拟新建船坞规模方案的论证

【**例8-6**】 某船厂现有两座船坞,一座大坞可修5000t以上的船舶,一座小坞只能修5000t以下的船舶(包括5000t船舶)。近年来,由于修理船舶增多,经船厂领导研究决定,计划建一新船坞。初步估算建大坞的投资要比建小坞超出一倍以上。船厂领导从生产需要出发要求建大坞,但上级领导认为建大坞投资过多,是否先建小坞,不过,尚未作出最后决定。要求船厂提出论据,若建大坞在经济上确属合理,可以建大坞。船厂决定采用模拟方法进行方案论证。

下面是有关模拟计算的数字:
①船舶待修损失:每吨每天0.5元;
②船坞空闲时维持费损失:大坞每日500元,小坞每日300元;
③在大坞中修小船的维持费损失:每日100元。

另外,为了计算的方便还确定:大船平均每艘按7000t计,小船平均每艘按3000t计,随机数最后一位数字如为1、2、3、4、5是小船,如为6、7、8、9、0是大船。

解:

对本例拟作100艘船的模拟,现分为以下四步进行。

第一步,根据本厂有关统计资料,计算到船间隔及修理时间的概率分布。

(1)到船间隔的概率分布。到船间隔的概率分布见表8-24。

到船间隔的概率分布   表8-24

到船间隔(天)	船舶艘数(艘)	频率	累计频率	随机概率	到船间隔(天)	船舶艘数(艘)	频率	累计频率	随机概率	到船间隔(天)	船舶艘数(艘)	频率	累计频率	随机概率
0	18	0.18	0.18	0~17	3	10	0.10	0.74	64~73	6	7	0.07	0.96	89~95
1	22	0.22	0.40	18~39	4	8	0.08	0.82	74~81	7	2	0.02	0.98	96~97
2	24	0.24	0.64	40~63	5	7	0.07	0.89	82~88	8	2	0.02	1.00	98~99

(2)修理时间的概率分布。修理时间的概率分布见表8-25。

修理时间的概率分布   表8-25

修理时间(天)	船舶艘数(艘)	频率	累计频率	随机概率	修理时间(天)	船舶艘数(艘)	频率	累计频率	随机概率	修理时间(天)	船舶艘数(艘)	频率	累计频率	随机概率
3	25	0.25	0.25	0~24	6	11	0.11	0.87	76~86	9	3	0.03	1.00	97~99
4	28	0.28	0.53	25~52	7	6	0.06	0.93	87~92	—	—	—	—	—
5	23	0.23	0.76	53~75	8	4	0.04	0.97	93~96	—	—	—	—	—

第二步,从随机数表中选出一组随机数,对船舶到来时间及修理时间进行模拟。为了节约篇幅,我们只模拟了30艘,从8月1日开始,模拟的情况见表8-26。

第三步,按模拟结果安排来船进坞,先按方案Ⅰ,即按建小坞的方案安排,然后再按方案Ⅱ,即按建大坞的方案安排,安排的情况见表8-27和表8-28。

第四步,分别计算方案Ⅰ及方案Ⅱ的船舶待修损失,船坞空闲时的维持费损失以及在大坞中修小船的维持费损失,并将它们加以合计,哪个方案的损失总额最小,哪个就是最优方案。

模 拟 情 况   表8-26

到船序号	随机数	大小船别	到来间隔(天)	推算到来日期	修理时间(天)	方案Ⅰ的待修天数(天)		方案Ⅱ的待修天数(天)	
						大船	小船	大船	小船
1	16	大	0	8月1日	3				
2	08	大	0	1日	3	3			
3	15	小	0	1日	3				
4	04	小	0	1日	3				3
5	72	小	3	4日	5				
6	33	小	1	5日	4				
7	27	大	1	6日	4	1		3	
8	14	小	0	6日	3		3		1
9	34	小	1	7日	4		2		2
10	09	大	0	7日	3	4		6	

续上表

到船序号	随机数	大小船别	到来间隔（天）	推算到来日期	修理时间（天）	方案Ⅰ的待修天数(天)		方案Ⅱ的待修天数(天)	
						大船	小船	大船	小船
11	45	小	2	9日	4		3		1
12	59	大	2	11日	5	3		2	
13	34	小	1	12日	4		1		2
14	68	大	3	15日	5	4		1	
15	49	大	2	17日	4	7		1	
16	12	小	0	17日	3				1
17	72	小	3	20日	5				1
18	07	大	0	20日	3	8		1	
19	34	小	1	21日	4				1
20	45	小	2	23日	4		2		1
21	99	大	8	31日	9				
22	27	大	1	9月1日	4	8			
23	72	小	3	4日	5				
24	95	小	7	11日	8				
25	14	小	0	11日	3				
26	31	小	2	13日	4		1		1
27	16	大	0	13日	3				
28	93	小	7	20日	8				
29	32	小	1	21日	4				
30	43	小	2	23日	4				
待修天数合计						14	38	12	14

方案Ⅰ

(1) 船舶的待修损失：

$$0.5 \times 7000 \times 38 + 0.5 \times 3000 \times 12 = 151000(元)$$

(2) 船坞空间损失：

$$500 \times 8 + 300 \times 38 = 15400(元)$$

(3) 大坞修小船损失：

$$100 \times 3 = 300(元)$$

(4) 损失总额：

$$151000 + 15400 + 300 = 166700(元)$$

方案Ⅱ

(1) 船舶待修损失:

$$0.5 \times 7000 \times 14 + 0.5 \times 3000 \times 14 = 70000(元)$$

(2) 船坞空闲损失:

$$500 \times 34 + 300 \times 12 = 20600(元)$$

(3) 大坞修小船损失:

$$100 \times 36 = 3600(元)$$

(4) 损失总额:

$$70000 + 20600 + 3600 = 94200(元)$$

从模拟的计算结果看,采用方案Ⅱ,即建大坞的方案为经济。

第Ⅰ方案(建小坞)　　　　　　　　　　　　　　　　表 8-27

项目		日历序号 8月
		1 2 3 4 5 6 7 8 9 10 11 12 13 14 15 16 17 18 19 20 21 22 23 24 25 26 27 28 29 30 31
来船进坞情况	大坞	①～～②～～⑦～～⑩～～⑫～～⑭～～⑮～～⑱～～㉑
	小坞	③～～⑤～～⑧～～⑪～～⑯～～⑲～～⑳～～
	新小坞	④～～⑥～～⑨～～⑬～～～～⑰～～～
船坞空闲天数	大坞	
	小坞	1　　1　　　　　　　　　　　1 1 1
	新小坞	1　　　　　　　1 1 1　　　　　1 1 1 1 1 1 1
大坞修小船天数		

项目		日历序号 9月	两月合计
		1 2 3 4 5 6 7 8 9 10 11 12 13 14 15 16 17 18 19 20 21 22 23 24 25 26 27	
来船进坞情况	大坞	～～～～～㉒～～㉗～～　　　　　㉚………	
	小坞	㉓～～～㉔～～～㉘～～～	
	新小坞	㉕～～㉖～～　　㉙～～	
船坞空闲天数	大坞	1 1 1 1 1 1 1　　　1	8
	小坞	1 1 1　　　1 1　　　　　　1	11
	新小坞	1 1 1 1 1 1 1 1　　　　1 1 1　　　1 1 1	27
大坞修小船天数		1 1 1	3

注:～～为修船时间;…为大坞修小船时间;○为到船序号。

第八章 运输系统模拟

第Ⅱ方案(建大坞)　　　　　　　　　　　　　　　　表 8-28

项　目		日历序号 8月 1 2 3 4 5 6 7 8 9 10 11 12 13 14 15 16 17 18 19 20 21 22 23 24 25 26 27 28 29 30 31
来船进坞情况	大坞	①～～⑤…　　⑦～　⑩～　⑭～　　　⑱～⑳…　　　　　㉑
	小坞	③～～④～～⑧～～⑪～　⑬～～　⑯～　⑰～～～
	新小坞	②～～　⑥…　　⑨～　⑫～　⑮～～　　⑲…
船坞空闲天数	大坞	1 1 1
	小坞	1 1 1 1 1 1
	新大坞	1　　　　　　　　　　　　　　　　　　　　　　1 1 1 1 1 1
大坞修小船天数		1 2 2 2 2 1 1 1 1　　　　　　1 1 2 2 1 1

项　目		日历序号 9月 1 2 3 4 5 6 7 8 9 10 11 12 13 14 15 16 17 18 19 20 21 22 23 24 25 26 27	两月合计
来船进坞情况	大坞	～～　　　　　　　　㉗～～　　　　　　　㉚…	
	小坞	㉓～～～　　　㉔　　　　　㉘～	
	新大坞	㉒～～～　　　㉕…㉖…　　　　㉙…	
船坞空闲天数	大坞	1 1 1 1　　1 1 1 1 1 1 1　　　　1	15
	小坞	1 1 1　　1 1　　　　　1	12
	新大坞	1 1 1 1 1 1　　　　1 1 1　　　　1 1 1	19
大坞修小船天数		1 1 1 1 1 1 1　1 1 2 2 1 1	36

注：～～为修船时间；…为大坞修小船时间；○为到船序号。

小　结

本章首先介绍了系统模拟的概念；系统模拟的功能；系统模拟的步骤及方法。其次，具体介绍了蒙特卡罗模拟法，包括蒙特卡罗法的原理与步骤、确定随机数的方法。最后，结合案例，利用蒙特卡罗法来对运输系统进行系统模拟。

本章应了解系统模拟的步骤以及常用的系统模拟的方法，重点掌握蒙特卡罗法以及利用蒙特卡罗法对运输系统进行系统模拟问题。对于蒙特卡罗法，在建立模拟模型时应特别注意随机数的确定问题。学会用计算机确定随机数，在用加乘同余方法确定随机数时应注意初始值、乘子、增量以及模数的选择问题。另外，在用随机概率模拟排队论问题时应着重注意排队系统运行指标的计算。最后,在用模拟随机数模拟方案论证问题时应重点掌握实际事件的均方差与常态随机数的求解方法以及它们之间的比值系数的求解问题。

思考与练习题

一、思考题

1. 怎样去理解系统模拟?
2. 系统模拟的功能有哪些?
3. 系统模拟的步骤与方法是什么?
4. 蒙特卡罗法中所介绍的确定随机数的方法有哪些?
5. 如何用随机概率模拟排队论问题?
6. 用模拟随机数模拟方案论证问题时,其中常态随机数的求解方法是什么?

二、练习题

1. 某汽车收费站有收费人员一人负责收费工作,根据过去的记录,得知汽车到达收费站的时间间隔和收费员收费时间长度的频率见表8-29。

汽车到达收费站的时间间隔与收费员收费时间长度的频率 表8-29

到达时间间隔(min)	3	4	5	6	7	8	合计
频率	0.05	0.10	0.25	0.35	0.20	0.05	1.00
收费时间长度(min)	3	4	5	6	7	合计	
频率	0.10	0.20	0.40	0.20	0.10	1.00	

给出模拟汽车到达间隔的随机数为:83,46,54,78,39;模拟收费站收费时间长度的随机数为:75,40,21,35,56。

要求:(1)用蒙特卡罗模拟法模拟排队过程,从上午8点开始模拟。

(2)求:

① 汽车在收费站的平均等待时间;

② 等待行列的平均汽车数;

③ 收费员的平均服务时间。

(3)在上述计算的基础上,对该排队系统做出评价。

2. 某汽车加油站有一人负责加油工作,根据过去的记录,得知汽车到达加油站的时间间隔和工作人员为汽车加油时间长度及频率见表8-30。

汽车到达加油站的时间间隔和加油时间长度及频率 表8-30

到达时间间隔(min)	3	4	5	6	7	8	合计
频率	0.20	0.35	0.20	0.15	0.05	0.05	1.00
加油时间长度(min)	3	4	5	6	7	合计	
频率	0.40	0.20	0.15	0.15	0.10	1.00	

给出模拟汽车到达间隔的随机数为:26,46,32,78,12,35,43,87,99,21;模拟加油站为汽车加油时间长度的随机数为:34,80,61,45,73,23,67,98,11,35。

要求:(1)用蒙特卡罗模拟法模拟排队过程,从上午8点开始模拟。

(2)求：
①汽车在加油站的平均等待时间；
②等待行列的平均汽车数；
③工作人员的平均服务时间；
④汽车在加油站的平均消耗时间。

3. 某中小超市收费处有收费人员一人负责收费工作，根据管理人员观察，得知顾客到达收费处的时间间隔和收费员收费时间长度的频率见表 8-31。

顾客到达收费处的时间间隔和收费时间长度的频率　　　表 8-31

到达时间间隔(min)	3	4	5	6	7	8	合计
频率	0.20	0.30	0.25	0.15	0.05	0.05	1.00
收费时间长度(min)	2	3	5	6	7	合计	
频率	0.30	0.40	0.20	0.05	0.05	1.00	

给出模拟顾客到达间隔的随机数为：83,46,06,78,91；模拟收费处收费时间长度的随机数为：91,09,72,96,56。

要求：(1)用蒙特卡罗模拟法模拟排队过程，从上午 9 点开始模拟。

(2)求：
①顾客在收费处的平均等待时间；
②等待行列的平均顾客数；
③收费员的平均服务时间。

(3)在上述计算的基础上，对该排队系统做出评价。

第九章 运输系统工程应用案例

第一节 城市交叉路口交通系统综合治理系统分析

道路路口交通系统是一个由许多子系统组成的具有多变量、多目标、多功能、多属性、多措施的复杂系统,同时,它还是城市交通系统中的一个子系统。城市交叉路口交通系统结构如图9-1所示,综合治理工作流程如图9-2所示。

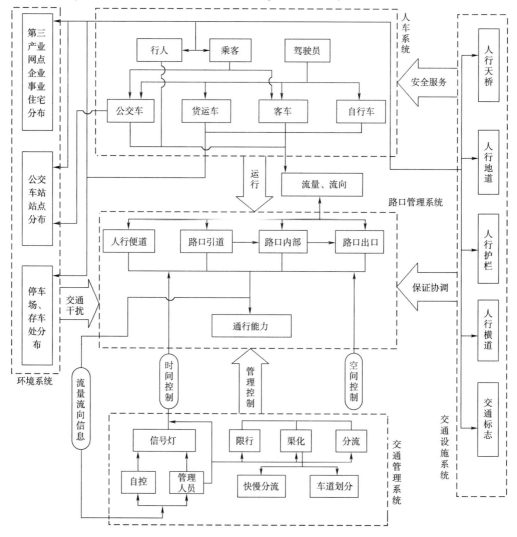

图9-1 城市交叉路口交通系统结构图

第九章 运输系统工程应用案例

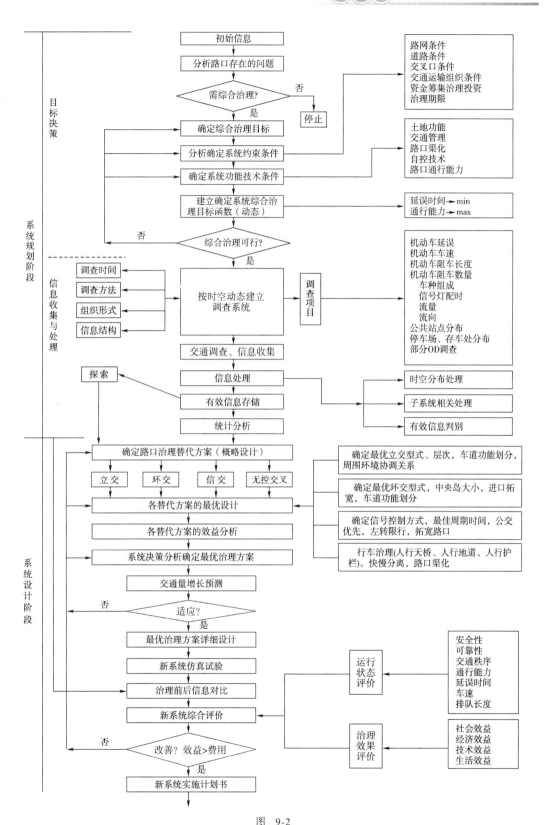

图 9-2

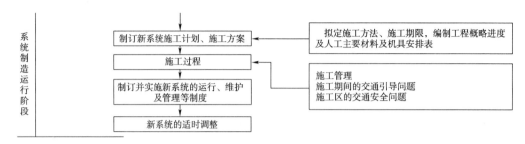

图 9-2 城市交叉路口综合治理工作流程图

应用系统工程方法进行城市交叉路口交通系统的综合治理,可以分为三个阶段进行。

一、系统规划阶段

1. 明确问题

即根据交叉路口存在的问题,明确交通治理所要达到的目标。

2. 确定目标

这里的目标是使路口的通行能力达到最大,同时使路口机动车的平均延误时间达到最小。

3. 系统信息收集与处理

收集与系统有关的各方面的信息,要求尽可能全面、具体,在此基础上,对资料信息进行进一步的处理,为系统指标设计做准备。

4. 系统指标设计

根据系统的特征,确定系统指标,建立目标函数及约束条件。

5. 系统分析

进行系统可行性分析和研究。

二、系统设计阶段

1. 确定系统替代方案

提出各种综合治理的方案,以供评价、选择。如路口修建立体交叉桥、修建环行交叉桥或安装信号控制灯等。

2. 系统方案最优设计

采用模型化、最优化方法对各替代方案进行最优设计。例如,对于信号交叉口,有许多信号设计方法,不同的设计其效果也是不一样的,在这里,就要通过优化分析,找出使效果达到最佳的最优信号交叉口设计方案。

3. 系统方案决策

对各方案进行效益分析,利用决策分析方法,确定最佳系统方案。

4. 系统仿真

在实施系统方案之前,进行系统仿真实验(或模拟),并对系统进行综合评价,包括系统运行状态评价和治理效果评价。如果评价效果为交通状况得到了改善,效果显著,则实施系统新方案;否则,重新进行前面的工作。

三、系统制造及运行阶段

进行新系统的施工,设备安装以及新系统建成后的运行管理,并进行适当的调整。上述分析过程如图 9-2 所示。

第二节　德尔菲法在设计港址评价指标体系中的应用

德尔菲法是征询有关专家意见,对专家意见进行统计处理、归纳和综合,然后进行多次信息反馈,使专家意见逐步集中,从而得出正确结论的方法。德尔菲法在预测、决策、技术咨询等许多方面都有广泛的应用,本节讨论如何用德尔菲法设计港址评价的指标体系。

一、提出问题

港口选址是港口发展规划的一项重要工作。港口选址一般应从自然条件、技术条件和经济条件三方面加以综合考虑,即要制订评价指标体系,进行综合评价,其内容可概括为以下几个方面。

1. 定评价项目

确定组成评价指标体系的评价项目。

2. 定评价体系结构

确定评价指标体系中各项目之间的关系,即确定评价指标体系结构。

3. 定重要程度

确定各评价项目在评价指标体系中的重要程度等级。重要程度等级一般分为三级(极重要、重要、不重要)或六级(极重要、很重要、重要、应考虑、意义不大、不必考虑)。在以下的讨论中,各评价项目的重要程度分为六级。

4. 定因素

确定衡量各项目的因素。

5. 定标度

确定对各项目进行量化时的标度。

6. 定因素值或评分值

对原来的定量项目确定因素值,而对原来的定性项目确定评分值。

二、实施过程

下面以上海港新港选址为例,讨论如何用德尔菲法设计港址评价指标体系。整个咨询过程大约经历了两个多月时间,其过程如图 9-3 所示。

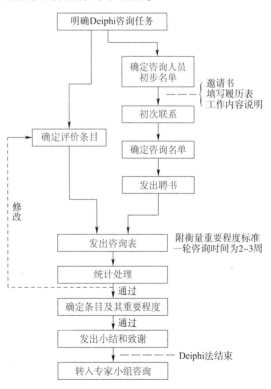

图 9-3　德尔菲法实施过程

1. 明确咨询任务

先要明确组织专家进行咨询所要达到的目的,这样,往后所有发出的信件、说明、咨询表格、专家名单等一系列项目都有了针对性,使得被咨询的专家能够弄清他们的职责。

2. 草拟评价项目

使专家们能在较短时间内对所咨询的项目进行思考,提高思维效率;同时,也便于系统工程分析者与各行专家进行"对话",加速德尔菲法的进程。

3. 初步确定咨询专家名单

由于上海新港选址涉及水文地理、航海、土木建筑、城市规划、港口经营管理、经济学、环境保护等各个领域和多个学科,需要一个由多专业人员构成的"集体"来共同参与完成。所以在确定咨询专家名单时,不但要注意专家的专业、水平、特长等,还要注意各类技术人员的比例。咨询专家由以下几方面的人员组成:①用户;②决策人员;③设计人员;④施工人员;⑤经营管理人员;⑥有关的其他人员。

4. 初次联系

向初步选定的专家们分别发出一封尊敬而又热情的邀请信,说明咨询的重要意义、咨询内容、咨询要求、方法和应聘期限等事宜,随信附上简短履历表和贴足邮票的回寄信封。履历表的格式要简单,应反映业务专长,切忌搞成"政审"式的表格。

5. 确定名单

专家的人数一般在30~50人之间,不宜过多。在对上海新港址设计评价指标体系时,我们共聘请了44位专家,人员组成如下:

(1) 按职称分:教授、副教授13.7%;高级工程师59%;讲师、工程师18.2%;研究员2.3%;其他6.8%。

(2) 按职务分:总工程师、副总工程师22.7%;高校系主任、教研室主任13.6%;设计院院长、副院长9.1%;局长、副局长11.4%;研究所所长、副所长6.8%;处长6.8%;中级科技工作者29.6%。

(3) 按专业分:河口、海岸与海洋工程7.3%;港口水工结构设计12.2%;交通基建规划7.3%;港口与航道工程29.1%;港口规划7.3%;城市规划7.3%;桥梁设计2.4%;水运工程7.3%;系统工程5.1%;经济研究2.4%;航海5%;土建工程7.3%。

6. 发出聘书、第一轮咨询表和简要说明

说明性资料要简短明白,在保密容许的条件下,尽可能提供足够的背景资料,以便专家了解咨询的来龙去脉。咨询表的设计要尽可能简明,一般以不超过半天工作量为宜,切忌要求专家大做专题文章。

7. 统计处理

当绝大部分咨询表收回后,就可以进行全面统计处理和分析研究。这段工作要尽可能快,争取及早发出下一轮咨询表,有利于同专家们加强信息联系,加深印象,提高咨询积极性。

8. 修改评价项目

根据统计处理结果,删去不必考虑的评价项目,增补必要的项目,合并重复的项目。

9. 发出第二轮咨询表

在上述统计分析和修改的基础上,拟出第二轮咨询表,向各位专家报告上一轮的汇总结果,但对各位专家所发表的具体意见的内容要保密,不得泄露。

10. 确定咨询结果

经过若干轮的咨询,专家们的意见将逐步收敛,或者是各项目集中于一种意见,或者是各项目明显分散,集中于各种或三种意见,这时,咨询即可结束,写出咨询报告。

三、统计结果处理分析

第一轮 统计处理结果分析

组织者经过反复研究后,初步提出港区选址的评价指标体系(9 大类 70 条目),并将该指标体系及确定各条目重要程度等级(极重要为 A、很重要为 B、重要为 C、应考虑为 D、意义不大为 E、不必考虑为 F)的依据一并送给专家,回收后统计处理结果见表 9-1。

港区选址的评价指标体系专家咨询统计处理结果　　表 9-1

咨询结果的百分比(%) 评价条目序号	重要程度等级和分值						均值 $(\bar{X})$	标准差 (σ_{n-1})
	A	B	C	D	E	F		
	(1)	(2)	(3)	(4)	(5)	(6)		
1	57	27	13	3			1.62	0.718
2	32	34	14	10	10		2.32	1.30
3	46	47	7				1.61	0.614
4	17	47	23	13			2.32	0.904
5	23	23	23	31			2.62	1.147
6	38	42	10	10			1.92	0.935
⋮	⋮	⋮	⋮	⋮	⋮	⋮	⋮	⋮
65	7	19	31	26	18		3.32	1.121
66		7	19	31	33	10	4.2	1.077
67	4		4	41	18	33	4.68	1.19
68	4		7	34	22	33	4.65	1.306
69		22	11	48	15	4	3.68	1.094
70		22	11	41	22	4	3.75	1.143

从第一轮咨询得到的结果是:

(1) 咨询表的回收率较高,为 85.7%。

(2) 标准差 σ_{n-1} 表示各变量值与变量均值 $\bar{X}$ 之间的平均离差,由表 9-1 可知,$(\sigma_{n-1})_{max}=1.30,(\sigma_{n-1})_{min}\approx 0.61$。

(3) 咨询专家没有认为 70 条评价指标中某条为多余的或不合适的。

(4) 有专家认为在间接经济效益中应列入"对航运行业的增益",因此,增加了这一条目。

(5) 专家们的各种补充意见,例如关于金山嘴的回淤等问题均被纳入分析研究之中。

从统计结果来看,各条中咨询结果的百分比(人数百分比)的最大值和均值 $\bar{X}$ 所表示的重要程度基本上是一致的,这说明结果较为明确;如果不一致,就表示结果较为含混。另外,如果各条中标准差 $\sigma_{n-1} \leq 0.5$,表示上下只有半级以内的偏差,这说明结果较为集中;在第一轮中 σ_{n-1} 大多大于1,表示结果较为分散,应进行下一轮咨询。通过第二轮后,σ_{n-1} 大多小于或等于0.5,表示咨询可告一段落;否则,还得进行下一轮的咨询。

另外,在德尔菲法中,还可采用四分法进行统计处理,这对处理过于分散的数据有利。目前在我们所处理的问题中,由于六级分档,区间有限,因而不用这种方法。

第二轮 统计处理结果分析

第一轮德尔菲法修正后的评价指标体系,和经统计处理后的初步确定的各条目的重要程度等级一并送给咨询专家,回收后统计处理结果见表9-2和表9-3。

修改后的评价指标体系专家咨询统计处理结果　　　　　　　表9-2

咨询结果的百分比(%) \ 重要程度等级和分值 \ 评价大类指标	A (1)	B (2)	C (3)	D (4)	E (5)	F (6)	均值 (X)	标准差 (σ_{n-1})
与国家政策一致性	83	17					1.17	0.378
技术	11	82	6				1.94	0.410
经济	11	75	14				2.03	0.506
与城市、地区发展关系		17	78	5			2.89	0.465
与全国交通网联系		61	36	3			2.42	0.554
资源		11	69	17	3		3.11	0.631
环境保护		2.5	67	28	2.5		3.31	0.577
受国内其他重大项目影响				8	56	36	4.28	0.615
军事	3	17	77	3			3.80	0.513

初步确定的各条目的重要程度等级专家咨询统计处理结果　　　　　表9-3

咨询结果的百分比(%) \ 重要程度等级和分值 \ 评价条目序号和内容	层次	A (1)	B (2)	C (3)	D (4)	E (5)	F (6)	均值 (X)	标准差 (σ_{n-1})
2. "一要吃饭、二要建设"	第一次	32	34	14	10	10	0	2.32	1.32
	第二次	0	94	6	0	0	0	2.06	0.23
43. "行政关系"	第一次	4	7	25	50	11	3	2.48	0.78
	第二次	0	0	8	83	6	3	2.08	0.37
63. "水域环保"	第一次	8	23	42	19	4	4	3.40	1.13
	第二次	0	5.5	89	5.5	0	0	3.00	0.34
31. "航运业的增益"	第一次								
	第二次	0	14	83	3	0	0	2.89	0.40

从第二轮得到的结果是:

(1) 咨询表的回收率为 100%。

(2) 对各条目重要等级评定已相当集中,例如条目 2,由第一轮的 $X=2.32, \sigma_{n-1}=1.32$ 变成 $X=2.06, \sigma_{n-1}=0.32$,说明该条目可评定为"很重要"等级。各条目的 σ_{n-1} 值迅速下降,且向零逐步接近,其百分比为最大的位置(即重要程度等级的分值)与均值相近,说明德尔菲法已可结束。

(3) 9 大类评价指标重要程度的直接评定仅在第二轮中进行了一次德尔菲法。

(4) 由表 9-2 可看出,专家们意见相当集中,最高集中程度 $P_{\max}=83\%$,最低集中程度 $P_{\min}=56\%$,且各标准差值 σ_{n-1} 均小于 0.631,可以说是快速收敛。

(5) 组织者原先根据 70 条中各大类所属的条目重要程度等级求得的估计值与直接咨询统计值基本吻合。

显然,专家们是认真负责的,所发表的意见前后一致,并非随心所欲。由此可见,我们关于德尔菲法的应用是科学的、可行的。

第三节 港口选址

港址选择是一项非常重要的工作,它涉及政治、经济、地理条件、技术、交通、城市设施等多方面的因素,构成了一个非常庞大的系统。当某一地区新建或扩建、改建一个港口的时候,不仅使该地区的交通运输能力有较大的变化,还会引起该地区产业布局结构的变化。因此,港址选择是一个国家关于港口发展布局、区域性港口发展规划以及港口本身发展战略规划中的最具有战略性的问题,有必要在可行性研究阶段,运用系统工程方法,对港址选择进行分析和评价,为科学决策提供依据。

以下,我们以上海港新港选址为例,讨论系统工程方法在港口选址中的应用。

一、问题的提出

上海港位于我国大陆海岸线的中心,长江的入海处,是我国最大的港口,到 20 世纪 80 年代,已列入世界 10 大港口之一。但是,进入 20 世纪 80 年代以后,随着我国的改革开放,经济的发展,上海港的吞吐能力也达到了饱和状态,压船、压货、压客现象严重,给我国的政治上、经济上造成了很大的损失,仅 1980 年,因等候潮水、等候码头延误外轮 11570 艘天,相当于损失超过 6900 万美元。为适应我国国民经济战略目标的要求和对外贸易的发展,必须建设上海新港区。

二、系统分析步骤

采用系统工程方法对上海港的选址进行评价和选择,其具体步骤如图 9-4 所示。

三、提出备选方案

关于上海港新港址,有关方面经多次反复比较、筛选,最后提出了 4 个方案,即罗泾、七丫口、外高桥和金山嘴。

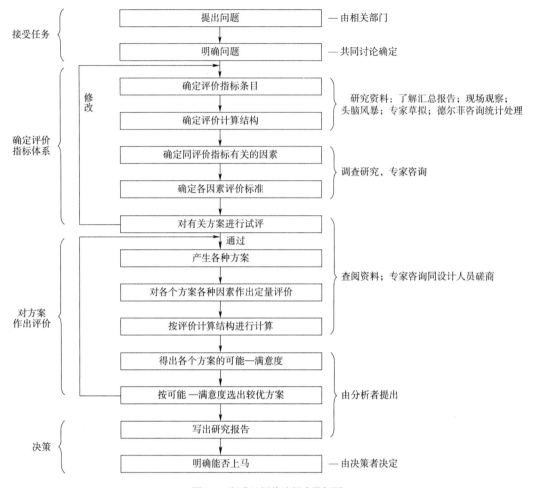

图9-4 新港址评价选择步骤框图

四、评价指标

1. 确定评价指标体系

对不同的港址进行评价和选择，必须建立评价指标体系，且评价指标体系要尽可能科学、客观、全面。通过大量调查，查阅资料，现场观察，走访各有关新港区的可行性研究分项咨询单位，多次与上海港务局有关领导、设计人员讨论，并通过两轮德尔菲法咨询，经反复研究、推敲设计出一套评价指标体系。这套指标体系共9大类70条，其中：与国家政策一致性3条、技术性20条、经济性13条、与城市和地区发展规划的关系7条、与全国交通网联系8条、资源11条、环境保护4条、受国内其他项目影响2条、军事2条。评价指标体系如图9-5所示。

2. 评价指标量化

如果只是定性地描述港区选址，而没有定量的描述，就难以作出科学的分析。为此，对这9大类70条评价指标，首先，按重要程度分成了不同的等级，即极重要A、很重要B、重要C、应考虑D、意义不大E、不必考虑F。其次，对这9大类70条评价指标逐条地制定评价的因素和尺度。

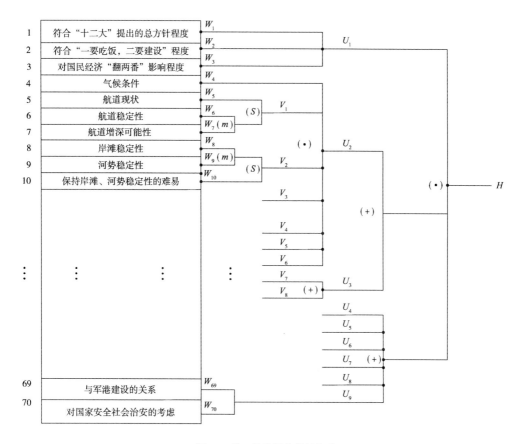

图9-5 港口选址评价指标体系

H-选址点可能满意度;U_1-与国家政策的一致性;U_2-技术;V_1-航道;V_2-岸滩河势;V_3-回淤;V_4-主要建筑物;V_5-规模;U_3-经济;V_6-运行、维修;V_7-直接经济;V_8-间接经济;U_4-与城市、地区发展关系;U_5-交通网联系;U_6-资源;U_7-环境保护;U_8-受国内重大项目影响;U_9-军事

1)评价的因素

即用某种物理量或参数来衡量评价指标。

既要满足客观需求,又要考虑实际可能,针对"需要"和"可能"这一对概念给出"满意度"和"可能度"的定量描述。

把一事物中某些属性的可能与需要分成两个单因素来考虑,显得简便一些,先分开考虑,再综合起来统一考虑。可能—满意度就是把事物对各种属性的可能度 $p(r)$、满意度 $q(s)$ 合并成对于某一属性 a 的可能—满意度曲线。这条曲线定量地描述了既可能又满意的程度。以符号 W 表示,$W\in[0,1]$。

当 $W=1$ 时,表示百分之百的既可能又满意;当 $W=0$ 时,表示或者完全不可能,或者完全不能令人满意,或者既是完全不可能,又是完全不能令人满意。这种并合可用符号表示如下,即:

$$W(a) = \langle p(r) \circ q(s) \rangle \tag{9-1}$$

$$\text{s.t.} f(r,s,a) = 0 \quad (r\in R, s\in S, a\in A) \tag{9-2}$$

式中:s. t.——即 subject to 并合过程的限制条件;
　　　。——并合的运算过程。

从定量角度来看,既有可能,又要满意,因此一般有关系式:

$$W(a) \leq \max_{r(\vec{\mathrm{s}} s), p, q} \min \langle p(r), q(s) \rangle \tag{9-3}$$

$$\mathrm{s.\,t.}\, f(r, s, a) = 0 \quad (r \in R, s \in S, a \in A) \tag{9-4}$$

要把各分项可能-满意度并合成总的可能-满意度时的计算方法,可以采用多目标决策中的多维价值组合规则,诸如代换、加法、乘法和混合运算等,使用的原则用俗语来说就是:

不可偏废——加权乘法,一好遮百丑——代换法则;

好坏搭配——加权加法,模棱两可——混合法则。

当然,也可以根据实际的要求,开发和采用其他算法。

2)评价尺度

即对评价的因素定量地规定其临界值(判断优劣的上、下界限值)。制定评价尺度应尽量力求确切、符合实际情况。

70 条评价指标,基本上可以分为三大类。

第一类:能直接定量化的指标。例如,第 24 条"投资额"是指各选址点的投资额。由于各港址的规模不一样,可以用单位泊位的总投资额来衡量。

第二类:可间接定量化的指标。例如,第 4 条"气候条件"是指所选港址的风力、风速、港区的波浪高度等自然条件,而这些因素的优劣很难直接定量。

对港口来说,气候条件主要影响装卸作业,为此,可以选用全年可装卸作业的天数来衡量。可采用对比的方法。日本有关港口规划指出,港口装卸条件为:风力≤5 级;风速 10~15m/s;港内浪高 0.5~1m,在上述条件下,全年可作业天数为 329~347 天。

我国江、河总平面设计规范指出,港口全年可作业天数应为 28×12=336 天。

上海黄浦江沿岸码头全年的作业天数为 300~330 天。

对装卸作业有影响的因素有风、浪、雨、雪等气候条件,还有装卸货物的种类以及停靠码头的船舶与风、浪间的方向等因素。

综上所述,港口全年装卸作业的最高天数为 340 天,不少于 340 天就可以说完全满意了,即满意度为 $q_4 = 1$。

第三类:定性指标的量化。例如,第 8 条"岸滩稳定性"。岸滩稳定性是指港区 0m、-2m、-5m 等深线离岸距离的变化。

衡量暗滩稳定性问题,至今尚难作出定量的描述,很难说当等深线离岸距离的变化在多少米范围内是稳定的,或者说,在多少年内等深线离岸的变化超过多少米时,认为是不稳定的。

对于本类型性质的指标,只能借助于模糊理论的概念和方法,使其半定量化。如第七章中讨论的"评分比较法"就是一种简便的方法。即按具体情况人为地分成若干等级,一般分为三级或五级,进行相对比较。本条指标分为岸滩稳定、较稳定、一般稳定、不很稳定和不稳定五级,然后再把 0~1 相应的划分为 1、0.8、0.5、0.2 和 0 五级,即可列出对应关系见表 9-4。

评分比较等表					表9-4
稳定	较稳定	一般稳定	不很稳定	不稳定	
0	0.8	0.5	0.2	0	

70条评价指标经定量化后见表9-5。

定量化后的70条评价指标 表9-5

指标序号	指标单位	R_A	R_B	R			
		（或）分级		金山嘴	外高桥	七丫口	罗泾
1		分级		0.95	0.95	0.95	0.95
2	亿元	30	150	73.56	74	89.45	17.35
	年	20	100	23.0	27.8	37.6	41.5
3	1000万t	5	0	6.28	6.078	6.036	1.11
4	天	340	150	300	331	33	331
⋮	⋮	⋮	⋮	⋮	⋮	⋮	⋮
69	⋮	分级		1.0	0.8	0.5	0.5
70	⋮	分级		1.0	0.8	0.5	0.5

五、数学模型

以分指标"航道"的可能满意度 V_1 为例，说明如何建立港址选择的数学模型。分指标航道由现状(W_5)、稳定性(W_6)和增深可能性(W_7)3条评价指标组成。

航道稳定性是指现有通海航道的变化状况，主要是指自然水深的变化情况。为了适应船型发展的需要，可以增深航道，但能否增深受多种因素的影响，还要考虑经济上是否合算。因此，通海航道稳定性和增深与可能性两者间的关系只能取其下限，即：

$$W_{6,7} = <W_6(m)W_7> \tag{9-5}$$

航道现状是指目前可供船舶通航的实际水深。如果说航道有增深的可能性，那么航道的物理状态可以依靠增深的可能性来改变，即航道水深可以增加。就整个航道分指标来说，增深的可能性以及航道的稳定性可以来矫正航道的现状，宜用代换规则进行运算。

这样，航道现状、稳定性和增深可能性三者之间的关系可表达为：

$$V_1 = <W_6(m)W_7>(S)W_5> \tag{9-6}$$

式中：S——代换算法符号；
m——取极小值；
V_1——分指标航道的可能满意度；
W_5、W_6、W_7——航道现状、稳定性、增深可能性的可能满意度。

这样，在分别得出70条评价指标可能满意度 W_i 的基础上，根据它们在"评价指标体系"中重要程度的等级和相互间的关系，分层次、逐级的合并分指标和大类指标的可能满意度，最后综合成方案总的可能满意度 H_i，即港址选择的数学模型。

六、仿真计算

建立数学模型是为了能够对各选址方案作出定量的描述，对于每个送审的港址方案都有一个满意度值,需要代入200多个数据,求解20多个方程才能得出,这样大的计算量,要借助于计算机才能够完成。因此,在完成了建模工作以后,编制计算机程序,在计算机上完成仿真计算,最终得出四个选址点的总可能-满意度值,按其大小依次为:

$$H_{(金山嘴)} = 0.78767$$
$$H_{(外高桥)} = 0.782403$$
$$H_{(七丫口)} = 0.73931$$
$$H_{(罗泾)} = 0.672465$$

七、分析

从70条指标的可能—满意度值 W_k 的大小,可以看出四个选址点各大类指标 U_k 优劣的原因。

(1)进一步从9大类个别的可能-满意度值来考虑,就可以看出总的可能-满意度值 H。

(2)例如,由于金山嘴的 $U_{1j}U_{4j}U_{8j}U_{9j}$ 四项均为最大,而且 U_{1j} 在"评价指标体系"的9大类中又是属于极重要的等级,至于交通、资源方面虽属最差,但其与另外几个选址点比较起来,差距并不太大,因此,使金山嘴在四个选址点中为最佳方案。

(3)金山嘴与其他三个选址点相比较其 H_i 值为最大,但其绝对值 H_i 还未达到优、良等级,其原因是回淤量过大,建设周期过长,再加上征地、环保、交通等因素的缺陷,因此,建议对金山嘴的回淤量等深入研究。

(4)进一步作了灵敏度分析计算,为深入分析提供了更多的信息。

八、结论

运用系统工程方法,通过"评价指标体系",建立港址评价和选择的计算结构、数学模型,经计算机仿真运算,可得出如下结论:

(1)金山嘴、外高桥、七丫口、罗泾均可作为上海港新港区的选址点,因为它们的可能-满意度值 H_i 都大于0.6,即全部都及格。

(2)如按可能-满意度值 H_i 的相对大小排列,则次序为金山嘴、外高桥、七丫口、罗泾,但金山嘴的可能-满意度值小于0.8,属于中等,并非良或优,建议有关方面对薄弱的关键因素组织力量做进一步的深入研究。

(3)经过灵敏度分析,上述结论比较稳定,这说明上述结论的可信度较高。

总之,可归纳为一句话,金山嘴、外高桥、七丫口、罗泾四个选址点全部及格,都不很好,各有千秋,而金山嘴稍胜一筹(注:实际上,最终上海港新港址选择的是外高桥)。

第四节 集装箱江海转运港的选择

一、问题的提出

长江口内有许多港口在不同程度上都具备了江海转运港应具备的功能和条件,而它们各自适合承担国际集装箱江海转运业务的程度如何,尚需用系统工程方法对各种选择因素进行评价。

二、系统分析

系统目的是选择长江集装箱江海转运港港址。从港口航道条件的适应情况、集装箱流量的大小、港口装备的完善情况、港口集疏运通畅情况、航班密度等几个方面考虑,经专家组讨论,初步定出下列港口基本具备江海转运港条件:上海港、南通港、张家港港、南京港、芜湖港、武汉港。以下采用层次分析法进行江海集装箱转运港港址的评价和选择。

三、系统评价——层次分析法

1. 用系统分析法建立系统的层次结构模型

分析评价系统的要素集合及相关关系,用结构分析法建立系统的层次结构模型。
江海转运港港址方案有:

$$A = \{上海港,南通港,张家港港,南京港,芜湖港,武汉港\}$$
$$= \{A_1, A_2, A_3, A_4, A_5, A_6\}$$

选择江海转运港址的几个主要准则有:

$$B = \{航道条件适应情况,集装箱流量的大小,港口设备的完善情况,$$
$$港口集疏运通畅情况,航班密度\}$$
$$= \{B_1, B_2, B_3, B_4, B_5\}$$

利用结构分析法,建立该系统的层次结构模型如图9-6所示。

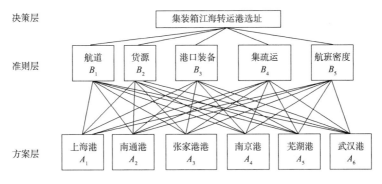

图9-6 转运港系统层次结构图

2. 确定评价基准或判断标度

判断标度见表9-6。

判断标度 表9-6

优良程度或重要程度	赋值	说　　明
两因素同等重要	1	两因素对某性质有相同贡献
某个因素对另一个因素稍重要	3	从经验判断,两个因素中稍偏重某因素
某个因素对另一个因素较强重要	5	从经验判断,两个因素中较强偏重某因素
某个因素对另一个因素很重要	7	从经验判断,两个因素中很偏重某因素
某个因素对另一个因素极重要	9	从经验判断,两个因素中极偏重某因素

3. 从最上层要素开始对第二层要素建立判断矩阵

从最上层要素开始,以最上层要素"选择港址"为依据,对第二层的要素准则层$\{B_1, B_2, B_3, B_4, B_5\}$两两比较,建立判断矩阵(表9-7)。

最上层要素对第二层要素判断矩阵　　　　表9-7

选择港址	B_1	B_2	B_3	B_4	B_5	优　先　级
B_1	1	1/3	5	7	5	0.2801453
B_2	3	1	7	9	7	0.5230124
B_3	1/5	1/7	1	5	1	0.0841744
B_4	1/7	1/9	1/5	1	1/5	0.0284933
B_5	1/5	1/7	1	5	1	0.0841744

根据判断矩阵,计算各要素的优先级向量。

(1)由于判断矩阵为5×5矩阵,则首先计算矩阵各行元素乘积的5次根。

(2)其次,将上述计算结果正交化,即先将上述各数相加,再除以每个数。这样,就得到了各评价准则的优先级向量(表9-7最右边一列)。

4. 从第二层要素开始对第三层要素建立判断矩阵

从第二层要素开始,以第二层要素准则层$\{B_1, B_2, B_3, B_4, B_5\}$为依据,对第三层的要素方案层$\{A_1, A_2, A_3, A_4, A_5, A_6\}$两两比较,建立判断矩阵,因为有5个准则,所以有5个判断矩阵,5个判断矩阵的优先级向量(相对重要性权系数)见表9-8。

5个判断矩阵的相对重要性权系数　　　　表9-8

相对重要性权系数	B_1	B_2	B_3	B_4	B_5
A_1	0.399	0.531	0.146	0.463	0.543
A_2	0.166	0.084	0.064	0.052	0.079
A_3	0.166	0.195	0.135	0.104	0.188
A_4	0.166	0.084	0.252	0.245	0.079
A_5	0.068	0.024	0.023	0.033	0.033
A_6	0.034	0.084	0.064	0.104	0.079

5. 确定总体优先级向量

总体优先级向量的计算结果见表9-9。

总体优先级向量的计算结果　　　　表9-9

层次 A	层次 B					层次总排序
	B_1	B_2	B_3	B_4	B_5	
	0.280	0.523	0.084	0.028	0.084	
A_1	0.399	0.531	0.146	0.463	0.543	0.487
A_2	0.166	0.084	0.064	0.052	0.079	0.104
A_3	0.166	0.195	0.135	0.104	0.188	0.179
A_4	0.166	0.084	0.252	0.245	0.079	0.125
A_5	0.068	0.024	0.023	0.033	0.033	0.037
A_6	0.034	0.084	0.064	0.104	0.079	0.068

6. 按照优先级向量,对系统进行分析、评价、排序

由表9-9的排序可知,江海转运港的优先排序依次为:上海港(0.487)、张家港港(0.179)、南京港(0.125)、南通港(0.104)、武汉港(0.068)、芜湖港(0.037)。

第五节 用模糊综合评价法选择运输设备

航运系统在选择船舶运输设备时,往往要综合考虑多方面的因素,包括船舶的航速、年利润、吨运输成本、购买价格等,在这些方面,专家的意见和经验一般都带有模糊性,如何把这种模糊性加以解析化和定量化,使船舶的选择建立在充分合理的科学基础上,就显得十分重要了。

假设现有5个备选的船舶方案,其主要参数和指标见表9-10。

某矿砂船主要性能指标　　　　　　　表9-10

参数和指标	方　案				
	1	2	3	4	5
船长(m)	253	230	260	245	237
船宽(m)	34.67	36.72	34.43	34.96	35.78
吃水(m)	16.00	16.00	15.72	16.00	16.00
载质量(t)	100000	100000	100000	100000	100000
载货量(t)	96924	96901	96920	96917	96909
航速(kn)	16.29	16.00	16.31	16.19	16.09
年利润(万元)	2120.4	2112.4	2113.7	2119.5	2116.2
吨货运成本(元/t)	8.75	8.57	8.85	8.67	8.61
造价(万元)	4266.8	4014.5	4369.2	4158.7	4078.3
投资回收年限(年)	2.01	1.90	2.07	1.96	1.93

下面以该矿砂船的选择为例,说明模糊综合评判法的应用。

1. 确定系统的评审要素集合

选取表9-11所示的航速、年利润、吨货运成本、造价和投资回收年限为评审要素,组成评审要素集合:

$$U = \{航速, 年利润, 吨货运成本, 造价, 投资回收年限\} = \{u_1, u_2, u_3, u_4, u_5\}$$

2. 确定各评审要素的权系数行向量

给定各项评审要素的重要程度为:航速(u_1):不重要,取0.7;年利润(u_2):最重要,取0.9;吨货运成本(u_3):较重要,取0.85;造价(u_4):重要性一般,取0.75;投资回收年限(u_5):也还重要,取0.8。通过归一化,得出评审要素的权系数行向量为:

$$P = \{0.175, 0.225, 0.213, 0.187, 0.200\} = \{p_1, p_2, p_3, p_4, p_5\}$$

3. 确定各评审要素的评价基准及相应的价值量

一般来说,对于每个评审要素,总存在着一个期望值和容许值。通过对国内外同类船型的调查分析和征询专家意见,确定以容许值、期望值和满意度变化趋势的方式,分别对5项

评审要素进行量化,并给出了它们的满意度函数(表9-11)。

5项评审要素满意度函数　　　　　　　　表9-11

评审要素	评价基准		
	容许值	期望值	满意度函数
航速(kn) u_1	15	尽可能大	$\mu_{u_1} = \begin{cases} 0 & u_1 \leq 15 \\ 1 - e^{-2(u_1 - 15)} & u_1 > 15 \end{cases}$
年利润(万元) u_2	2000	2150	$\mu_{u_2} = \begin{cases} 0 & u_2 \leq 2000 \\ \dfrac{u_2 - 2000}{150} & 2000 < u_2 < 2150 \\ 1 & u_2 \geq 2150 \end{cases}$
吨货运成本(元/t) u_3	10.5	8.5	$\mu_{u_3} = \begin{cases} 1 & u_3 \leq 8.5 \\ \dfrac{10.5 - u_3}{2} & 8.5 < u_3 \leq 10.5 \\ 0 & u_3 \geq 10.5 \end{cases}$
造价(万元) u_4	4500	4000	$\mu_{u_4} = \begin{cases} 1 & u_4 \leq 4000 \\ \dfrac{4500 - u_4}{500} & 4000 < u_4 \leq 4500 \\ 0 & u_4 \geq 4500 \end{cases}$
投资回收年限(年) u_5	2.4	尽可能小	$\mu_{u_5} = \begin{cases} 1 - e^{10\left(\frac{2.4 - u_5}{u_5}\right)} & u_5 \leq 2.4 \\ 0 & u_5 > 2.4 \end{cases}$

4. 计算系统各评价项目的模糊综合评判矩阵

表9-10的最后五行给出了各方案5项评审要素的实际值,把它们代入表9-11最末一列相应的满意度函数表达式中,可得到5个单项评审要素的指标评判集。

$R_1 = (0.924 \quad 0.865 \quad 0.930 \quad 0.907 \quad 0.887)$ （航速）

$R_2 = (0.882 \quad 0.850 \quad 0.855 \quad 0.878 \quad 0.865)$ （年利润）

$R_3 = (0.872 \quad 0.965 \quad 0.825 \quad 0.915 \quad 0.945)$ （吨货运成本）

$R_4 = (0.466 \quad 0.971 \quad 0.262 \quad 0.683 \quad 0.843)$ （造价）

$R_5 = (0.865 \quad 0.928 \quad 0.797 \quad 0.894 \quad 0.912)$ （投资回收年限）

则模糊综合评判矩阵为:

$$R = (r_{ij}) = \begin{bmatrix} 0.924 & 0.865 & 0.930 & 0.907 & 0.887 \\ 0.882 & 0.850 & 0.855 & 0.878 & 0.865 \\ 0.872 & 0.965 & 0.825 & 0.915 & 0.945 \\ 0.466 & 0.971 & 0.262 & 0.683 & 0.843 \\ 0.865 & 0.928 & 0.797 & 0.894 & 0.912 \end{bmatrix}$$

5. 对模糊综合评判矩阵进行加权,得出模糊综合评价结果

$$S = PR = (0.175 \quad 0.225 \quad 0.213 \quad 0.187 \quad 0.200) \begin{bmatrix} 0.924 & 0.865 & 0.930 & 0.907 & 0.887 \\ 0.882 & 0.850 & 0.855 & 0.878 & 0.865 \\ 0.872 & 0.965 & 0.825 & 0.915 & 0.945 \\ 0.466 & 0.971 & 0.262 & 0.683 & 0.843 \\ 0.865 & 0.928 & 0.797 & 0.894 & 0.912 \end{bmatrix}$$

$$= (0.806, 0.915, 0.739, 0.858, 0.891)$$

6. 由计算结果选择最佳方案

根据上述计算结果可知,应选择方案 2 为最佳。

最后,征询专家意见,认为要对表 9-12 中的评判标准作出修改,即:关于航速、年利润、造价和投资回收年限等评审要素的容许值应适当提高,分别由 15,2000,4500 和 2.4 改为 15.5,2100,5000 和 2.5,而年利润的期望值可稍微降低,由 2150 改为 2130,其余都保持不变。于是,新的模糊综合评判矩阵为:

$$\begin{pmatrix} 0.794 & 0.632 & 0.802 & 0.748 & 0.693 \\ 0.680 & 0.413 & 0.457 & 0.650 & 0.540 \\ 0.875 & 0.965 & 0.825 & 0.915 & 0.945 \\ 0.733 & 0.986 & 0.631 & 0.841 & 0.922 \\ 0.913 & 0.957 & 0.875 & 0.936 & 0.948 \end{pmatrix}$$

在评审要素权系数不变的情况下,得到新的模糊综合评判结果为:

$$S = (0.807, 0.785, 0.712, 0.816, 0.806)$$

由此可见,此时的最佳方案应为方案 4。

此外,若在上述评判标准的基础上,再对各评审要素的权系数做些修改,比如认为航速和年利润应作为重点考虑,吨货运成本和投资回收年限仅需适当兼顾,而造价可不予考虑。于是,得到新的评审要素的重要程度为:

$$P = (0.4, 0.4, 0.1, 0.0, 0.1)$$

再次进行模糊综合评判,得:

$$S = (0.768, 0.610, 0.674, 0.7446, 0.682)$$

由此可见,此时的最佳方案应为方案 1。

由此可知,对不同的模糊评判矩阵、不同的评审要素权系数,得到的评判结果也是不同的,这也是模糊综合评判方法的一个显著特点。

小 结

本章综合了前面各章的分析方法,详细介绍了交通运输系统分析中的典型案例,有机结合理论和实践进行探讨。

思 考 题

1. 应用系统工程方法进行城市交通系统综合治理,可以分为哪几个阶段?每个阶段有

哪些具体的任务？

2. 根据德尔菲法，设计港口选址的评价指标体系时应当考虑哪些方面？

3. 采用系统工程方法进行港口选址有哪些具体步骤？

4. 在江海转运港的选择中，如何应用系统工程方法对各种选择因素进行评价？

5. 在选择船舶运输设备时，如何使用模糊综合评价法对各种模糊性因素进行解析和定量分析？

第十章　运输系统工程的发展趋势

第一节　新一代信息技术对运输系统的影响

21世纪以来,信息技术的发展对于整个社会的变革产生着巨大且深远的影响。人工智能、云计算、大数据、互联网平台、物联网(简称为"智云大平网")已经渗透到了社会经济的各个方面,对于运输系统工程的发展也有着全方位的影响。

一、人工智能

人工智能是研究和开发用于模拟、延伸和扩展人类智能的理论、方法、技术及应用的一门新的技术科学。人工智能由不同的领域组成,如机器学习、计算机视觉等,其主要目标是使机器能够胜任部分或者全部传统上需要人类智能才能完成的复杂工作。

人工智能的发展为交通运输发展带来宝贵机遇。2018年12月的交通运输部党组会议上明确指出,今后我国主要从以下4个方面加快交通运输行业人工智能的发展和应用:

"一要推动人工智能与基础设施建设深度融合。着力推动高分遥感、地理信息系统等技术在交通规划中的综合运用,推进智能化信息化基础设施建设,加快发展工程智能制造。着力开展工程监测检测的数字化、智能化和维修养护无人化技术与装备的研发应用,特别是将港珠澳大桥打造成人工智能技术在交通基础设施实施运维管理的典型示范工程。

二要推动人工智能与运输装备研发应用深度融合。提前谋划布局运输装备研发和应用,着力打造具有国际竞争力的运输装备产业集群。大力发展自动驾驶技术和轨道交通系统,在智能化、高端化运输装备制造方面主动作为、加快发展,切实将关键核心技术掌握在自己手中。

三要推动人工智能与运输服务深度融合。推动新一代旅客联程运输发展,大力推进不同运输方式、不同区域之间货运服务信息共享、标准衔接,打造智能多式联运系统。以人工智能推进运输服务产业变革,在创新引领、绿色低碳、共享经济、现代供应链等领域培育新的增长点、形成新动能。

四要推动人工智能与行业治理深度融合。建立健全适应人工智能发展的法规制度、规划战略、产业政策、标准规范等,确保交通运输领域人工智能安全、可靠、可控。推进开发适用于行业服务和决策的人工智能系统,提升交通运输治理能力和现代化水平。"

二、云计算

云计算是一种基于互联网的分布式计算方式,即通过互联网来提供动态、易扩展且常常是虚拟化的计算资源。云计算把互联网上的计算资源整合起来,通过软件算法实现自动化管理,使得计算能力可以作为一种商品,实现在互联网上的流通,就像水、电、煤气一样,可以非常方便地随时按需取用,且价格较为低廉。

近年来,云计算正在成为信息技术产业发展的战略重点,全球的信息技术企业都在纷纷向云计算转型。交通信息云计算是云计算技术在交通运输系统中的应用,是通过云计算来进行交通信息的采集、处理和应用的工作模式。交通信息云计算使海量的交通信息(如道路网路通信信息、车牌自动识别信息、车辆定位信息、信号灯信息等)通过无线通信存储到网络上构成交通信息云,且其存储和计算能力可以不受限制。交通信息云计算实现对交通信息的高效交换和处理,为用户提供计算基础设施、计算平台和交通基础数据。

交通信息云计算是一种新型的信息处理和服务模式,将交通运输管理单位、交通运输运营企业和用户联系在一起,通过服务交付的方式将交通信息云的基础架构提供给不同类型的交通运输环节参与方。交通信息云计算平台可以为交通行业的基础设施建设、交通信息发布、交通企业增值服务、交通指挥提供决策支持及交通仿真模拟等服务。

三、大数据

大数据是一种规模大到在获取、存储、管理和分析方面大大超出了传统数据库软件工具能力范围的数据集合,是通过全新数据处理技术获得更强决策力、洞察发现力和流程优化能力的信息资产。大数据具有海量的数据规模、快速的数据处理、多样的数据类型和较低的价值密度这四大特征。大数据的突出优势体现在关联分析和预测两大领域。

大数据与交通运输系统的结合构成交通运输大数据。交通运输大数据主要由综合交通网络规划建设数据、交通运载工具数据、交通基础设施数据、交通实时运行数据等组成,其数据来源涉及水运、陆运、空运等不同交通方式,包括人、货、交通运输工具、运输基础设施内部产生的数据、交通运输外部环境数据和动态的行为数据。交通运输大数据的构成如图10-1所示。

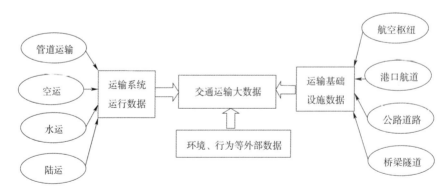

图 10-1　交通运输大数据的构成

交通运输大数据将交通运输体系各个环节的动态交通数据进行汇聚和整合,通过全链路、全过程的交通大数据应用,构建整合运输体系,提高运营效率,降低运营成本。

四、互联网平台

互联网平台是通过互联网技术搭建的,用于引导或促成各方参与者互动、交流或交易的虚拟网络空间。平台的拥有者通过开发一系列的工具以及制定相应的机制来吸引平台各方使用该空间,平台的使用者越多,其价值越大,可持续发展能力也越强。

互联网平台与运输系统的结合催生了"互联网+运输"的新商业模式,并在实践中得以广泛运用。在城市客运交通方面,快的和美团打车等网约车平台改变了城市出行模式;在货运运输方面,满帮等车货匹配平台实现货源与货车的高效匹配。图10-2所示为货物运输平台,通过该平台,货主和承运人可以快速对接,减少了不必要的中间环节从而降低了成本。整个运输过程更加透明,全程可控。货主和承运人通过平台进行担保交易,有效保障双方的权益。

图10-2 货物运输平台

无车承运人等基于互联网平台的业务新模式也在全国范围内开始试行并推广。无车承运人指不拥有车辆而从事货物运输环节中的车货匹配、运输组织、货物分拨、线路选择等业务的个人或单位。针对"互联网+运输"模式的系统性分析,对提升运输行业的治理能力和运营效率,推动运输行业的转型发展具有重要意义。

五、物联网

物联网是通过射频识别设备(RFID)、红外感应器、全球定位系统(GPS)、激光扫描器等各种信息传感设备与互联网结合而形成的网络。通俗地说,"物联网就是物物相连的互联网"。物联网通过特定协议将各种信息传感设备与互联网连接进行信息交换和通信,以实现对物品的智能化识别、定位、跟踪、监控和管理。

物联网技术在运输系统中得到了广泛的应用。在运输系统中应用物联网技术将信息传感设备采集的信息与仓库、运输设备、运输容器等的RFID信息整合,建立和完善运输车辆实时动态监控系统,可以实现对运输全过程中的车辆及货物状态等情况进行实时动态监控和管理,增强车辆货物在物流过程中的可控性和安全性,减少人工操作失误,使物流配送朝着智能化方向发展。

随着5G通信技术的广泛使用和无人驾驶技术的逐渐成熟,物联网技术在运输系统中的应用将进一步深化。物联网的发展使得智能交通系统会更加智能化,通过物联网使得物流环节最佳路径的选择、单一货品追踪溯源以及退换货等更加可靠和高效。

总体说来,信息技术的发展对于运输系统的影响见表10-1。

新一代信息技术对运输系统的影响　　　　　　　　　　　表10-1

信息技术	运输系统影响
人工智能	赋能智能交通系统的全方位应用
云计算	交通信息云集成各个渠道的交通信息,助力实时交通信息系统的建立,实时交通控制及交通运行状况的动态预测
大数据	采集及分析由GPS系统、物联网传感器等多个来源的交通数据进行全方位的运输系统数据分析、预测和控制
互联网平台	将运输系统的各个部分有效地联结在一起,促进各个部分的互动和数据的共享
物联网	通过RFID、红外感应器、GPS、激光扫描器等采集各类信息,实现运输系统中传感设备之间的通信和互动,为智能交通的深入应用提供支持

信息技术在运输系统中的全面应用加强了运输工具、运输通道和运输各环节参与者之间的联系,进而推动了综合运输系统的智能化转型。智能交通系统正是在这样的大背景下产生、发展并逐步走向成熟。

第二节 智能交通系统

智能交通系统(Intelligent Traffic Systems,ITS)常常也被称为智能运输系统(Intelligent Transportation Systems)。它将信息技术(人工智能、云计算、大数据、互联网平台、物联网等)和系统工程技术有效地集成运用于整个交通运输管理体系,从而建立起一种在大范围内全方位实时、准确及高效的综合交通运输管理系统。智能交通系统的目的在于使用信息技术升级改造传统的运输系统,进而打造智能化、协同化、网联化的新一代交通运输体系。

智能交通系统起步于20世纪60~70年代,美国、欧洲和日本在智能交通系统的研究和应用上部署较早,目前智能交通系统在美国、欧洲和日本等地都有比较成熟的应用。我国的智能交通系统标准化研究起步于1995年,历经10年时间于2005年完成智能交通系统发展的纲领性技术文件《中国智能交通系统体系框架》的修订工作。我国智能交通系统标准化发展历程见表10-2。

我国智能交通系统标准化发展历程 表10-2

时 间	发 展 历 程
1995年	交通部成立 ISO/TC204 委员会,推进中国 ITS 标准化
1996年	开始智能交通项目的研究
1999年	科学技术部成立国家智能交通系统工程研究中心
2000年	成立全国智能交通系统的发展协调指导小组及办公室
2001年	科学技术部启动国家"十五"科技攻关"智能交通系统的关键技术开发和示范工程"重大项目
2003年	成立全国智能交通系统标准化技术委员会
2005年	完成 ITS 发展纲领性技术文件《中国智能交通系统体系框架》的修订工作
2007年	交通部发布《公路水路交通信息资源目录体系总体框架》
2009年	交通运输部发布《关于推动公路水路交通运输行业 IC 卡和 RFID 技术应用的指导意见》
2011年	交通运输部发布《公路水路交通运输信息化"十二五"发展规划》
2013年	交通运输部编制《交通运输物流公共信息平台标准化建设方案(2013—2015年)》
2016年	交通运输部发布《关于推进交通运输行业数据资源开放共享的实施意见》
2019年	交通运输部发布《推进综合交通运输大数据发展行动纲要(2020—2025年)》

智能交通系统功能分为数据采集与监测、数据分析与决策支持以及智慧控制与信息服务3个层次。目前主要通过结构化方法、面向对象方法以及基于智能化的分析方法等,设计智能交通管理体系的逻辑和物理框架,从而实现智能化的运输系统管理。

图10-3所示为智能交通系统组成,其是一个复杂的综合性系统,从系统组成的角度可分成先进的交通信息服务系统、先进的交通运输管理系统、先进的运输车辆控制系统、先进的货运管理系统、旅行信息系统、智能车路协同系统、全自动电子收费系统及智能停车管理系统等一系列主要的子系统。

第十章 运输系统工程的发展趋势

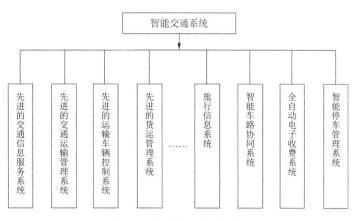

图10-3 智能交通系统组成

1. 先进的交通信息服务系统（Advanced Traffic Information System, ATIS）

运输环节的各类参与者通过装备在运输通道上、运输工具上、换乘站点上、停车场上以及气象中心的传感器和传输设备，向交通信息控制中心提供各地的实时运输信息。交通信息服务系统得到这些信息并处理后，实时向运输环节参与者提供运输通道信息、公共交通信息、换乘信息、交通气象信息、停车场信息以及与运输环节相关的其他信息。运输环节参与者根据这些信息确定自己的运输方式、选择路线。当运输工具上装备了自动定位和导航系统时，该系统可以辅助选择运输路线。

2. 先进的交通运输管理系统（Advanced Traffic Management System, ATMS）

先进的交通运输管理系统对道路系统中的交通状况、交通事故、气象状况和交通环境等进行实时监视，依靠先进的车辆检测技术和计算机信息处理技术，获得有关交通状况的实时信息，并根据收集到的信息对交通进行控制，如信号灯、发布诱导信息、道路管制、事故处理与救援等。

3. 先进的运输车辆控制系统（Advanced Vehicle Control System, AVCS）

先进的运输车辆控制系统指辅助驾驶员驾驶运输工具或替代驾驶员自动驾驶运输工具的系统。该系统通过安装在运输工具周围的雷达或摄像头等探测工具，可以准确地判断运输工具与障碍物之间的距离，遇紧急情况，车辆控制系统能及时发出警报或自动制动，并根据路况自己调节行车速度。按照车辆控制系统的自动化程度分类，自动驾驶分为5级，从第1级到第5级分别为：驾驶支援、部分自动化、有条件自动驾驶、高度自动驾驶和完全自动驾驶。第5级完全自动驾驶也称为无人驾驶。

在无人驾驶的环境中，汽车能够控制和操作所有的驾驶功能，并在整个行驶过程中实时监测道路情况并快速作出反应，驾驶者只需提供目的地信息而不需要介入任何其他的操作。目前特斯拉、谷歌、百度、丰田和蔚来等公司都纷纷推出了相应的无人驾驶技术，预计在未来的数年间无人驾驶技术可以在客运和货运系统中得以规模化应用。

4. 先进的货运管理系统（Advanced Cargo Management System, ACMS）

先进的货运管理系统是基于交通运输网络，借助信息技术和管理信息系统，利用先进物流理论进行管理的智能化物流管理系统。货运管理系统综合利用卫星定位技术、地理信息系统、物流信息及网络通信技术有效组织货物运输，提高货运效率，进而实现对车辆和货物的实时定位跟踪、均衡配载、灵活车辆调度、安全监控等目的。

5. 旅行信息系统（Travel Information System，TIS）

旅行信息系统是为外出旅行人员搜集、整理、分析、传输和维护旅行中的各种旅途交通信息和旅行目的地信息的系统。该系统通过和交通信息服务系统、地理信息系统和旅行目的地信息系统等对接，为旅行人员提供丰富的实时出行信息。旅行信息的获取媒介是多种多样的，通常有电脑、智能手机、智能路标、无线电台、车内显示屏等。旅行信息系统可以实时、动态地帮助旅行人员规划出行路线和行程。

6. 智能车路协同系统（Intelligent Vehicle Infrastructure Cooperative System，IVICS）

智能车路协同系统基于无线通信、物联网传感检测等技术通过车与车、车与路之间的信息交互和共享，并在全时空动态交通信息采集与融合的基础上开展车辆主动安全控制和道路协同管理，实现运输工具和道路基础设施之间的智能协同与配合，达到优化利用系统资源、提高交通运输效率、缓解交通拥堵、减少尾气排放等目标。

作为智能交通系统的主要发展方向之一，智能车路协同系统的应用范围非常广泛。车路协同系统不仅能有效减少各种碰撞事故的发生，如车辆主动避障和危险路段预警等，而且能够有效实现运输协调控制，例如交通信号协调控制、实时路径诱导、公交优先控制等。

7. 全自动电子收费系统（Electronic Toll Collection，ETC）

全自动电子收费系统通过安装在车辆风窗玻璃上的车载电子标签与在收费站 ETC 车道上的微波天线之间进行无线数据通信，利用计算机联网技术与银行进行后台收费数据的处理，从而达到车辆通过高速公路或桥梁收费站无须停车而能交纳高速公路或桥梁通行费用的目的。

全自动电子收费系统是针对高速公路收费繁忙的解决方法，实行全国联网、银行自动结算、快速通过，可以大幅度提高道路的通行能力，降低收费管理的成本，也有利于提高车辆的营运效益。

2019 年 5 月，国务院办公厅印发《深化收费公路制度改革取消高速公路省界收费站实施方案》。根据这一实施方案，目前已基本实现全面使用全自动电子收费系统，取消全国高速公路省界收费站。

8. 智能停车管理系统（Intelligent Parking Management System，IPMS）

智能停车管理系统由智能停车诱导系统和智能停车场管理系统组成。智能停车诱导系统通过停车场内部车位上方的超声波探头探测是否有车，并据此计算出停车场的空车位数，停车场数据采集系统对各停车场的车位相关信息进行采集，通过通信网络将信息传送至城市中央控制系统。中央控制系统对信息进行分析处理，同时将信息下发至各类交通信息发布系统，引导社会车辆合理选择停车场停车。

智能停车场管理系统以感应卡 IC 卡或 ID 卡为载体，或通过直接扫描识别车牌的方式，通过智能设备识别并记录车辆及持卡人进出的相关信息，同时对其信息加以运算、传送并通过字符显示、语音播报等人机界面转化成人工能够辨别和判断的信号，从而实现计时收费、车辆管理等目的。智能停车场管理系统可分为 3 大部分：信息的采集与传输、信息的处理与人机界面、信息的储存与查询。在我国，通过摄像头扫描并由智能设备识别车牌来记录车辆信息，通过微信支付或者支付宝扫描二维码进行扫码支付成为智能停车场管理系统的主流应用。

我国的智能交通系统虽然起步比较晚,但发展速度较快。科学技术部在"十一五"期间启动了智能交通系统城市示范试点工程,选择10个城市开展相关的研究应用。"十二五"期间,交通运输部启动了"城市公共交通智能化应用示范工程",覆盖了全国37个主要城市。2015年,交通运输部启动了"公交都市发展监测与考核评价系统"建设,作为部级平台暨国家公交数据库的建设工程,预示着中国城市公交行业监管进入全数字化、信息化、智能化管理的新阶段。目前,在北京、上海、广州等大城市已经部署了先进的智能交通系统,基本实现交通信息全国联网和互通共享,ETC系统已经在全国范围内全面推广使用,车库自动收费系统等在各大城市也迅速推广开来。智能化是运输系统的发展趋势,随着信息技术的发展,智能交通系统将在交通运输行业得到越来越广泛的运用。

第三节 运输系统工程的未来发展趋势探讨

随着信息技术的发展,人工智能、云计算、大数据、互联网平台、物联网等新一代信息技术在交通运输领域的广泛应用对运输系统工程有着直接的影响。"互联网+交通"和智能化运输成为未来运输系统的必然发展趋势。系统工程和软件工程的结合使得运输系统工程中的软件开发更加规范化和规模化,从而可以更加有效地应对复杂的运输系统分析、预测、优化控制、综合评价、决策和模拟仿真等问题。开发运营(DevOps)理念的兴起使得运输系统工程中的系统开发效率和可靠性大幅提升。

一、全球化环境下的运输系统工程发展趋势

1. 全球化电子商务对运输系统工程的影响

随着电子商务的全球化普及,运输系统的结构发生了显著的变化,具体表现在以下几个方面:

(1)电子商务对于时效性的要求使得对公路、铁路和航空运输的需求迅速增加,而对水路运输则相对减少。近年来高速公路和高铁的快速发展对电子商务的进一步发展也起到了很好的促进作用。

(2)电子商务的发展对物流状态实时性提出了更高的要求。消费者往往要求订单的状态能够实时更新,能够及时跟踪货物运输的详情。

(3)海淘购物的快速发展对于跨境物流、海关报关处理、境内境外的物流整合等提出了更高的要求。

随着全球化电子商务的发展,从运输系统工程的角度来说,需要全面分析物流运输的全球化协调和部署,各种运输方式的转换和衔接,各国的政策、法规差异性,海关报关程序与关税处理等。这些因素对运输系统工程的分析、预测、优化控制、综合评价、决策和模拟都有着显著的影响。

2. "一带一路"倡议对运输系统工程的影响

"一带一路"(The Belt and Road,简称B&R),是"丝绸之路经济带"和"21世纪海上丝绸之路"的简称。"一带一路"倡议旨在借用古代丝绸之路的历史符号,加强中国与沿线各国的经贸合作,促进区域经济一体化。根据"一带一路"倡议框架,陆上以沿线中心城市为支

撑,以重点经贸产业园区为合作平台,共同打造新亚欧大陆桥、中蒙俄、中国－中亚－西亚、中国－中南半岛等国际经济合作走廊;海上则以重点港口为节点,共同建设通畅、安全、高效的运输大通道。

"一带一路"倡议对运输基础设施、运输线路、运输工具和运输信息的全球化规划、部署和协调有着积极的意义。运输系统工程的研究和实践也将融入更多的全球化因素,其全局性的建模和分析复杂度也将大大增强。

二、大数据环境下的运输系统工程发展趋势

随着运输系统复杂程度的提升,运输系统工程的分析工具和方法也有着突破性的进展。5G通信技术的普及和物联网技术的大范围使用为运输系统提供了海量的数据来源,大数据技术为运输系统工程的发展注入新的活力。

当前的交通运输大数据系统可以采集到的数据包括:实时的天气数据,GPS导航数据,动态的道路环境和拥塞状态数据,各类运输工具的运行状态和运行轨迹数据,运输工具驾驶人的特征数据和行为偏好数据,基于移动通信网络的出行人聚集状态数据和移动轨迹数据,运输基础设施内各种传感器采集的实时数据等。这些数据通过高速通信网络汇聚在云端的存储设备上,大数据技术则通过对不同来源的数据进行分析,为运输需求预测、运输系统控制、运输系统规划及运输系统评估与仿真等环节提供强大的技术支持。

1. 大数据在运输系统需求预测中的应用

大数据技术能快速、高效和准确地处理不同来源、不同类别、不同层次的综合交通运输信息,分析运输主体的行为与偏好特征,准确把握各类运输工具的运行特征和动态需求变化特性,为交通运输系统需求的快速、动态、精准预测提供有力的技术支撑。交通运输大数据分析以交通规划理论、交通行为理论和机器学习理论为基础,重点关注各种交通环境下的出行者选择行为预测、货运承运人的动态承运能力预测、运输通路的拥塞状态预测、多种运输方式联运下的全路段运输时间和运输成本预测等。

2. 大数据在运输系统控制中的应用

在现阶段我国可以通过客流眼、手机信号、WiFi嗅探等科技手段搜集人流数据,进而监测和预判人流趋势,实现对人流的有效疏导。在交通信号控制方面,通过电子警察、卡口监控、视频监控、交通流量数据等渠道进行交通信息采集和分析,综合利用交通诱导和交通信号控制等系统已经可以初步实现基于大数据的智能交通信号控制,从而合理地调控区域交通流量,均衡城市各干道间的交通负荷,提高道路交通运行效率。

3. 大数据在运输系统规划中的应用

伴随着"互联网＋运输"的提出,互联网与运输系统规划也将深度融合。大数据技术的精准分析和预测优势将在运输系统规划中充分体现。通过海量的交通运输参与者的出行数据分析及其出行行为机理的研究,可以有效预测交通运输参与者的交通方式选择、交通路径选择、多种交通方式的转换机理等,为系统性的交通规划提供依据。

通过大数据分析辅助交通规划决策对于交通规划方法和技术的改进起到有效的赋能作用。未来多种运输方式的协同研究将受更多关注,大数据技术在规划多种运输方式的衔接、运能运力的配套、调度模式的协调等方面有着显著优势。

传统交通规划理论的着眼点是满足交通需求,属于被动追随型规划理论体系。基于大数据的交通规划可以提前预测交通运输需求,通过需求合理性分析评价模型及精准的供需平衡分析,主动引导交通体系向资源节约型、环境友好型方向发展。

4. 大数据在运输系统评估与仿真中的应用

大数据、"互联网+运输"的提出,在给交通规划注入新的数据资源的同时,也对运输系统规划的定量化分析评估与仿真提出了更高的要求。现有的运输系统评估与仿真技术尚存在诸多不足,无法满足我国城市多模式综合交通资源优化配置的要求,如交通评估技术重交通流评估、轻交通源评估,重总量评估、轻效率评估;交通仿真技术与评估技术之间严重脱节;交通仿真软件以国外软件居多,缺乏我国本土化的模型与参数等。

基于大数据的运输系统评估与仿真以动态交通流预测技术、大数据分析技术为支撑,研究运输系统交通源和交通流并重式评估技术、宏微观一体化仿真技术,建立起新一代适合我国混合运输特点的城市综合运输系统评估与仿真技术,为城市运输系统规划提供科学、全面、快速、量化的技术支持。

2019年12月,交通运输部发布《推进综合交通运输大数据发展行动纲要(2020—2025年)》,提出要"推动大数据与综合交通运输深度融合,有效构建综合交通大数据中心体系,为加快建设交通强国提供有力支撑"。到2025年,需要力争实现的目标为"综合交通运输大数据标准体系更加完善,基础设施、运载工具等成规模、成体系的大数据集基本建成。政务大数据有效支撑综合交通运输体系建设,交通运输行业数字化水平显著提升。综合交通运输信息资源深入共享开放。大数据在综合交通运输各业务领域应用更加广泛。大数据安全得到有力保障。符合新时代信息化发展规律的大数据体制机制取得突破。综合交通大数据中心体系基本构建,为加快建设交通强国,助力数字经济勃兴提供坚强支撑"。

综上所述,与以前相比,大数据环境下的运输系统工程的研究和实践有很多根本性的变化。随着大数据技术的不断发展和各类应用的不断深入,其在运输系统工程中将有着更加广泛的应用前景。

【例10-1】 "健康码"在人员动态交通管控中的应用

(1)"健康码"系统的目的。

在2020年2月的新型冠状病毒防控期间,为了辨别人员的健康状况、避免出现聚集性的传染,在防疫的同时有效推进复产复工,浙江省杭州市率先通过采集个人健康数据,在支付宝上推出"健康码"这一基于大数据的解决方案。在"健康码"推出之前,对疫情中的人流进行交通管控采用的方法通常是在公路交通要口、汽车站、火车站、机场等交通卡口人工进行检测,手工填报,费时费力。

(2)"健康码"系统方案。

在抗击疫情的同时做到人流和物流的通畅,这就需要对个人的健康信息有准确、实时、动态的把握。这靠传统的手工填报、人工控制方法是难以实现的。"健康码"系统方案通过信息化的手段构建一张个人健康状况的本地实时动态地图。依据政府制定的标准,个人在健康打卡申报信息后,将领取到一张码。这张码通过"红码""黄码"和"绿码"三种状态来标识个人感染新型冠状病毒的风险程度,这张码随着用户每天的状态更新、所处区域的变化、健康状况等因素,会发生相应的变化。

(3)"健康码"方案论证。

"健康码"方案看似简单,背后是一个需要复杂协同的系统工程,它涉及用户健康信息的获取、用户出入场所的信息实时追踪、用户可能接触人群的信息统计、对于用户隐私的保护以及系统的流畅度和稳定性等问题。支付宝通过多年积累的海量经过实名认证的用户数据,加上阿里云的互联网技术支持,使得基于支付宝平台构建一个"电子健康卡"的解决方案具有较高的可行性。

(4)"健康码"系统设计。

"健康码"以个人真实健康数据为基础,关联重点人员动态管控数据,根据个人申报信息与信息系统后台数据的校验比对结果发放。"健康码"分为3种:绿码可以直接进入杭州,红码集中隔离14天,黄码隔离7天以内。

图10-4所示为杭州市"健康码"的三种颜色分类及相应的管控方式。

【绿码】
凭码通行

【黄码】
实施7天内隔离,连续
(不超过)7天健康打卡正常
转为绿码

【红码】
实施14天隔离,连续14天
健康打卡正常转为绿码

图10-4 杭州市"健康码"

杭州市"健康码"的生成和管控流程如图10-5所示。

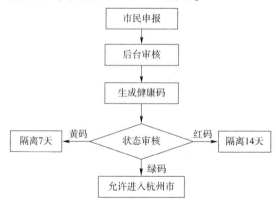

图10-5 杭州市"健康码"的生成和管控流程

通过"健康码",个人的健康状态信息得以动态获取。根据居民的个人出行记录、隔离状态以及接触人员的健康状态,"健康码"动态地在"绿码""红码""黄码"三种状态中转换。

(5)"健康码"系统实现及推广。

作为个人在当地出入通行的电子凭证,"健康码"涵盖了社区管理、企业复工、交通出行、学校开学、买药登记、超市商场等使用场景。"健康码"推出之后迅速在全国各地普及。

2020年2月29日,国家政务服务平台推出"防疫健康信息码",用于实现各地健康码的对接。在充分利用国家政务服务平台共享的数据服务基础上,各地根据疫情防控工作需要,提供本地健康码管理和服务,逐步实现各地区健康信息码互信互认,从而达到在全国范围内的疫情防控和人流管控。

"健康码"这一解决方案大大降低了政府的战疫成本,在打通疫情防控和复产复工中的人流、物流控制上起到了关键性作用。

三、无人驾驶环境下的运输系统工程发展趋势

近年来,随着5G的推出和物联网技术的成熟,无人驾驶技术在全球范围内受到广泛的关注。预计在不久的将来,全工况无人驾驶技术将会逐步普及商用。无人驾驶技术将会彻底改变人们的出行方式甚至生活方式,对于整个运输系统将产生颠覆性的变革。

在无人驾驶技术的推动下,由物联网中衍生出来的车联网技术也日益成熟。车载自组网(Vehicular Ad Hoc Networks,VANET)是车联网的一种,作为未来智能交通系统的核心部分,通过车辆间通信(Vehicle to Vehicle,V2V)和车辆与路侧单元间通信(Vehicle to Infrastructure,V2I)为车辆提供实时可靠的交通信息和应急交通诱导信息,在提高运输系统效率和减轻交通拥堵等方面具有不可替代的优势。

在无人驾驶环境下,运输系统的智能化和自动化程度将极大提升,运输环节的不确定性大幅度降低,针对运输系统的预测将更为精准,最终将被基于大数据的分析所取代。传统的运输系统工程中的分析、预测、控制、评价、决策和模拟在无人驾驶环境下将发生根本性转变。

交通运输系统具有复杂大系统的典型特征,交通运输系统工程随着运输系统环境的变化而不断创新和发展。在国家的"十三五"规划中,已经将"完善现代综合交通运输体系"等内容列入,并要求"建设现代高效的城际城市交通、打造一体衔接的综合交通枢纽、推动运输服务低碳智能安全发展"。

随着移动互联、大数据、云计算、智能感知、模式识别、人工智能、高精度定位与导航、机器视觉与图像处理等新技术与智能交通工具的继续深度融合,运输系统工程学科将不断拓展新的边界,技术的力量将有机会被充分显现,提供给运输系统参与者的选择也将更加多样化和智能化。可以预见,在广大运输系统工程科研人员、技术人员和运输各环节参与者的共同努力下,未来的运输系统必将更加便捷、安全、高效和舒适,并为人们的生活品质带来极大的提升。

小 结

本章详细介绍了新一代信息技术对运输系统的影响;智能交通系统的发展历程和主要组成部分,同时对运输系统工程的未来发展趋势进行了探讨。

思 考 题

1. 新一代信息技术对运输系统产生了什么样的影响,具体体现在哪些方面?
2. 我们应当如何应对新一代信息技术对运输系统产生的巨大影响?
3. 智能交通系统主要包括哪些子系统?这些子系统分别实现了什么功能?
4. 运输系统工程未来会向哪些领域拓展?我们应当如何应对?

附录　随　机　数　表

正态分布的双侧分位数（$u_{\alpha/2}$）　　　　　　　　　　　　　　　附表1

α	0.00	0.01	0.02	0.03	0.04	0.05	0.06	0.07	0.08	0.09	α
0.0	∞	2.575829	2.326348	2.170090	2.053749	1.959964	1.880794	1.811911	1.750686	1.695398	0.0
0.1	1.644854	1.598193	1.554774	1.514102	1.475791	1.439531	1.405072	1.372204	1.340755	1.310579	0.1
0.2	1.281552	1.253565	1.226528	1.200359	1.174987	1.150349	1.126391	1.103063	1.080319	1.058122	0.2
0.3	1.036433	1.015222	0.994458	0.974114	0.954165	0.934589	0.915365	0.896473	0.877896	0.859617	0.3
0.4	0.841621	0.823894	0.806421	0.789192	0.772193	0.755415	0.738847	0.722479	0.706303	0.690309	0.4
0.5	0.674490	0.658838	0.643345	0.628006	0.612813	0.597760	0.582841	0.568051	0.553385	0.588836	0.5
0.6	0.524401	0.510073	0.495850	0.481727	0.467699	0.453762	0.439913	0.462148	0.412463	0.398855	0.6
0.7	0.385320	0.371856	0.358459	0.345125	0.331853	0.318639	0.305481	0.292375	0.279319	0.266311	0.7
0.8	0.253347	0.240426	0.227545	0.214702	0.201893	0.189118	0.176374	0.163658	0.150969	0.138304	0.8
0.9	0.125661	0.113039	0.100434	0.087845	0.075270	0.062707	0.050154	0.037608	0.025069	0.012533	0.9
α	0.001		0.0001		0.00001		0.000001		0.0000001	0.00000001	α
$u_{\alpha/2}$	3.26053		3.89059		4.41717		4.89164		5.32672	5.73073	$u_{\alpha/2}$

注：单侧分位数 u_α 由给定 α 的2倍查此表。例如，给定 $\alpha=0.05$，可查表中 $\alpha=0.10$ 对应的数为 $u_\alpha=1.644854$。

随机数字表　　　　　　　　　　　　　　　　　　　　　　　　　附表2

03	47	43	73	86	36	96	47	36	61	46	98	63	71	62	33	26	16	80	45	60	11	14	10	95
97	74	24	67	62	42	81	14	57	20	42	53	32	37	32	27	07	36	07	51	24	51	79	89	73
16	76	62	27	66	56	50	26	71	07	32	90	79	78	53	13	55	38	58	59	88	97	54	14	10
12	56	85	99	26	96	96	68	27	31	05	03	72	93	15	57	12	10	14	21	88	26	49	81	76
55	59	56	35	64	38	54	82	46	22	31	62	43	09	90	06	18	44	32	53	23	83	01	30	30
16	22	77	94	39	49	54	43	54	82	17	37	93	23	78	87	35	20	96	43	84	26	34	91	64
84	42	17	53	31	57	24	55	06	88	77	04	74	47	67	21	76	33	50	25	83	92	12	06	76
63	01	63	78	59	16	95	55	67	19	98	10	50	71	75	12	86	73	58	07	44	39	52	38	79
33	21	12	34	29	78	64	56	07	82	52	42	07	44	38	15	51	00	13	42	99	66	02	79	54
57	60	86	32	44	09	47	27	96	54	49	17	46	09	62	90	52	84	77	27	08	02	73	43	28
18	18	07	92	45	44	17	16	58	09	79	83	86	19	62	06	76	50	03	10	55	23	64	05	05
26	62	38	97	75	84	16	07	44	99	83	11	46	32	24	20	14	85	88	45	10	93	72	88	71
23	42	40	64	74	82	97	77	77	81	07	45	32	14	08	32	98	94	07	72	93	85	79	10	75
52	36	28	19	95	50	92	26	11	97	00	56	76	31	38	80	22	02	53	53	86	60	42	04	53
37	85	94	35	12	83	39	50	08	30	42	34	07	96	88	54	42	06	87	98	35	85	99	48	39
70	29	17	12	13	40	33	20	38	26	13	89	51	03	74	17	76	37	13	04	07	74	21	19	30
56	62	18	37	35	96	83	70	87	75	97	12	25	93	47	70	33	24	03	54	97	77	46	44	80
99	49	57	22	77	88	42	95	45	72	16	64	36	16	00	04	43	18	66	79	94	77	24	21	90
16	08	15	04	72	33	27	14	34	09	45	59	34	68	49	12	72	07	34	45	99	27	72	95	14
31	16	93	32	43	50	27	89	87	19	20	15	37	00	49	52	85	66	60	44	38	68	88	11	80

附录 随机数表

续上表

68	34	30	13	70	55	74	30	77	40	44	22	78	84	26	04	33	46	09	52	68	07	97	06	57
74	57	25	65	76	59	29	97	68	60	71	91	38	67	54	13	58	18	24	76	15	54	55	95	52
27	42	37	86	53	48	55	90	65	72	96	57	69	36	10	96	46	92	42	45	97	60	49	04	91
00	39	68	29	61	66	37	32	20	30	77	84	57	03	29	10	45	65	04	26	11	04	96	67	24
29	94	98	94	24	68	49	69	10	82	53	75	91	93	30	34	55	20	57	27	40	48	73	51	92
16	90	82	66	59	83	62	64	11	12	67	19	00	71	74	60	47	21	29	63	02	02	37	03	31
11	27	94	75	06	06	09	19	74	66	02	94	37	34	02	76	70	90	30	86	38	45	94	30	38
35	24	10	16	20	33	32	51	26	38	79	78	45	04	91	16	92	53	56	16	02	75	50	95	98
33	23	16	86	38	42	38	97	01	50	87	75	66	81	41	40	01	74	91	62	48	51	84	08	32
31	96	25	91	47	96	44	33	49	13	34	86	82	83	91	00	52	43	48	85	27	55	26	89	62
66	67	40	67	14	64	05	71	95	86	11	05	65	09	68	76	83	20	37	90	57	16	00	11	66
14	90	84	45	11	75	73	88	05	90	52	27	41	14	86	22	98	12	22	08	07	52	74	95	80
68	05	51	18	00	33	96	02	75	19	07	60	62	93	55	59	33	82	43	90	49	37	38	44	59
20	46	78	73	90	97	51	40	14	02	04	02	33	31	08	39	54	16	49	36	47	95	93	13	30
64	19	58	97	79	15	06	15	93	20	01	90	10	75	06	40	78	78	89	62	02	67	74	17	33
05	26	93	70	60	22	35	85	15	13	92	03	51	59	77	59	56	78	06	83	52	91	05	70	74
07	97	10	88	23	09	98	42	99	64	61	71	62	99	15	06	51	29	16	93	58	05	77	09	51
68	71	86	85	85	54	87	66	47	54	73	32	08	11	12	44	95	92	63	16	29	56	24	29	48
26	99	61	65	53	58	37	78	80	70	42	10	50	67	42	32	17	55	85	74	94	44	67	16	94
14	65	52	68	75	87	59	36	22	41	26	78	63	06	55	13	08	27	01	50	15	29	39	39	43
17	53	77	58	71	71	41	61	50	72	12	41	94	96	26	44	95	27	36	99	02	96	74	30	83
90	26	59	21	19	23	52	23	33	12	96	93	02	18	39	07	02	18	36	07	25	99	32	70	23
41	23	52	55	99	31	04	49	69	96	10	47	48	45	88	13	41	43	89	20	97	17	14	49	17
60	20	50	81	69	31	99	73	68	68	35	81	33	03	76	24	30	12	48	60	18	99	10	72	34
91	25	38	05	90	94	58	28	41	36	45	37	59	03	09	90	35	57	29	12	82	62	54	65	60
54	50	57	74	37	98	80	33	00	91	09	77	93	19	82	74	94	80	04	04	45	07	31	66	49
85	22	04	39	43	73	81	53	94	79	33	62	46	86	28	08	31	54	46	31	53	94	13	38	47
09	79	13	77	48	73	82	97	22	21	05	03	27	24	83	72	89	44	05	60	35	80	39	94	88
88	75	80	18	14	22	95	75	42	49	39	32	82	22	49	02	48	07	70	37	16	04	61	67	87
90	96	23	70	00	39	00	03	06	90	55	85	78	38	36	94	37	30	69	32	90	89	00	76	33
53	74	23	99	67	61	32	28	69	84	94	62	67	86	24	98	33	41	19	95	47	53	53	38	09
63	38	06	86	84	99	00	65	26	94	02	82	90	23	07	79	62	67	80	60	75	91	12	81	19
35	30	58	21	46	06	72	17	10	94	25	21	31	75	96	49	28	24	00	49	35	65	79	78	07
63	43	36	82	69	65	51	18	37	88	61	38	44	12	45	32	92	85	88	65	54	34	81	85	35
98	25	37	55	26	01	91	82	81	46	74	71	12	94	97	24	02	71	37	07	03	92	18	66	75
02	63	21	17	69	71	50	80	89	56	38	15	70	11	48	43	40	45	86	98	00	83	26	91	03
64	55	22	21	82	48	22	28	06	00	61	54	13	43	91	82	78	12	23	29	06	66	24	12	27
85	07	26	13	89	01	10	07	82	04	59	63	69	36	03	69	11	15	83	80	13	29	54	19	28
58	54	16	24	15	51	54	44	82	00	62	61	65	04	69	38	18	65	18	97	85	72	13	49	21
34	85	27	84	87	61	48	64	56	26	90	18	48	13	26	37	70	15	42	57	65	65	80	39	07

续上表

03	92	18	27	46	57	99	16	96	56	30	33	72	85	22	84	64	38	56	93	99	01	30	98	64
62	93	30	27	59	37	75	41	66	48	86	97	80	61	45	23	53	04	01	63	45	76	08	64	27
08	45	93	15	22	60	21	75	46	91	98	77	27	85	42	28	88	61	08	84	69	62	03	42	73
07	08	55	18	40	45	44	75	13	90	24	94	96	61	02	57	55	66	83	15	73	42	37	11	61
01	85	89	95	66	51	10	19	34	88	15	84	97	19	75	12	76	39	43	78	64	63	91	08	25
72	84	71	14	35	19	11	58	49	26	50	11	17	17	76	86	31	57	20	18	95	60	78	46	75
88	78	28	16	84	13	52	53	94	53	75	45	69	30	96	73	89	65	70	31	99	17	43	48	76
45	17	75	65	57	28	40	19	72	12	25	12	74	75	67	60	40	60	81	19	24	62	01	61	16
96	76	28	12	54	22	01	11	94	25	71	96	16	16	88	68	64	36	74	45	19	59	50	88	92
43	31	67	72	30	24	02	94	08	63	38	32	36	66	02	69	36	38	25	39	48	03	45	15	22
50	44	66	44	21	66	06	58	05	62	68	15	54	35	02	42	35	48	96	32	14	52	41	52	48
22	66	22	15	86	26	63	75	41	99	58	42	36	72	24	58	37	52	18	51	03	37	18	39	11
96	24	40	14	51	23	22	30	88	57	95	67	47	29	83	94	69	40	06	07	18	16	36	78	86
31	73	91	61	19	60	20	72	93	48	98	57	07	23	69	65	95	39	69	58	56	80	30	19	44
78	60	73	99	84	43	89	94	36	45	56	69	47	07	41	90	22	91	07	12	18	35	34	08	72
84	37	90	61	56	70	10	23	98	05	85	11	34	76	60	76	48	45	34	60	01	64	18	39	96
36	67	10	08	23	98	93	35	08	86	99	29	76	29	81	33	34	91	58	93	63	14	52	32	52
07	28	59	07	48	89	64	58	89	75	83	85	62	27	89	30	14	78	56	27	86	63	59	80	02
10	15	83	87	60	79	24	31	66	56	21	48	24	06	93	91	98	94	05	49	01	47	59	38	00
55	19	68	97	65	03	73	52	16	56	00	53	55	90	27	33	42	29	38	87	22	13	88	83	34
53	81	29	13	39	35	01	20	71	34	62	33	74	82	14	53	73	19	09	03	56	54	29	56	93
51	86	32	68	92	33	98	74	66	99	40	14	71	94	58	45	94	19	38	81	14	44	99	81	07
35	91	70	29	13	80	03	54	07	27	96	94	78	32	66	50	25	52	74	33	13	80	53	62	54
37	71	67	95	13	20	02	44	95	94	64	85	04	05	72	01	32	90	76	14	53	89	74	60	41
93	66	13	83	27	92	79	64	64	72	28	54	96	53	84	48	14	52	98	94	56	07	93	89	30
02	96	08	45	65	13	05	00	41	84	93	07	54	72	59	21	45	57	09	77	19	48	56	27	44
49	83	43	48	35	82	88	33	69	96	72	36	04	19	76	47	45	15	18	60	82	11	08	95	97
84	60	71	62	46	40	80	81	30	37	34	39	23	05	38	25	15	35	71	30	88	12	57	21	77
18	17	30	88	71	44	91	14	88	47	89	23	30	63	15	56	34	20	47	89	99	82	93	24	98
79	69	10	61	78	71	32	76	95	62	87	00	22	58	40	92	54	01	75	25	43	11	71	99	31
75	93	36	57	83	56	20	14	82	11	74	21	97	90	65	96	42	68	63	86	74	54	13	26	94
38	30	92	29	03	06	28	81	39	38	62	25	06	84	63	61	29	08	93	67	04	32	92	08	09
51	29	50	10	34	31	57	75	95	80	51	97	02	74	77	76	15	48	49	44	18	55	63	77	09
21	31	38	86	24	37	79	81	53	74	73	24	16	10	33	52	83	90	94	76	70	47	14	54	36
29	01	23	87	88	58	02	39	37	67	42	10	14	20	92	16	55	23	42	45	54	96	09	11	06
95	33	95	22	00	18	74	72	00	18	38	79	58	69	32	81	76	80	26	92	82	80	84	25	39
90	84	60	79	80	24	36	59	87	38	82	07	53	89	35	96	35	23	79	18	05	98	90	07	35
46	40	62	98	82	54	97	20	56	95	15	74	80	08	32	16	46	70	50	80	67	72	16	42	79
20	31	89	03	43	38	46	82	68	72	32	14	82	99	70	80	60	47	18	97	63	49	30	21	30
71	59	73	05	50	08	22	23	71	77	91	01	93	20	49	82	96	59	26	94	66	39	67	98	60

参 考 文 献

[1] 钱学森.论系统工程(新世纪版)[M].上海:上海交通大学出版社,2007.
[2] 汪应洛.系统工程[M].4版.北京:机械工业出版社,2008.
[3] 汪应洛.系统工程理论、方法与应用[M].北京:高等教育出版社,2004.
[4] (比)普里戈金.从存在到演化[M].沈小峰,等译.北京:北京大学出版社,2007.
[5] (比)伊·普里戈金,(法)伊·斯唐热.从混沌到有序[M].曾庆红,沈小峰,译.上海:上海译文出版社,2005.
[6] (德)赫尔曼·哈肯.协同学,大自然构成的奥秘[M].凌复华,译.上海:上海译文出版社,2001.
[7] (法)勒内·托姆.突变论思想和应用[M].上海:上海译文出版社,1989.
[8] (西德)H·哈肯.协同学引论[M].徐锡申,等译.北京:原子能出版社,1984.
[9] (西德)H·哈肯.高等协同学[M].郭治安,译.北京:科学出版社,1989.
[10] (英)桑博德.突变理论入门[M].凌复华,译.上海:上海人民出版社,1983.
[11] (美)N·维纳.控制论(或关于在动物和机器中控制和通信的科学)[M].郝季仁,译.北京:科学出版社,1963.
[12] 陈宏民.系统工程导论[M].北京:高等教育出版社,2006.
[13] 高隆昌.系统学原理[M].北京:科学出版社,2005.
[14] 顾基发,唐锡晋.物理-事理-人理系统方法论:理论与应用[M].上海:上海科技教育出版社,2006.
[15] 阎旭晖,颜泽贤.切克兰德软系统思想评述[J].自然辩证法研究,2010,26(12):24-30.
[16] 乌杰.系统科学方法论与科学发展观[J].系统辩证学学报.2005(03):1-12.
[17] 叶立国.系统科学理论体系的重建及其哲学思考[D].南京:南京大学.2010.
[18] 张国伍.论交通运输系统规划、协调与发展[J].交通运输系统工程与信息.2005(01):16-24.
[19] Marvinl Mankeim. Fundaments of Transportation System Analysis [M]. The MIT Press Cambridge, Masschusetts, USA, 1979.
[20] 李艳红.综合运输通道客运结构优化理论与方法研究[D].北京:北京交通大学.2010.
[21] 王吉东.综合运输系统结构问题研究[D].大连:大连海事大学.2000.
[22] 樊一江.交通运输系统结构优化经济机制研究[D].西安:长安大学.2009.
[23] 张玉台.中国2020发展目标和政策取向[M].北京:中国发展出版社,2008.
[24] 姚祖康,顾保南.交通运输工程导论[M].2版.北京:人民交通出版社,2008.
[25] 胡思继.综合运输工程学[M].北京:清华大学出版社,北京交通大学出版社,2006.
[26] 王炜.道路交通工程系统分析方法[M].北京:人民交通出版社,2004.
[27] Nicholas J. Garber, Lester A. Hoel. System engineering management [M]. Wiley & Sons, Inc, Hoboken, New Jerey. 2004.
[28] Juan de Dios Ortúzar, Juan De Dios Ortuzar, Luis G. Willumsen. Modelling Transport [M].

Wiley & Sons Ltd. 2011.

[29] Mo Jamshidi, Mohammad Jamshidi. Systems of systems engineering: principles and applications[M]. CRC Press Taylor & Francis Grop, LLC, 2009.

[30] Ennio Cascetta. Transportation systems engineering: theory and methods[M]. Kluwer Academic Publishers. 2001.

[31] Mark H. Rose, Bruce Edsall Seely, Paul F. Barrett. The best transportation system in the world: railroads, trucks, airlines[M]. The Ohio State University. 2006.

[32] Chris Cherry. China's Urban Transportation System: Issues and Policies Facing Cities[M]. UC Berkeley Center for Future Urban Transport. 2005.

[33] 彭辉. 综合交通运输系统理论分析[D]. 西安:长安大学,2006.

[34] Mike C Jackson. Systems Approaches to Management [M]. New York: Plenum, 2000.

[35] Checkland P B. Soft Systems Methodology: a 30-year Retrospective [M]. Chichester: Wiley. 1999.

[36] 肖虎. 基于系统论和控制论的交通运输系统安全分析[J]. 安全与环境工程,2009(6),115-118.

[37] 陈燕. 中等城市客运交通发展方向研究[D]. 成都:西南交通大学,2008.

[38] 杨浩,赵鹏. 交通运输的可持续发展[M]. 北京:中国铁道出版社,2001.

[39] 陈薇. 公路交通发展状况的综合评价方法与应用[D]. 沈阳:东北大学,2008.

[40] 张生瑞. 公路交通可持续发展系统分析与评价[D]. 西安:长安大学,2002.

[41] 毕玉峰. 公路施工网络图优化研究[D]. 西安:长安大学,2001.

[42] 孟祥定. 绿色交通视角下城市轨道交通网络规划决策方法及应用[D]. 长沙:湖南大学,2007.

[43] 左忠义,邵春福,金晓琼. 基于ISM的交通运输系统结构优化分析[J]. 大连交通大学学报. 2009,30(02):34-38+65.

[44] 路涛. 基于情景模拟的两阶段投资决策模型研究[D]. 长春:吉林大学,2008.

[45] 冯春山,吴家春,蒋馥. 定性预测与定量预测的综合运用研究[J]. 东华大学学报(自然科学版),2004(03):114-117.

[46] 王红霞. 情景分析在港口发展战略中的应用研究[D]. 天津:天津大学,2004.

[47] 李莹英. 运输结构分析与协调性评价研究[D]. 北京:北京交通大学,2010.

[48] 李峰,刘静延,蒋录全. 预测方法的发展及最新动态[J]. 情报杂志,2005(06):76-77.

[49] 马强胜,杨孔雨. 基于物联网技术的智能运输系统设计与应用[J]. 物流工程与管理,2013,035(006):85-87.

[50] 《中国公路学报》编辑部. 中国交通工程学术研究综述·2016[J]. 中国公路学报,2016,29(06):1-161.

[51] 张旸旸,刘潇健,刘增志,等. 我国软件与系统工程标准化研究综述[J]. 标准科学,2017(03):23-34.

[52] 王笑京. 新一代智能交通系统的技术特点和发展建议[J]. 工程研究:跨学科视野中的工程,2014,6(1):37-42.

[53] 陈慧,徐建波. 智能汽车技术发展趋势[J]. 中国集成电路,2014,23(11):64-70.

[54] 张晓利,陆化普.我国城市公共交通发展模式与思考[J].综合运输,2015(7):22-27.

[55] 彭虓,刘向龙,滕靖,等.城市公共交通运营监管信息平台关键技术研发与示范[R].北京:交通运输部科学研究院,2014.

[56] 杨东援,段征宇.大数据环境下城市交通分析技术[M].上海:同济大学出版社,2015.

[57] 杨文娟.云计算技术在交通领域中的应用研究[J].电脑编程技巧与维护,2016,No.344(02):64-65.

[58] 刘伟杰,保丽霞.交通大数据支撑一流运输体系的构建[J].交通与运输(学术版),2014(02):1-5.

[59] 彭宏勤,张国伍.智慧交通与智慧物流——"交通7+1论坛"第五十五次会议纪实[J].交通运输系统工程与信息,2019,19(04):1-4+253.

[60] 肯尼斯C·劳顿,简P·劳顿.管理信息系统[M].15版.黄丽华,等译.北京:机械工业出版社,2018.

[61] 马雪洁,高蒙,王新房.全球无人驾驶汽车现状综述[J].电脑知识与技术,2019,15(19):189-190.

[62] 蔡安娜,胡文江.道路运政货运管理子系统的设计研究[J].数码世界,2019(08):60.

[63] LIU F,JANSSENS D,CUI J,et al. Building a Validation Measure for Activity-based Transportation Models Based on Mobile Phone Data[J]. Expert Systems with Applications,2014,41(14):6174-6189.